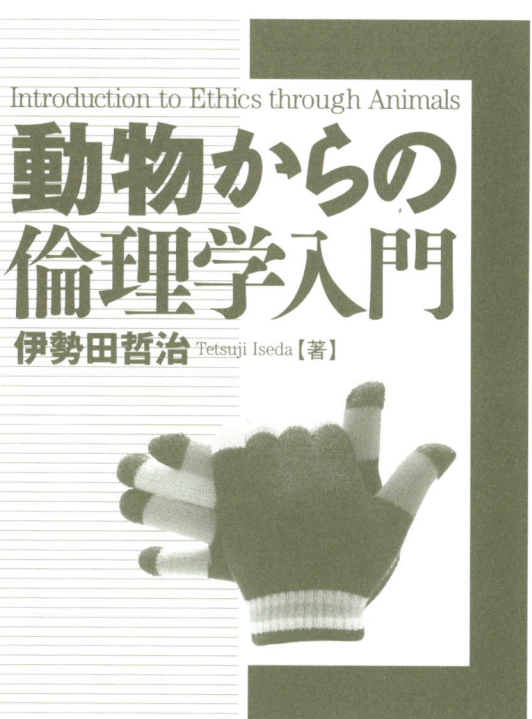

Introduction to Ethics through Animals

動物からの倫理学入門

伊勢田哲治 Tetsuji Iseda【著】

名古屋大学出版会

動物からの倫理学入門

目　次

序　章　倫理学へのけもの道 ……………………… I
　　　　　　倫理学の全体像をみわたす

- 0-1　動物についてちょっと考えてみる　I
- 0-2　倫理学は何をする学問か　3
- 0-3　メタ倫理学・規範倫理学・応用倫理学　6
- コラム0　倫理的相対主義　11

第I部　基礎編

第一章　動物解放論とは何か ……………………… 14
　　　　　　動物の権利運動を通して
　　　　　　規範倫理学の基本原理を見る

- 1-1　動物愛護から動物の権利へ　14
- 1-2　功利主義　19
- 1-3　義務論　26
- 1-4　義務論の要素を入れた功利主義　34
- 1-5　二つの倫理学理論と動物　39
- コラム1　「生き物を殺してはならない」というルールは存在するか　50

第二章　種差別は擁護できるか ……………………… 53
　　　　　　メタ倫理学の視点から
　　　　　　人間を特別扱いする議論を吟味する

- 2-1　事実を見れば分かるという系統の議論　54
- 2-2　事実と価値の関わり　58
- 2-3　能力差に訴える議論　67
- 2-4　メタ倫理学のさまざまな立場　76
- コラム2　自然主義的誤謬にまつわる誤謬　96

第三章　倫理は「人と人の間のもの」か ……………………………99
　　　　　社会契約説の視点から
　　　　　契約という考え方を倫理にとりいれてみる

　3-1　契約として倫理を見る　100
　3-2　契約説と動物　108
　3-3　ロールズ以後の契約説と動物の権利論　121

　コラム3　カントのメタ倫理学と契約説　135

第四章　倫理なんてしょせん作りごとなのか ……………………………139
　　　　　進化生物学を手がかりに
　　　　　道徳の理由と起源を考える

　4-1　道徳の理由と利己主義　141
　4-2　道徳の起源と進化論　153
　4-3　再び道徳の理由について考える　165

　コラム4　共通先祖説と滑りやすい坂道　179

第II部　発展編

第五章　人間と動物にとって福利とは何か ……………………………184
　　　　　動物実験問題を通して
　　　　　価値があるとは,幸せとはどういうことかを考える

　5-1　動物実験　185
　5-2　福利論　197
　5-3　動物の福利への福利論の応用　209

　コラム5　自由の価値　224

第六章　肉食は幸福の量を増やすか ……………………………228
　　　　　菜食主義や工場畜産の論争を通して
　　　　　意思決定システムとしての功利計算や厚生関数について考える

　6-1　菜食主義　229
　6-2　功利主義のさまざまなバージョン　243

6-3　厚生経済学　251

コラム6　マイナス功利主義　263

第七章　柔らかい倫理から動物はどう見えるか ……………266
野生動物問題を通して
環境倫理学, 徳倫理学, 共同体主義, ケアの倫理について考える

7-1　野生動物の倫理　267

7-2　環境倫理学のさまざまな立場　273

7-3　徳倫理学　281

7-4　徳倫理学と環境と動物　291

コラム7　徳倫理学とメタ倫理学　305

終　章　動物は結局どう扱えばいいのか ……………307
往復均衡法を手がかりに
倫理学の考え方と理論の改良の方法を考える

終-1　本書の内容を振り返る　307

終-2　対立する倫理学理論の使い方　311

終-3　結局動物とどう接すればよいのか　320

文献案内もかねた文献表　327
あとがき　353
索　引　357

序　章
倫理学へのけもの道
倫理学の全体像をみわたす

　「学問に王道なし」などとよく言って，楽をして学問をしようとすると結局身につかないということになっている。倫理学も「学」とつくからには学問のはずであるから，それを学ぶのに楽な方法などあろうはずがない。しかし楽な道はないとしても，他にくらべて歩いて楽しい道ならあるのではないだろうか。そう考えて本書が選んだ道は「けもの道」である。すなわち，「動物」というスリリングなキーワードを手がかりに，まだ道とは言えない踏み分け道を通って楽しく倫理学までたどり着いてもらおう，というのが本書の趣旨である。「動物のどこがスリリングだ」とか「わたしは山歩きは好きじゃないから，けもの道はちょっと」とおっしゃる読者の方もいらっしゃるだろうが，そういう方もまあもう少し我慢して読み進めていただきたい。

本章のキーワード
動物　価値判断　メタ倫理学　規範倫理学　応用倫理学　帰結主義　義務論　徳倫理学
相対主義

0-1　動物についてちょっと考えてみる

　まずはちょっと考えてみてほしい。
　人間はみな等しい「人権」というものを持っていることになっている。それに対し，人間と似ているかどうかにかかわらず，人間（ホモ・サピエンス）以外の動物は権利というものを一切持たないと多くの人が思っているはずだ。おそらくそのために，人間を殺せば殺人だが，動物を殺しても器物損壊という位置づけに

しかならない（動物愛護法違反にはなるかもしれないが，これも動物を権利主体として認めるという趣旨の法律ではない）。この差は一体なんなのだろうか。なんで人間だけみんな生まれながらに権利を持っていて他の動物にはないのだろうか。

わたしはこの質問をいろいろなところで投げかけてきたが，まずはそもそも何を聞かれているのか分からないという人が多い。「そんなもの，人間は人間で動物は動物なんだから違うのは当たり前じゃないか」「そんな問題そもそもまじめに考えるに値しない」「人間と動物を一緒くたにするなんて失礼な」というのが典型的な最初の反応である。

しかしちょっと待ってほしい。前の問いかけの「人間」と「動物」を「白人」と「黒人」におきかえ，19 世紀のアメリカ合衆国南部や 20 年ほど前までの南アフリカ共和国の白人に問いかけてみたとしよう。かれらもやっぱり「そんなもの，白人は白人で黒人は黒人なんだから違うのは当たり前じゃないか」とか「白人と黒人を一緒くたにするなんて失礼な」と答えたのではないだろうか。現代日本人でそういう答えが筋が通ったものだと思う人はほとんどいないだろうが，さきほどの人間と動物の間の「差別」も同じじゃないのか，と言われたらそういう人はどう答えるのだろうか（第一章でこの問題提起をもうすこし丁寧に見る）。

たいていの人は，「そんなの全然違うよ，だって……」と反射的に答えるだろうが，この「だって……」のあとに続くものを考えるのは難しい。「だって人間は他の動物より頭がよいからだ」と続けると，「ではイヌほども頭がよくない人は人権などないのか」と切り返される（このやりとりについては第二章を参照）。「だって倫理というのはそもそも人間の間のことだから動物を倫理の対象にするのは馬鹿げている」と続けると，さっきと同じやり方で，仮に「倫理というのはそもそも男の間のことだから女を倫理の対象にするのは馬鹿げている」とか言う男性中心主義者がいたとしたら，それと何が違うの，という返事がかえってくる（第三章を参照）。この問題は考え始めると一筋縄ではいかないのである。

しかし，ここで追求されて困った人が，「じゃあ逆にきくけど，動物は完全に人間と同じ権利を持つべきだとあなたは思うの？」と切り返すと，攻守ところが変わる。一人の人間と一匹の動物のどちらの命を選ぶか，という極限状況になったときにどちらを救うのも一緒だ，と主張する人は少ない（第三章を参照）。これは動物実験の正当化をめぐって避けて通れない問題になる。さらに「同じ論法で動物どころか植物だって石ころだって人間と同じ権利を持つことになるんじゃ

ないの？」という問いかけに対しても，立場によっては言葉につまることになる（第七章を参照）。

ここでアウトラインを描いたような論争が，「動物倫理」（アニマルエシックス）と呼ばれる応用倫理学の一分野を形成している（「応用倫理学」については後述）。こういう問題に正面から取り組もうと思うなら，「そもそも人権ってなんで人間に対しては認められているんだっけ」とか「いやそもそも倫理ってなんだっけ」といったことを考える必要が出てくる。こういう「そもそも」ではじまる疑問にとりくむときに力強い味方になってくれるのが哲学（この場合はその一分野の倫理学）である。しかし倫理学ってそもそもなんなのだろう。

0-2　倫理学は何をする学問か

タイトルやここまでに書いたことからも想像できるであろうが，本書は倫理学，特に現代英米の倫理学の本である。「倫理」ということばは高校の選択科目にもあるし「政治倫理」などという熟語で日常的にも耳にする機会があるけれども，それに「学」がついた「倫理学」というとあまり馴染みがないという人が多いのではないだろうか。「倫理」というとどうも辛気くさそうなイメージがあっていけないと言われることがあって，その伝でいけば「倫理学」など辛気くさい上にまじめそうでさらにお近づきになりたくないイメージがあるかもしれない。でも倫理学には，知的なパズルという側面もあれば，倫理について考えていくことで自分についての理解が深まっていくところもあり，やってみるとなかなか面白い学問なのである。そしてもちろん，すでに言ったように，「そもそも倫理って何？」といったような疑問を持った時に役に立つ学問でもある。そこで，ここでは，倫理学というのが何をどういう手法であつかう学問なのか，ということについてまず簡単に説明する。なお，本書では「倫理」と「道徳」は区別しない。

われわれが「差別は悪い」とか「人助けをするのは正しいことだ」といった判断をする[1]とき，その「正しい」とか「悪い」とかの判断の基準になっているも

---

[1]　日常語では「判断する」という言葉は大きな決断をせまられたときくらいしか使わないが，倫理学では意志決定・事実認定・評価など自分で決めること全般について非常に頻繁に使う。ちょっと違和感を持つ人もまずはこういう言い方に慣れてほしい。

のはなんだろうか。こうした判断は，単純に法律に違反しているといったような意味でない。ものを盗むことを禁止する法律が廃止されたとしても，やはり多くの人がものを盗むのは悪いことだと言うだろう。そしてまた，こうした判断は「差別したくない」とか「人助けをしたい」とかという気持ちとも単純に同一視はできない。「自分のものにしてしまいたいけれども盗みは悪いことだからやめておく」といったような，欲求と善悪の間の葛藤を全く感じたことのない人はいないだろう。つまり，こうした文脈での「善い」「悪い」「正しい」「不正だ」といった判断は，法律やら自分の欲求やらとは無関係ではないにせよ，ちょっと距離があるように見える。この（今のところまだよく分からない）独立な尺度が，「倫理」とか「道徳」とかと呼ばれるものである。倫理学という学問は，この倫理なるものが一体どういう尺度なのかを体系的に明らかにしようとする。

ただ，これでは倫理学の説明としてまだ十分ではない。倫理がどういう尺度かを解明する上ではいろいろなやり方があるだろう。「人助けをしなくてはいけないという判断をするときにわれわれの心のはたらきはどうなっているんだろうか」というような観点から考えてゆくこともできるだろうし，「差別してはいけないというルールはどうやって作られて，どうやって維持されているんだろうか」というような観点から考えてゆくこともできる。これらはそれぞれ道徳心理学，道徳社会学と呼ばれる分野で扱われる問題であり，倫理学とは一応区別される。倫理学は哲学の一分野であり，哲学の考え方を使う（心理学や社会学の知識も利用できるときは利用するが）。

そうした倫理学的分析の中心となるのが，「価値判断」（value judgment）である。ちょっと説明すると，「実際にどうであるか」についての判断を事実判断，「どうあるべきか」についての判断を価値判断と呼ぶ。「善い」とか「悪い」とかといった判断は典型的な価値判断である。「善い」「悪い」の他，「きれい」「みにくい」「正しい」「不合理だ」「あさましい」「罪深い」「かっこいい」「かっこわるい」などはいずれも価値判断を表すために使うことができる。たとえばピンクのジャケットを着て黄色いズボンをはいた人を見て「あの人はピンクのジャケットと黄色のズボンを身につけている」と事実を述べるだけならその服装を肯定も否定もしていないわけだが，「あの人はかっこわるい」と述べるときは「そういうとりあわせで服を着るべきではない」という価値判断を含んでいるはずである。この差が事実判断と価値判断の差である。実は，心理学や社会学が扱うのは基本

的には倫理をとりまく心理的・社会的事実であって，倫理的判断そのもの，価値判断ではない。そこがこれらの分野と倫理学の差となるわけである。ただ，本当のところ事実と価値の差がどういう差なのか，あるいはもう少しよく吟味したら本当は差がないのか，考え始めると難しい。たとえばさきほどの「かっこわるい」という判断と「そういう取り合わせで服を着るとみんなに笑われる」という判断は本当に別ものなのか同じなのか。この疑問を持ってしまったらあなたも倫理学に足を踏み入れたことになる（詳しくは第二章で）。

いずれにせよ，こうしたさまざまな価値判断のうちでも「倫理的に正しい行為」「倫理的に善いもの」「倫理的に善いこと」などが倫理学の研究対象となる。ものを盗むこと，人助けをすることなどが倫理的に正しいかどうかを考えるのも，すべて「正しい行為」とは何か，という一般的な問題の一部だと考えることができる。つまり，倫理学の基本となる問いは，「何が倫理的に善い（正しい）のか」，「何が倫理的に悪い（不正な）のか」ということになる。

価値判断としての倫理的な尺度を扱う，というだけでも，実はまだ倫理学の特徴づけとしては不十分である。こうした問いへの答えを法律や慣習から得る人もいるであろうし，宗教から得る人もいるであろうし，政治的な力関係の問題だと考える人もいるかもしれないし，あるいは単純に親やリスペクトするミュージシャンの言うことに従う人もいるであろう。これに対し，倫理学は，哲学の観点からこうした問題を考えるというものである。ただし，哲学の観点といってもいろいろあるが，とりあえず，哲学的思考法の一応の特徴として，「えり好みせずとりあえず何でも根拠を問いただしてみること」「できるかぎり筋道をとおして誰もが納得するやり方で議論すること」の二つはあげることができるだろう。つまり，倫理学とは，「正しい行為」や「善いもの」「善いこと」は何かということを筋道立てて追求する学問なのである。そして，そうした追求の結果は，単なる慣習や政治力学による答えよりも多くの人にとって納得のいくものとなるはずである。でもやりはじめてみるとこれが結構難しい。なぜ他人がいやがることをしてはいけないのか，筋道立てて説明するとしたらどうなるか，ちょっと考えてみてほしい。なかなか難しいはずだ。

ということで，倫理学の特徴を三つまとめた。(1)倫理学は正・不正という尺度を分析の対象にする。(2)倫理学は倫理にまつわる心理的事実や社会的事実ではなく倫理的な価値判断そのものを分析の対象とする。(3)倫理学が価値判断を

分析する際の手法は，できるだけ根拠を問いただす，筋道を通すなどの合理的・哲学的な思考法である。

ただし，はじめのうちに断っておくが，倫理的問題への解答を筋道立てて追求したからといって，難しい倫理問題が一発で解決するような公式が得られるというわけではない。同じ問題に対してもいくつもの対立する解答が存在していて，どれか一つの解答が正解として全員に受け入れられるという可能性は低い。しかし，ある解答が別の解答より筋の通ったもので，より多くの人々を納得させるならば，その解答は「よりましな解答」であると言えるだろう。そして，解答の間にそうした序列を作ることができるなら，相対主義（コラム0参照）を受け入れる必要はない。

なお，哲学やその一分野としての倫理学には長い歴史があるが，倫理学という分野の歴史的な発展を追うのが本書の目的ではない。わたしが専門とする現代英米の倫理学を中心に，現在論じられているホットな問題を体系的に紹介しようというのが本書の目的である。

0-3　メタ倫理学・規範倫理学・応用倫理学

英米系現代倫理学においては，倫理学は通常三つの下位分野に区分される。それがメタ倫理学・規範倫理学・応用倫理学という三つの分野である。どの分野もある意味で「正しい行為」や「善いもの（こと）」は何かという問いに関わるが，その守備範囲は少しずつずれている。本書ではこの三つのうちの規範倫理学を主に取り上げるけれども，全体の見取り図が最初にあった方が，どの部分の話をしているのか分かりやすくなるだろう。

「どういう行為が正しい行為か」という問いに答えるには，まずその問いの意味，特に「正しい」という言葉の意味が分かっていないといけない。「世界一高いビルはどれか」という問いに答えるには，「高い」という言葉の意味が分からないと答えようがないというのと同じことである。メタ倫理学の仕事は，そうした準備作業として，「正しい」や「善い」という言葉の意味を哲学的に分析すること（これを概念分析と呼ぶ）である。しかし，高さを測るのに同じような概念分析をしているという話はあまり聞かない（「メタ測量学」なんて聞いたことがな

表 0-1

	基本的な問い	基本的な理論や分野
メタ倫理学	倫理とはどういう尺度か，倫理的価値判断はどういう判断か	認知主義（自然主義，直観主義），非認知主義（情動主義，普遍的指令主義）
規範倫理学	行為の選択はどうするべきか，人はどう生きるべきか	帰結主義（功利主義），義務論（カント倫理学），徳倫理学，ロールズ主義，潜在能力説
応用倫理学	それぞれの分野でどういう選択を行うのが倫理的に正しいか	生命倫理，環境倫理，情報倫理，動物倫理

い）が，なぜ倫理学ではこの問題を扱う領域を特に設けているのだろうか。それは，「高さ」という言葉の意味について共通の了解を得るのはそれほど難しくない（おそらく「その物体に属する任意の点から地面までの鉛直距離の最大値」といった定義になると思われる）が，「正しい」とか「善い」という言葉の意味については根本的に対立する考え方がいくつも存在するからである。

　ではそうやってメタ倫理学で論じている倫理的な意味において「正しい」ものや「善い」ものは一体何か。われわれはどう行為すべきなのか。もっと大上段にふりかぶって言えば，われわれはいかに生きるべきなのか。そういう実質的な価値判断についての議論を行うのが規範倫理学である。メタ倫理学が「「べき」とはこれこれこういう意味の言葉である」という言葉の意味や概念についての判断を目的にするのに対し，規範倫理学は「われわれはこれこれこうすべきである」という価値判断を下すことを目的とする。もっと言えば，そういう価値判断の一番基本となる判断，法律で言えば憲法にあたる部分を考えるのが規範倫理学である。日常的にわれわれは「あの政治家のやったことは許せない」とか「死刑は廃止されるべきだ」とかといった価値判断を下すが，そうした判断の根拠をさかのぼっていったとき，一番基本となる判断は何なのだろうか。

　そうした基礎的な価値判断として，いくつかの立場が倫理学の中で提案されてきた。それらの立場の違いは，行為に関わる一連の流れのどの部分に着目するか，という観点から整理することができる。規範倫理学で善し悪しの判断の対象になるものは個人の行動から社会制度，場合によっては自然物にいたるまで多岐にわたるが，その主な対象は「行為」(action) である。この概念は倫理学では日常語と少し違った業界用語として使われるのでちょっとだけ解説しておこう。倫理学では，「これこれこういうことをしよう」という意図 (intention) に基づくか

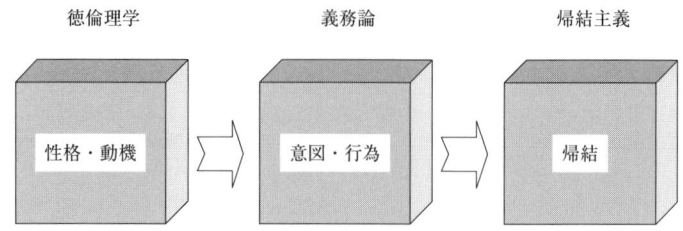

図0-1　行為の流れと規範倫理学の三つの着眼点

らだの動きを「行為」と呼ぶ[2]。いくつかの選択肢から一つを選ぶというのは行為の典型である。

　われわれがある行為を行う際には、まず、その行為を生む背景となるさまざまな動機がある。その人の性格も行為の背景の一部であるし、好き嫌いの感情なども行為の背景となるだろう。しかし、性格や感情はそのままでは行為にはつながらない。そこから何らかの意図が形成されて、それにそった体の動きがあり行為となる。なにか行為をしたあとには、その行為の結果が伴う。食事をすれば「満腹になる」という結果が伴うし、その後で注意力が散漫にならずにすむ（もし空腹のままだったら注意力が散漫になったかもしれない）というのも行為の結果といってよいだろう。倫理学用語ではそうした直接の結果から遠い将来への影響まであわせて「帰結」と呼ぶことが多い。

　結局、大きくわけて行為には三つの段階がある。動機や性格や感情の段階、意図と行為の段階、行為の帰結の段階である。実は、規範倫理学における主な立場はこの三つの段階に対応している。帰結に着目するのが帰結主義（consequentialism）、意図と行為に着目するのが義務論（deontology）、動機や感情に着目するのが徳倫理学（virtue ethics）である（三つの理論の関係を行為の三段階という形で整理するのを他の人がやっているのはあまり見たことがなく、わたしの発案である）。このうち帰結主義と義務論は近代の倫理学の中でさまざまに名前や形を変えながら常に対立してきた二つの考え方であり、第一章で両者を詳しく紹

2）じゃあ意図に基づかないものはどう呼ぶかというと「行動」（behavior）と呼んで区別する。夫婦喧嘩でお皿を床にたたきつけて割るのは「お皿を割る」という「行為」であり（我家では幸いまだそんなことが起きた事はないが）、体の動きではまったく同じでもまったくそんなつもりがなくお皿を割ってしまったのは「行動」である（これは我家でもよく起きる）。

介し，第五章，第六章などでも関連する話題を扱う。帰結主義の中でも，本書では特に功利主義という考え方を主にとりあげる（そのため，第一章以降では「帰結主義」という言葉よりも「功利主義」という言葉の方がたくさん出てくる）。徳倫理学は歴史的には古く，多くの文化における伝統的倫理は分類すれば徳倫理学となるだろうが，性格や感情といったあいまいなものは緻密な分析の対象になりにくいためか，近代西洋の倫理学論争の中ではつい最近まで無視されていた。しかし1980年代以降，徳倫理学は目覚ましい発展をとげ，規範倫理学の中でももっともホットな領域となってきた。この徳倫理学については第七章で紹介する。

倫理学の第三の部門である応用倫理学は，医療や環境などの領域において倫理学的思考を行う部門である。代表的なのは生命倫理学，環境倫理学などで，情報倫理学，科学技術倫理学，ビジネスエシックスなどさまざまな領域がある。「応用倫理学」という言葉は，もともとのニュアンスとしては規範倫理学の理論を応用して議論する，という意味だったのだが，実際にはそれでは行き届いた議論ができないということで，狭い意味での「応用」にはこだわらない独立した研究領域となってきている。場合によっては，応用倫理学の領域で始まった議論がもっと基本的な規範倫理学の理論に深い影響を与えることがある。実は本書で扱う動物倫理からの問題提起もそういう性格を持っている（とわたしは思っている）。そういう意味では本書全体が応用倫理学から規範倫理学へのフィードバックの試みと言えなくもない。

本書はできるだけ一般の人にも読みやすいよう，避けられるところでは哲学業界用語を避け，避けられないときにはできるだけ説明をつけ，言葉遣いも平易にとつとめている。しかし，これまでに書いた本でも同じように心がけてきたのだが，やっぱり難しいと言われてしまうことがある。たぶんその理由の一つは，言葉遣いをやさしくすることと内容をやさしくすることは必ずしも同じではないからだろう。

たとえ話になるが，ある人に道案内をしていて，その家にたどり着くには角を三回曲がらないといけないとしよう。説明を分かりやすくするために，言葉遣いはいくらでもやさしくできるだろうし，説明の順序も工夫できるだろうけれども，もし相手をその家にたどり着かせたければ，角を三回曲がるという点は変えようがない。したがって，角を三回曲がること自体が難しいという人には，どんなに言葉をやさしくしても，その道案内は難しく感じられるだろう。しかし，かとい

って曲がる回数を減らしたら、説明は分かりやすくなるけれども、たどり着くのは全然違った場所になる。相手が「説明が分かりやすい」とどんなに満足してくれようとも、目的地にたどり着かないのでは道案内として失格である。

　角を曲がるというのは、哲学や倫理学の議論では、反論を考慮に入れたり、留保条件をつけたりして話を複雑にすることに対応する。そういうものを増やしていけばいくほど、話が一刀両断とはいかなくなり、複雑になっていってしまうが、本来単純に一刀両断できない問題が一刀両断できるかのように思いこむのでは理解したことにはならない。本書の方針は、このたとえ話に沿って言えば、角を曲がる数はできるだけ減らさず、しかしできるだけ説明を分かりやすく、というものである。その結果、倫理学をまったくゼロから学ぶ人が手っ取り早く最初に読む本としては、少々内容が盛りだくさんになっている。しかし迷子をなるべく出さないように心がけてゆきたいので、読者も曲がり角には十分気をつけて本書に取り組んで頂ければ幸いである。

コラム 0　倫理的相対主義

　序章の本文中でも触れたように，倫理学の問題にはみんなが納得する答えなどまず存在しない。ほとんどの倫理学理論が「道徳的直観」（この概念については第二章参照）なるものにどこかで訴えるが，だれからも異論が出ない直観などほとんどない。この点で倫理学は自然科学などとは非常に勝手が違うし，気の短い人は「はっきりした正解はないのだからみんな何でも自分の好きにしてよい」という立場に走るかもしれない。倫理について授業していてもそういう考え方がときどき授業アンケートや意見として出てくることがある。そんな風に思っていると倫理学についての本を読み進める気もしなくなるだろうから，すこしコメントしておきたい。この考えかたにはいくつかのパターンがあるが，どれもよく考えるとあまりもっともらしくない。

　第一は，「何が正しいかとか間違っているかということに絶対的な基準などないから，みんな何でも自分の好きにしてよい」という考え方である。これは相対主義と呼ばれる立場（もう少し限定をつけるなら倫理的相対主義と呼ばれる立場）である。しかし，相対主義を整合的に（つまり自己矛盾を起こさないように）主張するのは難しい。というのは，ちょっと考えてほしいのだが，「みんな自分の好きにしてよい」というのも価値判断だが，この価値判断自体は絶対的なのだろうか相対的なのだろうか。もし絶対的な価値判断なのだったら，この判断自体が「絶対的な基準などない」という前提への反例になる。もし相対的な価値判断なのだったら，「好きにしてよい」と判断するのも「好きにしてはならない」と判断するのも好きにしてよいことになるから，相手に対してなんの説得力も持たないことになる。どっちにせよ相対主義は説得力を持たない。

　相対主義者がこのジレンマから逃れるには，「何でも好きにしてよいというただ一つの基準をのぞいて，正しさの絶対的な基準などないから，みんな何でも自分の好きにしてよい」というように，前半に制限をつける方法がある。しかし，この立場はこの一つの基準がなぜ特別扱いなのかを説明するという仕事を背負い込むことになり，それはなかなか難しい。また，このタイプの倫理的相対主義は過激な主張である。「殺人は悪い」とか「暴力は悪い」といったほとんどの人が受け入れている前提をすべて否定することになる。教室の中で議論しているときにはそれでもよい，と言う人もいるかもしれない。しかし，相対主義を標榜する人は，たとえば，家に空き巣に入られてなけなしの財産を一切合切盗まれたとして，「空き巣本人の価値基準で泥棒が悪くないのであれば，

空き巣の行動は倫理的に悪くない」とさばけたことを言えるだろうか。親になって自分の子供が不当な扱いを受けてひどい目にあっても「だって何をしてもよいんだから」とさばけたことを言い続けるだろうか（あえて曖昧な書き方をしているので，自分の怒りの琴線にふれそうな不当なシチュエーションをいろいろ考えてみてほしい）。そういう時に，相手から不当な扱いをうけたといって怒るのであれば，その人は相対主義者ではない（不当，というところがみそである）。不当，というのは，自分と相手に共通して当てはまるなんらかの正当性の基準があって，それに当てはまらないことをされた，という意味なのだから，相対主義のままでは「不当」なんていう判断はできない。こうして考えると，控えめに言っても相対主義者というのはかなり無茶な立場である。

こういう事例を考えた上で，相対主義を修正するなら，一つには「俺は俺の好きにしてよいが他の人はだめ」という利己主義の立場に進むということが考えられるが，利己主義をうまく定式化するのは難しい（第四章参照）。あるいは，「それぞれの文化はそれぞれの文化のやり方で好きにしてよいが，その文化の構成員はその文化のやり方に従わなくてはならない」という文化相対主義でいくという考え方もある。しかしこれもかなり無茶だという点ではここで紹介した相対主義と五十歩百歩である（第七章参照）。

また，「何でも好きにしてよい，というのはちょっと言い過ぎだが，他人に迷惑をかけなければあとは好きにしてよい」と言う人たちもいるだろう。これも相対主義の一種に見えるかもしれないが，言うまでもなく「他人に迷惑をかけなければ好きにしてよい」というのもれっきとした倫理的価値判断であり，その善し悪しを判断するには倫理学的思考が必要になる（第三章で紹介するリバタリアニズムの考え方を参照）。

結局，相対主義は，教室でちょっと考えるほどにはたやすくないのである。

第Ⅰ部

基　礎　編

第一章

動物解放論とは何か
動物の権利運動を通して
規範倫理学の基本原理を見る

　序章で考えてもらった「なぜ人間には人権があって動物には権利がないのか」という問いかけはわたしが頭のなかででっちあげたものではなく，少なくとも過去200年くらいにわたってさまざまな形で問いかけられてきた問題である。特に1970年代末以降，アメリカやイギリスを中心として「動物の権利運動」（animal rights movement）と呼ばれる運動が高まり，動物実験や肉食に対する抗議活動が盛んに行われるようになって，多くの人がこの問いかけに触れることになった。本書もそういう背景がなければそもそも書かれていないだろう。本章ではまずそうした運動の成立史を見たあと，そこで出てくる動物解放論という考え方が実は功利主義や義務論といった規範倫理学の基礎理論と密接に結びついている，ということを明らかにしていく。その中で，功利主義と義務論のそれぞれのバリエーションや二つの立場の間の論争についても若干触れることになる。

本章のキーワード

動物愛護　ピーター・シンガー　種差別　動物の権利運動　規範倫理学　功利主義　選好充足　義務論　カント　人格　自律　一見自明の義務の理論　権利　義務の葛藤　規則功利主義と行為功利主義　二層理論　有感生物　直接的義務と間接的義務　内在的価値と道具的価値　危害原理　トム・レーガン　尊重原理　生の主体　動物解放論　シュヴァイツァー　生への畏敬

1-1　動物愛護から動物の権利へ

　ここではまず動物の権利運動がどういう考え方に基づくどういう運動なのかと

いうことを紹介したいのだが、その前にそうした運動が出てくる歴史的経緯を簡単になぞっておこう。歴史の細かい話やカタカナ名前がたくさん出てくる文章は苦手、という人は、ここは飛ばして次の第二節の功利主義の解説にすぐ進んでもらって、あとから必要に応じて読み返してもらってもよいかもしれない。

1-1-1　18世紀までの人と動物のかかわり

　人間と動物の関係についてはどの宗教も文化もなんらかの態度をとってきている。たとえばキリスト教の教義によれば、世界のあらゆるものは人間のために神によって創造されたため、人間は人間以外のものを好き勝手に使ってよい[1]。仏教はあらゆる生き物が輪廻によってつながっているという信念を背景に、あらゆる生命に配慮する教義を発達させた。イスラム教では動物を大事にする義務を人間が持つとされている。こうした宗教的動物観はもちろん現代人の動物に対する態度にも大きな影響を与えているが、特定の宗教を背景とした動物倫理はその宗教の信者に対してしか説得力を持たず、いろいろな宗教の信者（無宗教の人も含めて）が混在する近代社会における動物の扱い方を決めるには参考程度にしかならない。

　人道主義を背景とした近代的な動物愛護論としてはたとえば16世紀のモンテーニュの「残酷さについて」という論考がある。これは動物を残酷に扱うのはそれ自体で悪いという主張のはしりで、その後ヒューマニストや詩人たち（シェリーら）が動物への残酷行為を批判する文章を発表するようになる。ただ、このときにはまだ動物愛護が社会的運動となったわけではなかった。

1-1-2　18世紀からの動物愛護運動

　18世紀末から19世紀前半にかけて、イギリスで動物愛護運動が最初に大きな動きとなる（他の国でも少しおくれて同様の動きがすすんだ）。この運動のはしり

---

[1] 聖書で神が創造した人間に最初に命じたとされるのが、「産めよ、増えよ、地に満ちて地を支配せよ。海の魚、空の鳥、地を這うすべての生き物を支配せよ」（創世記1:28）ということである。ただし、これについては、人間が持っているのは支配権ではなく管理者としての責任だ、という別解釈もある。

となったのが、本章でも後で紹介する「功利主義」という立場の創始者、18世紀から19世紀にかけて活躍したイギリスの哲学者ジェレミー・ベンサムである。非常におおざっぱに言ってしまえば、ベンサムの功利主義は、気持ちよさを増やすのはよいことで、痛みを増やすのは悪いことだという立場である。この基本ルールをベースに、ベンサムはこう言う（このくだりは動物倫理の話をするときに必ずと言ってよいほど引用される）。「問題は、彼ら［動物］は推論ができるか、でもなければ、彼らはしゃべれるか、でもない。問題は、彼らは苦しむことができるか、なのである。」[2] そして動物は苦しむことができるのだから彼らの苦痛も道徳的配慮の対象にしなくてはならない。ベンサム流の考え方はイギリス社会で賛同者を増やし、1822年には「マーチン法」と呼ばれる最初の動物愛護法がイギリスで成立した。この法律に実効力を持たせるため、1824年には動物愛護協会が結成される。この協会は1840年にはヴィクトリア女王の支援を得て王立協会となり、王立動物愛護協会（RSPCA）と改称した。RSPCAは今でも動物愛護団体の老舗としてイギリス国内のみならず世界的にも大きな影響力を持っている。19世紀前半の動物愛護運動は、主にスポーツや家畜に対して行われる動物虐待を問題としていた。たとえばイギリスに牛攻め（bull baiting）と呼ばれる遊びがあって、これは犬を牛にけしかけて殺させる遊びである（ブルドッグはこの遊びのために開発された品種だと言われている）。これはさすがに残酷だということで、良識派の人たちによって反対運動が盛り上がったわけである。

しかし、19世紀半ばにクロード・ベルナールをはじめとしたフランスの生理学者たちによって動物実験の手法が確立され、イギリスにもそれが輸入されると、今度は動物実験が動物愛護運動の焦点となった。この結果成立したのが1876年の動物愛護法である。これは動物実験の制限を定めた最初の法律であるが、抜け道も多かったため当時の動物愛護論者たちからは批判をうけていた。いずれにせよこうしたイギリスの運動は西洋諸国にも波及し、たとえば1933年にナチスドイツで作られた動物愛護法は当時としては先進的なものとして知られている。ユダヤ人の虐殺と動物の愛護がどうやってナチスの思想の中で両立しえたのかというのは興味深い問題である（興味がある方は『ナチスと動物』という本があるので一読をお薦めする）。

2）典拠については巻末文献表を参照。本文はできるだけスムーズに読んでいただけるようにということで、文章を直接引用する場合などどうしても必要なとき以外は書誌情報を除いてある。

19世紀の動物愛護運動の理論的な到達点を示す本として，1894年にヘンリー・ソルトが出版した『動物の権利——社会の進歩との関わりでの考察』という本がある。「動物の権利」という言葉は18世紀からちらほらと使われていたが運動の中で主流になることはなかった（もっとも初期の用例のひとつは，「女性に権利を認めたら，そのうち動物にまで権利を認めることになってしまうぞ」という，女性解放運動を揶揄するような文脈におけるものであった）。ソルトはこの本の中でこの不人気な概念を取り上げて，動物にも人権と同じような権利があるということを強く主張した。動物がかわいそうだと考えたり，動物も道徳的配慮の対象になると考えたりするのにくらべ，動物にも権利を認めるというのは，かなり強い主張である。というのも，動物もある面では人間と同等の扱いを要求できるということを意味するからである。彼の議論は同時代にはほとんど理解されなかったようであるが，現在も動物の権利を主張するために使われるさまざまな論法の原型がすでにこの本に登場しており，一種の先駆者と言ってよいであろう（「権利」という概念そのものについては本章のあとの方で解説する）。

　ちなみに日本には20世紀に入ってすぐのころに動物愛護運動が輸入された[3]。日本人の知識人らによって結成された愛護団体や，在留外国人女性らを中心として結成された愛護団体があったことが知られているが，彼らの活動について今残っている情報はあまり多くない。まあ，情報が少ないこと自体からも，結局動物愛護法が成立しなかったことからも，イギリスやドイツでの盛り上がりにくらべると，日本での動物愛護運動が非常に限られたものであったことは間違いない。

1-1-3　20世紀の動物福利と動物の権利運動

　第一次大戦後から第二次大戦後にかけて動物愛護運動は国際的に沈静期を迎える。一つには19世紀頃の初期の目的を達成して人目につく場所での動物虐待がおおむね規制されるようになったこともあるだろうし，また動物実験の成果がさまざまな病気に対するワクチンの発見などの形で人々の間に浸透していったために反対を唱えにくくなったことも大きいだろう。

---

3) もちろん，動物愛護運動の輸入前にも，日本にも徳川綱吉という動物愛護家がいた。彼の「生類憐れみの令」は後世の評判はよくないが，今からみるとこのお触れの内容（肉食の禁止，動物の見せ物の禁止，犬の虐待の禁止など）は非常に先進的な動物愛護法と言えなくはない。

1950年代から60年代にかけて，イギリスをはじめとする欧米諸国で動物実験を行う研究者たちによる動物福利の動きがあった（近年の動物の権利運動の前にこうした動きが研究者の側からはじまっていたことは案外知られていない。この運動や「福利」の概念については第五章参照）。こうした動きをうけて実験動物の福利に関する法律も各国で成立していった。

　この状況が一変するのが1970年代後半である。倫理学者のピーター・シンガーが1973年に『動物・人・道徳』という本の書評を『ニューヨーク・レビュー・オブ・ブックス』という有名な書評紙に発表し，さらにそこで展開した考え方を1975年に『動物の解放』という本にまとめた。これらの著作の特徴は，動物実験施設や工場畜産と呼ばれる現代の畜産のやりかたにおいてどれだけ動物が苦しめられているかを細かく描写した上に，動物の扱いを考える上での枠組みとして，「種差別」(speciecism) という概念を紹介したことであった[4]。「種差別」という言葉は「人種差別」(racism) や「性差別」(sexism) という言葉と同じやりかたで作られており，種を理由とする差別が人種や性別を理由とする差別と同じくらい無根拠なものだというメッセージを秘めている。こうしたアナロジーは1960年代に公民権運動やウーマン・リブ運動を経験してきた世代に訴えかけるものがあったと思われ，シンガーの著作をきっかけとして本格的な動物の権利運動団体が世界各国（特に英語圏の諸国）に作られていった。シンガー自身は功利主義をベースとしているために動物の権利という言葉をほとんど使っていない（このつながりについては後で説明する）。しかし面白いことに，シンガーに影響をうけたはずの人々はむしろ「動物の解放」よりも「動物の権利」の方を好んで用い，それが運動自体をさす名前となっていった。

　アメリカにおいてこの運動の中心になったのが1980年に結成された「動物の倫理的扱いを支持する人々」(PETA) という団体である。PETAをはじめとする動物の権利運動はそれまでのRSPCAなどの運動とくらべ，工場畜産の廃止や動物実験の全廃など，かなり過激な主張を行った。これらの活動の詳細については第五章，第六章にゆずる。また，「かわいそう」という以上の理論的裏付けの下にそういう主張を行っている点も動物の権利運動のポイントである。

　日本に目を転じると，日本では動物については「動物の愛護及び管理に関する

---

[4] 正確に言うと，「種差別」そのものはイギリスの動物愛護活動家リチャード・ライダーの造語だが，有名にしたのがシンガーであったためにしばしばシンガーが造語したと思われている。

法律」という法律が存在する。これは1973年に制定され，その後二度にわたって改正されてきており，略称も動物管理法から動物愛護法へと変更されて動物愛護の面が強調されるようになってきた。動物愛護法はかなり拡充されてきているとはいえまだ欧米の法律にくらべれば簡略なものである。法律そのものの中で実験動物や家畜の飼い方，輸送の仕方，殺し方について規定している国が多い中，日本では非常におおまかな概略だけが法律化され，あとは指針もしくは各学会のガイドラインのレベルで規定されているのみである。もちろん，何でも欧米に追随するのがいいわけではないから，こうした落差に問題があるのかどうかはそれこそ倫理学的な議論をへて考えるべきことである。

さて，以上の簡単な動物愛護の歴史の中で，「功利主義」という言葉が二回出てきた。19世紀の運動も，20世紀の運動も，出発点となったのは功利主義をベースとした哲学者（ベンサムやシンガー）の議論であった。これでは功利主義というのがなんだかよほどの危険思想みたいだが，どのような考え方なのだろうか。また，権利という言葉も重要な役割を果たしているが，これもまた倫理学の概念である。なぜ功利主義がそれだけの影響力を持ったのか，この考え方と権利という考え方の関係はどうなっているのか，ということを知るためには，規範倫理学の世界に分け入って行く必要がある[5]。

1-2　功利主義

1-2-1　結果に着目する考え方

さて，序章で触れたように，現在の規範倫理学には，何に着目して行為の善悪を判断するかということについて大きく分けて三つの立場がある。その一つが，帰結主義（consequentialism），すなわち一番基本となるレベルでは結果のみで行為の善し悪しを判断しようという立場である。功利主義も分類するならばこの帰結主義の一種であり，その代表として扱われることも多い。

---

[5] なお，「功利主義」という言葉は分かりにくいし誤解もされているのでこれからは「公益主義」と訳そうと言っている人たちもいる。ただ，圧倒的に多くの本であいかわらず「功利主義」という言葉が使われているので，ここではそういう本を読むときの便宜を考えて功利主義で通す。

ある意味では，帰結主義というのは「結果よければすべてよし」ということになるが，この言い方は誤解を招きやすい。こういう説明をしたときに「何も考えずに行動しても結果オーライならいいって，帰結主義ってなんだかずいぶん無責任な立場ですね」という学生がいたが，むしろ逆で，責任がシビアに問われるのが帰結主義である。というのも帰結主義は「結果悪ければすべて悪し」でもある。この面では「結果」を出さないと途中の努力はまったく評価されないというスポーツ選手のシビアな世界をイメージした方が近いだろう（スポーツの世界でいう「結果」と帰結主義のいう「結果」はもちろん違っていて，帰結主義では自分の行為から発生するありとあらゆることが「結果」に含まれる）。

行為の結果を考えるといっても結果にもいろいろな面があり，どの面に着目するかで善いか悪いかの判定が変わってしまう。結果としてお金が儲かるかどうかに着目するならお金が儲かりそうな行為が善い行為になるだろうし，結果としてみんなに褒められるかどうかに着目するなら一番褒められそうな行為が善い行為となる。しかし，こういうものにわれわれが価値を認めるのはもちろんにせよ，これを倫理の大原則にせよ，なんていうと，金儲けのために人を犠牲にしたり，誰も褒めてくれないなら人助けをしない，といったことが倫理的に正しいことになってしまう。それはいくらなんでも変だろう。

1-2-2　功利主義という考え方

さて，功利主義が着目するのは，お金が儲かることでもなければ褒められることでもなく，行為の結果としてみんながどのくらい幸福ないし不幸になるかという側面である。なんでそこに着目するのか説明すると長くなる（詳しくは第五章参照）が，一つの仮説として，この世の中のよさの根拠は幸福だと考えるのが功利主義の一つの特徴である。

また，ここでいう「みんな」とは原理的にはその行為で影響をうけるあらゆる人である（以下，「関係者」と呼ぶ）。その関係者の幸福を総和して，その幸福の量が少しでも多くなる選択肢を選べというのが功利主義の基本原理であり，これを命令形で一言で言えば「功利の原理」（principle of utility），すなわち「関係者全員の幸福を最大化するように行為せよ」となる。同じことを表現したスローガンとして「最大多数の最大幸福」という言い方もよく使われる。功利主義はこの

一つの原理から他のありとあらゆる価値判断が導き出されるという点を特徴としており，これがさまざまな問題について考える上での強みともなるし，そうやって出した答えが直観と食い違うことで弱点ともなる点である。

功利主義の開祖とされるのはすでに触れたようにジェレミー・ベンサムで，その後ジェームズ・ミルとJ.S.ミルの親子やヘンリー・シジウィックといった哲学者（いずれもイギリス人）によって理論的に洗練されていった。

功利主義の基本的な考え方を単純な例で説明しよう（実は以下のまとめは単純すぎて功利主義の紹介としてはほとんど間違いなのだが，いっぺんに複雑なものを紹介しても頭が混乱するだけだろう）。あなたの選択の影響を受ける人がシロウくん，サトシくん，ノブオくんの三人で，選択肢というのが1000円をシロウくんがもらうか（これをXとする），サトシくんがもらうか（Yとする），ノブオくんがもらうか（Zとする）の三つしかないとしよう。それぞれの選択肢に応じてそれぞれの人がどのくらいの量の幸福が得られるかが決まる。たとえばその幸福の量が表1-1のような数字であらわされるとしよう（たとえばシロウくんはその1000円を元手に大もうけできるのでとても幸せになるがあとの二人はそれを見ていやな気分になり，サトシくんにとっては1000円はまったくどうでもよく，ノブオくんはちょっと役にたてることができる，といった感じの状況である）。

この場合，たとえば選択肢Xを選んだ場合のシロウくんの幸福の量は14点，サトシくんの幸福の量は2点，ノブオくんの幸福の量は1点で，単純に総和すると17点となる。同様に，Yを選んだときの幸福の総和は12点，Zを選んだときの幸福の総和は14点となる。功利主義の考え方は，もし影響を受ける人がこれだけならば，一番総和の大きくなる選択肢Xを（Xがどういう行為であるかに関係なく）選ぶべきだ，というものである。こういう計算を功利計算と呼ぶ。

ここで強調する必要があるのは，選択をする人がシロウくんと親しいとか，あるいは選択をするのは実はノブオくんだったとかという状況がこの計算に影響をおよぼしてはならない，という点である。日常的には，われわれは自分の幸福や身内の幸福を他の人の幸福よりも重視して考えるのが普通だろう（自分がノブオくんだったらZを選びたいと思うのが人情というものだろう）が，功利の原理に従おうと思うなら，そういう手心を加えてはいけない。どんな人の幸福であってもおなじように配慮される，というのが功利主義的な考え方の肝である。この考え方をあらわすスローガンとして「一人を一人として数え，決して一人以上には

表 1-1

	シロウの幸福	サトシの幸福	ノブオの幸福	幸福の総量
選択肢 X	14	2	1	17
選択肢 Y	4	4	4	12
選択肢 Z	3	4	7	14

数えない」というベンサムの言葉がよく引用される。

1-2-3　幸福ってなんだろう

　さて，表1-1を見て，「その，シロウくんの幸福が14点だとか3点だとかという数字は一体何を意味しているの」という疑問を持った人がいたのではないだろうか。実は実際に功利主義者が現実の問題について議論するときも数字をあてはめて計算するわけではなく，もっとどんぶり勘定で，「この幸福はとても大きい」「この不幸は大したことがない」という感じでアバウトにやっている（というより，それ以外にやりようがない）。しかしどんぶり勘定にしても，何を勘定するかが分からなければどんぶり勘定のしようがない。では，ここで勘定されている幸福とは何なのだろうか。

　幸福の中身としては，功利主義の中でもいろいろな説があり，これについては第五章で詳しく紹介するが，ここでも簡単な紹介は必要だろう。ベンサムなどの古典的な功利主義では快楽が多くて苦痛が少ないことが幸福だと考えられていた。しかし，これを文字通りにうけとると，気持ちよいのはよいことだ，ということになり，自堕落に快楽を追い求める生活が理想の生活だということになりかねない（第三章で紹介する快楽の質の概念はこの批判への答えとして出てきたものである）。これに対して，最近では「選好充足」(preference satisfaction) が幸福だという考え方が主流になってきている[6]。選好とは，二つ以上の選択肢の間に「これよりはこっちが好き」「こっちの方が嫌い」「こっちの方を望む」という形で序列

---

6) 「選好」なんて聞き慣れない言葉だが，英語の prefer や preference にあたる言葉が日本語にないので無理矢理でっちあげた言葉だと思ってもらえばよい。また，名詞の preference はここで言ったような序列づけを指すが，動詞の prefer は「より望む」という意味になる。したがって，「Aを選好する」という表現は，「Aを他の選択肢よりも望む」という意味になる。

をつけることである。そして，自分が一番望んだ選択肢が実現することを選好充足と呼ぶ。もっと日常的な言い回しを使うなら，選好充足とは「願いが叶う」ことである。選好の中には自分にとって大事なこと，譲れないことについての選好もあれば，どうでもよいことについての選好もあるだろう。大事なことや譲れないことについての選好は強く，そうでない選好は弱いと考えるなら，より強い選好が充足される方がそれだけ幸福の量も大きいことになる。この言い方を使って功利の原理を言い換えるなら，「関係者全員の選好が最大限充足する（願いが最大限叶う）ような仕方で行為せよ」ということになる。

1-2-4　功利主義の魅力

　功利主義そのものの説明はこれくらいにして，功利主義がすでに見たような影響力を持つのはなぜなのかにちょっとだけ触れておこう。功利主義が影響力を持つ一つの理由は，実際われわれは「なんで〜はいけないの」といった質問に対してちゃんと理由を挙げようとするなら，幸福や不幸を使うことが多い，ということがあるだろう（子供が相手なら「いけないものはいけない，理由なんかない」といった答え方の方が有効なことも多かろうが）。ものを盗んではいけない理由としては相手が困る（不幸になる）ことが挙げられるし，悪口を言ってはいけない理由としても相手が傷つく（不幸になる）ことが挙げられるだろう。逆に，人助けは相手を幸福にするだろう。つまり，功利主義は，日常的な道徳のそういう側面をうまく整理した立場なのである。

　次に，功利主義は個人の合理性からの拡張として理解することができるという利点がある。人が自分個人のことについて決めるとき，実は表 1-1 に類した思考パターンで考えている。ただし，選択肢を選ぶときに考慮されるのは，シロウくん，ノブオくんといった別の人の幸福ではなく，「今の自分」と「将来の自分」だったり，自分の持ついろいろな側面だったりする。たとえば，朝，もう少し寝ていたいけど起きないと遅刻する，というようなとき，遅刻すると大変なことになるなら起きるだろうし，遅刻しても不利になることがなく，しかも眠いなら起きないこともありうるだろう。こういう場合，寝ることで今の自分が得る幸福と遅刻することで将来の自分が経験する不幸を比較考量しているわけである。あるいはレストランで何を食べるか考えるときも，メニューを見て，その料理の値段

とその料理から自分が得る満足（これも空腹を満たすという側面，味を楽しむという側面，話題の料理を食べたということ自体から得られる満足という側面などいろいろあるだろう）を比較して，割りがあわないと思う料理は少なくともさけるだろう。

　こうやって慎重に考える人は，しばしば「合理的」であると言われる。功利主義は，実はこうした個人の合理性を社会的な問題に拡張したものである（第三章のハーサニーの議論を参照）。個人のレベルで合理的な考え方は，社会的にも合理的な考え方なんじゃないだろうか，というわけである。ついでに言えば，こういう比較は，さきほど出てきた「数字の割り当てをどうするのか」という問題についての答えにもなっている。つまり，個人のレベルでもどんぶり勘定でちゃんと計算ができているのだから，功利主義においてもどんぶり勘定でいけるはずじゃないか，というわけである。

　その他，功利主義を正当化する議論としては，次の章で見る普遍化可能性を利用した議論や，第三章で見る社会契約説を利用した議論がある。それについてはそれぞれの場所で見ることにしよう。こういう理論的な正当化という面で強いのが功利主義が影響力を持つゆえんであろう。

1-2-5　功利主義の問題点

　功利主義はもちろんよいところばかりではない。それどころか功利主義にはいろいろな方面からの批判があって，倫理学者で自分のことを功利主義者だと言う人はシンガーなど少数である。

　たとえば，人間に自分の行為の結果について正確に見通すことなどできるはずがないが，表1-1のような計算をするには，まずそうした正確な見通しが必要となる。こうした不確実性については，一応解決法がある。それは，実際の結果ではなく，「期待効用」と呼ばれるものを計算することで対処するという方法である。高校の数学で「期待値」というものを習った方は，あれを思い出してもらえればよい。たとえばYという選択肢を選んだときのサトシくんの幸福度が2分の1の確率で5点，2分の1の確率で3点だとすると，$1/2 \times 5 + 1/2 \times 3$で4点というのがサトシくんの期待効用になる。こういう見積もりも自分のことについては人は無意識にやっているはずである。

また、個人の意思決定を社会的な意志決定に拡張するときに問題になるのが、ある人の幸福と別の人の幸福をどうやって比較するのかということである（「幸福の個人間比較」の問題と呼ばれる）。もしかしたらシロウくんはかゆみがとても嫌いで、彼にとって背中がかゆいことの不快感は、サトシくんが死ぬことについて持つ恐怖感より大きいかもしれない。でもどうやってそれを調べたらいいのだろう。これはなかなか奥の深い問題なので、第六章であらためて取り上げる。

　上記のような批判に加えて、功利主義に対して一番よくある批判は、功利主義によると場合によってはみんなの幸福のために一人をひどい目にあわせてもよいということになりはしないか、ということである。これは、特に次に見る義務論の立場の人々からあびせられる批判である。たとえば、100人の幸福を一人1点ずつ増やし（ほんのちょっと幸せにし）、そのかわりに一人の幸福を99点減らす（非常に不幸にする）ような選択肢があったとしよう。功利計算をしてみると、幸福の総量は100－99＝1で、何もしないよりも1多いから、幸福を最大化するという立場からはこの選択肢を選んだ方がよいということになってしまうだろう。みんながちょっとだけ楽をするだけのために一人に仕事をおしつけるなんていう状態がこれにあたるだろう。その一人が特に責任があるというのでもないかぎり、こんな不公平は認められないと誰もが思うだろうが、功利主義では幸福の量を単純に足して判断するから、不公平かどうかという要因を考慮に入れるのが難しい。

　これと関連して、功利主義ではそもそも権利なんてものが守られなくなってしまう、という懸念がある。たとえば、本当は無実だけれども死刑を求刑されている被告がいて、裁判官はその人が無実だということを確信しているけれど、世間の人はその人が極悪人だと思っている、というような状況を考えてみよう。さらに、もし無罪の判決を下したらおそらく暴動がおきて、けが人も死者も多数出るだろうことが裁判官には予測できているとする。功利計算をすれば、多くの人を暴動にまきこませて不幸にする選択肢より、一人が無実なのに死刑になるという選択肢の方がまだましのように思える。しかしこれでは、死刑にされる人は生きる権利を否定されることになってしまう。

　もちろん、いろいろなファクターを考慮に入れれば、無実の人を処刑した方がよいような事態はほとんどない。無実なのに殺される場合がある、と思うことで世間一般の人が感じる不安、そういう処置をとる可能性のある裁判官への不信や裁判という制度自体への不信など、間接的な社会的コストは大きいので、長い目

で見れば，無実の人をそうと知りつつ死刑にするなんてしない方が幸福の量は多くなるだろう。でも，もっともっと例外的な状況を考えたら，やっぱり無実の人を処刑してよいと功利主義が判断する場合があるんじゃないだろうか。こういう疑念が功利主義について存在するのである。

これについては，後で紹介する規則功利主義の考え方でかなり処理できるが，それでも満足できない場合，幸福だけではなく何らかの意味での公平さの実現も重要だという形で功利主義を修正する立場がある。これは，結果を考慮する際に結果の公平さを考えに入れるという立場なので，帰結主義の一種だと見ることができる。あとで出てくるロールズの正義論（第三章）もセンの潜在能力説（第五章）も，この意味での帰結主義だと解釈することができる。彼らの立場の詳しい説明はあとにゆずるとして，ここでは功利主義でないタイプの帰結主義もあるということだけ確認して先に進もう。

1-3 義務論

1-3-1 義務論の基本的考え方

功利主義に対して違和感を持つ人たちは，功利主義に対する対案として，義務論という名前で一括される一群の立場を提案してきた。義務論の考え方によれば，行為の評価はその行為や意図が義務にかなっているかどうかで行われる。義務は「〜すべし」「〜すべからず」という比較的単純な命令の形であたえられ，それにあった行為は正しい行為，あわない行為は不正な行為である。「嘘をついてはならない」「人を殺してはならない」などは義務の例である。ただし，義務論と呼ばれる立場の人たちの間でも，何を義務に含めるか，どの程度抽象的なレベルで義務を定義するかなど，意見の相違がある（これについては後で見る）。

義務論の観点からは，ある行為がよい行為かどうか考える上では，結果は関係ない。義務論の代表者とされるドイツの哲学者のイマニュエル・カントの倫理学では，その行為が義務だからという理由で（つまり純粋に義務を果たすという意図の下に）なされる行為だけが道徳的によい行為だという極端な立場をとる。たとえば「困っている人を助ける」という，傍目には同じに見える行為でも，「助

けてあげたら見返りがありそうだから」とか「その人が好きだから」とかいう理由でなされるのは道徳的によい行為とは言えず、「困っている人を助けるのが義務だから」という理由でなされる行為だけがよい行為なのである。カントはなぜこんな窮屈なことを考えたのだろう。これも詳しく説明していると長くなるが、さわりだけ見ておこう。功利主義者がこの世のなかで善いものは究極的には「幸せ」だと考えたのに対し、カントは究極的には「善い意志」だけが価値があると考えた。他のものは（お金だって幸福だって）邪悪な意図を持って利用すれば悪用できてしまうから、そういうものが悪用されないことを最終的に保証するのは善い意志だけである、というわけである。

　カント以外の義務論者も、カントほど極端でないにせよ、結果以上に意図を大事にすることにはかわりがない（結果も考慮しないわけではないが）。たとえば、(1) 人を殺すつもりで崖から突き落とすのと、(2) 誤って突き落としてしまうのと、(3) 人が崖から落ちそうになっているのに助けないのと、(4) 落ちるのに気づかないのとを比べてみよう。帰結主義の立場（功利主義も含めて）から言えば、(1) から (4) は人が崖から落ちたという結果は同じなのだから、起きたことの悪さは変わらないはずである。しかし、義務論ではそれがどういう意図のもとでどうやって起きたかが問題になる。直観的に考えて、(1) はもっとも重大な悪事の一つであるが、(3) はたしかに悪いけれどもそれほどの悪事とは見られない。こうした差は義務論の考え方で正当化できる。哲学用語で、何かを「する」ことを「作為」、「しない」ことを「不作為」と呼ぶのだが、「作為と不作為では別物」だと考える余地ができる（帰結主義だとそんな区別は意味をなさない）。また、同じく直観的に考えて、(2) は過失としてとがめられはするけれども、(1) と比べると非難の度合いははるかに低い。こういう差のつけ方も、行為者の意図を重視するという義務論の考え方から説明できる。つまり、われわれの日常感覚と義務論は非常に近いのである。

　功利主義と比べたときの義務論の魅力は、なによりも、不公平や権利の侵害についての心配がないところにある。「人はみな平等に扱うべし」「他人の権利を侵害してはならない」といった義務は、みんなの都合で簡単に破ってよいものではない、と義務論者たちは言う。いくら一人に99点の不幸をおわせることで100人が1点ずつ幸福になるとしても、そんな不公平な扱いは認められないし、いくら暴動を防ぐためでも無実の人を処刑してはならない。

もう一つ、なにをすべきでなにをすべきじゃないかということが非常に分かりやすいという点が義務論の魅力である。功利主義ではある行為の善し悪しを最終的に評価するにはその結果がどうなるか、すべての選択肢について予測して、それぞれの結果についてあらゆる関係者の幸福を計算して足し合わせて、といった面倒なプロセスが要求されるので、何をすべきかすぐには分からない。これに対して「人を殺すべからず」という命令はそんな難しいことを考えなくても何をしてはいけないか理解できる。

1-3-2　カント流の義務論

さて、ここまで義務論とひとくくりに紹介してきたが、実際には義務論はいろいろな立場の総称である。その全部を紹介することはできないので、特徴的な立場を二つ紹介しよう。

義務論の一つめの代表は、カントの流派の義務論である。カントが活躍したのは18世紀後半だが、以下で紹介するのはカント自身の立場というより、カントの議論を自由に利用しながらそのエッセンスを生かした現代の哲学者たちの立場の総称だと思ってもらった方がよい。また、カント流倫理学のもう一つの要素である普遍主義についてはコラム3で説明する。

カントは（そしてカントを受け継ぐ現代のカント主義の倫理学者たちは）、善い意志だけが価値があるということから、義務論という立場の一般的な性格だけでなく、もっと実質的な義務の内容まで導きだせると考えた。そのつなぎとなるのが、「人格」（person）の概念である。「人格」という言葉は倫理学ではいろいろな人が好き勝手に使っていて、見るたびに「あなたはどういう意味で使っているの」と確認しなくてはいけないやっかいな言葉である。ただし、少なくとも、日常会話で「人格を疑う」と言うときの「人格」とはかなり違う意味で使われていて、むしろ日常の日本語で「もの」と対比して「ひと」とか「人間」という言葉を使う場合に指しているものが哲学業界用語の「人格」に近い。さて、カントは、「人格」という言葉を「理性的存在」と同じ意味で使う。理性的存在というのはむずかしげな言葉だが、自分の理性を使って何をすべきか考え、そうやって得た結論に自分を従わせることができる能力を持つ存在を言う。そういう能力を「自律」と呼ぶので、カントにとって人格とは自律できる存在のことだ、と言い換え

ることもできる。たとえば兄弟みんなで仲良く分けて食べるようにと言われたケーキが目の前にあるときに，食べてしまいたいという欲求に逆らって，「みんなで分けて食べなくては」と理性で考え自制することができるなら，その人はカントの言う意味での人格である。この例からも分かるように，自分の欲求を抑えて道徳的になすべきことをすることができる存在，つまり「善い意志」に従って行動できる存在は人格だけである。つまり道徳的判断を下すことのできる存在はみな人格だということになる。

　カントは，人格というもののそういう特徴をふまえ，人格であるような存在が道徳の一番基本的なルールについて考えるなら，当然人格を大事にしようというルールになるはずだと考えた。それどころか，人格というものには他のものにはない「尊厳」（dignity）なるものが備わっていると判断せざるをえないと考えた。それが「人格の尊重の義務」，すなわち，他の人格を尊厳を持ったものとして敬意を払い，決して自分の目的を達成するための単なる手段として人格を用いてはならない，という義務である。カントは同じことを「他の人格を目的自体（ends in themselves）として扱え」という言い方もしており，この「目的自体」という表現もカント主義を表す言葉としてよく利用される。

　尊厳というのは非常に説明しにくい言葉で，相手を尊厳を持ったものとして敬意を払うというのがどういう心構えを指すのか，言葉で説明せよと言われても困ってしまう。ただ，その意味の一部として，単なる「もの」として扱わない，ないがしろにしないという要素が含まれ，それをもう少しかしこまった言い方にすると「単なる手段として扱わない」というカント流の表現になるわけである。「手段として扱う」というのが分かりにくければ「ただの道具として利用するような態度をとらない」と言い換えてもいいかもしれない。

　では，単なる手段として使うというのは（そしてその反対の目的自体として扱うというのは）もうちょっと説明するとどういうことなのだろうか。これについてのカントの説明は分かりにくいのだが，現在のカント流倫理学のスタンダードな考え方では，相手が認めないような目的のためにその人を利用することを指す。一般に，他人の支配下にあるものを勝手に自分のものにする（もっと簡単に言えば「盗む」とも言う），他人にうそをつく，他人を殺すなどの行為は，相手が承認しないようなことを，自分の利益のために相手に対して行っているわけで，相手を単なる手段として使っていると言ってよいだろう。また，無実の人を全体の

幸福のために処刑するのは，その人を他人の幸福のための手段として使っていることになる。こうして，功利主義に対して存在していた憂慮はカント流倫理学では解消されることになる。

ただし，ここで「手段として」という言葉に「単なる」という形容詞がついているところがみそである。相手と共有できるような目的にそって相手を利用するのは，「単なる手段」として使っているわけではなく，ある意味で相手を「目的」ともしている。そういう利用のしかたは認められるというのがカント流倫理学の考え方である。たとえば駄菓子屋であめ玉を買うとき，買う方は駄菓子屋の店主をあめ玉を食べたいという目的のために利用しているわけだし，店主は収入を得るためにお客さんを利用しているわけだが，お互いに相手の目的を承認して納得づくで取り引きをしているので，単なる手段として使っているわけではないことになる。

1-3-3 ロスの「一見自明の義務」論

カントといろいろな点で対照的な義務論者として，もうひとり，W. D. ロスが1930年代に展開した「一見自明の義務」（prima facie duties）の理論というものを紹介しておこう。カントの議論は功利主義より一般に考える「義務」のイメージに近いものの，やはり日常の思考とはちょっとレベルの違う，原理原則にさかのぼった問題を考えている感じがする。それに対して，ロスの立場は日常感覚そのものをちょっと哲学的な言葉で表現しなおしたという風情のものである。

「一見自明」というのは妙な表現だが，prima facie という言葉が持つ二つの意味をなんとか両方生かそうとした訳語である。prima facie という言葉は，「見ただけで明らか」という意味も「一見したところはそう見えるが本当は違うかもしれない」という否定的な意味もある。ロスの言う一見自明の義務はこの両方の性質を持つ。たとえば，ある行為が「約束を破る」という種類の行為であるならば，その行為をしてはいけない，というのは見ただけで明らかである。しかし他方，他の義務などいろいろなことを考え合わせたらこの特定の場合には約束を破った方がよいということもあるかもしれない（自分が約束通りに行動したら誰かの命が危険にさらされる，という場合など）。こうした，明らかに義務である，という明白さの側面と，義務だというのは一応の判断であって最終的な判断ではない，

という暫定的だという側面を持つのが一見自明の義務である。ちなみにロスは，よくよく考えてやはりなすべきだと判断される行為を「実際の義務」（duty proper）と呼んで区別している。

では，どういうものが一見自明の義務なのだろうか。ロスは網羅的なリストは作っていないが，少なくとも以下の七つは一見自明の義務だと考えている。(1)約束を守る (2)危害への償い (3)謝礼 (4)正義 (5)博愛 (6)自己開発 (7)害をなさない。特に，(1)から(3)は自分や他人の過去の行為から生じる義務である。ロスもまた功利主義をはじめとする帰結主義に対して非常に批判的だが，その一つの理由は，帰結主義が未来のみを見て判断をしようとするのに対し，(1)〜(3)のような過去との関係で生じる義務もあると考えるからである。

カントとロスの違いを簡単にまとめておこう。カントは人格という概念を分析したりしてできるだけ合理的に人格の尊重の義務を導き出していたわけだが，ロスはそんなまわりくどいことはせず，一見自明の義務は直観的に正しいと分かる，と言う（先回りすると，これは第二章で出てくるムーアの「直観主義」の立場を基礎としている）。

また，カント倫理学では一番基本的な義務は一つだけ（人格の尊重）だが，ロスはそういうものが何個もあると考えた。そのために，実際に行為を選択する場面では，二つ以上の基本的な義務が対立することがあり，そこでは義務の調停が必要となる。そういう場合には一方の義務が一旦停止され，停止されなかった方の義務が実際の義務となる。一般的な言い方をするならば，「強い方の義務を選択せよ」というのがそういう場合の処方であるが，それぞれの局面でどの義務がもっとも強い義務になるかということを決定する機械的な方法は存在しない。

ロス本人の立場は，言っていることがあんまり当たり前すぎるせいか，あまり人気がないのであるが，大枠でロスと同じような発想の最近の理論としては，ビーチャムとチルドレスの「中間原則主義」や，ガートの「十の規則」論がある。どちらも複数の一般的な義務をかかげて，対立するときにはうまく調停しながらやりくりしていくという路線であり，生命倫理学などの実際的な分野で支持をあつめている。

1-3-4 権　利

　もう一つ，義務論との関係で，ここで触れておきたいのが「権利」という考え方である。ここまで考えてきたような「無実だけどみんなの幸福のために死刑にされてしまうかも」というような状況について，すぐに思いつくのは，「そんなのは人権侵害だ」ということだろう。これは義務論とは違うのだろうか。もっと一般的に，われわれはよく「権利がある」とか「権利がない」とか言うが，権利があるとはどういう状態なんだろうか。これは義務論とどう関係しているのだろうか。

　権利という言葉も人によってさまざまな意味で使われるので注意が必要な言葉だが，義務論の文脈では，実は，権利と（ある種の）義務は表裏一体の関係にあるものだと考えることができる。つまり，ある人が何かの権利を持つならば，他の人はその権利を尊重する義務を持つのである。たとえば娘には結婚相手を選ぶ権利がある，と判断するのなら，娘の結婚相手を強制的に決めてはならない，という義務が親の側に発生することになる。ものを盗んではならないという義務を反対側から見れば，自分のものを他人に勝手に持って行かれない権利となる。一般に，ある人に何かの権利があるなら，他の人はその権利を尊重する義務を負う。ただし，その逆は成り立たない。つまり，ある人が義務を持つからといって必ずしも誰かがそれに対応する権利を持つとは限らない。たとえば投票の義務というのがあるとして，わたしが投票しなかったからといって誰かが権利を侵害されるわけではない（対応する権利があるような義務を完全義務，対応する権利がないような義務を不完全義務と呼んで区別することもある）。

　権利には，それぞれの人の「なわばり」を決めるという役割がある。日本の憲法で保障されている生命・身体の自由の権利，所有権などは，その人に対して他人（直接には政府）が好きにすることができない領分を認めているわけである。しかも，義務というものの絶対性の裏返しとして，権利もまた一種の絶対性を持つ。「XはAさんの権利である」ということは，便利だからとかみんなが幸せになるからという理由で他人が勝手にXをどうこうしてはいけないということを意味する。無実の人を処刑する例でいうと，「無実なのにみだりに殺されたりしない」というのは各人の「なわばり」の中心部分であり，それにふれるような行為は，誰が幸福になろうが関係なくアウト，ということになる。

もちろん，義務が他の義務と対立する場合と同様，権利も他の権利と対立するときにはどの権利を優先するか考える必要があるし，場合によってはもっと重要な他の権利に道を譲ることもあるだろう。その意味で，われわれが普通に理解する意味での権利もまた「一見自明の権利」だと言うことができる。権利論は伝統的には「社会契約」という考え方を使って説明されてきた。これについては第三章と第四章でくわしく取り上げていくことにする。

ここまでの説明からも明らかなように，「基本的人権」に基礎をおく近代的な自由主義国家の考え方は基本的には義務論的である。義務論はこの意味でも現実の社会における道徳や倫理の捉えられ方と近いものとなっている。

1-3-5　義務論の難点

さて，義務論はわれわれの倫理というものについての直観に沿う部分も多いが，問題点もある。まず，二つ以上の義務や権利が葛藤した場合どうしたらよいかという問題がある。葛藤といっても，ここでは心の中の葛藤の話ではない。義務が「葛藤する」（conflict）というのは，Aという義務を果たそうとして行動するとBという義務に違反してしまい，Bという義務を果たそうとするとAという義務に違反してしまう，というような状況のことで，そういう状況は「道徳的ジレンマ」（moral dilemma）などとも呼ばれる。道徳心理学でよく使われるのは「ハインツのジレンマ」と呼ばれる架空の事例である。ハインツの奥さんは病気で，ある薬を飲まないと死んでしまう。その薬を持っているのは町のとある薬屋だけであるが，薬屋はハインツにはとても払えないような大金を要求している。ハインツは八方手を尽くしたがそんな大金をあつめることができなかった。ハインツは薬屋に忍び込んで薬を盗む。これは許されることだろうか。このジレンマにおいては，他人のものを盗んではならない，という義務と，自分の妻の命は助けなくてはならないという義務が葛藤している。

功利主義なら，こういうとき，盗んだ方が全体としての幸福が多いかどうか，という基準でどちらがよいか考えることができる。しかし，義務論ではそういう一元的な基準はない。人格を尊重するという基準にしても，薬屋も妻も尊重しなくてはならない対象だから，どっちが大事とは一概には決められない。ロスは義務というものは元来そういうものだと考えたから，一見自明の義務という考え方

を導入して，葛藤がある場合はその場その場でどちらが優先するか（どちらが本来の義務か）を考える，という路線をとった。しかしどうやって考えたらよいかよく分からないことには変わりがない。

次に，義務や権利があらかじめ決められていない場合はどうすればよいか，という問題もある。たとえば，1960年代になって，人工呼吸器をはじめとした生命維持技術が発達することで，脳の機能は停止しているのに心臓は動いているという，それまでなかったような状態が生じるようになった。そういう場面でどういう義務が発生するのか，義務論でははっきりしない。カント主義ならば人格を尊重するのはどういうことかと考えて新しい義務を作ることができるからまだしも，ロスの一見自明の義務の体系ではそうやって新しい義務を作ることすらできない。

第三に，すでに社会で義務や権利として受け入れられているものの中には理不尽なものもあるだろう。たとえば有色人種は財産として売買してもよいという慣習や，女は専業主婦をしなくてはならないという義務など，ある文化においては一見して自明なものとして受け入れられていたけれど，今のわれわれから見るとナンセンスなものもある。というわけで，義務に従うといっても既成の義務を無批判に受け入れて機械的に適用すればよいというものではない。

もちろんこうした問題に義務論者が気づいてこなかったわけではないが，本書ではそれにはあまり立ち入らない。

1-4　義務論の要素を入れた功利主義

1-4-1　行為功利主義と規則功利主義

功利主義者たちは義務論者たちに批判される中で，理論的にいろいろな工夫をしている。その結果，功利主義はここまでで紹介した単純なイメージにくらべて，義務論の要素を取り入れたりして複雑な構造をとるようになっている。その代表といえるのが，規則功利主義と呼ばれる考え方の導入である。

まず，単純な功利主義で「ものを盗んではいけない」とか「約束をやぶってはいけない」といった，義務論でいうところの「義務」がどう理解されるかを確認

しておこう。

　功利主義の説明では，サトシくん，シロウくん，ノブオくんという三人の効用について計算をするというモデルを紹介した。功利主義の発想法はたしかにこうなのだが，非常に単純な行為の選択ですら，こういう基本モデルにそって判断を下すのは非常に大変である。行為の結果やそれぞれの人の選好を考えて1-2-2項の表1-1のようなものを作るのは，個人間の比較といった問題が解決できたとしても，非常に時間がかかる。他方，われわれの日常生活は，朝起きて歯を磨いて朝食を食べるところからはじまり，無数の行為選択によって構成されている。人に言われた通りに行動するのだって，言われた通りにしない，という行為を避けて，言われた通りにするという行為をしているわけである。だとすれば，一つ一つの行為に対して，たとえば，「今朝食を食べるのと10分後に朝食を食べるのではどちらが幸福を最大にするだろうか」などと計算して判断を下すのは事実上不可能である。仮に実行したとしても，非常に偏った情報に基づいた不完全なものにしかならず，幸福の最大化にはあまりつながらないだろう。

　この問題を解決する一つのやり方は，「朝のうちに食事をすること」といった簡単なルールを先に作っておいて，それに従えば，あまり考えずにおおむね幸福を最大化できるようにしておくことである。単純な功利主義の観点からは，たとえば「嘘をつくな」といった道徳的な規則もまた，それに従っておけばだいたい幸福が最大化する，というおおざっぱな経験則という性格を持つことになる[7]。

　しかし，上記の功利主義への批判を繰り返すなら，「嘘をつくな」はともかく，基本的な権利にかかわるような規則，たとえば無実の人を処刑してはいけないとか窃盗をしてはいけないといった規則まで経験則扱いされるのは大変問題である。経験則ということは，どうもあてはまらなそうだと思ったら破ってもよいような，そういう軽い規則だということである。しかし，基本的な権利にかかわるような規則は，普通，もっと重い，決してやぶってはならない規則だと考えられている。功利主義にはそういう規則が存在する余地はないのではないだろうか。

　こうした批判を真剣に受け止める功利主義者たちは，規則功利主義 (rule utili-

7）英語では経験則を指す言葉として「親指の規則」(rule of thumb) という表現があり，単純な功利主義の観点から見た経験則を指す言葉としてよく使われる。なんでも，昔のイギリスで，むち打ちのむちの太さは親指くらいの太さがちょうどよい，という経験則があって，そこから経験則一般を指すようになったのだという。

tarianism）と呼ばれる，功利主義の別バージョンを考えた。これは，功利計算の対象を一回一回の行為ではなく規則の選択のみに限り，実際に行動するときにはそうやって事前に選んだ規則だけに従う，という考え方である。規則功利主義で行う計算は単純な功利主義で経験則を選ぶときの計算とあまり変わらないだろうが，単純な功利主義では状況に応じて功利計算をやり直す可能性があるのに対し，そういう計算を認めないのが規則功利主義の考え方である。つまり，さきほど想定した裁判官の例においても，事前に「無実の人を死刑にしてはならない」という規則に従うことが幸福を最大にすると判断されていたなら，例外的な場面においてもその規則に従って行為するのが規則功利主義のやり方である。

なお，一回一回の行為について（実際に計算するかどうかは別として）功利計算を行うことを認める立場を，ここまで単に功利主義と呼んできたが，規則功利主義と対比する場合には行為功利主義（act utilitarianism）と呼ぶので，今後はその呼び方を使おう。

行為功利主義とくらべたとき，規則功利主義には，もう一つ，「ただ乗り」（free riding）を防ぐ規則を説明できる，という利点がある。たとえば溝にはまった車を10人くらいで押し上げようとしているようなとき，自分一人だけ誰にも分からないように押すふりだけしてもよいだろうか，と考える人がいたとする。一人分の力が減るくらいでは他の人にかかる負担はあまり変わらない（不幸をそれほど増やさない）が，自分は楽をしてとても幸せになるので，行為功利主義的に計算したなら，手を抜いた方が幸福を最大化しそうな気がする。こういうずるい行為をただ乗りと呼ぶが，ただ乗りを認めるとやがてみんながそうするようになって社会のシステムが崩壊してしまう（上の例なら，みんな押すふりばかりで車が上がらなくなってしまう）ので，倫理学ではどうやってただ乗りを防ぐ理屈を作るか，というのも大問題の一つである。こういうとき，規則功利主義なら，一回一回の行為ではなく，「こういう場合には分からないように手を抜いてはならない」という規則の選択のときに功利計算を行う。こうして，ただ乗りを防止する規則にいつでも従わなくてはならない，という結論が規則功利主義から導けることになる。

しかし，規則功利主義もよいところばかりではない。そもそも，規則功利主義は本当に功利主義と呼べるのだろうか。定められた規則に従うことで何百人，何千人という人を不幸に陥れることになるかもしれないことがはっきり分かってい

るような極端な場合においても，不幸の防止よりも規則の遵守を大事にせよと規則功利主義は言うのだろうか。それは功利主義のもともとの動機であった「幸福が大事だ」という価値観を放棄してしまっているのではないだろうか（幸福を大事にする価値論については第五章を参照）。また，功利主義を批判する側からは，細かすぎる規則を作ることで，権利が絶対的なものでなくなってしまうのではないか，という懸念がある。たとえば，「無実の人を処刑してはならないが，処刑することで何人も死ぬような暴動を事前に防げる場合には処刑してもよい」というような規則が幸福を最大化するのなら，規則功利主義はそういう規則をみとめてしまうだろう。

1-4-2　二層理論

　この二つの功利主義をめぐる議論はその後もいろいろな考え方が出てきていて，倫理学の論争の一方の核心となってきている。行為功利主義と規則功利主義の要素を組み合わせる試みはいろいろあるが，その一つとして日本でも紹介されているのが R. M. ヘアというイギリスの倫理学者による「二層理論」(two-level theory) である。以下，『道徳的に考えること』という本の中でヘアが述べている理論のさわりの部分を紹介する。

　この立場は，日常生活におけるわれわれは功利主義的に考えるのが得意でもないし，そういう考え方が望ましいわけでもない，というところから出発する。功利計算をきちんと行うにはどういう結果が誰をどのくらい幸せにするか，といった関係するありとあらゆる情報をあつめ，未来を予見して比較するという作業が必要だが，現実の我々は常に情報不足で，特に他人の気持ちを想像する能力は限られていて，未来の予測も得意ではない。特にすぐに判断しなくてはならないような場合にいちいち計算していたら行動する時機を逃してしまうということもあるだろう。しかも公平に功利計算をしているつもりが，自分に都合のよいように計算が偏ってしまう（たとえば自分に関係することはそれだけ重大に見積もってしまうとか）ことも多い。実際，もしあなたがなにかするたびに表1-1のようなものをいちいち作れと言われたら困ってしまうんじゃないだろうか。これらさまざまな理由から，日常の個々の行為について，それぞれの個人が功利計算をするのは，行為功利主義の観点から言っても（つまり個々の行為について，幸福を最大

にする行為がよいという観点から言っても）望ましいとは言えない。

この，「功利主義的に言って功利計算をしない方がよい場合がある」というのは逆説的で分かりにくいところだが，似たような例としては，冷静な判断が求められるゲームの場合，勝ちたいという気持ちが強いとかえって頭に血が上って負けてしまう，という場合を考えることができる。このときも，「勝ちたければ勝ちたいと思わない方がよい」という，逆説的な状況になる。

しかし，功利計算をしないのならどうするのか。そこで出てくる解決策が，時間があって冷静に計算できるときに，功利主義的な観点から，「このルールに従って行為することにしておけば，日常直面するような状況では大体幸福を最大にするような方向で行為できる」と予測できるようなルールを選んでおくという方法である。実際に行為するときにはそれに従うだけで大体功利主義的に望ましい選択ができるというわけである。

こういう観点から選ばれたルールは，単純功利主義で想定したような「親指の規則」に比べるとはるかに拘束力が強い。もしそのルールを単なる目安だと思っていたら，人々は勝手に自分の判断でそのルールを無視して，自分で計算をし，とんでもない行為を選ぶかもしれない。それならいっそ，そうしたルールは絶対破っちゃだめだよ，と強く教え込むぐらいでちょうどいいのではないだろうか。ポイントは，この考え方からすれば，義務を絶対視するという義務論的な考え方が行為功利主義の観点から正当化できるということである。つまり，ロスの一見自明の義務の体系のようなものを，行為功利主義の観点から正当化するということになるわけである。さらには，同じ理由から，我々は功利主義的な考え方に嫌悪感を持つくらいの方がちょうどよい（その方が人々が幸せになる）のではないかと思われる。つまり，これまた逆説的だが，功利主義の観点から言って，われわれは功利主義ぎらいという性格であることが望ましいかもしれないのである（これは第七章で見る徳倫理学と功利主義を比較する上でも重要なポイントである）。

結局，この立場は，道徳的な思考の領域を二つのレベルに分割することになる（だから二層理論と呼ばれる）。一つは直観的なレベルと呼ばれ，ちょっと見にはロスの「一見自明の義務」と区別がつかない。われわれは日常生活のほとんどをこのレベルで過ごす。しかし，ロスと違うのは，義務のリストはあくまで功利主義的な計算の結果として選ばれるというところである。この功利主義的な思考のレベルをヘアは批判的レベルと呼ぶ。義務のリストを功利主義的に選ぶというだ

けなら規則功利主義もおなじだが，二層理論では，規則に従うことで計算するまでもなく明らかに大きな不幸を生んでしまう場合など，非常に例外的な場合には，規則をやぶってその場での功利計算の結果に従うことも認められる。これが規則功利主義と違うところである。つまり，二層理論では，二つのレベルを行ったり来たりする柔軟さが求められるということである。

このヘアの立場はある意味で功利主義と義務論の両方のこだわりと長所を最大限取り入れようとしたものだと言えるだろう。ただし，義務論からは最後の最後で非常に例外的な場合にはやっぱり功利計算に戻るじゃないか（明らかにその方がみんなが幸せになるなら無実の人を殺すようなことをやっぱり認めるじゃないか）と批判されることになる。これに対しては，ヘアは，二層理論の観点から言えば，われわれの直観というのはそもそもそんな例外的な状況について判断するようには組み立てられていないのだ，と答える。だからわれわれがそういう風に反応するのは自然だけれど，それは二層理論型功利主義が間違っている証拠にはならない，というわけである。いずれにせよ，功利主義の紹介はこのくらいにしておこう。第六章で，功利主義のさまざまな形態についてまた別の角度から紹介する。

1-5　二つの倫理学理論と動物

1-5-1　功利主義と動物

さて，ずいぶん長々と回り道をしたが，ようやく動物の話に戻る。以上のような倫理学理論からは，動物の権利の運動にどういう判断を下すことになるだろうか。実は功利主義からも義務論からも，配慮を人間に限らないという考え方は支持されている。

功利主義についてはいろいろな立場を紹介したが，ここは動物に関する個々の行為を選ぶところではなく，動物と人間の関係はどうあるべきかという規則を選ぶ場面なので，行為功利主義から言っても規則功利主義の立場から言っても功利計算をして考えることになる。

まず，なぜ動物の虐待が功利主義の観点から見ていけないことだと言えるのか，「もう分かった」という読者も多いだろうが，念のために説明しておこう。功利

主義では幸福の量が少しでも多くなるような選択肢が道徳的に望ましい選択肢だということになる。そういう観点からすれば，動物の幸福の量だって多い方がよいにきまっている。さらに，どんな人の幸福も同じに数える，という立場からすれば，単にホモ・サピエンスじゃないというだけである相手の幸福を考慮しないのは，差別に思える（日本語だと「どんな人の」という言い方になって最初から動物が排除されているような感じだが）。シンガーが「種差別」という言葉を広めた背景にはそういう考え方があったわけである。

　功利主義はまた，どういう生物までが配慮の対象になるかについても後付けでない答えを持っている。すなわち，ある生き物が配慮の対象になるかどうかは，結局その生き物が幸福になったり不幸になったりする能力を持つか，が基準になるのである。功利主義者のベンサムが（すでに引用したように）「問題は彼らは苦しむことができるか，なのである」と言ったのはこういう意味だったわけである。痛みや苦しみを感じる能力はすべての脊椎動物が持っているように思われるし，多くの無脊椎動物にもその能力があるように思われる（釣りをする人は魚類には痛覚がないようだと言うが，仮に痛みを感じないにしても陸にあげられて窒息しているのは明らかに苦しんでいるように見える）。植物については今のところ痛みや苦しみを感じるという科学的な証拠はない。痛みや苦しみを感じる能力を持つことを英語で sentient と言い，そうした能力を持つ生物を sentient being と呼ぶ。日本語では sentient にあたる言葉がないので，「有感生物」ということばをでっちあげて訳語としている[8]。

　ところで，興味深いことに，動物を殺してよいかどうかについてはシンガーはわりと寛容な態度をとっている。実は，功利主義の観点からは，「有感生物を殺してはならない」という判断は単純には出てこない。相手を殺すことがだれも不幸にせず，他のだれかを幸福にするならば，その相手を殺すという選択肢が全体の幸福の量を最大化することになる。人間については，死にたくないという欲求がたいていの人にあるので，人を殺すことはその人の選好充足に反することになる。しかし，動物がそもそも「死にたくない」と思うことができるかどうかがあ

---

[8] もう少し正確に言うと，すでに紹介した選好充足型功利主義で言えば，「選好を持つ」ことが配慮の対象になるものとならないものを分ける基準になる。選好を持つ，とは，いくつかの選択肢の中に序列をつけ，いやな選択肢から逃げたいという気持ちを持つということである。有感生物は，痛みや苦しみから逃げたいという気持ちを持つだろうから，当然選好を持つということになる。

やしい，とシンガーは考える。この考え方の前提として，「ある概念を持っていなければその概念についての欲求も持てない」という考え方がある。動物が「死」という概念を持っているかどうかはあやしい。「死ぬ」というのは「自分が将来存在しなくなる」ということだから，「死ぬ」ということを理解するには，「自分」とか「将来」とかという概念が理解できなくてはならない。しかし，ほとんどの動物は，そういう概念が理解できるようではない（動物行動学でこういう問題にどうアプローチしているかについては第二章で触れる）。そう言うと「動物だって死ぬのをこわがるよ」と反論する人がいるかもしれないが，動物が恐怖を見せるのは死に対してというよりはその前段階のさまざまな徴候（たとえば刃物とか鉄砲とか）に対してではないだろうか。もちろん死にともなう痛みや，痛みを予期した恐怖などはあるだろうが，それは死への恐怖とは別ものである。

もし動物に「死」が理解できないのだとすれば，まったく痛みや恐怖を感じさせずに殺すことができるなら，動物を殺すことは（功利主義的には）不正ではない[9]。動物の肉を食べることについても，幸せに育てられた動物を，まったく恐怖や苦痛を感じさせずに屠畜できるなら，食べるために殺すこと自体には反対する必要はない。実験動物を殺す必要があるような動物実験についても同様である。これは，原理的には，動物実験をする研究者たちの動物福利の立場と非常に近い（この辺りについては第五章や第六章でもっとくわしく紹介する）。

ただし，大型類人猿については，死を理解するだけの知的能力があるという証拠もあり，殺すのは不正だとシンガーは考える[10]。他の多くの場合についても，殺すことが間接的にもたらす苦痛のため，動物を殺すことが不正である場合は多い。また，現在のように大規模に肉食や動物実験を続けるためにはどうしても非人道的な環境で育てざるをえないため，シンガーは総論としてはこれらの営みに強く反対し，肉食に対しても動物実験に対しても事実上の廃止に近い厳しい制限を要求している。

9）細かいことを言えば，殺してしまうと，仮にその動物がその後生き続けていたとしたら得たであろう幸福が実現しなくなり，幸福の量が減ることになる。ただしそれは殺すこと自体が悪いのではなく，付随しておきる幸福の削減が悪いわけで，幸福の量を減らさずに殺せるならその問題はクリアできる。第六章で総量功利主義の話をするときにこの問題にまた触れる。
10）大型類人猿（great ape）には，チンパンジー，ボノボ，ゴリラ，オランウータン，ヒトが含まれる（が，普通はこのうちヒト以外を指す言葉として使われる）。これらの種は霊長類の中でも特にヒトと近縁であり，知的な能力の面でもヒトに近い。この点については第二章でもう少し詳しく説明する。

このシンガーの立場を聞いて、なかなかよさそうな立場だと思っただろうか？シンガーは実は邪悪な哲学者として非常に強硬な批判をあびている。殺すことの是非をめぐるシンガーの議論は、種差別を否定する以上、人間にもあてはまる。ということは、「死」という概念が理解できない幼児や認知症の患者も、幸福の最大化のために殺してよい場合があるということになる。シンガーはこれを積極的に認め、重度障害新生児の安楽死を場合によって認める議論をしている。重度障害新生児は苦痛に満ちた短い生涯を送る。快楽をより多く苦痛をより少なく、という考え方からは、重度障害児の苦痛を減らすために安楽死を行うことは場合によって容認される（ただし、そうした安楽死がほかの人に与える影響も考えなくてはならないので全面的に「容認される」と言い切ることはできない）。成人の場合は死ぬこと自体への本人の嫌悪という別の要素が入ってくるが、新生児の場合、そもそも「死」という概念を持たないので、「死にたくない」という欲求を持つこともない。シンガーはこの主張のために、世界各国の障害者団体から「障害者の生きる権利を認めていない」として強く批判されている。シンガーの主張を支持するにはそれなりの覚悟が必要である。ただ、これからいろいろな立場を紹介していくけれども、シンガーの立場はその中でもおそらく一番首尾一貫している。

またすでに紹介したような功利主義がよく批判される点、特に、絶対的な権利を認めない、という点は、けっして人間の倫理に限った話ではない。動物の愛護について考える人だって、動物を食べるのは絶対によくないとか、動物を実験で苦しめるのは絶対によくないと思っている人は、そういう「絶対に」というのが出てこない功利主義には不満を感じることになる。動物の権利運動の人たちが、シンガー自身があまり使わない「動物の権利」という考え方を使うようになったのもそのあたりに理由があるのではないだろうか。

1-5-2 カントと動物

現在の動物の権利運動が「動物の権利」という概念を使うことからも分かるように、動物の権利運動の理論的な立場は、功利主義者のシンガーの影響で出発しながらも、現在では義務論の流れに近い。ただ、義務論と動物倫理の関係はそう簡単ではない。

すでに見たように、カントの場合は、理性的に判断する自律の能力を持つ「人

格」たちがお互いを尊重しあうという倫理が基本的なイメージだった。他方，カントの時代（18世紀）には動物の認知能力については今以上によく分かっていなかったから，カントは動物が理性という名に値するものを持つなんて全く思っていなかった。そこでカントは，動物は人格ではなく物であるから単なる手段として使ってかまわない，という立場に立った。ただし，動物を虐待してよいというわけではない。動物を虐待すると，人間に対しても冷酷に接するような習慣が身に付いてしまう。そこで，人格に対して敬意をもって接することができるようになるための練習の場として動物に対してもやさしく接するように，というのがカントの立場である。

このようなカントの立場からは，「動物に関する義務」はあるが，「動物に対する義務」は存在しない。あるいは，この論争でよく使われる表現を使うなら，動物に対する間接的義務（indirect duty），つまり動物以外の存在に対する義務から派生する義務は存在するが，直接的義務（direct duty），つまり動物を直接の対象として発生する義務は存在しないことになる。

ここで，ちょうどよい機会なので，動物倫理の話をする上で欠かせない区別として，「内在的価値」（intrinsic value）と「道具的価値」（instrumental value）の区別を紹介しておこう。内在的価値というのは，あるものがそれ自体で持つ価値のことで，道具的価値というのは，あるものが他の価値あるもののために役に立つからという理由で持つ価値のことである。たとえば功利主義の場合，幸福だけがそれ自体で望ましいとされる，つまり内在的価値を持つ。お金も他のあらゆるものも，だれかを幸福にする役に立つかぎりにおいてのみ価値があるので，道具的価値しか持たない（この価値観については第五章でもう少し詳しく紹介する）。カント主義の場合には，それ自体でよいものは善い意志だけであり，だからこそ善い意志を持つことができる存在，すなわち人格が尊重される。ここまでが内在的価値を持つものの限界で，その他のものが価値を持つとすれば，善い意志や人格にとって役に立つからに他ならない。この区別を使ってカントの立場を言い直すなら，動物はカントにとって道具的価値しか持たない，ということになる。これに対して18世紀以来の動物愛護運動や動物の権利運動は一貫して，動物には内在的価値があると主張してきたのである。

なお，これ以降，本書では，「直接の配慮の対象になる」という言い方はわずらわしいので，特に断らずに「配慮の対象になる」と言ったら直接の配慮を指す

ことにする。カントも含め，動物が間接的な配慮の対象になることに反対する人はほとんどいないので，実際の論争においてそれで困ることはほとんどないはずである。

ちなみに，カントに忠実なカント主義の倫理学者でも，動物への配慮についてはカントに反対している場合がある。たとえば現代の代表的なカント主義倫理学者のクリスティン・コースガードはカントの枠組みを大筋で使いながら動物が直接の配慮の対象になることも認めている。

1-5-3　動物の権利を認める義務論

ここまでのところは，義務論と動物の権利という考え方はあまり接点がないように見える。しかし，義務論にも動物への配慮を要請するような要素は存在する。そのてこなるのが「危害原理」(harm principle) と呼ばれるものである。ロスの理論でも「害をなさない」ことは一見自明の義務のリストにあがっていたし，他人に危害を加えないことはどんな義務論の体系でもかならず入ってくる。カント主義の場合も，人格に対して危害を加えてはならないという義務は人格の尊重の義務から導き出せる。この，「他人に危害を加えてはならない」というのが危害原理と呼ばれるものである[11]。そして，痛い思いをさせたり恐怖や苦痛を味あわさせたりするのは，危害という言葉の普通の意味において危害に含まれる。だとすれば，そういう思いをする限りにおいて，動物だって危害を加えられることがありうるし，動物だからというだけの理由で動物への危害は無視してよいというのは種差別である。つまり，他人に危害を加えてはならないという義務を，種差別を避けながら素直に当てはめると，動物にも配慮しないわけにはいかないのである。

ところで，こうやって，危害原理をベースにして動物への配慮という話をすると，「まわりくどいことをしてるなあ」と感じる読者もいるかもしれない。倫理学をはなれて，もっと日常的な感覚から動物愛護運動や動物の権利の運動に参加

---

[11] おもしろいことに，これをはっきり定式化したのは義務論者ではなく，功利主義者のJ. S. ミルだと言われている。また，ミルのバージョンをふくめ，危害原理は他人に危害を加えない限りなにをしてもよい，という自由主義の規則とセットになることが多い。自由についてはコラム5で少し紹介する。もうひとつついでに，ここで「他人」と訳した言葉は英語ではothersで，必ずしも「人」に限らない。

する人は，ここで挙げた危害原理よりもむしろ，「生き物を殺してはならない」とか「生き物を大事にしなくてはならない」といった，子供の頃から教えられてきていわば体の中にしみ込んだ義務を出発点にしているのではないだろうか。まわりくどいことを言わずに，「いのちは大事，だから動物も大事に」ではいけないのか。これについては章末のコラムで考えることにして，ここでは危害原理をベースに話をすすめたい。

現代の動物倫理においては，トム・レーガンという哲学者が，この路線で動物にも権利があるという議論を展開している[12]。レーガンはカント主義を修正して，動物にも当てはまる形に書き換える。すぐ後で説明するように，レーガンの立場ならば配慮する対象は哺乳動物プラスアルファ程度で非常に限定されるので，「生き物すべて」に配慮するという立場に比べれば，なんとか今のわれわれの生き方を大幅には修正せずに受け入れることができる。

その話に入る前に，もう一つ，動物倫理の話をするときに避けて通れない区別を導入しておこう。それは，道徳行為ができる者（moral agents）と，道徳行為を受ける者（moral patients）の区別である。カントの場合，道徳行為ができること（「人格」であること）が配慮の対象となる条件でもあったから，道徳行為ができる者の集合と道徳行為を受ける者の集合は一致する。しかし，カント以外の多くの人は，自分では道徳行為ができない人も配慮の対象になることがある，つまり道徳行為を受ける者になる，と考える。実際，他人に危害を加えてはならない，という危害原理は，赤ん坊や認知症のお年寄りなど，道徳行為をする能力がない者も対象になると考えるのが普通である。つまり，危害原理の普通の用法は，すでにカントの極端な立場とずれているのである。

さて，危害原理の対象が道徳行為ができる者に限られないとすれば，動物を排除する原理的理由はないはずである，とレーガンは訴える。レーガンはさらに，危害原理の上位の原理として，尊重原理（respect principle），すなわち内在的価値をもつ個人[13]はその価値を尊重するように扱われなくてはならない，という原理を考える。これは，カントの「人格の尊重の義務」の「人格」というところを

---

[12] レーガンといっても前のアメリカ大統領とは関係がないし，第一名前の綴りがちがう（大統領はReagan，動物倫理学者はRegan）。この人の名前については私自身もふくめて，これまで「リーガン」とカタカナ書きする人も多かったが，レーガンが正しい発音のようである。

[13] 英語では「個人」はindividualで「人」という字は入っていない。「個体」と訳すこともできるが，動物も「ひと」扱いをするという意味あいであえて「個人」と訳した。

「内在的価値を持つ個人」に置き換えただけのものである。そうした内在的価値を認めない功利主義は非常に直観に反する結論につながるため否定される。

　赤ん坊やお年寄りも内在的価値を持つのなら，その基準は「人格」ではないはずだ，とレーガンは考える。そこでレーガンが代案として出すのが「生の主体」(subject of a life) という考え方である。生の主体であるというのがどういうことかも正確に言うのは難しいが，レーガンは一連の心的能力のリストを作って，そのリストの条件を全て満たすなら少なくとも生の主体と呼ぶには十分だろう，と言う（ただし，少しくらい欠けても生の主体でないことにはならない，という程度のゆるい基準である）。そのリストには，信念を持てること（ここでいう「信念」は哲学用語で普通に言う信念よりは広い意味で，必ずしも言語を必要としない），欲求や感情を持つこと，知覚や記憶といった能力があること，未来の感覚があること，目標をたててそれに向かって何かするということができること，一定の期間にわたって，「同じひと」としての同一性を保つこと，他人にとっての効用や利害と論理的に独立な自分自身にとっての福利というものがあること，などが含まれている。

　レーガンの言う「生の主体」は，結局，すくなくともこの基準を満たすなら，危害を被る能力は十分にあるはずだし，尊重されるべきだ，という線をあらわしたものだと言える。ただし，このリストは，内在的価値を持つか持たないかを決めるための基準であって，内在的価値の量の多少がこうした能力の程度によって決まるわけではない，とレーガンは言う。いったん内在的価値を持つと判定されれば，誰しもが同じだけの価値を持つのである。

　では，具体的にはどういう動物（ここでは人間も含む）が生の主体の基準を満たすだろう。ホモ・サピエンスであれば，生まれてから死ぬまで，脳死状態といった極端な状況でないかぎり上のリストの多くを満たすだろうから，生きている人間はほぼみなこの基準を満たすとされる（生まれる前の胎児もある時期以降はこの基準を満たすと考えられるので，出生後の赤ん坊と同様な配慮が必要だということになる）。他の動物については，レーガンは「1歳以上の正常な哺乳動物」は少なくとも基準を満たすと考える（この事実認定をめぐる応酬は次章で検討する）。これは上記のようなリストの項目をまちがいなく満たすのは誰かと考えて，最大限控えめに見積もった範囲であり，実際には哺乳動物の子供にも，鳥類や爬虫類にも生の主体は存在するだろう。

さて，こうして，生の主体をカントが言うような意味で尊重しなくてはならない（目的自体として扱わなくてはならない）とするなら，今のわれわれの動物の扱い方は大幅に変更せざるをえない。尊重の義務の裏返しとして，動物（ここでは1歳以上の哺乳動物に限る，以下同じ）は人間と同じ基本的な権利を持つ。こうして動物の権利の考え方が理論的な裏付けを得ることになる。したがって，動物を食べるのは赤ん坊を食べるのと同じくらい不正なことであり，動物を薬品の安全性試験に使うのも赤ん坊を同様の実験に使うのと同じくらい不正なことである。こうした理由から，肉食についても動物実験についても，レーガンはシンガーよりはるかに厳しい全面禁止という立場をとる。毛皮をはぐこと，狩猟，見せ物としての利用（動物園など），売買なども，赤ん坊について認めないのなら動物についても認められない。

1-5-4 動物解放論

さて，これで，動物への配慮や動物の権利を積極的に主張する側の論拠がそろった。シンガーとレーガンは，道徳理論としては功利主義と義務論という非常にことなった枠組みを持ち出してくるけれども，かれらの議論の構造は驚くほど似通っている。

かれらの議論の構造はだいたい以下のような形になっている。

(1) われわれがすでに人間に対してあてはめている道徳的な規則（功利主義や危害原理）をよく検討する
(2) それらの規則の適用対象を人間に限る理由はその規則そのものの中にはなにもないと主張する（つまりそういう限定は種差別に他ならないと主張する）。
(3) それらの規則の内容から配慮の対象（有感生物か生の主体か）や内容（幸福の配慮か危害からの自由か）を決めていく。

この議論の構造は，シンガーとレーガンに限らず多くの動物倫理学者に共通である。そこで，シンガー，レーガンおよびかれらに近い立場で動物倫理について考える動物倫理上の立場を本書では「動物解放論」と総称することにしよう。動物解放論は動物の権利運動の倫理学における理論的根拠となり，ここ数十年で欧米における動物の扱いが大きくかわる原動力となってきた。

この立場に対して，動物に人間と同じような配慮をする必要はないという立場ももちろん存在する。その議論のいくつかを次の二つの章で見ていく。しかしその前に，そもそも動物解放論という考え方自体の中に問題点があると考える人もいるので，いくつかの疑問にはここで答えておこう。

　まず，シンガーの基準にせよレーガンの基準にせよ，どの生物がその基準を満たしているかはっきりしないから倫理原理としては利用できない，といった批判がある。たとえば昆虫は人間のような神経系は持っていないがもしかしたら痛みを感じるかもしれないし，それどころか外に見せないだけで実は生の主体の基準を満たすような諸能力を持っているかもしれない。それが分かるまでは，食べ物にたかるハエを殺してよいかどうかも保留ということになりかねない。そんなはっきりしない基準を根拠に動物実験をしてはいけないとか言われても説得力がない，というわけである。

　これに対する答えは，基本的に，グレーゾーンや決定できない領域があるからといって明確に分かる領域における義務が打ち消されたりしない，ということになるだろう。たとえば，殺人に分類すべきか正当防衛に分類すべきか悩むような事例があるからといって，殺人だとはっきり分かっている事例についてまで判断を停止すべきだとか，「人を殺してはならない」というルールは無効だとかと言う人はいないだろう。それと比較するなら，感覚を持つかどうかはっきり分からない生物がいるからといって，明らかに感覚を持つ生物に対する配慮まで判断停止しなくてはならないとか，「感覚を持つ生物に配慮すべきだ」というルールは無効だと主張するのも同じことである[14]。

　また，学生などから出てくる定番の意見として，もし（われわれには分からないけれども）植物が痛みを感じるなら，植物を殺して食べるのも非倫理的だということになり，われわれは餓死せざるをえないだろう，だからそんな不可能なことを要求する可能性のある動物解放論はおかしい，という議論がある。

　まず確認しなくてはいけないのは，植物が人間や動物と同じように痛みを感じるという生物学的証拠はなにもないということである。これに対して，動物にお

---

[14] これに対してさらにがんばるなら，「グレーゾーンがあるからすぐにだめというわけではないのは分かったけど，やっぱりグレーゾーンのある基準よりも種による線引きみたいなグレーゾーンのないものの方がいいとは言えるんじゃない？」という疑問もあるかもしれない（こういうちまちましたつっこみをする面白さが分かってくると英米の倫理学にはまることになる）。しかし種による線というのは本当にグレーゾーンがないものなのだろうか。それについてはコラム4でとりあげる。

いては痛みから逃げるという行動や人間に類似した神経系を持つことがある程度の証拠になる。したがって，今のところ動物に対して配慮する理由はあっても植物に対して配慮する理由はないということが言える。

　この反論を持ち出した人は，いや，ここでは可能性の話をしているのだ，というかもしれない。しかし，単純な可能性の話だけをするなら，どんな倫理原理からでもわれわれの生活を不可能にするような帰結が導き出される可能性はある。たとえばわれわれが呼吸をするたびに誰かの死亡リスクが高まる，といったわれわれの知らない相関がある可能性はあって（証拠は何もないが），もしこれが本当なら，呼吸することが他人への危害となり，（人間に限定した）危害原理も拒否されることになる。

　このように，現実と違う架空の状況や理想化された状況を想定してみて，その状況で何がおきるか考えることを思考実験と呼ぶ。倫理学では，そういう架空の状況に対してわれわれがどういう価値判断をするか，を利用して，日常的な判断では表に出てこない特徴を明らかにしようとする。今回の場合，この思考実験から分かるのは，そもそも純粋な可能性の話で言えば，どんな倫理原理も実行不可能になる場合はあるのだから，そのことをもって倫理原理を評価しようとするのは不毛だということである。

　さて，ということで動物解放論という立場については分かったということにして，次の章に進むことにしよう。

コラム1　「生き物を殺してはならない」というルールは存在するか

　本文でも触れたが、「生き物を殺してはならない」とか「生き物を大事にしなくてはならない」というのはわれわれが幼いころから言われてきている、いわば体に染みついたルールである。なぜ動物倫理の話をするときにこれを出発点としないのだろうか。

　しかし、これらのルールが危害原理と同じようなレベルの基本的な義務としてわれわれの社会で機能しているかというと疑問であるし、そもそもそれを基本的な義務として社会が成り立つかも疑問である。生き物を殺してはいけないという基本的な義務がこの社会で受け入れられているのなら、動物を殺さないことには成り立たない肉食という習慣はとっくに非合法化されているだろう（肉食についてはまた第六章で扱う）。「大事にする」という言い方なら、殺して食べることを排除はしていないわけだが、今度は逆に、「大事にする」というのがどうすることなのか非常にあいまいになって、やはり基本的ルールとしては使いにくくなる。ましてや生き物といえば、哺乳類だけでなく、昆虫も他の無脊椎動物も植物もバクテリアも含む（ウィルスを含むかどうかは「生命」の定義にもよる微妙なところだが）。しかし、大事にするどころか、害虫やカビを殺すことはむしろ推奨されてすらいる。それもそのはずで、本気であらゆる生き物を大事にするとなると、食べることができるものもほとんどなくなる（第六章で紹介する「フルータリアン」が唯一の選択肢になる）など、衣食住のすべての面でほとんど生活が成り立たなくなるだろう。

　この考え方を本気で実践しようとした人として、有名なアルバート・シュヴァイツァーがいる。彼の生涯はいまさら説明するまでもないだろうが、一応確認しておくと、若い頃にすでに演奏家や神学の研究者として社会的な地位を確立していたのに、そうした地位をなげうって社会貢献のために医師免許をとってフランス領コンゴにわたり病院を開設して地元住民の医療に従事した。その献身的な活動が認められて1952年にはノーベル平和賞を受賞した。彼が動物や昆虫にいたるまで生命を大事にしたというのも逸話としてよく知られているところだろう。しかし、彼が自分の思想的な立場を「生への畏敬」（reverence for life）というキーワードを使って哲学的なエッセイを書いていることまではあまり知られていないかも知れない。

　生への畏敬とは、シュヴァイツァーによれば、まずは、自分の中に、生きたいという欲求、シュヴァイツァーの用語で言えば「生への意志」を感じることからはじまる。この意志は肯定的にとらえるしかないものである。自分が生へ

の意志を持っていることが分かると，他の生命も同じような意志を持っていることが，一種の直観のようなものとして分かる（とシュヴァイツァーは言う）。そうした意志を追体験することで，あらゆる生命に対して，畏敬の念が生じる。これが生への畏敬である。「畏敬」という言葉でシュヴァイツァーが何を言おうとしていたか知るには，それこそシュヴァイツァーの思考のプロセスを追体験するしかないわけだが，カントやレーガンのいう「尊重」に近い感覚ではないかと思われる。こうした畏敬の感覚と，キリスト教の博愛という考え方が組み合わさると，畏敬の対象となるあらゆる生命を愛することが義務となる。

しかし，あらゆる生命を愛するといっても自分が生きてゆくためには生命を奪わざるをえない場面もある。普通はそこで「あらゆる生命を愛するなんて不可能だ」とか「生への畏敬なんてばかばかしい」という反応になるのだが，シュヴァイツァーはあくまで生への畏敬を基本線として守りつつ，自分が生きていくのも不可能にならないような調停案を出す。それは，生命を奪ってよいのは他の生命を維持するためにどうしても必要な場合のみに限られ，その場合でも生命を奪う行為は熟慮と責任をもって行われなくてはならない，という実践的な指針である。これによると，例えば，病気を治すのに病原菌を殺すことは認められるのだが，そういう場合にさえ病原菌に対する畏敬の念が必要だということになる。シュヴァイツァー自身，自らの病院においてできる限りこの精神を実践しようとしていたようである。しかし，これがすべての人が従わなくてはならない倫理だというのはちょっと大変すぎる。

その大変なことを要求するだけの根拠がシュヴァイツァーの議論の中にあるかというと，疑問である。シュヴァイツァーの立場は人を感動させるが，知的能力を支える大脳などの器官を持たない存在も「意志」を持つというのはちょっとロマンチックすぎて，それを動物倫理の基礎に据えるのは難しい。また，彼の立場はキリスト教的な博愛の義務をベースとしているため，キリスト教徒でなければそんな強い義務を受け入れる義理はないことになってしまう。それでも，この路線でもっと説得力を持った議論を組み立てようとする人たち（生命中心主義者）もいるので，第七章でその考え方を検討しよう。先回りして言えば，彼らの議論もあまりうまくいっているとは言えない。

もし「生き物を大事にする」というルールがそんなに実情にそぐわないものなら，なぜそもそもわれわれはそういう考え方を教えられてきているのだろう。子供に「生き物を大事にする」という気持ちを教えれば，当然身の回りにいる目立った生き物，つまり人間や有感生物を大事にすることになるだろうから，結果として功利主義的にも（二層理論などの観点から言えば特に）望ましいだ

ろう。有感生物はどうでもよいというカント主義者から見てもすでに見たような理由でそういう教育は望ましいと言えるだろう。つまり，最大幸福原理や人格の尊重といった基本的原理の目的を達成するための二次的な道具として「生き物を大事にする」というルールをとらえるのがもっとも筋のとおった解釈と言えるだろう。

第二章

種差別は擁護できるか
メタ倫理学の視点から
人間を特別扱いする議論を吟味する

　前章では女性差別や人種差別と同じように種差別はだめだという前提で議論が進んでいた。しかし，多くの人は，そもそも人間と人間以外の動物はいろいろなところで違うのだから，人間同士の間で成り立つ規則が動物に対しても成り立つと考える理由はないのではないか，と思っているのではないだろうか。あるいは，大体，倫理って人間の間で成り立つものだったんじゃなかったっけ，そもそも倫理なんて人間が勝手に作ったもんじゃなかったっけ，と思っている方もいるのではないだろうか。そうでないにしても，たとえば功利主義的な配慮の対象を人間に限るのかそれとも動物まで含めるのか，という問題をどう考えたらよいのだろう。そういう問題について考えるとき，どうやって考えを進めたらよいのだろう。

　以上のような疑問は内容はそれぞれ違うけれども，どれも「そもそも倫理とは……」という原理的な問題へと向っている。序章でも触れたように，この問いはメタ倫理学と呼ばれる分野で扱う話である。そこで本章ではメタ倫理学の議論の紹介をしながら，動物倫理をめぐる論争について考えを深めていこう。その際の手がかりとなるのが限界事例の議論で，この議論の持つ力を理解するにはメタ倫理学的な視点が必要になってくる。

本章のキーワード
ヒュームの法則　G. E. ムーア　自然主義的誤謬　定義的自然主義と形而上学的自然主義　認知動物行動学　行動主義　言語と利害　限界事例　直観主義　道徳的直観　認知主義と非認知主義　情動主義　普遍的指令主義　普遍化可能性　普遍化可能性テスト　内在主義と外在主義　定義主義的誤謬

2-1　事実を見れば分かるという系統の議論

　まず，最初にとりあげるのは，「Xという事実がある。だからYすべきである」とか，「Xという事実がある。だからYしてもよい」というような形の議論である。つまり，なんらかの事実を見たらもう争う余地なく動物にどう接するべきかが分かる，というわけである。もちろんXにどういう事実が入るかによってこういう議論の内容も説得力もぜんぜん違ってくる。とりあえず代表的なものをいくつか見ていこう。

　①　人間と他の動物は生物学的に種が違う。
　まず，何らかの生物学的事実を引き合いに出して，そこから直接に人間は動物に配慮しなくてよいという結論を出すタイプの議論を考えてみよう。第一は，人間と他の動物が生物学的に違うと言えば十分だという考え方に基づくもので，「人種差別が悪いのなら，種差別だって悪いはずではないか」という議論への答えとしてときどき耳にするものである。「人種には生物学的な実体がないが種には生物学的な実体がある。したがって人種で差別してはいけないが，種で差別するのはかまわない」といった形をとる。この議論の前半はたしかに認めてもよさそうである。白色人種，黄色人種といった人種の差はかつては他の種における亜種同士のように異なったものだと思われていたが，分子遺伝学の発達などにより，今ではこうしたグループ分けには遺伝上も根拠がない（肌の色などの特徴以外では「人種」間で遺伝的にほとんど差がない）ことが分かっている。これに対し，ヒトともっとも近縁なチンパンジーやボノボでも，ヒトとは明確に異なった（といっても98％ほどは同一だと言われているが）ゲノムを持っており，ヒトとチンパンジーの雑種が生じることもない。種の同一性の定義として，有性生殖を行う動物では交雑が可能かどうかという基準が伝統的に使われており，その基準からいってヒトとチンパンジーとの雑種ができない以上両者は生物学的に別物だと言えるわけである。さて，というわけで前提は確認されたわけだが，そこから「したがって人種で差別してはいけないが種で差別するのはかまわない」という結論が出てくるだろうか。

② 生き物は自分の種を大事にするようにできている。

進化論的，ないし疑似進化論的な議論もこういう感じで使われることがある。よくあるパターンは，「生物には自らの種を保存しようという本能があるから他の種のことは配慮するようにはできておらず，だから配慮しなくてよい」というものである。これも，生物が持つ本能についての事実的な主張から動物への配慮についての規範的な主張をしている。同じ議論のバリエーションとして，「本能」ではなく心理学的事実として，人間は他の人間を気にかけるほどには動物を気にかけることができない，という事実に訴える場合もあるが，なんだか本能と言われた方が説得力が増すような気がするから不思議なものである。

実は現在の進化生物学においては，「種の保存の本能」という奴には根拠がないとされている。進化論的に言って，自己を保存する本能や生殖の本能はあってもおかしくない（そういう本能を持たない個体は子孫を残せずに淘汰されてしまうだろう）。しかし，「種の保存」ということになると，自分と同じ種に属する他の個体（たとえばカブトムシなら，同じ種に属する他のカブトムシ）を助けるような本能だということになるだろう。もしそんな本能を持ったカブトムシがいたら，そういう本能を持たない他のカブトムシにいいように利用されてしまうことになり，子孫を残す上で不利になる。ほんのわずかの不利でも，長期的に見ればそういう本能を持つカブトムシはだんだん減ってゆき，淘汰されることになるだろう。したがってそういう本能が進化で保存されるとは考えられない（進化論について聞いたことがない人はこれでは何のことか分からないと思うので，また第四章で進化倫理学について検討する際に説明する）。まあ，ここでのポイントは「種の保存の本能」があると生物学的に認められるかどうかではなく，仮にあったとして，そこからダイレクトに規範的な結論が導けるかどうかということである。

動物倫理以外でも，進化論から規範的判断を導くという議論はよく見かける。ドーキンスの『利己的な遺伝子』が流行してからは，人間は遺伝子が自己複製するための乗り物なのだという事実的な主張からいろいろ規範的結論を導き出したがる人が出てきた[1]。先日ある人と話していて，「子供二人作っちゃったらもう自分の遺伝子の複製を作るという仕事も終わったわけだから，俺も用済みかと思

---

[1] もう少し丁寧に見れば，ドーキンスの「乗り物」という表現にすでに微妙な価値判断が入っているとも言える。そう考えた場合には生物学的事実から価値判断を導き出すという問題というよりは，生物学的な議論の中に価値判断を持ちこんでいるドーキンスに問題があるということになる。

うようになった」としみじみ言っていたのでちょっと驚いた。こういう判断の背後にある推論をはっきり言葉にするとこういう感じだろうか。「人間は遺伝子が自己複製するための乗り物なのだから、わたしの役割は自分の遺伝子が複製を作るように行動することであり、したがってわたしはそのように行動するべきである」。このような規範的判断を暗黙に下しているから、遺伝子の複製を作ってしまうと（つまり遺伝的な子孫を作ってしまうと）指令がなくなってしまって「用済み」になってしまうわけである。

　進化という現象についてのドーキンスの解釈には実はいろいろ異論があって、生物学者と哲学者をまきこんだ論争になってきた。だからこの推論の前提は必ずしも正しいとは言えない。しかし、仮に前提となっているドーキンスの見方が正しいとして、本当に単なる進化論的な事実だけからわれわれの果たすべき役割についての規範的判断が導けるのだろうか？

　③　人間は体の構造上動物を利用するようにできている。
　もうひとつ、生物学的事実から動物への配慮に反対する議論としては、「人間は体の構造上動物を利用するようにできている。したがって動物を利用しないのはばかげており、人間は動物を利用するべきである。」というような議論がある。これは特に菜食主義に反対する議論としてよく使われる。人間は生物学的に雑食動物としての体の機構を持っているのだから、雑食をするのは当然だという議論である。特に、ヒトは必要なビタミンの一つであるビタミンB12を自分で作ることができず、動物由来の食料でまかなわなくてはならない、という生物学的事実は、人間は雑食するべきだという議論の根拠としてよく使われる。卵や牛乳を摂取する通常の菜食主義者なら問題ないが、動物由来の食品を完全に絶つ「ベーガン」と呼ばれるタイプの菜食主義者は、少量ではあるがビタミンB12をサプリメントなどの形で摂取する必要がある（菜食主義については第六章でまた取り上げる）。

　この種の議論は動物倫理に限らず、いろいろな倫理問題について、特に宗教的な立場から議論するときに利用される。たとえば、同性愛に反対する議論において、人間の体は解剖学的に異性愛をするようにできているのだ、というような議論が使われたり、臓器移植に反対する議論において、移植された臓器が拒絶されるような免疫反応がおきるということは臓器を移植してはならないということな

のだ，という議論がなされたりする。

　さて，それでは，われわれの体の構造についての事実はなんらかの規範的な結論を導き出すための前提として使えるのだろうか？

④　生態系は人間が動物を利用するようにできている。

　もう一つ似たような議論として，生態学的事実を持ち出すタイプのものもある。これも特に厳格な菜食主義に反対する議論としてよく使われる。「自然の生態系は食物連鎖によってうまくまわるようにできており，肉食は食物連鎖の不可欠な一部である。人間もその食物連鎖の一部なのだから，肉食をするのには何の問題もない。」

　この議論が実際に使われる場合には，こんなに単純な形で使われるわけではなく，もっと広範囲な環境倫理の議論の一部として，他のさまざまな前提と共に使われる。しかし，ここでは，上に書いたような単純な形の議論が妥当かどうかをとりあえず問題にしてみよう。この議論は妥当だろうか？

⑤　人間は伝統的に動物を利用してきている。

　以上四つは生物学的な事実を引き合いに出す議論だったが，ある事実から直接に動物への配慮に反対する結論を導き出すということであれば，社会的事実を引き合いに出して規範的結論を導き出す議論もありうるはずである。

　よくあるのは，伝統的に人間は他の動物を使って生きてきたという事実から，動物を利用してはいけないなんておかしいという結論を導き出すような議論である。日本でこの議論が特徴的に使われるのは捕鯨を巡る議論においてであり，「捕鯨は日本の伝統だから守らなくてはならない」といった形をとる。

　これはもちろん，動物倫理に限らず，人間生活のあらゆる面で保守的な議論をするために使われる。王政を維持する理由が特になくなって共和制に移行しようと思っても「千年以上続いてきた王家を絶やすのか」と言われるとたじろぐ，というようなときにも同じ心理的強制が働いている。

　さて，以上，生物学的事実を引用するものを中心に五つのパターンを紹介したわけだが，このような議論はどのように評価されるだろうか。

　こうやってはっきり言葉にすると，前提と結論の間に飛躍があるという印象を

受けないだろうか（だから実際にこういう議論が使われるときは結論をもうちょっと曖昧な形にしてごまかすことも多い）。たとえば，「人種には生物学的な実体がないが種には生物学的な実体がある。したがって人種で差別してはいけないが，種で差別するのはかまわない」という議論の場合，「したがって」の前と後を見比べると，前半にはない「かまわない」という判断が後半で出てきている。これは一体どこからきたのだろう。

　論理的に妥当な推論とは何かについて本書で詳しく説明する余裕はないが，とりあえず論理的推論の最低限のルールとして，推論の前提にない名前や述語が結論に登場するのは NG である。ここで単純に「議論が飛躍している」と結論を出してそれ以上顧みないというのも一つの手だが，さすがにそれは気が早い。そこでメタ倫理学を手がかりにして，こういう議論が何をやっていると考えられるのかをもうちょっと考えてみよう。

2-2　事実と価値の関わり

2-2-1　ヒュームの法則

　実は，事実に関する前提から規範的な結論を導き出すことができるかどうかはメタ倫理学の大問題の一つである。これについては「ヒュームの法則」と呼ばれる有名なテーゼがある。それは，「「である」から「べきである」は導き出せない」というテーゼである。これは 18 世紀イギリスの哲学者デイヴィッド・ヒュームが『人間本性論』という本の中で書いたことを下敷きにして，特に 20 世紀になってメタ倫理学の中で盛んに使われるようになった議論である。

　ヒューム自身が書いているのは，意味を汲んでかなり自由にまとめると，おおよそ以下のようなことである。「これまで出会ったどんな倫理体系も，あるところまでは「〜である」「〜ではない」と，事実についての話が続くのに，あるところから突然「〜すべきである」「〜すべきではない」ばかり出てくるようになってとても気持ちが悪い（いや，ヒュームは「気持ち悪い」という表現は使っていないが）。なんで「である」から「べきである」が出てくるのか全然理解できないからちゃんと説明してほしいものだ。また，読者もそういうことに気をつける

ようになれば，通俗的な倫理体系はみな覆されるし，善悪の区別が事実だけに基礎づけできないことが分かるはずだ。」というわけで，ヒューム自身はいわゆるヒュームの法則をはっきり述べているわけではないが，後の哲学者たちは，（ある意味で勝手に）そのあたりのニュアンスを補って，「「である」と「べきである」は別ものなんだから導き出せるわけないだろ」という意味に読んできた[2]。

さて，ヒュームの法則が正しいのなら，先に紹介した①から⑤のような議論は，「である」から「べきである」を導き出しているんだからアウトだということになりそうである。実際，ヒュームの法則がこういう議論で持ち出されるときは，まさに①から⑤のような議論を門前払いするために使われることがほとんどである。

ヒュームの法則に対してはジョン・サールという言語哲学者が有名な反論をしている。サールは，以下のような推論を提案した（事例は変えてある）。

(a) 上杉君は武田君に対して「私はあなたに塩を送ると約束する」という言葉を発した

という事実についての命題から，

(b) 上杉君は自分に対し，武田君に塩を送るという義務を課した

という命題をへて

(c) 上杉君は武田君に塩を送るべきだ

という結論が導けるという議論を展開した（もとの議論より若干簡略化しているが感じは伝えていると思う）。もちろん(a)を補足する前提として，上杉君がしゃべっている言語についての前提，社会制度についての前提（約束するということは義務を負うということだ，というのは社会制度に関する事実である），約束を打ち消すような他の条件がないという前提などいろいろなものが必要だが，これらはすべて事実に関する前提である。だから，事実に関する命題だけから「べき」

---

[2] 本書では別にヒューム研究をしたいわけではないので，この読み方がヒュームの解釈として正しいかどうかはこの際あまり関係がないが，「ヒュームの法則」という言い方を使うときは，ヒュームの法則なんてヒューム自身は提唱していなかったという解釈があることは知っておいた方がよい。本書でも以下「ヒュームの法則」という表現を使うが，これはあくまで「ヒュームが言ったとされてきたテーゼ」という意味であることを断っておく。

が導けた、というわけである。

これに対してはいろいろな人が反論している。代表的な反論として、社会的制度としてXという約束をした人にはXする義務があることになっているというのと、本当にその人にそういう義務があるというのは実は違う、という反論がある。たとえば奴隷売買契約は、そういう契約を認める社会制度内では義務としての拘束力があることになっているだろうが、そういう社会を第三者として観察している人からすれば、本当にその契約に従う義務があるとは思えないだろう。つまり、第三者にとっては、サールのあげる事実に関する前提から最終的に導けるのはせいぜい「上杉君は武田君に塩を送るべきだということになっている」という程度のことなのである。こうした批判に対しては、実際にその制度の中に身を置く本人にとっては「べきだ」と「べきだということになっている」は同じことだと答えることができる。これに対してはさらに批判があるのだが、それはあとで非認知主義の立場の説明がすんでからあらためて考えた方がよいだろう。

さて、ヒュームの法則はもっと建設的な使い方もできる。それは、「「である」から「べきである」が導き出されているように見えるときは、必ず「べきである」を含む前提が隠れている」というテーゼとしての利用である。つまり、事実についての命題から「べきである」が導き出されているように見えたら、そういう議論は暗黙の前提が省略された省略的な議論のはずだ、という見方である[3]。実際、暗黙の前提を補ってやると、たとえば先ほどの①で紹介した議論は次のような論理的推論の形に再構成することができる（式1）。

前提1：人間と他の動物の間には「種の違い」という生物学的に実体のある差が存在する。
前提2：生物学的に実体のある差が存在するなら差別扱いをしてもよい。（暗黙の前提）

結　論：人間と他の動物を差別扱いしてもよい。

この推論の形は「実践的三段論法」と呼ばれる。倫理的な問題に関する推論の

3）命題（proposition）というのは、文であらわされる内容のことである。「今日雨が降っている」という文と「雨が今日降っている」という文は文としての形は違うが内容は同じであり、さらには"It is raining today"もまったく違う言語のまったく違う文だけれども同じことを言っている。この「同じこと」を命題と呼ぶのである。

基本形である[4]。「実践的」と名がつく場合，前提の一つと結論に「〜するべきである」とか「〜してもよい」といった価値判断がくる。一般型としては次のような形になる（式2）。

前提1：XであるならばYである。
前提2：YであるならばZするべきである（してもよい）。

結　論：XであるならばZするべきである（してもよい）。

　同じような操作は上にあげた他のものについても可能である。たとえば③だったら，「人間は身体の構造にしたがった生き方をするべきである」といった暗黙の前提を補えば一応論理的に結論が導き出せるし，⑤だったら「伝統や慣習は守らなくてはならない」という前提を補えばよい。

　さて，こうやって暗黙の前提を言葉にすると，なんだか身もふたもないし，いくらでも反例がありそうに思える。たとえば「身体の構造にしたがった生き方をするべき」などと言い始めたら，病気で死ぬのだってわれわれの体がそうなっているわけだから薬など飲むべきではないし，人間の体は空を飛ぶようにできていないのだから飛行機で空を飛ぶべきではない，ということになりそうである。「伝統を守らなくてはならない」という主張も額面通りに受け取るなら，民主主義も人権思想も放棄せよということになりかねない。

　そうした反例がどういう意味を持つかについてはもう少しあとで「普遍化可能性」という概念が出てきたところで考えるとして，反例があるかどうかにかかわらず，「生物学的に実体のある差が存在するなら差別扱いをしてもよい」とか「身体の構造にしたがった生き方をするべき」という規範的主張がぽかんと宙に浮いているのは大変気持ちが悪い。これは一体どういう性質の命題なのだろうか？

2-2-2　自然主義的誤謬

　実はここでヒュームの法則を回避する一つの方法が見えてくる。それは，こう

---

[4] 三段論法は，前提二つが正しければ，結論も必ず正しくなるような推論形式である。論理学の基礎については他の書籍を参照されたい。

いう暗黙の前提は実は言葉の定義に関する命題だ，というものである。たとえば，「種が違うなら差別してよい」という議論は，先ほどとちょっと違う次のような形にも再構成できる（式3）。

前提1：人間と他の動物の間には「種の違い」という生物学的に実体のある差が存在する。
前提2：「生物学的に実体のある差が存在する」という言葉は「差別扱いをしてもよい」という意味を持つ。（暗黙の前提）

結　論：人間と他の動物を差別扱いしてもよい。

つまり暗黙の前提は実は言葉の意味についての前提だと考えることができる。この場合，前提2も「言葉の意味」という事実についての命題であり，事実命題二つから規範的な結論が出ていることになって，もしこれで推論がちゃんと成立しているならばヒュームの法則はまちがっていることになるし，先ほど宙に浮いていて気持ち悪いといった前提2も，「してよい」とか「してはいけない」という言葉の意味についての前提なんだからがたがた文句を言わずに受け入れろ，ということになる。

もっと一般的な形としては，次のようになる（式4）。

前提1：XであるならばYである。
前提2：「Yである」という言葉は「Zするべきである（してもよい）」という意味を持つ。

結　論：XであるならばZするべきである（してもよい）。

これでヒュームの法則はまちがいだと示せたようにも見える。しかしここで，そんな推論はいんちきだという哲学者がいる（というか100年前にいた）。これが，ケンブリッジの哲学者G. E. ムーアの「自然主義的誤謬」(naturalistic fallacy) の議論である。この議論は1903年の著書『倫理学原理』において展開され，メタ倫理学という分野そのものの出発点となった重要な議論である。

ムーアによれば，自然主義的誤謬とは，「善い」という定義できない言葉を定義してしまうという過ちである[5]。ただし，「善い」と「望ましい」「正しい」といった言葉がお互いに定義しあうような密接な関係にあることはムーアも認めて

いる。ムーアが言っているのは、それ以外の事実についての言葉、たとえば「快楽」とか「望んでいる」とか「神様が命令している」とかといったものを使って定義するのが過ちだと言っているのである。なぜこれが「自然主義的」な誤謬と呼ばれるのか、という話は込み入っている（章末のコラム 2 参照）。

さて、この文脈でムーアが使うのが、いわゆる「未決問題」の議論である。もし「善い」と「快楽」が同じ意味だとすれば、「快楽は善いか？」と疑問に思っている人は、同じ意味の言葉を置き換えると、「快楽は快楽だろうか？」という考えるまでもないことに疑問を持っていることになる。しかし、「快楽は善いか？」という問いかけをしている人はそんなばかばかしい問いかけをしているようには思えない。結論としては確かに「快楽は善い」という答えが出るかもしれないけれども、少なくともそこにたどり着くまでに、単に善という言葉の意味を確かめる以上の実質的な思考が必要なはずである。たとえば、「他人にいじわるをしても気持ちよくなることがあるけど、そういう快楽も善いと言えるのかなあ」といった疑問は、単に言葉の意味を確認する以上のことをしているように思われる（では何をしているのかは実はなかなか難しい）。つまり、この問いは、「快楽は快楽だ」というような最初から答えが分かった問題（既決の問題）ではなく、まだ答えが出ていない「未決」の問題だと考えられるのである[6]。上の例では、たとえば⑤に関して「倫理とはその社会の慣習である」というのは非常によくある考え方であるが、「その社会の慣習は善いか」という問いは有意味だと考えられる（奴隷制という慣行があったり、女性は外で働かず家を守らなければならないという慣習があったりする社会のことを、その慣習を認めない立場から見た場合を想像してみてほしい）。しかし「善」＝「その社会の慣習」だと考えるなら、「その社会の慣習は善いか」というのは「その社会の慣習はその社会の慣習か」というばかばかしい問いになってしまう。

5）「善い」のもとの言葉は形容詞の good である。特に倫理的な意味で good を使うときは、形容詞としては「善い」、名詞としては「善」という訳語を使う。ところで、ムーア以降の倫理学者は「べきである」ではなく「善い」を中心に分析するのが普通なのだが、そのためヒュームの法則との関係が分かりにくくなる。しかし「善いこと」と「するべきであること」というのは「善い」と「べき」という言葉の意味からおおむね同じ意味だと考えられ、「善い」についての分析と「べき」についての分析はお互いに翻訳できる。

6）ちなみに「A は A である」という形の文はトートロジーとか同義語反復とか呼ばれる文で、論理的に必ず真となる（つまり、どんなに想像をはたらかせてもその文が間違いとなる状況を想像できない）。

こういう考察をふまえて，ムーアは，倫理的な概念はその他の事実についての概念では定義できないと考えた。なぜそんなことが起きるのかについてのムーア自身の分析は込み入っている上に評判が非常に悪いので省略する（「黄色」が定義できないのと同じ意味で「善い」は定義できないのだとムーアは考えた）。ただ，ムーアの説明はおいておいても，「Xは善いか」というタイプの問いは軒並み未決問題になってしまう，というのは直観的に説得力があるし，その後の哲学者にもその点で影響を与えてきたと思われる。

さて，「善い」という言葉が定義できないとして，それはヒュームの法則や，ヒュームの法則に対する式3のような回避策とどう関係してくるだろうか。式3は「「生物学的に実体のある差が存在する」という言葉は「差別扱いをしてもよい」という意味を持つ」という前提（前提2）をたてている。もしこれを認めるなら，「してもよい」という言葉が部分的にでも定義できてしまったことになる。しかし「生物学的に実体のある差が存在するなら差別扱いをしてもよいか？」という問いは非常に実質的な内容のある未決問題だと感じられる。もっと一般化して言うと，「Xをするべきか？」という問いは全般的に「快楽は善いか？」と同様の未決問題と感じられる。つまり，「自然主義的誤謬」の議論は，ヒュームの法則の反例に見える事例をつぶすことでこの法則をサポートする強力な議論となっているのである。

ここで断っておかなくてはいけないと思うが，ここまでのムーアの議論が全て正しかったとしても，①から⑤のような議論が間違いであることが示されたわけではない。式3は省略された議論を補完する一つの例にすぎず，もしかしたら別のやり方で非常に説得力のある議論が構成されるかもしれない。あるいは，今の形でも，前提2に対してさらに根拠を示したり制限をつけたりして，もっと説得力のある議論に組み立て直すことができるかもしれない。

ここまで我慢して読んでこられた読者の中には，「他の言葉で定義できないんだとしたら，「善い」って結局何なの？」とそろそろいらいらしてきた方もいらっしゃるのではないだろうか。その問題にはムーア自身も答えを提案しているが，ムーアの答えに納得している人はほとんどおらず，今も続く論争になっている。「善い」とは結局何かという論争は本章の後半であつかうことにして，その前に，本当にムーアの議論はうまくいっているのか，「自然主義的誤謬」は本当に「誤謬」なのか，ヒュームの法則は本当に正しいのか，ということについて考えてお

こう。

2-2-3　形而上学的自然主義

　自然主義的誤謬については，善を何かと「同一視する」というのを狭く捉えすぎなんじゃないかという反論がある。これは1970年代に言語哲学者のソール・クリプキらによって「新しい指示の理論」と呼ばれるものが開発された後で有力になってきた考え方である。

　新しい指示の理論の全体像をきちんと紹介するスペースはないので詳しくは言語哲学の教科書などを見てほしいが，ここで関係があるのは「形而上学的必然性」という考え方である。「必然性がある」とか「必然的」だという言い方にはいろいろな意味がある。代表的なのは論理的な必然性で，先ほど出てきたような「快楽は快楽である」という文の正しさがこれにあたる。つまり，論理的に言ってこの文が間違いだなんてことはありえない，という意味での必然性である。しかしこれとはちょっと違う意味で，「水は H_2O である」という文も必然的に正しい。われわれが水と呼び習わしてきたものの組成が H_2O でないという宇宙は，論理的には存在しうるが，物理学の法則や定数が同じだという条件の下では，われわれが水の特徴として知っているようなさまざまな性質を備えた液体は H_2O 以外のものではありえない。この意味での必然性を形而上学的必然性と呼ぶ[7]。18世紀以前には H_2O なんていう分子式は誰も知らなかったわけだが，それでも「水」という言葉は（世界の基本構造がそのときと今で同じであるからには）やはり H_2O を指していたはずであり，これもまた形而上学的な必然性である。

　さて，この「形而上学的必然性」という考え方を使えば，「善い」という言葉を定義しなくても，定義したのと同等の効果が得られる別の抜け道が見えてくる。これは，「善」というものを自然科学の対象になるような存在として考えたい，という自然主義の立場からは魅力的な選択肢である。ムーアは，自然主義を，「善い」をなんらかの自然的対象と同一視する立場だと定義した（コラム2参照）

---

[7] ここでは形而上学的という言葉は「世界の基本構造にかかわる」というくらいの意味で使われている。ムーアもまた別の意味で「形而上学的」という言葉を使っていたりして混乱するのだが，哲学者（特にここで扱うような英米の哲学者）というのはボキャブラリーが貧困なのでこういうことがよく起きる。ある程度慣れていただくしかない。

が，同一視するというだけなら，別に「善い」をその自然的対象で定義するのでなくても，形而上学的必然性の問題として同一視するのでもよいはずである。そうすると，「善い」とXを同一視しながら，しかも「Xは善いか？」という問いが未決問題になるという可能性が開ける。水の例を使って言えば，「水はH_2Oか？」という問いは，形而上学的必然性の問題としては「イエス」以外の答えはないわけだが，ムーアの言う意味では未決問題である。同じように，「善い」と快楽を同一視しながら，「快楽は善いか？」が未決問題だということも形而上学的必然性の問題としては十分ありうる。こういう考え方を形而上学的自然主義と呼び，ムーアの批判があてはまるタイプの自然主義を定義的自然主義と呼んで区別する。形而上学的自然主義の立場から式3と式4を書き直すと以下のようになる（式5，式6）。

前提1：人間と他の動物の間には「種の違い」という生物学的に実体のある差が存在する。
前提2：「生物学的に実体のある差が存在する」という言葉で指されるものは形而上学的に必然に「差別扱いをしてもよい」ものである。（暗黙の前提）

結　論：人間と他の動物を差別扱いしてもよい。

前提1：XであるならばYである。
前提2：「Yである」という言葉で指されるものは形而上学的に必然に「Zするべきである（してもよい）」ものである。（暗黙の前提）

結　論：XであるならばZするべきである（してもよい）。

形而上学的自然主義は現在の倫理学で支持者の多い立場で，リチャード・ボイドやピーター・レイルトンといった人がこの立場をとる。しかも，これが正しいなら，事実に関する前提だけから「べき」についての結論が導けることになる。しかし，まさにその理由により，サールに対するのと同じような批判を招くことになる。形而上学的自然主義が明らかにするのは，ある社会制度の下で，人がどういうときに「善い」とか「べき」とかいう言葉を使っているかであって，本当のところどういうものが「善い」か，何をする「べき」かが分かるわけではない。

ここでもまた「本当のところ」という言葉が出てくるわけだが、この「本当のところ」が積極的には何を意味するのかやっぱりまだはっきりしない。はっきりさせるためにはムーア以降のメタ倫理学の歴史について知る必要があるのだが、ちょっとその前に動物の権利に反対する別のタイプの議論を見ておこう。

2-3 能力差に訴える議論

2-3-1 「生物学的に実体のある差」をもういちど考える

本章の前半では、議論の一つのパターンとして、人間と他の種が単に生物学的に違うから別扱いするという議論を見た。これは単に「である」から「べし」（この場合は「差別してもよい」）を導いているという理由で否定することはできないということはここまでで見てきた。なんらかの暗黙の前提を補うことでこの推論は正しい推論となりうる可能性は持っている。しかし、その補足の候補となる前提は「生物学的に実体のある差が存在するなら差別扱いをしてもよい」とか、「「生物学的に実体のある差が存在する」という言葉で指されるものは形而上学的に必然に「差別扱いをしてもよい」ものである」とか、形式はともかく内容的に非常に納得いかないものである。

というのも、「人種」には生物学的な実体はないとしても、「肌の色」は遺伝子によって決まっており、「肌の色の差」は生物学的に実体が存在する。だったらやっぱり肌の色による差別もやってよいことになりそうである。あるいは、男性と女性は性染色体が違うから、女性は差別してよいのか（あるいは男性は差別してよいのか）。血液型がAB型の人間は単にAB型だというだけの理由で差別してもよいのか。このように考えてゆくと、「生物学的に実体のある差が存在するなら差別扱いをしてもよい」というのは、実質的な内容としてこのままでは承服しがたい。そこで出てくるのが、人間と他の種の間では存在するが人間同士の間では存在しないような差を考えるという戦略である。何人かの哲学者がこの路線、特に人間と動物の能力の差を利用して動物の権利に反対しようと考えた。次にその議論を見てゆこう。

2-3-2 動物に心はあるか

　さかのぼれば，人間と動物の能力差に訴える路線の原型は「我思う，ゆえに我あり」で有名なフランスの哲学者デカルトに求めることができる。デカルトは，動物はそもそも意識を持たない自動機械のような存在だと考えた。デカルトによれば肉体と魂は全く別の存在であり（哲学でいうところの心身二元論と呼ばれる立場である），動物はそもそも魂を持たず，したがって魂の機能である意識も持たないと考えた。もしデカルトが正しいなら，動物がどんなに痛そうにしていてもそれは単なる生理学的反応であって，「痛み」という意識経験を持つことはできない。すでに第一章で見たように，功利主義から動物解放論を展開する場合，根拠となるのは動物も幸せになったり不幸になったりできる以上，幸福を重視する立場からそれを無視するのはおかしい，という考え方だったし，レーガンの「生の主体」基準を満たすために必要だとされる能力の多くも，そもそも意識というものがなければ成立しないようなものである。したがって，デカルトの言うように動物が意識を持たない自動機械なら，功利主義や義務論の観点から動物を直接的配慮の対象にする議論はそもそも成り立たないことになり，第一章の議論は重大な脅威にさらされる。

　デカルトの見方は現代の動物行動学にも影響を与えているように見える。というのも，この分野では，動物の心理は扱わないというのが主流だからである。これは心のような直接観察できないものを科学の対象とせず，あくまで外面的な刺激と反応だけを研究対象にするという行動主義という研究様式の影響である。人間についての心理学と比較するとこの現状はなかなか興味深い。

　心理学においても1950年代ごろにB. F. スキナーの研究などで行動主義が一世を風靡した[8]。しかしその後，行動主義はあまりにも禁欲的すぎて面白い研究ができないということで，心の存在を認めて積極的に心の仕組みを探求する認知心理学にとってかわられた。しかし動物に関してはなぜかそうした大きな変化は

---

8) あまり行動主義になじみのない人のために簡単に背景を説明しておこう。心理学は心の研究をする学問だが，心は目に見えないため，ともすれば「内省」をもとにして自分以外の人には意味不明な理論を作ってしまいかねない。そこで心理学を科学として確立するために，もっと客観的に主張の正しさが確認できるようなやり方で心理学をやろうという考え方が勃興した。外面的な行動は誰もが確認することができるから，それだけを扱うことにすれば心理学の客観性を保つことができる。これが行動主義である。同じように，科学としての動物行動学を求める立場からは動物の外面的行動以外は扱わない，というのも筋が通った立場になる。

生じなかった。1980年代にドナルド・グリフィンらの努力によって認知動物行動学（cognitive ethology）と呼ばれる動物の心の研究も動物行動学の一分野として確立した。しかし，行動主義にとってかわるには至っていない。こうした差が生じた理由として，動物は言葉で内面状態を報告することができないため，動物の心の解釈が難しいということがあるだろう。

とはいえ，こうした動物行動学の傾向は，動物に心があること自体を否定するものではないことに気をつける必要がある（グリフィンらの研究が主流ではないにせよ正統な科学的研究だと認められていることも指摘しておく必要があるだろう）。デカルトは進化論以前の時代の人だったから，動物には魂がないが人間には魂があると平気で主張することができた。しかし，ヒトもまた他の動物と同じ先祖から自然のプロセスを経て枝分かれしてきた動物だというのが現在の科学における共通認識である[9]。そして，特に哺乳動物については，ヒトと神経生理学的にも非常に近く，ヒトが痛みを感じるのと同じ状況で他の動物も似たような行動上の反応をしめす。これだけの条件がそろっていてヒトだけが痛みを感じ動物が痛みを感じないと言い張るのは難しい。最近では，痛みだけでなく，うれしいとか気持ちよいとか悲しいとかおいしいとかいったその他の感情についても研究がすすんでいて，少なくとも哺乳類や鳥類については非常に豊かな感情生活があるらしいことが分かってきている（その他の動物については，感情生活がないというより，単に認知動物行動学の研究対象になってこなかったということのようである）。

さらに，心なんて目に見えないから心はないものと仮定するというのなら，自分の心も他人の心も目には見えない。じゃあ人間の心もないものとして扱うことになるのだろうか。そうすると功利主義や義務論は人間への配慮についても根拠を失うことになるかもしれない。その結論を避けるために，目に見えなくても行動から心があるかどうか分かる，という議論をするにせよ，人間への配慮は心があるかどうかに関わらないという議論をするにせよ，人間と動物を別扱いする根拠は見えてこない。つまり，現代において，デカルト流の「動物には魂や心がない」という路線から人間と動物を別扱いすることを正当化しようとするのは非常

---

[9] 「人間」という言い方と「ヒト」という言い方を混ぜて使っているが，社会的側面が強調される文脈では「人間」，生物学的側面が強調される文脈では「ヒト」と（一応）使い分けている。同じ内容を書いてもどちらの言葉を使うかでだいぶ印象が違ったりするから注意が必要である。

に無理があると結論せざるをえないだろう。

2-3-3　言語を持たないものは利害を持つか

　ということで、心の有無では人間と他の動物の差はつかない。そして、心の働きにおいても、動物と人間は多くの点で共通しているように見える。一つはっきりした違いがあるのが、人間は言語をしゃべるが、他の動物は人間ほど発達した言語を持たない、という点である。そこで、その差を利用して人間と動物の差別扱いを正当化する議論がいろいろと考案された。

　たとえば、動物の権利に反対する側の論客として知られるR. G. フレイは、1980年の著書の中で、動物は意識はあっても欲求は持ちえないために、道徳的配慮の対象にならない、と論じた。この議論において核心となるのが、欲求能力と言語能力との関わりである[10]。

　フレイの議論の大筋をたどると大体以下の通りである。まず、道徳的な考慮の対象となるような利害を持つためには欲求を持たなくてはならないはずである。たとえば植物は水を必要とするという意味では利害を持つけれど、それに伴う欲求を持たないのでこの利害は道徳的な考慮の対象にならない。欲求がなければ道徳的に配慮すべき利害もない、というのは功利主義の立場であり、功利主義に反対する立場からは必ずしも受け入れる必要のない前提であるが、ここでは議論のために一応認めることにしよう。

　フレイは欲求を持つためにはそれに関連する信念を持つことが欠かせないと考える。たとえば「グーテンベルク版の聖書がほしい」という欲求は、「今自分のコレクションの中にはグーテンベルク版聖書がない」という信念を前提とする（一冊あるけど保存用にもう一冊ほしいというようなコレクター心理はフレイは想定しなかったようだ）[11]。さて、信念は、哲学用語で「命題的態度」(propositional attitude)と呼ばれるものの一つである。信念の表現は「XはYであると信じる」

---

10) なお、フレイは後にだいぶ動物解放論寄りに立場を変えている。文献表参照。
11) 信念というのは哲学の業界用語で、ある人が何か事実について思っていること全般を指す。たとえば今日が火曜日だと思っている人は、〈今日は火曜日だ〉という信念を持っているし、自分の名前がダグラス・クエイドだと思っている人は〈自分の名前はダグラス・クエイドだ〉という信念を持っていることになる。以下ではこの意味での信念という言葉がよく出るので、この用法に慣れてほしい。

という形をとるが，この「XはYである」の部分はそれだけで一つの命題になっている（「命題」については本章注3を参照）。命題の部分を持つような心的状態が命題的態度である。「信じる」の他，「民主党が選挙で勝つことを望む」というようなある出来事や状態を望むような欲求は命題的態度であるし，「試験に落ちたことを呪う」とか「友人が結婚したことをうらやましがる」とかも命題的態度である。

　さて，フレイは，ある命題的態度を持つためには，それを表すための言語を持っていなくてはならないと言う。命題は文で表されるし，文は主語があって述語があって時制があったり目的語があったり修飾語があったり，非常に複雑な構造をしている。その複雑な構造をあやつれる心的能力がないなら，命題を理解することもできないし，ましてやその命題について信じるとか欲求するとか呪うとかの態度を取ることなどできはしない。

　ところが，動物はそういう複雑な構造を持つ言語を持たない（簡単なシグナルのようなものはあるが，それでは命題は構成できない）。したがって，動物には命題的態度を持つことはできず，欲求も持てない。ということは利害もなく，（功利主義的な観点からは）道徳的配慮の対象にもならない，というわけである。

　この議論はシンガーら動物解放論者によりいろいろな角度から厳しく批判されている。たとえば「水が欲しい」という欲求を持つために，本当に「私はのどが渇いている」というような信念を持つ必要があるだろうか。のどが渇いているときのあのひりひりした感じを感じるだけで十分なのではないだろうか。基本的な欲求はもっと単純なものではないだろうか。また，本当に人間以外の動物はどれ一つ高度な言語能力を持たないのか，というのは検討を要する問題である。これについては，項を改めてくわしく見てゆくことにしよう。

2-3-4　動物は言語能力を持たないか

　動物がいろいろなやり方で意思疎通や情報伝達を行うことはよく知られている。ミツバチが食物のある方向と距離をダンスで伝えたり，イルカが鳴き声でコミュニケーションを取ったりするのは一般の人でも知っている例であろう。その意味ではもちろん動物にも言葉はある。しかし，「動物には言語がない」と主張する人が言っている言語能力はもう少し複雑な能力である。言語は，一定の規則に従

って語を組み合わせてゆくことで有限な単語から無数の文を生成できるという特徴を持つ。「ピーターは昼寝する」という文が理解できる人は，ピーターの代わりにロッキーが入って「ロッキーは昼寝する」という文章も理解できるし，「昼寝する」のかわりに「泳ぐ」を入れたり「穴を掘る」を入れたり，別の述語を入れて文章を組み立てることもできるだろう。これに対して，たとえば音の調子でいろいろな情報伝達を使い分けるような信号は，どんなにたくさん信号の種類があっても「言語」とは言えない。

　しかし，この敷居の高い意味での言語も，人間の専売特許ではないかもしれない。さきほども少し触れたが，動物行動学の中の一領域として，動物，特に大型類人猿に実際に言語を教える研究がなされていて，チンパンジーのニムやワショー，ゴリラのココ，ボノボのカンジなど，手話などのコミュニケーションを使いこなせるようになった大型類人猿の事例も報告されている。ただ，かれらが本当に言語を習得しているのか，それともちょっと複雑な「芸」を覚えただけなのかというのは研究者の間でも論争の対象となっており，決着はついていない。ニムに手話を教えた本人である動物行動学者のハーバート・テラス自身がニムは単に単語を並べているだけだと結論をだして大型類人猿の言語能力を否定している一方，同じくチンパンジーのワショーに手話を教えたロジャー・ファウツはテラスはそもそも手話の教え方を間違っていたと批判している。

　ちょうどよい機会なので，第一章でちょっと触れたような，大型類人猿の他の能力についても簡単にふれておこう。おさらいになるが，シンガーは「自己」の意識と「未来」の意識がないものは「死にたくない」という選好を理解できないから死なないという利害も持たない，と論じていた。認知動物行動学では，大型類人猿をふくめ，いくつかの動物種において，これらの能力についての研究がなされている。「自己」の概念があるかどうかの簡単なテストとしてよく行われているのは，鏡を見せることである。鏡を見てそれが自分だと認識し，たとえば顔に何かついていたときにそれを取る，というのは，実はけっこう高度な能力を要する。多くの動物は鏡の像を単なる同種の個体だとしか認識できず，威嚇したり鏡の裏にまわって探したりする。実験の結果によると，大型類人猿は顔に塗られたペンキを鏡を見て発見できるようである（ただし，それがシンガーが求めている意味での「自己」かどうかは議論の余地がある）。未来については計画性のある行動がとれるかどうかが一つの目安となる。あとでたくさんもらうために今我慢

する，といったことが，本能としてでなく，意図的にできれば合格である。これは自己の認識よりもさらに敷居が高い（もしかしたら人間にとってもけっこう難しいかもしれない）。これも，意図的な計画に見える行動が報告されてはいるが，議論の余地がないというところまではいかない。

　こういう研究結果を評価する際には，常に慎重な検討が必要である。この文脈でよく持ち出される古典的な例が，20世紀はじめごろの，いわゆる「クレバー・ハンス」の事例である。このハンスという馬は，黒板に書かれた算数の問題を見て，答えの数だけ足を踏みならすことができ，「算数のできる馬」としてヨーロッパを興業して回った。しかし疑問を持った心理学者が調査した結果，ハンスは算数の問題を解いているわけではなく，正しい答えの数に達した時の，調教師や観客の微妙な表情や仕種を読んでそこで止めているに過ぎなかった。もしかしたら大型類人猿の言語能力やその他の能力もハンスの「計算能力」のようなものかもしれないという可能性は常に存在する（もちろん，そういう批判をふまえて，最近の研究は慎重にそうした可能性を排除するように行われている）。

　しかし，もしフレイのような議論が最初から動物を配慮の対象から除外するという結論が決まった後付けの議論でないなら，大型類人猿の言語能力の証拠には敏感にならざるをえないはずである。そういう意味での利害を大事にするなら，本当は利害を持っていない大型類人猿を間違って配慮の対象にしてしまう，というタイプの間違いより，本当は利害を持っている大型類人猿を間違って配慮の対象から除外してしまう，というタイプの間違いを避けようとするだろう。実際，昨今の動物の権利運動の中でも大型類人猿は特別な位置を占めていて，人類には五つの種がある（つまり大型類人猿はすべて人類だと考えた方がよい），という言い方をする動物の権利運動家もいるし，大型類人猿については実験対象にすることを全面禁止するという法律ができた国もある。ついでに，こうした観点から大型類人猿としばしば同列に扱われるのがクジラやイルカなどクジラ目の動物である。これらの動物も複雑な言語を持っているらしき証拠がいろいろあり，権利主体になりうるかどうかを言語能力で判定するなら，これらの動物にも権利を認めなくてはならない。日本人に捕鯨反対運動が不可解に見えるのはそういう議論の背景がすっぽりぬけおちているからかもしれない。

2-3-5　限界事例の問題

　さて、そういうわけでフレイの議論にはいろいろ問題があるわけだが、その中でも一番重大な問題を実はまだ扱っていない。それは、フレイの基準を真に受けるなら、人間でも配慮の対象とならない人が出てしまうということである。生後すぐの赤ん坊やあるいは重度の認知症の人や知的障害者など、フレイが求めるような意味での命題的態度を持てない人はいる。少なくとも大人のチンパンジーやゴリラと言語能力の点で比較したときに負ける人は当然いるだろうし、イヌやイルカなど他の哺乳類との比較でも同じことがおきるだろう。そういう人たちは配慮の対象にならないとフレイは考えるのだろうか。こういう人たちは動物への配慮について論じるときにかならず引き合いに出されるので、ひとまとめにして「限界事例」(marginal cases) と呼ばれる (marginal というのはここでは能力などが端に近いという意味合いである)。限界事例の人たちが配慮の対象にならないと言い切るのはほとんどの人にとって抵抗があるので、そういう人にとっては、言語能力は配慮するべき相手と配慮しなくてもよい相手の線引きには使えない。

　こうした反論が成り立つのは別に言語能力を使ったからというわけではない。感覚を持っているかどうか (「有感」かどうか)、という功利主義の基準を持ってきても、あるいはカントのように自律の能力があるかどうかという基準を持ってきても、限界事例は存在する。有感かどうかを基準とした場合、新生児や認知症はもちろん有感だと認められるだろうが、脳死状態は有感だと認められないことになるだろう (脳死状態はすでに死んでいると考えるならこれも特には問題ではない)。ただし、もちろん、多くの動物も配慮の対象となる。逆に、自律の能力を持ってくれば言語能力よりももっと基準は厳しくなり、配慮の対象にならない人はもっと増える。自らを律することのできない人 (ダイエットすると決意したのについついおやつを食べてしまうような人とか授業中にどうしても寝てしまう学生とか) は文字通り煮て食おうが焼いて食おうがかまわないことになってしまいかねない。カント主義や、あるいはフレイのような立場を受け入れるには、それ相応の覚悟がいるのである。ちなみにレーガンは「生の主体」基準は新生児でも満たすと主張しているが、基準を満たすかどうかの正確な境界を意図的にあいまいにしているあたりがちょっとずるい。

　ということで、限界事例からの議論は、「動物には〜ができないから配慮する

必要はない」というタイプの反動物解放論一般に対して強力な反論となる。これに対して反動物解放論の側がどう答えるかについては次の章で考えることにして，ここでは論争のパターンに注目したい。

2-3-6　道徳的論争のパターン

　限界事例を使った議論が強力なのは，それが功利主義とかカント主義とかといった特定の倫理学理論に依拠していないという点である。ここで利用されているのは，「同じようなことについては同じような判断を下さなくてはならない」という，道徳的判断のより一般的な特徴である。これはあたりまえすぎてかえって分かりにくいかもしれないのでもうちょっと説明しよう。

　「動物は言語を使えないから利害を持たないので配慮する必要はない」という主張をした人は，暗黙のうちに「言語を使えない存在は配慮する必要はない」という判断を下したことになる。つまり，最初の判断は動物だけに関する判断だったわけだが，言語を使えるかどうかを理由にあげたことで，言語を使えない存在すべてについて同じ判断を下さなくてはならなくなったわけである。あとで詳しく見るが，これは道徳判断の普遍化可能性と呼ばれる特徴である。

　実は，同じ議論のパターンは，本章の前半で紹介した，生物学的な事実や社会的事実を持ち出す議論に対しても有効である。「人と他の種の間には生物学的に実体のある差があるから差別してよい」という議論は，もともと人と他の種の違いについて話していたはずなのに，「生物学的に実体のある差があるものは差別してよい」という一般的な判断を含意してしまい，その結果「じゃあ女性は差別してよいのか」といった切り返しを生むことになる。「人間は体の構造上動物を利用するようにできているから動物を利用してよい」と論じる人は，動物の利用の話をしていたはずだが，「人間は体の構造上それをするようにできていることはやってよい」という一般的な判断を下してしまうことになる。これはそもそもの「動物を利用するようにできている」という主張があいまいなので正確にどう一般化されるのかよく分からないが，たとえば別に他の動物の肉でなくとも人間の肉でもビタミンB12は摂取できるのだから，人間の肉を食べてよいということになるのか，とか，人間の手足は殴ったり蹴ったりするのに好都合にできているから殴ったり蹴ったりしてよいのか，といった疑問が生じる。ここでも普遍化が

はたらいている[12]。大事なのは，反動物解放論の側も，そういう理由を引き合いに出した以上，この種の疑問は受けて立たなくてはならないということである。

これを見ると，倫理学上の立場が違う人でも，倫理というものについてある基本的なレベルでは一致していて，だからこそ，論争がなりたつわけである。逆説的に聞こえるかもしれないが，一致のないところには対立もありえない。しかし，ではその一致している部分である「倫理」とは何なのだろうか。さきほどのような，「同じ理由があてはまるところでは同じ判断を下さなくてはならない」という特徴を持つ倫理とはそもそも何なのか。

実はこれがメタ倫理学の中心的な問題なのだが，これについては，議論の結果意見が一致するどころか，論争が進むにつれどんどん新しい意見が出てきて，かえって混迷を深めている。実はその混迷の出発点となったのが，さきほど見た自然主義的誤謬の議論だったのである。ということで，次に，ムーア以来のメタ倫理学を概観していこう。

2-4 メタ倫理学のさまざまな立場

2-4-1 ムーアの直観主義と「道徳的直観」

話のつながりとしては，ムーアが自然主義的誤謬の議論をふまえて，結局倫理というものをどう考えたのか，というところからはじめた方がよいだろう。

ムーアは，「Xは善い」という文が正しいかどうかの判断は，「善い」の定義に照らすことによってではなく，道徳的直観（moral intuition）というものに訴えることによって可能になる，と考えた。これは，結局「善い」は道徳的直観でとらえられる性質であるという立場になり，これを直観主義（intuitionism）と呼ぶ（本によっては「直覚主義」と訳している場合もある）。道徳的直観という考え方はムーアの独創ではなく，ムーアと同時代の功利主義の理論家として知られ

---

[12] 体の構造から同性愛や臓器移植に反対する議論があることはすでに触れたが，これらの議論で暗黙の前提となっているのは「体の構造上それをするようにできていないことはやってはならない」，という，もっと強い判断である。こういう細かい差も，暗黙の前提をきちんと言葉にしてみないと見えてこない。

るヘンリー・シジウィックにすでにこの考え方が見られる。ムーアもシジウィックを，自然主義的誤謬を犯していない数少ない倫理学者の一人として名前をあげている。ただし，シジウィックの場合はメタ倫理学として直観主義を擁護するというより功利主義の基礎づけといった規範倫理学の方におもな関心がある。

「道徳的」という形容詞をわざわざつけているのは，これとは別に「言語的直観」というのもあるからである。日本語の文法の授業なんて受けたことがなくても（あるいは中学校のころそんな授業を受けたかもしれないが忘れたという人でも），たとえば「倫理学上の立場が違う人でも，倫理というものについてある基本的なレベルでは一致していて，だからこそ，論争がなりたつ。」という文を見たら正しい日本語の文章だと判断し，意味が理解できるだろう（内容が間違っているとか品のない文章だとは思うかもしれないが，それは日本語として正しいかどうかとは別の問題である）。しかしこれが「倫理学上はの立場していてが違う人ものについてある基本的していて，だか論争らこそがりたつ。」とかいう文章だったら（単に品がないとかというだけでなく）日本語の文章として妙だと判断するだろう。個々の単語の意味についての直観も言語的直観で，「わたしには弟はいるが兄弟はいない」などと言う人がいたら変だと思うのは，われわれの「弟」や「兄弟」という単語についての言語的直観のためである。この二種類の直観の区別をふまえて自然主義的誤謬を言い直すなら，われわれが「Xは善い」と判断しているとき，その判断は本当は道徳的直観によるものなのに，言語的直観によるものであるように思い込むのが自然主義的誤謬だということになる。

あとで見てゆく立場との違いをはっきりさせるためにもうひとつ付け加えるなら，ムーアは「Xは善い」というのもある種の事実についての判断だと考えていた。事実についての判断だから，正しいことも間違っていることもあるし，「Xは善い」というのがもし正しいのなら，それはわたしにとってだけでなく，あらゆる人にとって正しいはずである。ただ，その正しさを確かめる方法が道徳的直観しかない，とムーアは言うわけである。

ヒュームの法則は事実から価値が導き出せないという問題だと言われることが多いが，直観主義では価値判断も事実についての判断なので，事実から価値が導けないわけではない。ではどう理解できるのかというのをわたしなりに整理すると，ヒュームの法則は，道徳的直観の裏付けを必要とするタイプの事実判断は道徳的直観を必要としないタイプの事実判断からは導き出せない，というような，

二つの種類の事実判断についての法則だということになるのである。したがって全く同じことが別のタイプの知覚にも成り立つことになる。たとえば，嗅覚の裏付けを必要とする事実判断（「Xはかなり臭う」とか）は，嗅覚を使わずに確立できるタイプの事実判断だけからは導けない。

　しかし，道徳的直観というのが何なのかは考えてみるとはっきりしない。言語的直観は，言葉の意味や文法についての直観なのだから，極端に言ってしまえば決めごとについての知識であって，みんながそういう風に言葉を使っているということを知っているということにすぎない。しかし，倫理は単なるその社会の決めごとだ，と言うのであればそれは自然主義的誤謬に逆戻りである。どちらかというとそういう取り決めとは独立に，人はだれでもこの直観なるものを持っていて，ちょうど血の色をみてだれもが「赤い」と判断するように，だれもが「人助けは善い」「いじめは悪い」などと迷わずに判断できる，というようなものらしい。ムーアはこの直観を一種の知覚のようにとらえているようである（そのため「直覚」という訳語が選ばれることもあるわけである）。しかし，そうだとすると「善い」という性質が見えるのは一種の超能力みたいなものだということになってしまうし，「善い」という性質自体も，五感では見えないけどそこにあるのが分かる，という背後霊だかなんだかそういうものになってしまう。これはどうもあやしげである。この批判には，さらにあとで非認知主義が出てきたところでもう少し付け足すことがある。

　ムーア自身は，美しいものを見て感動すること，善良な人を好きになること，真理を知ること，などは必ずよいものとして直観によって認識されると考えていた[13]。しかし，ムーアのこういう直観はずいぶん育ちのよいお坊ちゃんな感じで，本当に誰でも同意するようなものか疑問である。たとえば功利主義者だったら，とても不愉快な真実を知ることが本当に善いのか，善良な人が好きだという気持ちが全体としてみんなを不幸にするような場合でも本当にそういう気持ちが道徳的に善いと言い切れるのか，といった疑問を持つだろう。

　動物倫理の話に戻すなら，ムーアの直観主義では，たとえば「種が違うという理由で差別する」という状況を見たときに，われわれの直観が働いて，「善い」

---

[13] これは，快楽全般ではなく，限られた種類の経験にだけ価値を認める立場なので，理想的功利主義などと呼ばれる。現代の用語で言えばこういう立場は功利主義には分類しないので，「理想的帰結主義」と呼ぶ方が正確だが，まあ細かいことはあまり気にすることはない。

とか「悪い」とかという性質を持っているかどうかを見て取ることになる。対立があるということはどちらかがちゃんと直観を働かせていないということになる。しかし，どちらがちゃんと直観を働かせているのか，どうやって判断したらよいのだろう。ムーアの路線をとると，倫理的な論争は手詰まりになってしまう。

　以上のような理由（直観というものがそもそもあやしげであること，直観の内容がだれでも一致するとは考えにくいこと）から，「善い」とは何か，という問いの答えとしての直観主義はムーアのあと受け継ぐ人もなく廃れていった。しかし，道徳的直観という考え方はその後も倫理学の中で生き続けている。功利主義やカント主義といったさまざまな倫理学理論のうちどれが正しいのかという問題について考える際には，いろいろな基準が使われる。矛盾がないとか単純だとか適用範囲が広いといったことも基準になるが，それにあわせて「あまりにもばかばかしい結論が出てこない」という基準もある。ここで「ばかばかしい」という判断をしているときに使っているのが道徳的直観である。第一章で功利主義への批判として，無実の人を処刑してよい場合が出てしまうのではないか，というものがあったが，これなどがまさにその例である。現代の倫理学者たちがこういう議論をする際には，ムーアと違って正しい直観があるとは必ずしも想定していないが，それでもけっこう多くの人が同意するはずだと思ってそういう直観に訴えるわけである。直観のこういう利用法をさらに洗練させた「往復均衡」（反照的均衡）という方法論が近年の倫理学では重視されているのだが，これについてはまた終章で紹介する。

2-4-2　非認知主義その1：情動主義

　「Xは善い」という判断が定義でもなく，直観によって捉えられる事実判断でもないとしたら，一体何なのだろうか。そこで出てきたのが「非認知主義」（non-cognitivism）と呼ばれる一連の立場である。

　非認知主義とは，「Xは善い」とか「Xするべきである」といった判断は，もちろん定義でもなく，それどころかそもそも事実についての判断ではない，と考える立場である。では何なのか，というところでいろいろな立場が分かれる。こういう判断が行っているのは感情の表現や相手の感情に訴えかけることだと考えるのが情動主義という立場であり，こういう判断は推薦や指令という言語行為な

のだというのが指令主義の考え方である。ここではまず情動主義の方から見てゆこう。なお，非認知主義と対比して，道徳的な判断がなんらかの事実についての判断だという立場（自然主義も直観主義もこれに含まれる）は認知主義 (cognitivism) と呼ばれる[14]。

情動主義（emotivism, 情緒主義と訳されることも多い）と呼ばれる立場を考案し発展させた代表者として知られているのが A. J. エイヤーと C. L. スティーヴンソンである（「エイヤー」というのはずいぶん元気のいい名前だが，別に冗談ではない）。二人の出発点は，「X は善い」という文には事実を述べているとは考えにくい部分がある，という所である。これはここまで出てこなかった側面なのでちょっとくわしく説明する。

「善い」「悪い」「べきである」「してもよい」といった判断が事実についての判断だと考えにくい理由の一つは，「これこれこういうことが観察されたら『X は善い』という判断は正しいと結論できる」というような「これこれこういうこと」というのは考えにくいということである。これは要するにムーアの未決問題の議論の焼き直しであるが，ムーアと違って直観という能力があることを疑問視するなら，価値判断というのはそもそも事実問題ではないということを指しているように思われる。

また，「善い」「悪い」「べきである」「してもよい」といった判断はわれわれの感情，動機，行為といったものと深く結びついている。「善い」とされるもの，「するべきである」とされる行為に対して，われわれは肯定的な感情を持ち，それを選ぶ動機やその行為をする動機を感じ，そして（意志が弱いといった理由でじゃまされないかぎり）実際にそれを選択する。以上のような特徴をまとめて，価値判断は動機づけ (motivation) と密接な関係を持つ，という言い方がなされる。もしも「X は善い」というのが単なる事実についての判断だったら，その判断が動機づけと密接に関わるのはなぜだかよく分からない。

さて，以上のような点をふまえて，エイヤーは，価値判断は感情の表現である，と考えた。「善い」とか「悪い」というのはある感情を持った時にそれに応じて

---

[14] 最近の議論では，「認知主義 vs. 非認知主義」という対比よりも「道徳実在論 vs. 道徳反実在論」という対比が使われることが多い。認知主義は実在論と，非認知主義は反実在論とおおむね重なるが，認知主義だけれども反実在論という立場（錯誤説など）もある。しかし，ただでさえややこしい話題をさらにややこしくして読者を惑わせるのは本意ではないので，本文の記述ではそのあたりは単純化してある。

発せられる感嘆詞（「あらまあ」とか「うげっ」とか）のようなもので，したがってこういう判断に正しいも間違っているもない，というのがエイヤーの立場だった。微妙なところであるが，これは「私はこれこれの感情を持っている」という事実についての記述とは違う。「善い」というのがそういう事実の記述だと考える立場は主観主義と呼ばれ区別される（これは認知主義に分類される）。あくまでそういう感情が原因となって，結果として発せられるのが「善い」とか「べし」とかいう判断だというわけである。

　エイヤーの立場では，しかし，私が「動物の虐待は悪い」と判断し，あなたが「動物の虐待は悪くない」と判断してもなんの対立もないことになってしまう。どちらも自分の感情を表現しているだけである。しかし，「動物の虐待は善いか悪いか」というのは実質的な対立があるように思われる。

　以上の点をふまえて，スティーヴンソンはエイヤーの立場の改良を提案する。その際，彼は「善い」という言葉の分析が満たすべき条件として，「態度の不一致」が説明できるということを重視する。われわれが倫理的問題に直面するとき，事実問題では完全に一致しているにも関わらず最終的な倫理判断では食い違うということがある。これが説明できないような分析はだめだというわけである。

　ただし，スティーヴンソンは「善い」という言葉にはさまざまな意味があり，それぞれの意味が曖昧性を含むことをよく理解していた。いろいろな意味の中には，単なる社会の慣習についての事実判断に近いものもあるし，単なる自分の好みの表現に近いものもある。しかし，彼は，「善い」という言葉の中心的な意味には，自分がそれを是認するという事実と，さらに相手にも同じことを是認させようとするという「情動的意味」（感情への影響力）が含まれると考えた。つまり，おおまかにいって，「動物実験は善い」という判断は，「私は動物実験を是認する，あなたもそうせよ」という意味あいを持つ，というのがスティーヴンソンの立場である。前半は自分の態度についての事実の記述，後半は相手の態度に影響を与えようとする部分である（したがって，前半だけであれば認知主義になるが，後半がくっついていることで，スティーヴンソンの立場は非認知主義に分類される）。ただし，これは「善い」を使った文章がこのように翻訳できるというわけではない。「善い」や「悪い」という言葉には，単に「そうせよ」と言っただけでは得られないような心理的な働きかけの力がそなわっていて，そういう言葉を使われたら思わず従わざるをえない。

エイヤーのバージョンと違い，スティーヴンソンの言う情動的意味には明確な不一致がありうる。もし「動物実験は善い」という判断を向けられた相手が「動物実験は悪い」と言ったら，それは「わたしは動物実験を否認する，あなたもそうせよ」と言っているわけで，お互いが最終的にどういう態度をとるかについてそれぞれ両立しないビジョンを持っていることになる（最初の人は二人ともが是認するという状態を目指し，第二の人は二人ともが否認するという状態を目指している）。ここにはおたがいの態度の最終型についての明確な不一致がある。そして，これは単なる将来の状態についての予測ではなく，自分たちが決めてゆくことについての不一致なので，事実に関するものではない。また，「善い」という判断が是認の表明だということは，当然善いと判断したものについて肯定的態度をとるということでもある（「動物実験を是認する」と表明している人が動物実験を妨害するような運動をしていたら変だろう）。

ということで，本章のここまでの議論にひきつけて言えば，「種が違えば差別してよい」という判断をする人と「種が違うというだけの理由で差別してはいけない」という判断をする人は，別の態度を持っていてお互いの態度を変えさせようとしていることになる。もちろん，事実関係について思い違いをしているために生じている不一致は事実を確認することで合理的に解消されうる。たとえばヒト以外の種は意識など持たないと一方が思っていて，そのために配慮しなくてよいと思っているのなら，その事実認識を変えることで一致がとれる可能性はある。しかし，そうした事実問題についてすべて一致してもやはり動物の扱いについて態度の不一致が残るなら，その先は単にどちらが相手に対してより大きな影響力をふるうか，という，理詰めの議論を超越した問題なのである。この文脈では「相手をだまらせる」とか「感情に訴える」とかといった，理詰めでないやりかたが通用する。確かに動物の権利の運動家が意図的にセンセーショナルな動物実験の映像を使って感情に訴えようとするとき，それは単に事実を知らせるという以上に，相手の態度そのものに影響を与えようとしていると考えてよいだろう。だからたしかにスティーヴンソンのような見方も倫理的な論争のある面をとらえてはいる。

しかし倫理的論争が所詮そうした交渉術の問題だというのはちょっとシニカルにすぎる一面的な見方なのではないだろうか。これには多くの倫理学者が「そこまでシニカルになることはないんじゃない？」といって対案を模索してきた。そ

もそも，序章で述べたように，倫理学的に倫理問題にアプローチするというのは合理性を重んじながらこういう問題にあたることだと多くの倫理学者が考えているのに，情動主義が正しいとその企て自体が否定されることになってしまう。

もう一つ，情動主義の問題として，倫理的判断と好き嫌いの判断は普通全然違うものだと思われているのに，情動主義では一緒になってしまう，という問題もある。たとえば，「勇敢に行動するべきだ」という判断と，「勇敢に行動する人が好きよ♡」という判断では，全然別のことを言っていると感じるのだが，情動主義ではこの二つがほとんど同じになってしまう。ということで，非認知主義の内部でも認知主義の側からも情動主義は批判され，対案が提案されてきた。

2-4-3 非認知主義その2：普遍的指令主義

非認知主義の枠内で，情動主義よりはもう少し合理性を認める立場がありうるのではないか，ということで提案されたのが，R. M. ヘアの普遍的指令主義である。

ヘアは「善い」という判断には事実についての記述の部分（これをヘアは「記述的意味」と呼ぶ）と指令を下すという部分（同じく「指令的意味」）があると言う。たとえば「このナイフはよい」と言う場合，そのナイフがよく切れる，といった事実についての判断（記述的意味）が含まれている[15]。しかし，「よい」と言うからには，単によく切れるというだけではなく，そのナイフをおすすめします，という意味あいも含まれているはずである（指令的意味）。ヘアの言う指令的（prescriptive）という言葉は，非常に強い命令から，非常に弱い推薦まで，相手の行動に対するさまざまな強さの指図を総称したものである。ということで，ヘアによれば，「このナイフはよい」という判断は，「このナイフはよく切れるのでおすすめします」というような意味を持つことになる。同様に，「動物実験は悪い」という判断は，（たとえば）動物実験が動物を苦しめるとか医療に実はあまり役に立たないといった事実についての判断の部分と，だからやめなさいとい

---

[15] ヘアは倫理的な意味での「善い」（good）も，美的な意味での「よい」（good）も実用的な意味での「よい」（good）も論理構造は一緒だと考え，狭い意味での倫理からの事例に限らず，自由にさまざまな「よい」の用例を使っている。ここでは倫理的な good だけ「善い」と表記し，ほかは「よい」と表記して区別する。

う指令の部分を持つことになる．より一般には，「X は善い」という判断は，「X にはある一定の記述的な性質があり，だから X をおすすめします」という意味を含む．

　これは言語的直観の問題である．「よい」が記述的意味を持つというのは，たとえば細部までまったく同じ絵が二枚並べてかざってあったとして，一方に対して「よい絵だ」と判断するのに，他方に対して「悪い絵だ」と判断する人を想像してみるとよい（もちろん一方が他方の精巧なコピーだとかという場合は「やっぱりホンモノがいいよ」ということもありそうだが，そういう点でも両者に差はないと仮定する）．もしその人がふざけているのでもきまぐれなのでもないとしたら，そういう人は，そもそも「よい」という言葉の意味を理解していないのではないかと思われる．記述的な面で（つまり事実について）まったく同じ二つの状況では，「よさ」についての判断も同じにならなければおかしい[16]．指令的意味については，「この絵はよい絵だと思うのでこの絵はすすめない」と言う人を想像してみてほしい．そういう言い方はそもそも奇妙だし，「よい絵なのになんですすめないの」と聞きたくもなるだろう．そしてその人が「いや別に理由はないけど」と言ったとしたら，この人は「よい」という言葉の意味を理解していないのではないかと思いたくなるだろう．単に事実を記述しているだけの形容詞ではそういう種類の不自然さは生じない（たとえば「この絵は黄色いのですすめない」というのを考えると，「黄色い絵は悪い」という前提があるなら当然その結論が導けるから不自然ではない）．

　ここまではスティーヴンソンとあまり変わらないように見える．実際，事実について一致していても態度の不一致が起こりうる理由や，それが実質的な対立になる理由については，ヘアの説明はスティーヴンソンとあまり変わらない．まったく同じ事実を見て，「だからこのナイフを使いなさい」という人と「だからこのナイフはやめておきなさい」という人がいることは十分考えられるし，この二つの指令に同時に従うことはできないという意味で，二つの指令は矛盾している．

　ヘアはまた，道徳判断が事実を記述する要素を持つという点でもスティーヴン

16）これを難しい言葉で付随性（supervenience）と呼ぶ．付随性とは，一般的には，x という変数の値（ここでいえば事実関係）が同じなら y という変数の値（よさに関する判断）も同じにならなくてはおかしい，という x と y の関係である．この概念はその後，脳と心の関係の分析に応用され，そちらの方で有名になった．

ソンと一致している。しかし，スティーヴンソンではそれが自分の態度に関する記述だったのに対し，ヘアの場合は判断される対象（ナイフとか動物実験とか）の持つ性質についての記述である。これが実は普遍化可能性という要素の導入につながる大きな違いとなる。

　普遍化可能性（universalizability）とは，すでに少し出てきたが，道徳判断が持つとされる性質で，ある状況である道徳判断を下したら，同じような他の状況についても同じ判断を下したことになる，という性質である。もう少し正確に言うと，普遍化可能性とは，「『Xは善い』と判断したならば，Xと同じ普遍的性質を持つ同じ他のすべてのものについても善いと判断したことになる」という性質である。「普遍的性質」というのは説明が難しいのだが，「固有名詞を含まない」といった意味合いである。これは具体的な事例を使って説明した方がはやい。

　たとえば，「このナイフはよい」という判断に含まれる事実的な要素が「このナイフはよく切れる」というものであったなら，「よく切れる」という条件のあてはまるすべてのナイフについて，「よい」という判断を下したことになる。「バランスがよい」「安全である」「長持ちする」など，他の要素も「よい」という判断に含まれているかもしれないが，それなら，それらの条件すべてを満たすナイフについて，やはり「よい」という判断を下したことになる。これは「よい」という言葉の意味に含まれる特徴である。

　ただし，どんな事実でも含まれるわけではない。たとえばあなたがそのナイフに「正宗」という名前をつけて愛用していたとする。この場合，「このナイフが正宗だ」というのはそのナイフについての事実ではあるが，それがあてはまるのは世界にただ一つ，このナイフだけである[17]。こういうものも「よい」という判断の事実的な要素に含めていいことにすると，「よい」という判断は他のものには拡張できず，普遍化可能性のしばりから簡単に逃れることができてしまう。それでは普遍化可能性というしばりに意味がなくなってしまう。実際，もし，わたしとあなたがまったく同じナイフを持っていて，それぞれ「正宗」「村正」と名前がついていたとして，あなたが「このナイフは正宗だからよいナイフだがその

---

[17] こう言うと，「でも他の人も自分のナイフに正宗という名前をつけたらどうなるの？」という疑問を持つ人もいるかもしれない。しかし固有名詞というものはそういう働き方をするものではない。「戸田山さん最近やつれてるね」と誰かが発言したら，「戸田山さん」という名前の人が何人いようとも，それはある特定の一人を指す発言になる。本文で使った「このナイフが正宗だ」というときの「正宗」という言葉もそういう固有名詞としての用法だと理解してほしい。

ナイフは村正だから悪いナイフだ」と言ったら（喧嘩になるだろうというのは置いておくとしても）さきほどの全く同じ二つの絵と同様，あなたは「よい」という言葉の意味が分かっていない，と判断せざるをえないだろう。これが，さきほどの「普遍的性質について」という断り書きの意味である。

　もう少し倫理らしい例を使って，これがどのようにしばりとしてきいているのかを確認しよう。「私はあなたから借りたお金を返さなくてもよい」と判断した人がいたとしよう。この判断にも，さまざまな事実的な要素（お金を借りたときの状況とか，自分と相手の財政状態とか）が含まれていて，それゆえに「私は返さなくてもよい」という指令を下しているはずである。ただし，「借りたのは私である」「貸したのはあなたである」というのは普遍的性質ではないので，そうした事実的要素には含めることができない。ということはそれらの背景状況がすべて同じで，単に「私」と「あなた」が入れ替わった状況を想像するなら，これは「すべての普遍的性質について同じ別の状況」ということになるので，さきほどの判断を下した人は，「あなたは私から借りたお金を返さなくてもよい」という判断も同時に下したことになる。しかしそこで，「いや，やっぱり私が貸したお金は返してもらわないと」と判断するのなら，最初の判断も撤回せざるをえなくなる。もしそうせずに異なった判断を下し続ける人がいたら，その人は「善い」という言葉の普遍的性質を理解していない（したがって倫理的な議論に参加する資格がない）ということになる。

2-4-4　普遍化可能性テストと動物

　このようにして，普遍化可能性という考え方を認めるなら，情動主義でイメージされるような影響力の行使やパワーゲームといった身もふたもないやり方だけでなく，もう少し理性的に倫理問題について議論することになる。相手が本当に普遍化可能な判断をくだしているかどうか，普遍的性質において同じさまざまな状況にその判断を当てはめてみるという手続きを経ればよいのである。これを今後「普遍化可能性テスト」と呼ぶことにしよう。

　生物学的種というものについてはいくつかのとらえ方があるが，その一つによれば，「ホモ・サピエンス」は進化の系統上のある時点に存在している特定のグループを指す固有名詞である[18]。したがって，この考え方をとれば「ホモ・サピ

エンスだから」という理由でひいきをする種差別が普遍化可能でないということは普遍化可能性テストから簡単に導き出すことができる。もっと積極的に，動物に配慮しなくてよいという立場に対して限界事例を使った議論で応酬するとき，そこで使われているのは普遍化可能性テストである。限界事例の人々と他の動物の間にどういう普遍化可能な違いがあるかを説明できない限り（そしてそこで持ち出された区別に他の場面でも一貫してコミットメントを持つのでない限り）限界事例の人々と動物の間で扱いを変えることはできないのである。

　動物解放論においてこの戦略が有効だという一つの証拠として，フレイは自分の立場を撤回してある程度動物も配慮しなくてはならないと認めるようになった（文献表参照）。道徳判断は普遍化可能だという直観（これは言語的直観である）は，ムーアが訴えるような道徳的直観よりも多くの人に受け入れられた直観なのである。だからこそ普遍化可能性は，倫理的な立場の違いを超えて「効果がある」のである。

　結局，普遍化可能性テストを動物倫理にあてはめるということをスローガン的にまとめるとこうなる。人間に対してやってはならないことは，別扱いをする普遍化可能な理由を挙げ，その理由にコミットするのでない限り，動物に対してもしてはならない。これは第五章以下で具体的な問題について考えるときにかなり強いしばりとなる。

　しかし，ヘアの言う意味での普遍化可能性は，たしかにある程度のしばりにはなるが，倫理的論争を全面的に決着させてくれるほど強力なものではない。さきほどの借金を返すかどうかという例でも，もし「あなたが私から借りる側だったとしても返さなくてよい」と開き直るなら，「私もあなたに返さなくてよい」という判断を維持することができる。動物倫理の例でも，「言語能力のない限界事例の人たちは配慮しなくてよい」とか，「もし私や私の家族が言語を持たない動物だったとしたら私や私の家族に配慮してくれなくてよい」とかと開き直る人が出てきたら，その人はちゃんと普遍化可能な判断として「動物は配慮しなくてよい」という判断を下していることになる。

　また，普遍化可能性を厳密にとらえるなら，普遍的性質についてほんの少しで

---

18) これに対して，種というのは普遍的な性質だという立場もあって，その場合は以下の議論は当てはまらない。これは生物学の哲学と呼ばれる分野で行われている論争で，それはそれで興味深いが，あまり細かく紹介するスペースはない。

も違えば，原理的には異なる判断を下してもよい。男女の差も種の差も生物学的に実体のある差ではあるが，この二つの差はもっと細かく見てゆけば，普遍的性質においていろいろ違っている。たとえば，同じ種に属する男女であれば子供を作ることが原理的には生物学的に可能である（もちろん両者が合意しないなど社会的理由で不可能であることもよくあるし，子供がほしくてもできないカップルなどもいるので，あくまで「原理的に」だが）が，別の種であれば原理的にも交配して子供を作ることはできない，といった差がある。だとすると，そうした細かい差を利用して，種差別はOKだが男女差別はだめ，といった判断を普遍化可能性をそこなわずに下すことは可能そうである。これについては，「両者の間で子供を作ることができるかどうかが本当に（相手に配慮すべきかどうか考える上で）倫理的に重要なことなのか」という疑問が当然生じるし，その疑問に答えなければ他人を説得することはできないだろう。しかし，「いや，そこの違いが大事なんだ，それで自分が差別される側にまわるとしてもこの基準は維持しなくてはいけないのだ」と言い張る人がいれば，確かに普遍化可能な指令をしていることになる。そして，一旦ヒトとして生まれた以上，その同じ人がチンパンジーになるということはまずないから，思考実験として「自分がチンパンジーなら（もうちょっと正確に言うと，ヒトが持っていなくてチンパンジーが持っているようななんらかの普遍的性質を持つなら）配慮してもらわなくてよい」という判断をしても，実際上は危険に身をさらさなくてすむわけである。

　ただし，われわれの多くは，「ちゃんとした理由のない差別はしてはならない」という道徳判断も同時に下しているし，これもやはり普遍化可能である。そうすると，ヒトとチンパンジーの差が本当に差別あつかいのちゃんとした理由になるということを示す必要が出てくるだろう。

　ということで，ヘア流の普遍化可能性の概念で排除できるのは，あるルールを自分にとって都合のよいときだけあてはめようという人だけである。しかし，倫理的に何が「善い」か，何が「悪い」かというのは，もうちょっと有無を言わせないものだと多くの人が思っているのではないだろうか。本人の割り切り次第でなんでも許されるというのはちょっと自由度が高すぎて倫理というものの本質を捉えていない気がする。

2-4-5　自然主義の復活と外在主義

　ヘアの普遍的指令主義は1960年代ごろ一世を風靡したが，その後，この立場で満足できない人たちが認知主義，非認知主義の両方でさまざまな立場を提案してきた。非常に興味深い提案もたくさんあるのだが，本書ではとてもとりあげきれない。その中で一つだけ取り上げておきたいのが，自然主義の復活である。

　すでに見たように，ムーアが批判したタイプの自然主義（定義的自然主義）はすたれていったが，1970年代以降に，別種の自然主義（形而上学的自然主義）が提案されてきた。その背景にある動機の一つは倫理問題にははっきり白黒つく答えが存在してほしい，ということである。非認知主義の（ある意味で）非常に自由なところはそういう人たちにとっては欠点であろう。もしある種の事実と「善い」ということが（水とH_2Oが同じだというのと同じ意味で）同一視できるのなら，その意味での「善い」という判断はヘアの言う意味で普遍化可能であるだけでなく，「誰もが受け入れざるをえない」というもっと強い意味で普遍的なものとなる[19]。

　自然主義が復活してきた要因として，外在主義という考え方が導入されたこともあげられる。外在主義というのは，「善い」という判断と動機づけの関係についての一つの考え方である。非認知主義では，「善い」という判断は態度表明だとか指令を発しているとか，その判断を下すことそのものが動機づけの要素を持つようなものだと考えていた。しかし，もちろん，自然主義では「善い」は事実についての判断だから，動機づけの要素を持つとは考えにくい。そこで考えられたのが外在主義である。この立場によると，われわれは，あるものが「善い」ということと「それをしたい」という動機の間に心理的な結びつきを獲得している。この結びつきは教育や条件づけで外から与えられた結びつきだとされる。ちょうど，ベルを聞くと唾液が出るようにトレーニングされたパブロフの犬のように，

---

[19] 非認知主義に満足できない人が多いもう一つの理由として，玄人好みの問題ではあるが，「フレーゲ＝ギーチ問題」と呼ばれるものもある。「Xは善い」とか「Xは悪い」といった文章はいろいろな場面で使われる。そのなかには，もっと長い文章の一部として使われる用法もある。たとえば，「もし私のしていることが悪いならとっくに罰をうけているはずだ」といった文は，内容はともかく日本語として特に違和感はない。しかし，この文の前半で出てくる「悪い」を感情の表現だとか普遍的指令だとかと考えて置き換えようとしてもちゃんとした日本語にならない。このことから発生するのがフレーゲ＝ギーチ問題である。ここできちんと説明するスペースはないが，もっと詳しく勉強していきたい人のために名前だけは挙げておく。

「善い」と聞くと「それをしなくては」と思うようにトレーニングされている，と考えるのが外在主義なのである。それに対して「善い」という判断そのものの中に動機づけも入っているという立場（もうすこし説明すると，そういう判断をする人はその判断をすることで自分の動機づけも表明しているという考え方）は内在主義と呼ばれる。非認知主義者はほぼ全員内在主義者だが，認知主義者でも，「事実について知っただけで動機づけられるということはあるのではないか」と考える人はいるので，そういう人は認知主義の内在主義者になる（コラム7でちょっとだけ紹介するマクダウェルの感受性理論がこれに属する）。

さて，では，形而上学的自然主義によると「善い」は結局なんだったのだろうか。実はこれについては自然主義者の間でも答えの一致をみていない。

「善い＝社会の観点から合理的」だという人もいる。これは功利主義に近い立場である。あるいは，「善い」に対応する自然的性質はそんな簡単に一言で言えるようなものではないという人もいる。ここで困ってしまうのは，水の分子構造を決めるというのと違って，「善い」に対応する自然的性質が何なのかをどうやって調べたらよいのか，何が言えたらその答えが正解だと言えるのかについて，みんな合意するような基準が存在しないということである。

ということで，動物の問題にあてはめた時に形而上学的自然主義でどういう答えが出るのか，はっきりしない。調べてみたらやっぱり言語能力を持たない者には配慮しなくても「悪くない」という結論が出るのかもしれないが，どうやって「調べる」のかがはっきりしないのでは話にならない。ただ，さきほども触れたように，自然主義はヘア以上に強い客観性を道徳判断に認める立場なので，当然のようにヘア流の普遍化可能性も成り立つ。ということは，もし動物に言語能力がないという理由で動物に配慮しなくてよいという結論が出るのなら，同じ結論が限界事例の人々にもあてはまるはずだということである。

2-4-6　ヒュームの法則ふたたび

さて，メタ倫理学の説明が一段落したところで，「である」から「べきである」が導けないというヒュームの法則がどのように理解できるか，そしてサールの反論がどう扱われるか，ということについてもう一度考えてみたい。

この法則を直観主義でどう理解できるか，というのはすでに説明したので，非

認知主義の立場を見よう。情動主義から見ると，もし「〜するべきである」という道徳判断が感情や態度の表現なのだったら，それが「である」から論理的に導けないのは当然である。もちろん，何かの事実を知ったことが感情や態度に影響を与えることはあるだろう（たとえば，よく知っているもの，身近なものには愛着がわく，ということは誰しもあるだろう）。しかしそういう影響を推論の形にしようとすると，形にならない。もしやろうとしたら，それこそヒュームが言っているような，「である」が続いている中に突然「べきである」が出てくるような，唐突な形にしかならないだろう。

　感情や態度の表現について推論が成り立つとすれば，それは，より一般的なものへの感情や態度から，その特定の例への感情や態度への推論である。キュウリの入っている食べ物はすべて嫌いだという感情ないし態度と，目の前にあるサンドイッチにはキュウリが挟まっているという事実から，目の前にあるサンドイッチは嫌いだという感情ないし態度が導きだせる。まあ，人間の感情はなかなかそこまで合理的にはできていないが，こういう推論が成り立つなら，それは確かに他人から見ても理解可能であるし，キュウリの入った食べ物は嫌いという態度をとる人同士の間では目の前のサンドイッチについての態度も一致するであろう（いや，別に食べ物の好き嫌いを奨励しているわけではない）。

　普遍的指令主義でヒュームの法則が成り立つ理由も情動主義と似ている。指令主義では「指令は事実だけからは導けず，より一般的な指令が必ず必要である」という形をとることになる。命令したり推薦したりするという行為と事実を記述するという行為は全然別ものなのだから，記述をいくら重ねても命令や推薦は出てこない。そして，命令の体系は感情や態度にくらべるとはるかに論理になじみやすい。つまり，「キュウリの入った食べ物はお薦めしません」という判断から「目の前のサンドイッチはお薦めしません」という判断を論理的に導出することができる。倫理問題を合理的に論じたい人にとってこれも情動主義より指令主義が魅力的な点である。

　このようにヒュームの法則を理解すると，サールのような形で「である」から「べきである」を導き出す試みがうまくいくとは思えない。「べきである」と「べきであることになっている」は情動主義で言えば感情や態度の表明と人々の感情や態度の記述，普遍的指令主義で言えば指令と人々の下す指令についての記述，というように全然違う性質のものである。ヘアはサールへのコメントの中で，サ

ールのような推論で「上杉君は塩を送るべきだ」と判断する人は，結局，その社会制度へのコミットメントという形で指令性を導入しているのだ，と指摘する。つまり，「この社会のおきてによれば上杉君は塩を送るべきである」という事実についての前提と，「この社会のおきてがそれをするべきだと命ずることはするべきである」という指令ないし態度表明が組み合わさって，「上杉君は塩を送るべきである」という（普遍化可能な）指令が出てきているのである。

　ヘアのこういう答えに対して，サールを支持する側からは，ヘアは非認知主義者だからそんなふうに考えるのだ，という反論が返ってきそうである。では，「〜すべし」は「今の社会制度では〜することになっている」と同じだ，というのでなぜいけないのか。特に，ある種の自然主義をとるならば，そういう答えは自然に出てくるだろう。

　しかし，それだと，非認知主義者（もうちょっと正確に言うと内在主義者）が「善い」や「べきである」という言葉を使うときに本当に考えたがっている問題について考えることができない。それは，「わたしはどういう態度をとればよいのか」「わたしはどういう行動に出ればよいのか」という，態度や行動に関する問いである。内在主義者にとっては「Xが善い」という判断と「Xする」という行為の指針は内在的に結びついている。しかし，自然主義者が言う意味で何かが「善い」ということが分かっても，なんら行動の指針は得られない。その「善い」ことをするようにたまたま学習している（パブロフの犬のような学習をしている）人は条件反射をしているだけだし，そういう学習をしていない人や，学習はしていても自分の頭で考えて何をするか決めたいという人にとっては，自然主義的な意味で「善い」ものが自分にとっての指針になるかどうかはもう一段階考える必要がある。しかし，「善い」という言葉をその段階の前で使ってしまうと，この問題について考えるときに，どういう言葉を使って考えればよいのか分からなくなってしまう。つまり，そもそもなぜ倫理的な言葉をわれわれの語彙に導入するのか，という語用論の観点から言って内在主義が要請されるのだ，というわけである。最初に形而上学的自然主義の紹介をしたところで，この意味での「善い」ものが本当に「善い」のかどうかが問題になると言ったのはこの意味のことである。

　こうした状況を見て，ピーター・シンガーは，1973年の論文で，「である」から「べきである」が導けるかどうかといった論争は不毛だと言う（シンガーは一

表 2-1

大分類	立場の名前		主な哲学者	動機づけについての立場
認知主義	自然主義	定義的自然主義	(ミル, スペンサー)	外在主義?
		形而上学的自然主義	ボイド, レイルトン	外在主義
	直観主義		ムーア, シジウィック	内在主義?
	感受性理論		マクダウェル	内在主義
非認知主義	情動主義		エイヤー, スティーヴンソン	内在主義
	普遍的指令主義		ヘア, (カント?)	内在主義

般には動物解放論をはじめ応用倫理学でばかり有名だが，もともとはこういう理論的な倫理学の地道な仕事で評価された人である)。「善い」とか「べき」という言葉をどう定義するかによって，「である」からこういう言葉を使った判断が導出できたりもできなかったりもするだろう。しかし，本当に重要な問題は，事実についての判断と，態度や行為の指針とがどう結びつくかということである。認知主義は「善い」を前者よりに解釈するので後者との結びつきがはっきりしない（これがサールに対してヘアが指摘したことだったわけである）。非認知主義は「善い」を後者よりに解釈するので，前者との結びつきがはっきりしなくなる（だからこそ自然主義が復活してきたわけである）。どちらにせよ問題の本質にはたどりついていない，というのがシンガーの診断である。シンガーが正しいのなら，認知主義 vs. 非認知主義という論争そのものが（シンガーの言うような問題の所在を明らかにしたという功績はあるものの）非常に不毛な対立だということになる。

メタ倫理学についてはまだまだ語るべきことはいろいろあるが，これだけいろいろな「主義」が出てきたら読者も十分混乱していると思うので，とりあえず本書ではこのぐらいでいろいろな立場の紹介を終えよう。とりあえずここまで出てきた立場とコラム 3 やコラム 7 で紹介するカントやマクダウェルの立場をまとめて整理すると表 2-1 にまとめることができる。カントやマクダウェルについては，出てきたときにこの表に戻って確認してほしい。

ミルとスペンサーはムーアに勝手に自然主義者呼ばわりされているだけなので括弧に入れている。また，定義的自然主義や直観主義については，まだ内在主義

と外在主義という区別が出てくる前の議論であるためはっきりしないのだが，あえて類型化してある。

　では，こうしたさまざまなメタ倫理学上の立場を検討してきた結果，何か得るものはあったのだろうか。確かにシンガーが言うように，「善い」という言葉を事実よりに定義しても，態度や行動よりに定義しても，事実の認識とそれをもとにどう行動するかという態度決定の間のギャップは埋まらない。その点ではたしかにこの論争が本質をはずしているように見える部分もある。しかし，論争の中である程度コンセンサスが得られたものもある。その一つが，普遍化可能性を無視して「善い」を語るのには無理がある（つまり情動主義はそのままでは受け入れがたい）ということである。普遍化可能性をどう説明するのかについては，ここで紹介した立場の間でも，また紹介しなかった他のさまざまな立場でも，いろいろな説明が与えられているが，いずれにせよこれが道徳判断の一つの性質として存在し，説明を要するということは認められている。何かについて論争の当事者の意見が一致するということが少ない哲学業界において，これはささやかながら一致のとれた部分なのである。

　本章では，事実についての前提だけから倫理的な結論が導けるのかどうか，そして「善い」とか「べし」とかいう判断をするとき，人はいったい何をしているのか，という，お互いに関係の深いメタ倫理学の二つの大問題をあつかってきた。一応結論を確認すると，「である」から「べきである」が導けないわけではないし，ある意味での自然主義は今でも支持されている。その意味では，なんらかの事実（進化についての事実，解剖学的事実，社会的慣習についての事実）を持ち出してそこから倫理的な結論を導き出すことも門前払いされる必要はない。しかし，倫理的な議論として持ち出される以上，最低限のルールは守る必要がある。それが普遍化可能性というルールだったわけである。

　また，倫理的な議論の目的が態度や行動の指針を得ることであるのなら，「よい」という言葉をどう定義するかにかかわらず，事実についての判断からどうやって動機づけを導き出すか，という問題を考えなくてはならない。自然主義をとろうとするのなら，最終的にどうやって動機づけと結びつけるのか（つまり，ある事実がどうしてわれわれが何かをする理由になるのか）を真剣に考える必要があるし，非認知主義をとるのならどうやって一致した判断をするのかを真剣に考え

る必要がある。次の章では,「契約」という観点から,どうやって動機づけを共有するかという問題を解くさまざまな試みを見てゆくことにする。

コラム2　自然主義的誤謬にまつわる誤謬

　第二章の本文で述べたように、「自然主義的誤謬」という言葉はムーアによって『倫理学原理』（1903）の中で導入されたものである。この本は明晰に書いてあるにもかかわらず、非常に読むのに苦労する本だと思われる。というのも、「自然主義的誤謬」という言葉について、ムーアの定義にそって紹介しているものは、哲学者の書いた文章にもほとんど見当たらないのである。

　たとえば、加藤尚武の『現代倫理学入門』のまとめだと「誰かが望んでいるという事実を＜価値基準を満たしている＞という意味での『望ましさ』と取り違えている」「「よい」を置き換えで定義できる」「義務や価値を、存在する状態や性質と同一視する」のすべてが自然主義的誤謬だとされている、という説明になっている（102-103ページ）。永井均の『倫理とは何か　猫のアインジヒトの挑戦』では、「人々が実際に幸福を望んでいるという単なる事実判断から、幸福が望ましい、望まれるべきである、という価値判断を引き出すのは『自然主義の誤り』である」とムーアが主張したことになっている（128ページ）。『入門・医療倫理II』（タイトルからは分かりにくいが網羅的な倫理学理論の解説書である）では「つまり、道徳的性質を自然的性質で定義しようとする誤りのこと」（85ページ）だとなっている。

　念のために言っておくと、これらはわたしが「倫理学って何かよく知らないんですけどよい入門書ないですか」と聞かれてまっさきにあげる本であり、つまり読みやすさと信頼性のバランスという点では大変信頼している本である。そういう本でもこと「自然主義的誤謬」の説明になるとムーア自身の説明から逸れてしまうのだから、どれだけやっかいか分かろうというものである。これはむりからぬことで、なにしろ、ムーアの定義では「自然主義的誤謬」の範囲と「自然主義的倫理」の範囲と、「自然さ」を大事にする立場の範囲がそれぞれ違うのである。本書の方針としては、なるべく細かいところはごまかしてくわしくはもっと専門的な本を見てもらおうというつもりなのだが、これについてはあまりお薦めできるものがないので、ちょっとだけ細かい話をする。

　順番としては、まず「自然主義的倫理」の説明からした方がよいだろう。自然主義という言葉は哲学の歴史上いろいろな人によっていろいろな意味に使われてきたが、ムーアはこれを「「善い」を自然的対象と同一視しようとする立場」だと定義した（第二章の本文で紹介した言い方で言えば、これは「定義的自然主義」である）。ここで言う自然的対象というのは、おおまかに言って、われわれが経験を通して知ることができるもの、自然科学の対象となるような

ものである。「同一視する」というのも分かりにくいが，ムーアの関心は「善い」をどうやって定義するかということにあり，同一視するということは，ここでは，「「善い」という言葉はXという言葉（Xにはなにか自然的な対象を指す言葉が入る）と同じ意味だ」というような判断をすることを指す。たとえばXに「快楽である」という言葉を入れると，「善い」と「快楽である」は同じ意味の言葉だと考えて善と快楽を同一視する立場は自然主義的倫理の一種である。「快楽」のかわりに「みんなが幸せ」を入れても「社会の掟である」を入れても同じことである（したがって，ある種の功利主義は，ムーアの言う意味での自然主義的倫理になる）。

　第二章の冒頭であげた①から⑤は，それぞれ何らかの意味で「自然」なものを倫理的な判断の根拠に使っている。①から④は，社会的ではなく生物学的な事実に訴えているという意味で「自然」に訴えているし，⑤は過去から現在にかけておこなわれてきたありのまま，という意味で「自然」である。ムーアの言う「自然主義」の「自然」はこのどちらの意味とも違うが，①から⑤のすべてについてそれが事実かどうか実験や観察で確かめることが（原理的には）できるという点で，ムーアの言う意味でも「自然」である。だから，もし式3や式4のような形でこうした議論が構想されているのなら，まさにムーアの言う自然主義的倫理にあてはまることになる。ムーア自身，自然主義的倫理の例として，「善い」を「進化している」と同一視する考え方を名指しで批判している（当時これに類似した社会進化論という考え方がイギリスで流行していた）。

　ムーアはこういう自然主義的倫理は根本的に思い違いをしていると考える。それは，「善い」という概念は自然的性質では本質的に定義できないとムーアは考えるからである。それが本文でも紹介した「未決問題」の議論である。

　さて，ムーアはここで犯されているような過ちを自然主義的誤謬と呼ぶ。しかしそれは自然主義的倫理の信奉者だけが犯す過ちではなく，「善い」を自然科学の対象とならないようなものと同一視する「形而上学的倫理」も同じように批判される。たとえば「善い」と「神によって命じられた」を同一視するという考え方も形而上学的倫理の一例で，古代ギリシャのプラトンの対話篇『エウテュプロン』でも「神が命じることは正しい」という主張が考察されている（そこでは命じるから正しいのか，正しいから命じるのかが問題となった）。神の命令は経験もできないし自然科学の対象にもならないが，ムーアによれば犯されている過ちは基本的に同じで，もしこれが正しければ「神によって命じられたことは善いか？」という問いは「神によって命じられたことは神によって命じられたことか？」という非常に意味のない問いになってしまう。しかし，

プラトンの対話篇での疑問が成立する以上、そんな瑣末な問題ではないはずである。

こうして、「自然主義的誤謬」は自然主義的倫理と形而上学的倫理に共通する過ちだということだから、「自然的性質で定義する」と説明すると厳密に言うとおかしいわけである。「自然主義的」というのは「自然主義者が犯しがちな」というくらいの意味に解釈するべきだろう。じゃあ結局自然主義的誤謬は何なのか。それは、ムーアの議論から判断するかぎり、「善い」という定義できない言葉を定義してしまうという過ちである。第二章本文での紹介やこのコラムでの紹介に見られるように、ムーアは単に「事実と同一視する」とか「事実から価値を導き出す」ということに反対する議論をしていたわけではない。あくまで「定義」を使って同一視する議論を批判しているという点はやっぱりきちんとおさえておいてあげるべきだろう。

ただし、本文でも触れたように、「べし」といった他の倫理用語での定義はムーアも認めている。ムーアの議論を分析したW. D. フランケナという哲学者は、倫理用語（ethical terms）と非倫理用語（non-ethical terms）を区別して結局ムーアが言いたかったのは非倫理用語を使って倫理用語を定義しようというのが自然主義的誤謬だと分析する。そして、ムーアが言っているのがそういうことなら自然主義的誤謬という命名は誤解のもとなので「定義主義的誤謬」（definist fallacy）という言葉を提案した。定義主義的誤謬という言葉は定着しなかったが、内容的にはこれが現在でもメタ倫理学者の間でスタンダードとなっている解釈だと思う。

こんな分かりにくい用語法なので、その後の倫理学者たち（特にメタ倫理学をあまり専門にしていない人たち）はもっと自由に「自然主義的誤謬」ということばを使ってきた。そういう意味では加藤や永井らの説明も間違いとは言えない。

第三章

倫理は「人と人の間のもの」か
社会契約説の視点から
契約という考え方を倫理にとりいれてみる

　第二章で，とりあえず単に動物だからという理由で人間と別扱いするとか，人間より能力が劣るからという理由で動物を差別扱いするのを正当化するのは難しいということを説明した。さて，これを聞いて，非常に違和感があると思った人も多いのではないだろうか。人によっては，ここで，「そもそも倫理っていうのは人間の間のことであって，「普遍化可能性」だって人間同士でこそ成り立つ話なんじゃないの」というような疑問を持ったことだろう。そういう考え方は昔から今にいたるまで根強く存在している。本章ではこの路線での倫理の捉え方と，その行き着くところについて考えてみたい。

　日本で言えば，和辻哲郎という哲学者は『人間の学としての倫理学』という本を書いた。このタイトルに言う「人間」という言葉はもともと「じんかん」と読んで，現代語で言う「世間」と同じような「人の間」という意味であり，それが個々の「ひと」も指すようになったということで，まあ要するに，個々のひとと同時にひととひととの間柄にもかかわるのが倫理というものですよ，ということを語源的に説明するのがこのタイトルの意図だったわけである。しかしこれに説得力を持たせるには，なぜ倫理が（「男性の間のもの」でも「白人の間のもの」でもなく）人間の間のものなのか，倫理というものの本質についてきちんと説明する必要があるだろう。和辻先生本人はそこで形而上学に向うのだけれども，わたしにはよく分からないのでここではそれはやめておいて，社会契約という形での間柄を倫理の基礎とする考え方を以下で考察していこう。

　これは，おおざっぱに言えば，われわれが現在従っているさまざまな慣習や倫理が，ある種の契約に基づくものだという考え方である。もちろん，「これこれこういう倫理に従います」という契約書にサインするわけではないから本来の意味での契約ではないのだが，それに似たものが暗黙のうちに存在すると考えると

倫理というものの性格がもっとよく理解できる，というわけである。こういうモデルを採用することで，なぜ倫理に普遍化可能性が求められるのか，もう一歩さかのぼって考えることが可能になる。本章で考えるのはこのタイプの社会契約説である。さらには，なぜそもそも人は倫理的でなくてはならないのか，あるいは（関連するけれども微妙に違う問題として）そもそもなぜ倫理なんてものが存在するのか，という問いへの答えを社会契約に求める考え方もある。こちらは次の章で，考えることにしよう。

　動物倫理においても社会契約の考え方を使って，動物の権利論者に反対する人がいる。しかしその説明には社会契約説そのもののことがまずある程度分からないとどうしようもない。そこで，本章では動物の話はちょっとあとまわしにして，まず社会契約説全般の話からとりかかろう。

本章のキーワード
契約　社会契約説　ジョン・ロールズ　無知のヴェール　最小値最大化ルール　正義の二原理　格差原理　手続き的正義　契約能力　限界事例　滑りやすい坂道の論法　極限的選択における人間の優先　快楽の質　最悪回避原理　スライディング・スケール・モデル　平等主義　功利主義的契約説　ロバート・ノジック　権利付与　ロックの但し書き　横からの制約　無条件命令　普遍法則テスト　目的の国

3-1　契約として倫理を見る

3-1-1　古典的な契約説

　本章で紹介したいのは現代の社会契約説だが，それを理解するにはまずその発想の源になった17世紀から18世紀の社会契約説を解説しないといけない。このあたりは中学の公民でも紹介されるところだから「よく知っているよ」という方はここを飛ばして次の項に行っていただいてもかまわない。

　思想史的には社会契約説という考え方の創始者は17世紀イギリスの哲学者トマス・ホッブズとされている。社会の決まりなんてものになんで従わないといけないの，特にホッブズの時代で言えば王様の言うことになぜ従わないといけない

の，ということを説明するのに，ホッブズは「自然状態」という思考実験を導入する。これは自分も何の倫理的規則にも縛られないかわりに他人も何の規則にも縛られない状態で，いつ殺されてもおかしくない殺伐とした状態である。そんな状態では常に襲われることを警戒し安心して眠ることすらできないから，人々は契約を結んでお互いを拘束する。それが社会の起源だというわけである。自然状態として非常に悲惨な状態を想定したため，ホッブズはそれから逃れるためなら何をされても文句は言えないだろう，ということでほとんど奴隷に近い状態すら受け入れろというわけだが，それについてはまた次の章で見ることにしよう。

社会契約説を代表するもう一人の哲学者ジョン・ロックのイメージする自然状態はわりと平和で，権利というものが自然に存在するし，自然なルールとしてお互いの所有権は尊重するものとされる[1]。この自然なルールは神様が決めてわれわれの態度の中に埋め込んだものなので，いわば神様の命令である。このルールによれば，人は自然に自分の体に対する所有権を持ち，その体を使った労働も自分のもので，労働の成果にも所有権が発生する（これが事実として人々がそうするという話なのか価値判断として人々がそうすべきという話なのかは解釈が微妙なところであるが，一応神様の命令ということで規範性のある主張だと理解しておく）。

しかし，他人の所有権なんてどうでもよいという人がいた場合，自然状態ではその人に対して個人的制裁以上のことは何もできない（相手の方が力が強かったら終わりである）。そこで自然状態における人々は契約を結んでどの個人よりも強いものとしての「社会」をつくり，倫理，法，司法，警察，軍隊など，権利を遵守させるためのしくみを組み上げるわけである。人は自分が勝手気ままに行動する自由を一部放棄してお互いの権利を尊重し合い，権利を守り合うための制度や規則を共同で守るという関係に入るわけである。ロックの場合，国家があまりひどい法律を押し付けてくるようであれば自然状態の方がましだということは十分ありうるので反抗する権利が認められている。基本的人権の考え方は歴史的にこのロックの所有権に源を持つ。

最後に18世紀のフランスの哲学者ジャン＝ジャック・ルソーも社会契約説の論者として知られる。ルソーは，自然状態から社会契約を結ぶときに自分の権利

---

1) ロックは「自然法」(natural law) というものものしい用語を使うが，ここでは「自然なルール」というややくだけた言い方にする。中身は一緒である。次章のホッブズの解説も参照。

をすべて放棄する，という点ではホッブズと同じような想定をするのだが，そうやって参入した社会を支配するのは国王という個人ではなく，全員の総意（「一般意志」と呼ばれる）であるという点がルソーに特徴的な考え方である。国の法律に従うといっても，自分の意志で作った法律に従うのだから実はそういう国に住む人は法律にがんじがらめに縛られていても「自由」である。ただし，国王が全員の意志の執行者としてではなく自分の好き勝手なことをやるなら，一般意志の下に国民が国王を追放するのも自由である。ルソーの考える自然状態は一種のユートピアなので，ホッブズと違い，自分勝手な王様の言うことをきいてまで社会契約に縛られる義理はないのである。第一章で紹介した「自律」が大事だというカントの考え方もルソー的な自由論をベースにしている。主権者としての国民という近代民主主義の一つの柱の基礎となる理論としても知られている。

17世紀から18世紀にかけては，章末のコラムで紹介するカントも含め，こういう社会契約という考え方はよく利用されている。基本的人権や主権在民といった民主主義の基本概念もここから生まれた。しかし，「自然状態をやめるときに本当にそんな契約があったのか」という疑問とか，「契約なんて俺は結んでないぞ」というもっともな不満とか，社会契約というのを文字通りにうけとるといろいろつじつまの合わないことが出てくる。また，ロックのバージョンのように神様の与えた自然なルールなどというものを持ち出すと，「俺は神なんて信じない」と言われたらまったく説得力を失ってしまう。さらに，「契約だ」と言うだけでは，われわれが何をなすべきなのか考える助けにはあまりならない（人々の義務は契約内容次第，ということになってしまう）。そんなこんなで，社会契約説という議論の枠組みはその後あまり使われなくなってしまった。その状況を1970年代に一変させたのが政治哲学者のジョン・ロールズである。

3-1-2 ロールズの正義論

ジョン・ロールズはもともと功利主義の理論の研究をしてきた人であるが，だんだん功利主義というものに不満を持つようになり，現代における社会契約説の再興に着手することになる。そこで発表されたのが1971年の『正義論』だった。ある意味では，ロールズの問題意識は，その数年後に『動物の解放』を発表したシンガーに近いし，同じ一連の運動の一部だと言うこともできる。60年代ごろ

までの英語圏の倫理学は第二章で見たようなメタ倫理学が主流で，現実問題を扱うという空気ではなかった。特にその当時主流だった非認知主義の観点から言えば倫理的判断というのはその人の感情の表出だったりあるいは（普遍化可能性の制約があるものの）その人の下す命令だったりで，その内容について考えるのは哲学の仕事ではないと思われていたのかもしれない。

　もちろん規範倫理学の立場としての功利主義という立場はこの時代も存在していたが，ベンサムやミルが盛んに社会問題に功利主義を適用して発言していた時代ははるか過去になり，60年代には功利主義もまたちょっと現実離れした研究の対象となってしまっていた。ロールズはその功利主義が不満だった。一つの問題意識として，功利主義のようにあらゆる人の幸福の量を全部足し合わせた結果だけを見るという考え方では，もとの幸福を誰が持っていたのかはどうでもよくなってしまう。しかしそれでは個人を尊重するべき現代社会の理論として不適当だとロールズは考えた。特に当時の社会問題と言えばウーマンリブ運動や黒人の公民権運動など，社会的弱者が権利を求める運動だったが，功利主義ではそういう要求に十分な基礎を与えることができないとロールズは考えた。そこで(1)現実問題との接点があり(2)功利主義の対案となるような理論を考えよう，というのがロールズの仕事になった。

　ロールズの取り組む問題は社会の基本的な財をみんなが納得するやり方で分配するための基本ルール（社会の基本原理）はどのようにして決めたらよいか，またその結果どういうルールが選ばれるか，ということだった。ここは大事なところだから覚えておいてほしいのだが，ここでいう基本財とは，お金や物だけでなく，自由・安全・地位など，有形・無形をとわず人間が生きていく上でどうしても必要なもの全般をさす。こういうものの分配をどうするか，とロールズは問題設定したわけである。お金や物はともかく「自由」の分配というのは聞き慣れない言い方だが，要するに誰に何をする自由を与えるのか，ということである。たとえば親に子供の進路を決める自由があるとしたら，子供には自分の進路を決める自由はないことになるから，「自由の分配」も十分問題となる。いずれにせよ，基本財の分配という問題設定をした時点ですでに功利主義とロールズはかなり問題設定がずれていることに注意する必要がある。

　そういう問題について社会に属する全員が納得するルールについて考えるための思考実験として，ロールズは「原初状態」(original position)の概念を導入す

る。これは古典的契約説における「自然状態」に近い概念だが歴史上の何かの時点を指すわけではない。どういうルールがよいか考えるためにちょっとそういう状態におかれたと想像してみましょう，という話である。そもそも契約という考え方をなぜ使うのか，という点で実はロールズは数百年前の契約説論者たちの多くとかなり違う。一言で言えば，道徳的な取り決めというのはどういうものだろうか，ということについてのメタ倫理学的な制約を使って，もっと実質的な規範倫理学的な規則を選ぶための思考プロセスのために「契約」という考え方が使われているのである。これについてはまたあとで触れる。

　原初状態では，社会の中で自分がどういう地位を占めるか，自分はどういう理想や関心を持っているかなどについての情報が遮断される（これはそれぞれの人が自分に都合のよい選択をするのを避けるためである）。社会のおおまかな構造についての知識は与えられるが，細部の情報はブロックされる（これはいろいろな社会状況にあてはまる一般的なルールを選ぶための条件だとされる）。以上のような情報の遮断を「無知のヴェール」(veil of ignorance) と呼ぶ。本気で原初状態を作ろうとすると，どうやって情報を遮断するのかという現実的な問題につきあたり，一時的に都合の悪い部分だけ記憶喪失にでもなってもらうしかないわけだが，議論をすすめる上では「知らなかったらどうだろうか」と想像するというだけでも十分だろう。

　原初状態の参加者たちは，また，他人の利害ではなく，自分の利害のみに関心を持って選択を行うという，「お互いに関する無関心」という条件が設定される（このあたりが古典的な契約説の「自然状態」と通ずる条件設定となる）。個人情報が遮断され，判断の基準も画一化されるため，この条件で選択すれば合理的な人は全員が一致した答えを出すはずである。原初状態では社会の基本的ルールが契約という形で選ばれる。

　ロールズは原初状態で人々が行う選択は単に期待効用を最大化しようとするのではなく，最悪の事態を回避するような判断基準（これを最小値最大化ルール，ないしマクシミンルールと呼ぶ）で行われると考えた。つまり，原初状態の人々はそのために少々損をすることになっても保険をきちんとかけるような結果を生むような契約を選択するはずだ，というのである。なぜそうなるのだろうか。ロールズはいくつかの理由を挙げている。

(1) 功利主義が求めるような期待効用の最大化の計算のためにはそれぞれの結

果に対してどれくらいの確率で起きるか分かる必要がある。しかし、無知のヴェールによってそうした確率情報は遮断されているので効用の計算はできない。

（2）原初状態で選ばれるのは生きていく上でなくてはならない基本的な財の分配についてのルールである。これが足りない状態は耐えきれないほどひどい状態だと考えられる。だから無知のヴェールが取り除かれて、自分がその社会のどの人にあたるのかが分かったときに自分の選んだルールを後悔せずにすむためには、仮に社会の中で最下層の立場に立ったとしてもまあまあ満足して生きていけるような社会を選んでおく必要がある。

（3）ロールズはとりあえず自分の最小値最大化ルールと期待効用最大化ルール以外は考えに入れない、という条件で比較を行う。そして、この二つの間の比較として考えるなら、最小値最大化ルールは以上の点で少なくとも期待効用最大化よりはましだ、といえる。

　以上の説明をきいて納得しただろうか、だまされたような気がしただろうか？実のところ、これらの条件があるから最小値最大化ルールが選ばれた、というよりは、最小値最大化ルールを選ぶために原初状態の条件が決められたと考える方が正しそうであるが、それについてはまたあとで説明する。

　さて、最小値最大化ルールを使うと、社会の基本財を分配するための一番基本の原理として、以下の二つの原理が選ばれる（とロールズは考える）。これがロールズの有名な「正義の二原理」である。

（1）人は、他人の同種の自由と両立する限りにおいて最大限の自由を持つ（基本的自由に対する平等の権利）。
（2）社会的・経済的不平等は次の二つの条件を満たす場合にのみ認められる。
　（a）公正な機会均等のもとで、全員に開かれた地位や職務に関する不平等であること
　（b）その不平等が、もっとも不遇な立場にある人の期待効用を高めるような性質のものであること

　（1）によって、基本的な人権として広く認められている生命や身体の自由といったものが社会の構成員全員に認められることになる。（2）は累進課税や公的扶助といった社会福祉政策を正当化する際に利用される条項である。たとえば累進課税について考えると、お金持ちは貧乏人よりも税金の比率が高いという意味で

は経済的な不平等ではあるが、お金持ちはそのために何かの仕事につけなくなるというわけでも自由がなくなるわけでもないという点で(1)や(a)の条件を満たすし、そういう処置をすることで貧乏人の地位が上がるという意味では(b)の条件も満たすので、この二原理の下で認められることになる。なお、(1)と(2)が矛盾する場合、(1)の方が優先する。つまり、不遇な立場の人を助けるための不平等の導入は、生命・身体の自由、言論の自由などの基本的自由を侵害する形で行われてはならない。(b)の基準を「格差原理」（difference principle）と呼ぶ。(1)によって最低限の自由がすべての人に保障されることと、(b)の条件のおかげで、無知のヴェールを取り去ったあとに自分がその社会の最悪の立場に立っていることが分かったとしても、最低限の生活は保障されることになるだろう。そういう意味で、この二原理（特にその中の格差原理）は最小値最大化ルールにのっとったものとなっている。

　ロールズの二原理は、功利の原理に比べて現実への適用が容易である。格差原理の効果により、現実の社会よりもかなり平等を強調する結果になる。

　最小値最大化ルールや格差原理の考え方を理解するために、第一章で使った三つの選択肢をもう一度見てみよう。ただし、ロールズの場合、配分するのは基本財だから表の上の部分が「幸福」ではなく「基本財」になっている[2]。

　功利主義の場合には、総量が多いXが一番よい選択肢だということになったのだった。しかし、格差原理の視点から言えば、それぞれの選択肢で一番劣悪な立場に立たされる人がどのくらいひどいことになっているか（最小値はどれだけか）、で比較が行われる。この場合、選択肢Xならノブオくんで1、選択肢Yならばどの人も同じく4、選択肢Zならばシロウくんの立場が一番劣悪で3ということになる。この、1、4、3という数字をくらべると4が一番大きい（つまり最小値が最大になっている）ので、選択肢Yを選ぶことになる。したがって、たとえばXの状態からYの状態にするためになにかの経済的不平等（たとえばシロウくんがたくさん税金を払わさせられるとか）が必要だとしても、格差原理の観点からは不平等も許されるということになる（もちろん、第二の原理のお墨付きを得るためにはそれだけではだめで、自由や機会均等という条件は守る必要があ

---

[2] 違うものの分配のやり方について違うルールを提案しているということは、煎じ詰めれば同じことを言っているという可能性もある。実際、なぜロールズの議論にわれわれが説得力を感じるかを功利主義の立場から説明する際には、そういう路線での調停が提案されることが多い。

表 3-1

	シロウの基本財	サトシの基本財	ノブオの基本財	基本財の総量
選択肢 X	14	2	1	17
選択肢 Y	4	4	4	12
選択肢 Z	3	4	7	14

る)。この二原理が実際のさまざまな問題についてどういう意味を持つかについては本章のあとの方でまた見ることにしよう。

3-1-3 手続き的正義

　ここで，若干脇道にそれるが，ロールズが問題にしている「正義」という概念にからんで，「手続き的正義」という考え方について，よい機会なのでちょっとだけ解説をしておこう。ロールズが正義の二原理を導き出す際に使ったのは，「無知のヴェールでの契約という手続きをとったらこれらの原理が選ばれる，だからこれらの原理は正当化される」という理屈である。つまり，それがある手続きで選ばれたということ自体もそれらの原理の正当化に一役かっているのである。これは手続き的正義の考え方を使ったものだと言える。

　正義というのは，一番形式的に定義すると，「その人にふさわしいものを与える」ことである。伝統的には配分的正義（distributive justice）と応報的正義（retributive justice）の二つがアリストテレス以来区別されてきた。配分的正義というのは，お金や財をみんなで山分けするときに，どういう分け方をするのが一番それぞれの人にふさわしい分け方になるか（たとえばそれぞれの人の貢献に応じて分けるのがよいのか，どれだけ必要としているかに応じて分けるのがよいのか，など）で，応報的正義というのはどういう行為に対してどういう賞や罰を与えるのがいちばんその行為にふさわしいか，ということについての正義（たとえば何が犯罪と見なされるべきか，といったことについて）である。たとえば上の表 3-1 を見てどの配分が一番正義にかなっているかを考えるときは配分的正義について考えているわけである。こうした正義が守られなくてはならないということに異議をとなえる人はいないが，では具体的にどうすれば守られたことになるのか，という実質的内容については人それぞれ違うイメージを持つので共通の正義の原

理を考えるのは難しい。

そこで出てきたのが「手続き的正義」(procedural justice) という考え方である。これは、ある決定を正当化する際に、その内容によってではなく、どのようにしてその決定に至ったかという手続きによって正当化する考え方である。たとえば家族で休日にどこに遊びにいくかで意見が分かれたとき、「さいころをふって出た目で行き先を決めよう」と誰かが提案し、そのやり方にみんなが事前に納得するなら、その行き先「そこに行けばみんな楽しめる」といった行き先そのものの中身ではなく、「さいころの目で行き先を決める」という手続きによって正当化されていることになる。民主主義というのはまさに（理想的には）そういうやり方で共通のルール（たとえば法律）を決めるやり方である[3]。

3-2 契約説と動物

3-2-1 動物は社会契約の当事者になることができるか

さて、社会契約説の観点から見たとき、動物の倫理的な地位についてどういうことが言えるだろう。まず古典的な方から見ていこう。

ホッブズの場合、自然状態では動物も人間もまったく対等である。なにしろルール無用でいつでも誰を襲っても誰のものをとってもかまわないのだから、ルールが理解できる知性は必要ない。しかし、自然状態を脱して契約関係に入るには、契約というものが理解できなくてはならない。これについてはホッブズ自身が注釈の必要もないくらい明確に述べている。「野獣と信約（信頼関係に基づく契約）を結ぶことは不可能である。というのも、野獣はわれわれの言語を理解しないから、権利の移譲ということを理解もできなければ、移譲された権利を受けとることもできず、自分の権利を他者に移譲することもできない。そして、お互いに権利の移譲を受けとることなしには信約もありえない」（『リヴァイアサン』第14章）。ホッブズの言っていることだけでも十分だが、本当に社会契約を成立させ

---

[3] ロールズはさらに、これは行為指針が前もってあるのではなく人格たちによる立法という手続きを通して「作られる」のだと解釈し、これを「カント的構成主義」と呼んでいる。まあしかしそこまでは入門書レベルでは知らなくてもよいだろう。

るにはさらにいろいろな能力が要求される。たとえば自分にとってだけでなく相手にとって何が利益で何が不利益なのかを理解する能力（これがないと契約が相手にも拘束力を持つはずだということが分からないだろう），自分と相手が契約を結んだらどうなるか，と頭の中でシミュレーションする想像力（これがなければ契約を結んだ方が自分の得になるということが理解できないだろう），約束を責任を持って守る能力，などなど，要するに自分自身が完全な道徳的行為者となる能力が要求されるわけである。これを以後「契約能力」と呼ぶことにするが，もちろん法律で言うところの契約能力の話ではないので注意されたい。大型類人猿に言語能力や死の概念があるということを認める人でも，さすがにこれだけ抽象的な思考力までは認めないだろうし，さらに人間との類似性が少ない動物に契約能力を認めるのは非常に難しい。ということは，人間と動物の関係は契約が始まる前の自然状態，すなわちお互いを好きに殺したり食べたりしてよい関係だということになる。ホッブズ流に考えるなら動物をどんな扱いにしようとかまわない。現代の哲学者で言えば，ジャン・ナーヴソンという人がまさにこの路線で肉食を正当化する議論をしている。

　ナーヴソンはまた，この路線に対する批判にも一部答えている。自然状態といっても動物が人間を見境なく襲ってくるわけではないことを認めるが，それは動物たちが社会契約や倫理を尊重しているからではないことを指摘する。たしかに，人間が仮に動物に対して「社会契約を結ぼう」と言っても「社会契約を破棄しよう」と言っても動物の人間に対する態度はかわらないだろう。ナーヴソンはまた，人間が道徳的に行動する場合でも，別に社会契約や倫理のことを念頭において行動しているわけではないだろう，という批判にも答える。確かに，どのバージョンで考えても，社会契約というのは暗黙の仮想的な契約にすぎない。が，ナーヴソンによれば，そういう習慣的な行動は人間がお互いを長年にわたって縛り合ってきた結果であって，やっぱりそういう習慣をやぶって殺人を犯す者はそのお互いに対する拘束を自分にだけ都合のよいように利用していると言えるはずである。人間同士の場合はやはり契約能力あってのお互いの拘束なのである。

　さて，以上のような議論は，基本的にすべての契約説にあてはまる。自然状態だろうと原初状態だろうと，一定の知的能力がないと契約なんてできないわけだから，その条件を満たさない存在は社会のメンバーとはならないしお互いを拘束することもできない。

ロックの自然状態のイメージはホッブズとは違うが，動物との関係では実はホッブズと似たものになる。すでにちょっと説明したようにロックは契約の前にもお互いの所有権を尊重しあう一種の自然なルールがあると考えるのだが，そもそもそういう自然なルールすら理解できない人間は「人類全体に宣戦布告しており」「ライオンやトラのように退治してかまわない」（『市民政府二論』第二巻第二章）というようなことをロックは言っていて，こういう動物は契約どころかロック流の自然状態にすら参加できないと考えられていたことが分かる。それ以前に，ロックの議論は聖書にどっぷり依拠していて，人間以外の動物はすべて人間に支配されるために創造された（つまり所有されることはあっても所有することはない），というところから話がはじまっている。ロック自身は，どうも，まず神様が人間以外のあらゆるものを人間の共有財産として下げ渡してくださって（これは例によって聖書に依拠している），それをどうやって山分けするかというところで労働が意味を持つ，と考えていたようである。つまり，ロックのバージョンでは動物は所有権を認めてもらうためのスタートラインにすら立つことができない。したがって，ホッブズの場合と同様，ロックにとっても動物は人間の好きに煮るなり焼くなりしてよい存在だということになる。

　さて，古典的な契約説はこのくらいにして，「無知のヴェール型」の契約説ではどうだろうか。これはピーター・カーラザースという哲学者が詳しく考察しているが，契約説である以上，基本的には古典的契約説と同じような議論になる。無知のヴェールの背後で考えるといっても，まさに無知のヴェールの背後で考えることができているというそのこと自体によって，自分が契約能力を持っていることが分かる。だったら自分がヒト以外の動物である可能性はないから，安心して動物にとって不利な原理を社会の基本原理として選ぶことができるだろう。もう少し具体的に言えば，一定の知的能力を持つヒトだけ自由権を認め，それ以外の者，特にヒト以外の動物には何の権利も認めないという原理を採用することになろう。デカルトの「我思う，ゆえに我あり」をもじって言うなら，「われ無知のヴェールの背後で考える，ゆえに我動物にあらず」というわけである。カーラザースは以上のような考察をふまえ，ロールズ流契約説では動物はまったく配慮の対象にならないと結論する[4]。

　ロールズ自身も無知のヴェールの作用について以上のように理解していたようで，「これらのもの［動物や自然］は正義論の範囲外であり，自然なやり方でこ

れらを含むような形に契約説を拡張するのは不可能なように見える」(『正義論』77節)と言っている。しかしおもしろいことに，ロールズはそれを自分の理論の欠点だと考えているようで，同じ箇所で動物や自然に対してわれわれが義務を負っているのはたしかなので，それが説明できる世界観を作ることが課題である，と言っている。

3-2-2 限界事例を契約説はどう扱うか

さて，契約という発想を使って動物に配慮しない理由を考えるという路線を紹介してきたわけだが，前の方から読み進めてこられた読者はすでに，「じゃあ赤ん坊や認知症の人はどうなるの」という疑問を持っておられるだろう。つまり，第二章でとりあげた限界事例の問題である。もし契約能力ということを考えるなら，ヒトにもいくらでもその能力の欠けた個体はいる。そういう人たちとの間には自然状態しかなく，したがって何をしてもよいということになるのだろうか。

これに対しては，もちろんそれぞれの論者がそれぞれに答えを用意している。そのいくつかを見ていこう。

1) 代表者による契約

まず，ロールズ本人だが，ロールズは原初状態での思考実験に参加するのは社会を構成するいろいろな社会グループの代表者である，という想定をしている。たとえば町内会で一人代表を選ぶようなイメージである。そうするとその人は自分の町内の子供や老人の利害も代表して原初状態に参加しにくるから，限界事例の人々が自分で参加する必要はない，というのである。確かにこれなら限界事例の人たちも大事にするという内容の正義の原理が選ばれるだろう。しかしただでさえ恣意的な感じのただよう原初状態の設定がこれではますますあやしくなってくる。さらに言えば，そういう形で他の人の代理をすることが認められるなら，

---

4) 正確に言うと，カーラザースが依拠しているのはロールズのバージョンではなく，ロールズを改良して無知のヴェールを使わずに同種の社会契約を導くトム・スキャンロンのバージョンである。本書ではスキャンロン版の契約説を紹介するだけのスペースはないのだが，簡単に言えば，理に適った考え方をする (reasonable) 人なら拒否できないような合意条件をお互いに考え合う，という形での社会契約をスキャンロンは想定している。カーラザースはロールズ版でもスキャンロン版でも動物は考慮の対象にならないと論じている。

なぜヒト以外の動物の代理もしてあげないのか，という問題も出てくる。実際，レーガンやロリンといった動物解放論の人たちはそういう視点からロールズを批判している。

2) 周囲の人との関わり

次にナーヴソンであるが，彼はわりと簡単に考えていたようで，別に契約能力がなくたって子供や老人を大事にする理由はいくらでもあるじゃないか，という。限界事例の人々を大事にすることで得られる利益は大きいが（その利益というのが何なのかナーヴソンはあまりはっきり書いていない）ないがしろにすることで得られるものはあまりない。また，そうした限界事例の人々には家族やその他の身近な人がついていて，その人の幸福に強い関心を持っていることが多い。そういう人との関係を考えるなら，やはり限界事例の人々を大事にした方がよいことになる。

しかしナーヴソンの議論でいくと，まったく身寄りのない赤ん坊は権利を認める必要がないことになる反面，飼主に大事にされているイヌには権利を認める必要が出てくることになる。多くの人は動物全般に権利を認めない代償としてそんな結論を受け入れることはできないだろう。

3) 自分がそうなる可能性の有無

次にもう一人の契約説ベースの反動物解放論者カーラザースであるが，彼もまたいくつかの議論を提案している。まず検討の結果うまくいかないと彼自身が認める路線から紹介する。それは，自分の赤ん坊がひどい目にあったらいやでしょう，とか，自分が認知症になったときにひどい目にあったらいやでしょう，だからそういう人の権利を守りましょう，といった考え方で限界事例をとりこむやり方である。もしこれでうまくいくなら，自分の子供がイヌだということもないだろうし自分が年をとってイヌになるということもないだろうから，ヒトと他の動物を社会契約の上で別扱いする理由ができることになる。しかし，もしこういう根拠で考えるのなら，子どもを持つつもりの全くない人にとっては赤ん坊の権利を認める理由はないことになるし，認知症になったあとの自分は自分だと認めないような人は（契約の主体になれないほど知性を失ってしまった状態についてはそういう考え方をする人がいてもおかしくはない），認知症の人の権利を認める必要

4) 滑りやすい坂道の論法

カーラザース自身は滑りやすい坂道の論法と社会の安定性からの議論の二つを使う。まず、滑りやすい坂道の論法（slippery slope argument）から見ていこう。これは倫理学のいろいろな場面で利用されていて、くさび論法などとも呼ばれる。それ自体では一見無害そうに見えるものでも、一度認めると歯止めがきかなくなって非常にひどい結果が生じてしまう、だから無害そうでも最初の一歩を踏み出してはいけない、という論法である。ダイエット中の人がつい甘いものをちょっと食べてしまい歯止めがきかなくなって最後にはダイエット失敗してしまった、なんていう場合、最初の一口はそれだけでは大した量ではないけれども滑り坂の第一歩になってしまったわけである。倫理学でよく使われる例では、「死ぬ寸前で苦しんでいる人の安楽死を認めるとだんだん歯止めがきかなくなり最後にはまだ元気な人まで殺すような風潮ができてしまう、だから安楽死はぜったい認めてはならない」といったような形で使われたりする。

さて、この論法を契約説にあてはめるとどうなるだろうか。現在の地球上で社会契約を結ぶ能力がある存在がとりあえずすべてヒトであることは一応認めてもよいだろう（もちろん今後の認知動物行動学の発達でそれも覆る可能性はあるが）。したがって、種の境界で線を引くことで、すくなくとも契約能力のある者を誤って契約から除外してしまう（つまり誤って権利を認めない相手に分類してしまう）危険は避けられる。しかし、ヒトの中でさらに契約能力のある者とない者を分ける境界は非常にあいまいである。仮にはっきりと契約に必要な能力を欠いているヒトを権利を持つものの範囲から除外するという取り決めをしたとしたら、そのあいまいな境界をこえて「こいつも権利を認めなくてよいんじゃないか」と拡大解釈されてしまうおそれがある。こうした「滑り」を防ぐには、生物学的にヒトであるすべての者に完全な権利を認めることにしておくのが手っ取り早い。これに対し、動物とヒトの間の境界線は明確なので、このような配慮は必要ない。さらに言えば、正義の原理はあまり理論的に洗練されていない人にも理解できるものでなくてはならないので、あまり複雑な取り決めでない方がよい。

この議論を使うと、普遍化可能性によって意図しない波及効果が発生する。たとえば、同じ議論がよく使われる例の一つとして、中絶を全面禁止する論がある。

分娩の前の胎児と後の赤ん坊に本質的な差はないし，胎児は徐々に成長していくので胎児の発達状態で明確に線が引けるわけではない。したがって，中絶という形で妊娠初期の胎児を殺すことを認めたら，次にはもっと成長した胎児を殺すことになり，嬰児を殺すことになり，最後には成人を殺すことになる。だとしたら滑り坂を避けるためには赤ん坊に成人同様の権利を認めるだけでなく妊娠初期の胎児にも権利を認めなくてはならない。つまり，上記のような議論をする人は中絶全面禁止にまでつきすすまざるを得なくなる可能性があるが，本当にそれでいいのだろうか。

　この批判にはカーラザース自身が答えている。その要旨だけまとめると，要するに胎児と赤ん坊に対してはわれわれは心理的に異なる態度をとっているので，そこは心理的に「滑らない」というわけである。この答えは滑りやすい坂道の議論を使う際の重要な心得を教えてくれる。A（例：甘いものを一口食べる）を認めたら実際にB（例：ダイエットに失敗）がおきてしまうと主張するためには，単に理屈の上で明確な線がAとBの間に存在しないというだけでなく，AからBへとずるずる滑ってしまう（例にそって言えば一口食べたらとまらなくなる）心理的傾向がわれわれにある，ということも示さないといけない。中絶と嬰児殺しではその心理的傾向が成り立たない，というわけである。しかし，それだったら「アルツハイマーと診断された人には何の権利も認めなくてよい」なんて言う社会契約だって「滑る」とは限らない。つまり，出生後のヒト同士なら滑るが動物や胎児との間なら滑らない，というようにきれいに分かれるという保証はどこにもないのである。

　滑りやすい坂道の議論には別の解釈もある。この解釈によれば，「滑りやすさ」は心理的な問題ではなく，倫理的に重要な差がない事例の連鎖でつながっている，という，もっと概念的なレベルでの滑りやすさである。カーラザースの議論をこの路線で解釈しなおすと，赤ん坊に権利を認めないことにすると，赤ん坊と契約能力のある大人の間にはさまざまな段階が存在し，しかもそのそれぞれの段階は区別できないほど小さく倫理的に重要な差はないから，つきつめると結局大人にも権利を認めないことになってしまう，したがって限界事例の人たちにも権利を認めなくてはならない，というような議論になる。この路線で解釈してもやはり滑りやすい坂道の議論は限界事例の人たちと動物を区別することに失敗している。そもそも，限界事例の人たちと，その人たちと同じくらいの知的能力を持つ動物

の間に倫理的に重要な差はないのではないか，というところから話が始まっているのだから，限界事例の人たちから出発して「概念的に滑る」のなら，動物から始めたって「概念的に滑る」はずである（この議論についてはコラム4でドーキンスのさらに強力なバージョンを紹介する）。

5）社会の安定性

もうひとつカーラザースが使うのは社会の安定性を守ることに訴える議論である。この議論の出発点になるのは，人々は自分の血縁者の幸せについて相手の知的能力にかかわらず強い関心を持つという事実である。これをそのまま社会契約で使うのなら先ほど紹介したのと同じ議論になるが，カーラザースはそのような人々が構成する社会で限界事例の人々に権利を認めないことは社会的な不安を引き起こすだろうから好ましくない，という間接的な形で導入する。契約者たちはそのような不安定な社会を望まないであろうから，限界事例の人々にも完全な権利を付与するようなルールが選ばれることになる。

これはわりとうまく行きそうな気がするが，そう簡単ではない。身内への強い感情を前提として考えても，身寄りのない赤ん坊や認知症の人だけに権利を認めないような社会契約だったら社会の安定性を揺るがしたりはしないだろう。もしそうならカーラザースの路線でもそういう人は社会契約から除外されることになってしまいかねない。

6）実は限界事例の人々にも権利はない

最後に，ナーヴソンとカーラザース，および他のいろいろな論者が持ち出す議論として，実際問題として，われわれは限界事例の人々に対して完全な権利を認めているわけではない，という，一種の開き直りのような議論もある。たとえば医療の場面では，脳死の状態になった人からは（本人の事前の同意があれば）心臓のような臓器を摘出してよいということが法律でも認められているが，ぴんぴんしている人から心臓を摘出したら，いくら本人の同意があってもそれは殺人である。あるいはいろいろな文化で，子供を食べさせていくだけの食料がないような場合に，嬰児殺しが行われてきており，推奨はされないまでも黙認されてきた。だから，「限界事例の人たちにも権利が認められるのなら動物にも認めるべきだ」というのは，前提が間違っている，というわけである。

しかし，限界事例は脳死のような極端な例ばかりではない。たとえば成人の大型類人猿であれば，前章で見たように，手話で簡単な文章を作って会話するくらいの能力は持っているので，4，5歳の人間の子供と同じくらい（分野によってはそれ以上）の知的能力を備えている。「限界事例の人たちに人権はないから動物にも権利などない」と言う人は，整合性を保つためには4，5歳の子供にもまったく人権はないと言わざるをえないが，それは現代のわれわれにとってあまりにも受け入れがたい結論であろう（逆に，0歳児まで人権を認めるなら，整合性を保つために，大型類人猿には少なくとも人権を認めないわけにはいかなくなる。大型類人猿計画の説得力はそのあたりの保守性と整合性のバランスにありそうである）。

以上のようなことを考えると，やはり，この路線でヒトのすべてに権利を認め，しかもヒト以外の動物すべてに権利を認めないというきれいな線を引くのは非常に難しいと言わざるをえない。最低限すべての人に権利を認めるという譲れない一線を守りつつ，しかも整合的な契約説を展開しようとおもったら，やはりある範囲の動物にも一定の権利を認めざるをえないように思えてくる。これはようするにレーガンの路線である。しかし実はそう簡単には決着はつかない。

3-2-3　反動物解放論からの反撃

実は動物と人間の扱いについてさらにいろいろ考えていくと，動物解放論側にも理論的な弱みが見えてくる。それは，極限的な選択においてはやはり人と動物の間に格差を認めないわけにはいかないように思える（そして動物解放論側もそれを認める）という点である。

まず，レーガン自身が挙げる例を考えてみよう。救命ボートに人間が5人とイヌが1匹乗っていて，だれか一人ないし一匹を海に落とさなければボートが沈んで全員が死んでしまう，という状況を考えてみてほしい。こんなときに，人を突き落としてもイヌを突き落としても一緒だという人はどれくらいいるだろうか。ほとんどいないだろう。しかしまあそれだけだったら，そもそも動物に権利を認めるという人もほとんどいなかったわけだからそれと同じように見える。しかしここで大事なのは，肉食にも動物実験にも全面的に反対だというレーガン本人が，この事例に関してはやっぱり人間を突き落とすのとイヌを突き落とすのではちょ

っとレベルが違うんじゃないかと認めているというところである。そこには何かしら格差があるような気がすると、他ならぬ動物の権利の提唱者が言っているわけである。

　同じような例をカーラザースも使っている。あるサディストに人間一人とイヌ一匹がとらわれて、拷問を受けているとしよう（なぜかいつもひどい目にあう動物代表はイヌである）。あなたは彼らを救援に行くが、人間とイヌのどちらか一方しか助ける時間がない。ここで、両者の苦しみが同じ量であったとしたら、シンガーやレーガンならどちらを助けるのも一緒ということになりそうだが、直観的にはやはりここでは人間の方をこそ助けるべきである。これを人間に対するえこひいきだと言うのは動物解放論者にとってもなかなか難しい。ここで働いている直観を、本書では「極限的選択における人間の優先」と呼ぶことにしよう。

　しかし、シンガーやレーガンの理論を単純に考えるなら、そういう格差を認めるのは非常に難しい。まず功利主義の立場で言えば、幸福や不幸を感じる能力を持つあらゆる存在の幸福が等しく扱われなくてはならない。生死に関しては、すでに第一章で見たように、そもそも死を理解する能力がない存在に死にたくないという欲求は存在しえない、とシンガーは論じており、救命ボートの例の一部についてはこれで説明ができそうである。しかし、溺れることに伴う苦しみやサディストに拷問される苦しみについては功利主義でも人間とイヌに同等に認めなくてはならないはずである。レーガンは生の主体すべてがその価値を尊重するように扱われなくてはならない（尊重原理）と言い、動物にも権利を認めるわけだが、権利という概念の性質上、同種の権利同士で格差をつけることはできないはずである。赤ん坊より大人の方が生きる権利をより多く持っているなどと言ったら轟々たる非難をあびることは間違いない。この問題は、あとで取り上げる配慮の対象の線引きの問題とともに、真剣に動物解放論を考えるなら避けて通れない、動物解放論側の抱える難問である。

　これに対して、契約説の観点から言えば、動物への配慮は（なされるとしても）所詮契約当事者である人間たちの都合で契約に織り込まれることになる。したがって人間の扱いと動物の扱いに落差が生じるのは何も不思議はない。つまり、限界事例の問題さえうまく処理できれば、極限的選択における人間の優先については契約説の方がうまく扱える可能性が高い。

　では、そういう優先を動物解放論はどう説明するのだろうか。ここでは、「快

楽の質」からの議論と「スライディング・スケール・モデル」という二つの考え方を紹介しよう。

1) 快楽の質と最悪回避原理

まず功利主義の側で使えそうな理論的装置として，「快楽の質」という考え方がある。これは第一章で紹介した J. S. ミルの考えた理論装置である。ベンサムの功利主義に対して，「お前の言う通りにしたら，即物的な強い快楽をみんなが追い求める社会がよいということになってしまうじゃないか」という批判があった。世の中には学問とか芸術とか即物的な快楽よりももっと大事なものがあるはずなのにそれがぜんぜん重視されないのはおかしいじゃないか，というわけである。ミルは，「快楽の質」という概念を持ち込んで，高級な快と低級な快を区別することで，そういう人たちの要望に答えようとした。この考え方によれば，Aというタイプの快とBというタイプの快を両方経験し，判定能力のある人のすべてがAというタイプの快の方が量にかかわらず上だと判断するならば，Aは高級な快だということになる。ミルはこのやり方で，たとえば精神的な快楽（クラシック音楽を聞いて得られる快楽など）は肉体的な快楽よりも高級だからより望ましいと言えるだろうと考えていた。この基準は，現在の功利主義では，ミルが単なる快楽説功利主義から一種の選好功利主義へ移行したことを示すものであると考えられている。つまり，同じ強さの快楽であっても選好充足という観点からは差があるということが十分ありうるという考え方だと解釈されているのである。

さて，この考え方はシンガーやレーガンの立場と極限的選択における人間の優先を両立させる上でどう利用できるだろうか。人間の幸福とイヌの幸福では，同種のものどうしを比べれば人間の幸福の方が常に質的に上である，ということが言えるなら，人間の幸福を優先させる理由となるであろう。そういう文脈でよく使われるのが，人間の方がいろいろなことを理解できる分，幸せを享受する際にも他の動物と質的に違う形で享受する，そしてイヌ的な幸福と人間的な幸福を両方経験しただれもが，やっぱりいろいろなことが分かって楽しむ方がよい，と思うのであれば，ミルの基準で人間とイヌの快楽には質的違いがあると主張できることになる。

実は功利主義を批判するレーガンがこの路線の議論をしている。彼は救命ボー

トのような例外的な状況を扱うために，危害原理を補完するものとして「最悪回避原理」（worse-off principle）というものを導入する。これは，危害がどうしても避けられないならば，より少ない危害を選ぶべきだという原理である。レーガンはこれをどう使うのだろうか。イヌの欲求は単純だけれども，人間はいろいろなことに楽しみや苦しみを見出すことができ，それだけ多様な利害を持つ。そのため，同じ死ぬのでも，人間の方がイヌよりも多くの危害を被ることになる。したがって，イヌは人間と全く同等の内在的価値を持ちはするけれども，こと人間が死ぬかイヌが死ぬかの選択になれば人間の方が（危害を被る能力の高さによって）優先されるのである。レーガンはこの最悪回避原理も尊重原理から導出できると主張するが，そのあたりの議論はあやしいものである。最悪回避原理は本質的に非常に功利主義的であり，絶対的な権利という考え方と相性が悪いように思われる。

　そもそも，快楽の質についてミルが考えたような一致は得られそうにない。クラシック音楽をどんなによく知っても，やっぱり「低俗」な快楽の方がよいと思う人もいる可能性は十分にある（そういう人はそもそも自発的にクラシック音楽について勉強しないだろうから，実例を探すのは難しいであろうが）。イヌの生活も，経験してみると人間の生活よりも質が高いと感じる人がいるかもしれない。

　また，仮にミルの基準が満たされたとしてもまだ問題はのこる。ある快楽がミルの基準を満たしたということから分かるのは，もしある人が（たとえば）いろいろな音楽ジャンルのことをよく知るようになったら他の音楽ジャンルよりもクラシックが好きになるだろう，という程度のことである。そういう仮定の話が，現にそれほど音楽についてよく知らない人たちのことを考えるときどのくらい参考になるのかはあやしい。特に，カーラザースが指摘するように，ミルが快楽の質の判断に使う，「両方の状態を知る者たちがどちらを選ぶか」というテストは人間と動物の間では成立しない。

2) スライディング・スケール・モデル

　動物への配慮と人間の優先を両立させるもう一つの路線として，動物の権利論者のデイヴィッド・ドゥグラツィアは「スライディング・スケール・モデル」というものを紹介している。スライディング・スケールというのは，状況に応じて伸縮する物差しのことで，このモデルを動物への配慮にあてはめると，動物は配

慮の対象になるけれどもその認知能力やヒトからの生物学的な距離（どのくらい以前にヒトの先祖と分岐したか）に応じて配慮の大きさが変わる，という考え方になる。たとえば大型類人猿はヒトとの血縁が非常に近いので利害はほとんど割り引かれず，哺乳類は他の動物に比べるとヒトとの血縁が近いので彼らの利害は若干割り引かれ，爬虫類の利害はさらに大きく割り引かれ，といったかんじである。

　これは，動物が直接の配慮の対象になると認める多くの人が暗黙のうちに受け入れている考え方だろう。これなら救命ボートの例やサディストの例をうまく説明できる。同じくらいの苦しみなら無条件で人間の苦しみの方が大きくなるようなそういう伸縮式の物差しを使ってわれわれは人間と他の動物の利害を比較しているため，人間とイヌとどちらを突き落とすかと聞かれればイヌと答えるし，人間とイヌのどちらを優先して助けるかと聞かれれば人間と答えるのである。

　しかし，ドゥグラツィアはスライディング・スケール・モデルはうまくいかないと考える。ヒトとの血縁関係の近さで差別をするのは，ヒト以外の動物になんの権利も認めないというのに比べれば進歩であるにせよ，やはり種差別の一種である。もちろん道徳的に別扱いをするきちんとした理由があれば別であるが，そういうものがあるのならそもそもスライディング・スケールなどと言う必要はない。ちょうどシンガーが平等な配慮の下でもその動物が死の概念を持っているかどうかで殺すことについての別扱いを正当化したのと同じように，「平等に配慮する」ことと「別扱い」することは必ずしも矛盾するわけではない。しかし，そういう正当化可能な理由がないから，人間との血縁などが持ち出されるわけである。

　以上の考察をまとめると，結局こういうことになる。動物の権利や動物が配慮の対象になることを認める立場に立つなら，権利の適用の仕方にも格差を持ち込むことはできず，多くの人が尻込みするような極端な立場まで行き着かざるをえない。逆に社会契約説に訴えて動物に権利を認めない議論をするなら，すくなくともある種のヒトもまた権利を持たないと認めざるをえない。両者の中間であるスライディング・スケール・モデルは根拠のはっきりしない不安定な立場であり，倫理学的な擁護は難しい。

3-3　ロールズ以後の契約説と動物の権利論

　さて，ロールズの理論の基本的な部分については一応説明したのだが，それだけではまだロールズの理論の理解としてはちょっとものたりない。また，倫理学の教科書としては，やはりロールズが与えた影響についてももう少し見ておきたい。その中で，契約説が必ずしも動物解放論と矛盾するわけではないことが分かってくる。つまり，ナーヴソンやカーラザースとは違ったタイプの契約説がヒトと動物の間に成り立つというわけである。

3-3-1　ロールズ理論の政治的含意

　ロールズの理論がどういう反応を引き起こしたか見ていく前に，まずそれが現実問題についてどういう立場をとることになったかを知っておく必要がある。さもないと，ロールズの何に他の哲学者たちが反応したかが理解できないだろう。
　『正義論』では第一部で正義の二原理を正当化する議論をしたあと，第二部以降でその後のプロセスが説明される。正義の二原理が選ばれたあと無知のヴェールがとりはらわれ，現実の社会やその構成員についてのより具体的な知識に基づいて，どのような仕組みが正義の二原理にかなっているかが順次考察されていく。まず憲法が制定され，憲法に基づいて法律がつくられ，司法の手続きが定められる。最終的にできあがる「秩序だった社会」（well-ordered society）は現実の立憲民主国家に非常によく似たものとなっている。
　ロールズはこの「秩序だった社会」がどういうものになるかについてある程度論じている。まず，正義の二原理は一定の条件下で資本主義経済の市場主義を支持する。市場における競争の結果，取り分に不平等が生じるが，競争によって需要に見合った必要な財が効率的に生み出され，全員が得をすることになる。ただし，市場経済は国有財産制とも一応両立可能なので，私有財産制をとるか国有財産制をとるかはこれとは別問題だとロールズは言う。
　それから，累進課税については，格差原理の説明に使ったように，社会の中で不遇な人の地位向上に繋がる不平等であるから，基本的に容認される。ただし，「比例税制だって別に悪いわけではない」というようなことをロールズ本人が言

っていて，正義の二つの原理から現実にどういう政策が導けるかというのはなかなか一筋縄ではいかない問題である。

　もう一つ，ロールズに特徴的な主張は，生まれつきの能力の再配分である。純粋な自由競争社会では，知性とか体力とか指導力とか容姿とか，そういう能力によって社会に貢献する量の多い者が高い地位を得る，という能力主義社会になりがちである。しかし，そういう能力は少なくとも部分的には生まれつきの要因で左右される。同じだけバスケットボールの練習をしても，生まれつきの差で非常にうまくなる人とそうでもない人の差は厳然として存在するだろう。ロールズは，生まれつきの能力が高いとか低いとかいうのは本人にどうこうできる問題ではないので，そんなもので社会的な差がつくのはアンフェアだと考える。正義の二原理に照らして言えば，能力主義は二原理の(2)(a)の機会均等に抵触する（生まれつきの能力が低いものには努力しても高い社会的地位が開かれていないことになってしまう）。また，面白いことに，能力主義社会は「自尊心」という重要な基本財をみんなが平等に持つことができないのが問題だ，ともロールズは言っている。もちろん，そういう生まれつきの能力そのものを再分配するのはむずかしいが，能力の使用の結果得られる地位・報酬は再分配されるべきだという（ロールズはこの点であとでとりあげるノジックと根本的に対立する）。

　ところで，民主的な意思決定の典型と言えば多数決だが，多数決そのものは少数の不遇な立場の者たちにとって不利なので格差原理に反するのではないだろうか。ロールズは「秩序だった社会」における多数決の有用性を認めるが，その利用には制限を課す。基本的にはみんなでよく話し合って，何が正義の二原理にかなった解決かについて一致を見いだすべきなのだが，正義の二原理自体あいまいさを残しており，その部分は単に話し合ってもらちがあかない。多数決はそういう場合に使われる。したがって，憲法の骨格などは多数決によって変えることはできない，というのがロールズの見解である。

3-3-2　平等主義からの批判

　さて，ロールズに対してはいろいろな批判がある。それどころか，ロールズ以降のさまざまな政治哲学理論はロールズや功利主義とどう距離をとるのかをはっきりさせることで自分の立場を明確にしており，ある意味でロールズは測量のた

めの水準点のような働きをしている。ロールズと同じ自由主義者からの批判，功利主義者からの批判，リバタリアンからの批判（この三つを今から見ていく），共同体主義者からの批判（これは第七章），潜在能力説からの批判（これは第五章）などいろいろあって，それぞれの批判にそれぞれの立場が反映されていておもしろいのだが，ここではまずロールズに近い立場からの批判から見ていこう。

　無知のヴェールの設定が恣意的じゃないか，というのはよく浴びせられる批判である。たとえば功利主義者から見れば，功利計算がちゃんとできるくらいの情報が与えられていれば最小値最大化などというやり方で保険をかける必要はないだろう，という批判がある。逆に，ロールズと同じく功利主義を批判して人権というものを重視する立場からも，正義の二原理が選ばれるというのは変じゃないかという批判がある。

　たとえばロナルド・ドゥオーキンという法哲学者は，契約という考え方の肝はすべての人に「拒否権」があるということだから，ロールズがイメージしている以上に権利が重要になるはずだ，という。特にそこで大事なのが「平等への権利」である。

　「平等」というのも倫理学で本当に多様な使い方がされる言葉なので注意が必要である。ある人々を「平等に扱う」ということは「同じように扱う」ということであるが，何をしたら「同じよう」なのかという具体的なイメージが人によってまったく違う。たとえば功利主義も平等を基本原理にしているが，ここでの平等はシンガーの言うところの「利害に対する平等な配慮」である。つまり，どんな人の（あるいはどんな動物の）幸福や不幸もまったく同じにカウントする，という意味である。ロールズの正義の原理にはいくつかの平等の要素が入っている。一つは二原理の(2)(a)の「機会の平等」で，全員に同じだけの機会を与えるという意味での平等である。もう一つは「結果の平等」で，最終的に手にしている基本財の量が同じくらいになっている，という意味での平等である。二原理の(2)(b)の格差原理はこの意味での平等を完全に実現するわけではないが，それに近づけるための装置になっている。

　ドゥオーキンはこれに加えて「資源の平等」という概念を提案する。それは，ゲームを始めるにあたって各人が持つ元手，それも資産だけでなく能力についても平等にする，という考え方である[5]。もしそんなフェアな社会があったら，その中で自分の努力が足りなくて不遇な立場になっても人は文句を言わないだろう

し，したがって格差原理による是正を求めないだろう。他方，もし出発点で持っている元手が一人だけ少なかったりしたら，その人はその設定に対して「こんなのアンフェアだ」と拒否権を発動して社会契約をご破算にするだろう。それを避けるためには正義の第一原理は資源に対する平等な権利とならざるをえない。ドウォーキンはこうした結論を，自分がどういう生まれつきの能力を持つのか，どういう障害を持つのかを知らないという無知のヴェールを使って示してみせた（ややこしい思考実験なので細部は参考文献にゆずる）。つまり，ドウォーキンは，無知のヴェールの設定を微妙に変えるだけで全然違う原理が出てくることを示してみせたのである。ただ，どんな社会がこの意味での平等を満たすのか，というのはなかなかむずかしく，現存する政治制度にはこれにあたるものはなさそうである。

　ところで，ロールズやドウォーキンのように，自分の知的能力についても無知のヴェールをかけることを認めるのなら，もう一歩すすんで自分が社会契約を結ぶだけの能力があるかどうかも無知のヴェールをかけられそうな気がする。思考実験の一部として，契約について考える知的能力のない存在には補助的思考装置か何かを与える，というようなSF的な想定をするのである。そうした想定をすれば，限界事例の人々もふくめてすべての人が平等の権利を持つという考え方を無知のヴェールの下で導き出すことができる。というのも自分がもともと思考能力を持っていたのかそういう補助装置の下で思考能力を持っているのか分からないので，どちらでも不利にならないようにする必要があるからである。しかし同時に，動物もまた契約から排除する理由がなくなる[6]。しかも二人のどちらの理論で考えても，動物の不遇な立場や能力不足を補うための大幅な社会的・経済的な援助が要請されることになるだろう。

5）能力なんて平等にしようがないんじゃないの，と思うかもしれない。ドウォーキンが提案するのは，生まれつきの能力が足りない分は，他人の能力を買い取るお金を多くもらうことで埋め合わせるというやり方である。つまり，足りない能力分，他人に自分のために働いてもらうだけの資産があれば能力も平等になったと言える，というわけである。

6）さらに言えば植物も無生物も排除する理由がなくなるが，これらの存在はそもそも利害というものを持たないので，どう扱っても「不遇」になる余地がない。したがって入れても入れなくても合意される契約の内容は変わらないはずである。なお，利害についてのこのとらえ方は第五章で紹介する主観主義の福利論を前提にしている。

3-3-3 功利主義的契約説

　もう一つ，功利主義からの批判と対案も見ておこう。功利主義者は，無知のヴェールの情報の取捨選択が恣意的だと批判するが，それだけではなくそのヴェールの下で選ばれた原理が功利主義に反しているという結論にも反対する。

　おさらいすると，ロールズは，基本財は最悪でもある程度の量は保証してもらう必要があるから最小値最大化ルールで判断することになると考えていたわけだが，実はこれは功利主義でも十分考慮に入れることができる要素である。持っている基本財がどんどん少なくなるにつれ，財の一単位ごとの効用がどんどん大きくなるようなモデルを考えればよい。1億円持っているときの100円の価値（100円で得られる幸福）はほんとうに微々たるものだが，全財産が200円というときに100円が持つ価値（100円で得られる幸福）は大変なものになるし，それが生死の分かれ目になるかもしれない。だとすれば，すべての人に最低限の基本財は保証するのが功利主義的にも幸福を最大化する財の分配方法だということになるだろう。この考え方には「限界効用逓減の法則」という立派な名前がついている。これは「同じ種類の財から得られる単位あたりの効用（限界効用）は財の量が増えるとともにだんだん減少する」という法則であり，たとえば20世紀初頭の功利主義的経済学者たちはこの法則を根拠として，たいていの財はおおむね平等に分配した方が結局効用を最大化する，という主張を展開している。

　以上のような批判をふまえて，現代の経済学者のジョン・ハーサニーは，ロールズと同じような想定で原初状態を仮定し合理的に選択すれば社会の基本原理は平均功利主義になるはずだ，と主張する。ハーサニーの想定するバージョンの無知のヴェールでは，自分が社会の中のどの人か，という以外のあらゆる情報が与えられる。ロールズのバージョンでは，どういう性格の人がどういう比率で存在するか，といった細かい情報はぼかされるので期待値計算ができないのだが，ハーサニーの方ではそういうぼかしはかかっていないので期待値計算も細かく行うことができる。つまり，ハーサニーの方で制限がかかっているのは，自分に都合のよい契約を選択することだけである。自分が誰かということについてまったく情報がない場合，自分がどの人になる確率も同じだと考えるのが適当だと思われる。そうすると，社会のみんなの幸福の量の平均が最大になるような選択をすれば，自分が得ることになる幸福の量の期待値も最大になる。これは要するに無知

のヴェールの下で利己的に選択をすれば功利主義になるということである。このハーサニーの立場は「平均功利主義」と呼ばれ，それと区別する場合には普通の功利主義は「総量功利主義」と呼ばれる。この区別については第六章でまたくわしく紹介する。

　ところで，シンガーは功利主義なら当然限界事例の人々や動物にも配慮するべきだと考えていたわけだが，ハーサニーのような理由で功利主義を採用した場合はどうだろうか。単純に考えるなら，無知のヴェールの全般的な設定そのものはロールズと同じなのだから，ロールズと同じようにそうした人々や動物には拡張できないという結論が出るはずである。つまり，そうした存在に配慮しても契約主体になりうる人たちの平均の効用は変わらないので，配慮する必要はない，という結論になるだろう。もちろん前項で見たように無知のヴェールに手をくわえて知的能力にもヴェールをかける手もある[7]。

3-3-4　ロールズの開き直り

　さて，ロールズはその後ある意味で開き直って，無知のヴェールが恣意的なのは当然で，民主主義社会で共通の了解となっている正義の考え方を表現する表現形式としてこういう言い方を選んだのだ，というような説明をするようになってきた。つまり，この社会はいろいろな価値観（ロールズ用語では「善の構想」(conception of good) などという言い方をするがここではわざわざ難しい言葉を使うことはない）を持った人がいるのだが，そういういろいろな人たちの共通了解（これにも「重なり合う合意」(overlapping consensus) というロールズ用語がある）を表現する手段として原初状態というモデルが使われる，というのである。
　言い換えれば，ロールズ流の原初状態で選ばれたから正義の二原理は正しいの

---

[7]　ハーサニーの議論はメタ倫理学と規範倫理学の関係を考える上でも重要である。ハーサニーのバージョンの無知のヴェールは固有名詞に関する情報だけを遮断するしくみになっており，いわば普遍化可能でない判断を普遍化可能な判断に変換する装置となっている。ヘアもまた，『道徳的に考えること』の中で，普遍的指令主義といくつかの前提を組み合わせることで功利主義が導き出せると論じた。詳しく紹介する余地はないが，自分の選好充足を大事にする人が普遍化可能性という条件のもとで判断したら，あらゆる人の選好を同じくらい大事にする，という立場になる，つまり選好充足型の功利主義になるというのである。ちょっと聞くとハーサニーやヘアは普遍化可能性だけを前提にして功利主義を導いているように見えるが，出発点において自分の選好充足についてしか関心がない，というのはけっこう大きな仮定で，そんなにギャップなくつながっているわけではない。

だ，という議論の流れなのではなく，すでにみんなが受け入れている正義の二原理を自然に理解するための思考プロセスとして原初状態での契約という思考実験を使ったのだ，という流れなのである。

ちょうどよい機会なので，ここでもう一歩踏み込んで，そもそもなぜロールズは無知のヴェールを想定するのか，という疑問に答えておこう。もし，「まったくの利己主義者がどうして道徳やら社会の決まりやらを受け入れなくてはならないのかを説明する」というのが目的なら，そもそもそんな人は無知のヴェールを受け入れないだろうし，「社会というものの成り立ちから考えて現在の法や道徳を正当化する」というのが彼らの課題だとしたら，社会の成立と関係のない思考実験に何の正当化の力もないだろう。ロールズがやろうとしているのはそんな課題に答えることではない。ロールズの紹介のところでも少し触れたように，道徳的判断についてのメタ倫理学的な制約から実質的な規範倫理学的な規則を選ぶための思考プロセスとして，「契約」という考え方が使われているのである。普遍化可能性の考え方についてはいろいろ解釈もあろうが，自分にだけ都合のよいような判断は道徳的判断とは言えないというのが，普遍化可能性の最低限のエッセンスだろう（ロールズは「フェア」という言い方をしている）。それを道徳的な規則を選ぶ際の条件として使いたければ，実際に自分に都合のよいような規則が選べないような手を前もって打っておけばよいわけである。無知のヴェールというのはまさにそういう手段として使われている。つまり，第一章の規範倫理学と第二章のメタ倫理学の間の橋渡しをするのが，この，「無知のヴェール」型の契約説だということになる。

この考え方を背景にすれば，ロールズの開き直りは，メタ倫理学というものの性質に関する開き直りである，ということもできる。メタ倫理学では倫理がある種の普遍性を持つとされているわけだが，ロールズは「普遍性」にヘアよりもかなり具体的な内容を読み込んだ上で，そもそもそういうメタ倫理学的な特徴は現代市民社会の共通了解という非常にローカルなものだと考えるに至った，というわけである。

3-3-5　ノジックの自然権論

本章の最後の話題として，ロック流の考え方が現在どう使われているか，とい

うのを簡単に見ておこう。契約説の主要な哲学者でもっとも動物についてまとまった論考をしているのがロバート・ノジックである。ノジックの『アナーキー・国家・ユートピア』は本章の最初で見たロックの契約説を現代によみがえらせ，リバタリアニズムと呼ばれる政治的立場の理論的根拠になった本として知られている。ロールズは累進課税や福祉政策など，国家が介入して一番不遇な人の地位を改善しようとする政策を積極的に行うべきだと考えていた（こういう国家を福祉国家と呼ぶ）。これは通常の自由主義（リベラリズム）で認められている考え方でもあり，ロールズやドウォーキンは自由主義の理論家と目されている。しかしノジックは「最小国家」，すなわち国家が最低限の警察と軍隊以上の役割を持たない状態を支持する。そういうふうに国家の社会への介入を最小限に切り詰めて人々に自由にさせる立場をリバタリアニズム（自由尊重主義）と呼んで，普通の自由主義と区別する。

　ノジックも社会契約説的思考実験を行うが，彼の場合はロックと同様国家の起源に関する歴史的な思考実験の形をとる。ノジックはまず国家も何もない全くの無政府状態（アナーキー）を想定する。ここにおいて，人々は自然権を持つ。この部分は完全にロックの自然状態の踏襲なのだが，ただし特に神様や神様の命令に訴えるわけではなく，「そういうものだ」と言うだけである。ロックと同じく，自然状態はそこそこ平和なのだが，権利の侵害や報復合戦といった問題を避けるため，人々は保護協会を作る。これはお互いの権利を守るための任意団体なのだが，保護協会同士の抗争（マフィアの抗争のようなもの）がおきて，それを解決するためにある地域における保護協会は必然的に一つに統合・整理されていく（抗争に勝ったマフィアが負けた方を吸収併合するわけである）。そうやって超最小国家が作られる。この段階ではどの任意団体にも属していない「独立人」が存在するのだが，それでは保護協会にとっていろいろ不便なので，独立人も保護の対象とするかわりに独立人の行動を制限する，という形で強制加入させるようになっていく。これが最小国家で，領域内の全住民の権利を保護するとともに領域内で実力に訴える権利（要するに必要とあれば警察や軍隊といった形で暴力をふるう権利）を独占する。ノジックは無政府状態からここまでは必然的なながれであり，誰の権利も侵害されていないと考える。でもこれ以上に国家の力を強くすることは正当化されるだろうか，と考えてみたときに，実は正当化できない，とノジックは言うのである。さらには，最小国家はある意味でユートピアの条件を満たす，

とすら言うのである。

　なぜ最小国家を福祉国家に拡張するのが正当化できないとノジックが考えるか理解するにはロックの改良版のノジックの権利論を考える必要がある。すでに見たように，ノジックは自然状態においても自然権は存在すると考えており，その主なものが自分の身体や財産に対する所有権である。所有権の発生について，ノジックは以下のような権利付与（entitlement）の三つのルールを提案している。

(1) 取得の正義に関する原理に従って財を取得する人はその財に対して権利を付与される
(2) 移転の正義に関する原理に従って財を譲り受けた人はその財に対して権利を付与される
(3) この二つの規定の（繰り返しの）適用以外によっては権利は付与されない

　すでに見たように，ロックは自分の身体と自分の労働と自分の労働の成果にたいして人は所有権を持つと考えていた。これが「取得の正義」の基本的な内容となる（ただしそれだけでは不十分だということをすぐあとで説明する）。「移転の正義」というのは，要するに「あげます」とはっきり意思表示して相手に渡すというプロセスを経ているということである。これ以外のやり方では所有権は発生しない。

　これを最小国家成立の思考実験にあてはめたらどうだろうか。最小国家を運営するのに必要な資金提供をすることについては，人々は同意せざるをえない状況に自然の成り行きでたどり着く。したがってそうやって最小国家が得る資金は権利付与の(2)のルールにのっとっている。しかし，本人が好きで寄付するならともかく，それ以上の資金提供を強要することはルール(3)に違反する。これはどういうことかといえば，ノジックの権利付与のルールに従う限り，国家は最小国家を運営するために必要な最低限の税金以外は強制的に徴収できず，それ以上の福祉政策をやりたければ寄付でやんなさい，ということである。

　「それはあんまりじゃないか，それじゃあ先に来た人が全部自分のものにしてしまっていたらあとから来た人は（相手がお情けで分けてくれない限り）何も手に入らず飢え死にするしかないじゃないか」という疑問があるかもしれない。実はこれに関連して，取得の正義にはノジックは一つ重要な制限をつけている。それは元ネタになったロック自身も言及している条件で，自分が労働を加えたもの

は、自分が実際に消費できる分だけ、しかも「他の人のために同じものが十分残っているならば」という条件が満たされている限りで自分のものになる、というのである。この「他人のために同じものが十分残っているならば」という条件をノジックはロックの但し書き（Lockean Proviso）と呼ぶ。

　ロックの但し書きを理解するためにノジック自身が取り上げている例をいくつか見てみよう。まず、砂漠の中に井戸の掘れる場所が一カ所しかなかったという状況を想像してみよう。最初に来た人がその井戸を掘ってしまって自分のものにした。あとから来た人はその井戸を使わせてもらえないと死ぬしかない。こういう場合、労働の成果であるにもかかわらず、その井戸はその人の所有物にはならない、というのがロックの但し書きである。ノジックはもう少し違う例も考える。今度は砂漠にいろいろな人が掘った井戸があり、それぞれの井戸を誰かが所有している。しかし、何かの理由で井戸が干上がってしまい、砂漠に一つしか残らなかった。この場合、ロックの但し書きの精神を尊重するなら、この井戸に対する所有権は消滅し、共有財産になる。ところがノジックは、これらと似ているもう一つの例についてはロックの但し書きが適用されないという。それはある人がそれまで不治の病だったある病気に対する特効薬を見つけた、というような場面である。第二の事例で砂漠の人々が井戸を使えないと死んでしまうのと同様、第三の事例でこの特効薬を使えないとその病気の人々は死んでしまう。だから第二の事例で井戸が共有物になるのなら第三の事例の特効薬も共有財産になりそうなのだが、ノジックはそれは変だと言う。井戸と薬の大きな違いは、井戸はその人が掘らなくても誰かが掘っただろうと考えられるのに対し、薬はその人が発明しなければ他の人が発明したとは考えられない、というところである。

　ノジックは、第二の事例と第三の事例が同じに見えるのは、「最終結果原理」というものを暗黙のうちに受け入れてしまっているからだと言う。これは、正義の問題について考える際に、最終的に誰が何を持っているかについてルールを定める、というタイプの原理を指す。ロールズの正義の二原理は最終的にどの基本財を誰が持っているかについての原理だから、まさに最終結果原理である。ノジックはこれに対して人がそれをどうやって持つようになったのか、という経過についての原理こそ大事だ、と考え、それを「歴史的原理」と呼ぶ。言うまでもなく、彼の権利付与の三つのルールは歴史的原理であり、ロックの但し書きもあくまで歴史的原理として働くとノジックは考える。

ノジックの議論における「契約」の使い方は，ロールズとも違うし，元ネタのロックともちょっと違っていて独特である。権利付与理論に基づいて人々に行動させるというシミュレーションをしてみたら最小国家になる，というシミュレーションの構成要素としての契約である。その契約が最小国家を正当化するわけだが，そこにポイントがあるというよりは権利付与理論こそ正当化の根拠になっているのである。ただ，誰が見ても気づくとおり，ノジックの権利付与理論は，特に正当化もされることなく前提されているだけである。(1)や(2)のルールはなんとなく説得されてしまう気はするのだが，本当にこれ以外に所有権が発生することはないのか，と考えるとその説得力もあやしくなってくる。

3-3-6 ノジックと動物

さて，このノジックの議論の中で動物はどういう立場に立つのだろうか。まず，ロックと違って聖書を前提としていないので，人間だけがものを所有できると最初から決めつける理由はなくなる。実はこの路線で動物もロック的な所有権を持つという議論をジェームズ・レイチェルズという哲学者が展開している。ロックは自然におちているリンゴを人間があつめてくるという労働の結果，そのリンゴはその人のものになる，というのを所有の発生の代表的な事例として挙げている。しかし，だったらリスが木の実をあつめてくるのもまったく同じなのではないだろうか，とレイチェルズは言う。もしレイチェルズが正しいなら，動物の命を奪うのは動物の一番基本的な所有物を奪うことになるので社会契約以前の自然のルールに違反している。

すでに説明したように，ロック自身の所有権についての考え方の解釈としてはこれはあまり感心しない。出発点で動物は所有する側ではなく所有される側に属しているので，その後でリスが木の実をあつめようがビーバーが家を作ろうが所有する側にまわることはない。しかし，ロックから「神様」という要素を取り除いて再構成すればレイチェルズ流の解釈も生きてくる可能性があり，そしてまさにノジックの権利付与理論はそういう構造になっているのである。

ノジック自身はあまりこういう明確な形で動物の所有権を論じていないのだが，動物と人間を別扱いするのは変ではないか，という議論はそれとは別に『アナーキー・国家・ユートピア』の中でおこなっている。ノジックがこの話をするのは

「横からの制約」(side constraint) という概念を説明している箇所である。ちょっと脇道になるがこの「横からの制約」という考え方を紹介しておこう。ノジックの立場の特徴はもちろん所有権をはじめとする権利を大事にするというところだが、権利を大事にするにもいろいろな仕方がある。一つはノジックの用語では「権利功利主義」(utilitarianism of rights) というもので、「守られている権利の総和が最大になるように行動せよ」という考え方である（当時はまだ「帰結主義」という言葉があまり一般に広まっていなかったのでノジックもその言葉を使わなかったが、今ならば「権利帰結主義」とでも言うところである）。いずれにせよ、ノジックはそういう尊重のしかたは権利という考え方の本質にそぐわないと考える。これに対して「横からの制約」というのは、人々はそれぞれ自由に自分の目標を追求してよいけれども、いくつかの選択肢は選んではいけないという制約が横からかかる、という考え方である。それぞれの人にとって他人の権利は目標として達成するような性質のものではない。しかし、最低限他人の権利を侵害するような選択肢を選んではいけない、というわけである。

さて、ここでノジックは動物への配慮もそういう横からの制約の一つに当然なるのではないか、と言う（ちなみにノジックがこの部分を書いたのは先ほど紹介したレイチェルズより前だし、動物の権利運動の火付け役になったシンガーの書評とはほぼ同じころだがノジック自身はまだ読んでなかったという）。動物を虐待してはいけないということは誰もが認めるからそれはもちろん横からの制約になるが、やはり多くの人は人間と動物では制約としての働き方が違うと考えているようだとノジックは言う。ノジックがここで考察するのは、人間についてはカント主義、動物については功利主義、というような考え方である。この考え方によれば、人間は単なる手段として使ってはいけないが動物は（幸福を最大化するためなら）手段として使ってよい。

でも、ノジックはそこで止まらずもう一歩思考をすすめる。仮に人間よりはるかに進んだ異星人が地球にやってきたとしよう。彼らは人間を自由にできるほど強力であるばかりでなく、知的能力や道徳的能力においても人間とは段違いに高いらしい（彼らの能力は人間の理解能力を超えているためわれわれにはよく分からない）。彼らは、われわれにはよく分からないある能力を彼らが持っていてわれわれが持っていないということを理由として、人間は彼ら異星人の幸福の単なる手段として使ってもよいと主張したとする。動物はなんらかの能力において劣っ

ているから単なる手段として使ってよいと言っている人は，この異星人の主張も受け入れなくてはならないのではないか，というのがノジックの議論である。あまりはっきりと結論を述べているわけではないが，ここから帰着するのは，動物もカント主義で扱え，ということのように見える。

　ノジックの議論は単独では弱いが，レイチェルズの議論と組み合わせれば，ロック的な契約説における動物の権利論として一つの立場になりうるように思われる。なお，ノジック自身はその後，『ニューヨーク・タイムズ・ブック・レビュー』に掲載された書評の中で，動物の権利という考え方に反発して，人間の赤ん坊は最初のころから他の人間との社会関係や他の動物にない能力を持っているから動物と同じ扱いをするべきではない，といった主張をしている。おそらく，人間にはカント主義，動物には功利主義，という，『アナーキー・国家・ユートピア』で自分が否定的にコメントした立場にいきついたのではないかと思われるが，そういう積極的なことはこの書評では書いていないので分からない。社会的つながりをどう考えるかについてはまたあとで触れるのでここでは保留にするが，人間の赤ん坊にあって他の動物にない能力については，そんなものが本当にあるかどうか疑わしい。レイチェルズもそのあたりを突いて「ノジックの言っていることは意味不明だ」とさんざんにたたいている。

3-3-7　まとめ

　本章で紹介したロールズとノジックの議論を功利主義と対比すると，表3-2のような感じにまとめることができるだろう。

　これらの立場のどれがすぐれていてどれが劣っているか，といったことについて，もちろんここで結論を出すことはできない。しかし限界事例や動物の問題をどれだけ整合的に扱えるのか，ということはまちがいなくこれらの理論の優劣を評価する際の一つの視点になるだろう。

表 3-2

	功利主義(ハーサニー)	ロールズ	ノジック
一番大事なもの	最大幸福	フェアであること	自己所有権をはじめとする権利
基本原理	功利の原理	正義の二原理	権利付与理論
権利の重要さ	場合によって制限	自由権は絶対 社会・経済的権利は格差原理で判断	権利付与理論によって付与された権利は絶対
国家のイメージ	最大幸福を追求するスーパー福祉国家？	平等のための施策を行う福祉国家	最小国家
経済体制	？	市場経済＋国家の介入	自由放任経済
動物の扱い	動物は契約当事者にならないので功利主義的配慮の対象にならない	動物は契約当事者にならないがそれは理論の欠点と認識	人間についてはカント主義，動物については功利主義？

コラム3　カントのメタ倫理学と契約説

　メタ倫理学と規範倫理学の橋渡しとしての契約，という考え方は第三章の本文で紹介したロールズが最初ではなく，古典的な哲学者で言えばカントも実はそういう議論を展開している。また，第二章で最後の方に紹介したヘアの普遍的指令主義の元ネタもカントである（少なくとも元ネタの一つにはなっている）。現代の倫理学を理解する上でもカントという人は避けては通れないのである。ということで，カントの倫理学は倫理学を勉強するなら欠かすことのできないトピックだが，入門書の話題としては若干歯ごたえのある部類に入る。そんなわけで本文からはずしてコラムとした。

　カントの場合は倫理の普遍性についての考え方と一種の契約としての倫理の性格とが表裏一体になっている。まずその普遍性についての考え方から見てみよう。第一章で出てきた，「他の人格を目的自体として扱え」というのは，「定言命法の第二式」などと呼ばれている。「定言命法」（categorical imperative）というのが何かはともかくとして，「第二」があるならもちろん第一もあるわけで，カントも自分の倫理学のエッセンスを論じた『道徳形而上学の基礎づけ』の中でそちらを先に論じている。カントを知っている人から見れば，わたしのカントの紹介の仕方は『ロード・オブ・ザ・リング』を『二つの塔』から紹介しているような感じ（というのはちょっとたとえがマニアックすぎるかもしれないが）だったはずである。

　それはともかく，「定言命法」というのはもっと平たい日本語に訳すなら「無条件の命令」という意味で，自分の好き嫌いにかかわらず（つまりその意味で無条件に）従わなくてはならない命令を指す。哲学用語として業界ではすっかり定着している「定言命法」という言葉だが，ここでは以下「無条件命令」で押し通すことにする（定言命法という訳語に深い愛着を抱いている方々は頭の中で変換しながら読んでいただきたい）。

　カントによれば無条件命令の第一式（一番目の定式化）は「あなたの行為の方針が同時に普遍法則となることをその方針を通じて意志できるようなそういう方針に従ってのみ行為せよ」というものである（普遍法則の公式などとも呼ばれる）。これはまわりくどくてはじめて見る人は一回読んだだけではなんのことか分からないかもしれないが，それもそのはずで，実はこれはけっこう複雑な思考実験の手続きをむりやり一つの命令文にしたものである。この思考実験を以下では「普遍法則テスト」とよぶ（第二章で見たヘアの「普遍化可能性テスト」とまぎらわしいがちょっと違う）。

普遍法則テストは二つの段階からなる。ある行動方針，たとえば「自分が困った時には守るつもりのない約束をする」という行動方針が無条件命令の第一式にそっているかどうかテストしたいと思ったら，まず，その行動方針があたかも普遍的法則のように，あらゆる人がそのシチュエーションでかならず採用する方針である，と想像する必要がある。つまり，空中で手をはなしたら石が地面に向って落ちていくのとちょうど同じような感じで，困ったらあらゆる人が守るつもりのない約束をする世界を想像するのである。

　普遍法則テストの第二段階は，その世界を自分が望むことができるかどうか考えるというステップである[8]。「望むことができない」のにはいろいろなパターンがありうる。「守るつもりのない約束」の場合，みんながそうするということが知れ渡っているとしたら，約束をしようと思ってもだれも相手にしてくれない。あるいは，「困っている人を見ても助けない」という行動方針の場合，それが普遍法則になったなら自分も助けが必要なときに他の人から助けてもらえないことになるが，それを望む人はいないだろう。この第二段階で「そういう世界をわたしは望むことができない」という結論に達したら，（自分の好き嫌いにかかわらず）その行動方針に従って行動してはならない，というのが普遍法則テストである。これは本文で紹介した手続き的正義の考え方を先取りするものになっていて，ロールズが自分の立場を「カント的」だと言い張るのもこのあたりに理由がある。

　説明すると七面倒くさいが，おおざっぱに言えば普遍法則テストは抜け駆けをしたり他人の努力にただ乗りをしたりすることを検出するためのテストである。たとえば「自分一人だけ投票に行かなくたって別に関係ないでしょ」というのは，すこしでもましな候補に投票して民主主義のシステムを維持しようという他人の努力にただ乗りしているわけで，やはり普遍法則テストをパスできない。だから，無条件命令の第一式として「抜け駆けやただ乗りはだめよ」とカントが書いておいてくれればちょっと不正確ではあってもずいぶん分かりやすく親しみやすかったに違いない[9]。

　さて，ここまでのところは，いわばカントのメタ倫理学である。ヘアが道徳的判断を普遍化可能な指令と分析するのと同じように，カントは道徳的な行動指針とは普遍法則テストをパスするような指針だと分析してみせているわけで

---

8) 細かく言えば，「意志する」というのは単に「望む」ということではなく，欲望と結びつかない，純粋に「自律」としての意志，理性を働かせて考えた上で望むことである。第一章でも説明したように，カントは欲望のままに行動するのはむしろ欲望の奴隷になっている状態だと考えて，そんなものに価値を認めなかった。

ある。カントの場合，そうして選ばれる行動指針が人格同士の間の一種の決まりごとだと考えるというところがそもそも契約説の枠組みをとらないヘアとは違う。カントの立場のこの部分はこれから見る無条件命令の第三式にあらわれる。

　カントは無条件命令の第一式と第二式は同じものの裏表のような関係だと思っていたようである。現在ではそれを額面通り受け入れている人はいないが，でもカントがなぜそう思ったかは少し理解できる。「守るつもりのない約束」や「投票に行かない」という例での「抜け駆け」や「ただ乗り」というのは，「約束」や「民主主義」という秩序を維持するみんなの努力を自分の個人的利益のために利用しているわけで，他人（他の人格）を尊重した態度とは言えない。ただ，細かく言えば普遍法則テストにひっかかるのはただ乗り行為だけではない（度をすぎた自己犠牲なども同じようにひっかかる）ので，やっぱり第一式と第二式が同じだというわけにはいかない。カント自身もそれをある程度は理解していたのか，第一式と第二式を総合するものとして無条件命令の第三式を考えた。

　第三式は「目的の国の立法者として行為せよ」というものである。目的の国とは，第二式でいうところの「目的自体」として扱われる存在，つまり人格があつまって作る国である。自分がその国の法律をつくる立場だったらどういう法律を作るだろうか，と考えて，その法律にしたがって行為せよ，というわけである。ここでも，三つの式の間の正確な関係についての考察はカントについての専門書にゆずるとして，この定式が第一式や第二式と密接な関係があるというのは確かだろう。お互いがお互いを尊重する社会の最低限のルールを考えるなら，確かに「抜け駆けやただ乗りをしない」ということは基本的ルールの少なくとも一つにはなりそうである。目的の国を構成する人格たちのうち一人だけただ乗りすることが許される，などというルールにはみんな従ってはくれないだろう。

　思考実験に「国」という要素を持ち込んだことで，行為指針が頭ごなしに与えられているものというよりはルールだという面が強調される。みんなで考え

---

9) ついでに，ヘア流の普遍化可能性と普遍法則テストで得られる普遍性は似ているがちょっと違う。ヘアの方では，みんなが同時に同じように行動するなんてことを想像する必要はないので，ただ乗りは原理的には排除されない。「かなり多くの人が実際問題として投票に行くのだから，自分は投票に行かなくてもよい」という判断はヘアの意味で普遍化可能である可能性が高いが，カントの普遍法則テストでは「かなり多くの人が実際問題として投票に行くのだから」という前提をおくことはできない（普遍法則となった状況を想定するという思考実験の設定と矛盾してしまう）。これはちょっと細かい話なのであまり深く立ち入って混乱をまねくのはよしておこう。

て（まあひとりで考えても一緒なのだが）お互いを尊重するように作るのが倫理や法のルールなのである。実際カントはこのイメージに基づいて現実の国家について論じる際には，国家が人格同士の間の契約に基づくものだという言い方をしている。国家を実際に統治するのは誰か特定の人（当時の多くの国では国王）ということになるが，理念的には国民全体が契約をしたその意志を実行していることになる（だから，国王の命令に従うのが一番自由な生き方だ，という，一見したところ倒錯した見方をすることになる）。第三章本文でも触れたようにこの点でカントはルソーの考え方を踏襲している。

カントの場合「無知のヴェール」はないのだが，それを補ってあまりあるのが，「人格」が国をつくる，という条件である。人格が本当に自律性を発揮したら目先の欲望に左右されないのだから，結局無知のヴェールでそういう欲望についての情報を遮断したのと同じことになる。

最後に，カントの契約説での動物の位置づけについて触れておこう。カントの場合，第一章でもふれたように，倫理は「人格」の間でしか成り立たないものである（第三章冒頭で紹介した和辻哲郎の「人間の学としての倫理学」もカントを元ネタの一つにしている）。最初から人格以外は考えに入れないと言っているのだから動物には契約に参加する余地はない。カントも動物を虐待してはならないというが，それは動物を虐待すると人間に対しても粗暴にふるまってしまうことになるからである。そういう意味では，動物に対する間接的な配慮が人格同士の間の取り決めとして契約の中に入ってくることはもちろんありうる。つまり，契約説をふまえても第一章と同じ結論になっているわけで，その意味ではカントは一貫している。

第四章

倫理なんてしょせん作りごとなのか
進化生物学を手がかりに
道徳の理由と起源を考える

　第三章までで，動物倫理をめぐる主な論点はだいたい紹介した。倫理というものが何らかの普遍性を持つということと，限界事例の人たちもふくめてすべての人が道徳的配慮の対象になる，ないしは権利を持つ，という，どちらもなかなか否定しがたい二つの前提を認めるかぎり，何らかの形で動物を配慮の対象にふくめることは避けがたいように思われる。

　このように追いつめてくると，そろそろ切れる人が出てくるだろう。たとえば誰かが「倫理とか道徳とかいうのはもともと俺たちが生きやすいようにつくったフィクションで，普遍性がどうのというのだってそのための作りごとなんだから，そんなものにとらわれて動物にまで権利を認めるなんて本末転倒だよ」と言い出したとしよう。こういう態度に対してはどうしたらよいだろう。

　こういう態度をとる人は，すでに「道徳的に言って動物をどう扱うべきか」という問題について考えているのではなく「われわれはそもそもなぜ道徳的でなくてはならないのか」という話（あるいは「われわれはそもそもなぜ動物に対して道徳的でなくてはならないのか」という話）をはじめている。これは英語圏の倫理学では Why be moral？の問題とか「道徳の理由」の問題と呼ばれていて，哲学の歴史でいろいろな人が考察の対象にしてきた問題である。

　倫理学の古典中の古典である古代ギリシャのプラトンの『国家』ですでに道徳の理由の問題はとりあげられている。『国家』は，プラトンの他の著作の多くと同じくいろいろな登場人物の対話で展開されるのだが，その中の一人グラウコンが「ギュゲスの指輪」という思考実験を持ち出す。ギュゲスの指輪というのはひねるとそれを身につけている人の姿が見えなくなるという，まるでドラえもんのひみつ道具みたいな便利なものなのだが，もしこんな指輪を持っている人がいたら，悪い事をしてもつかまらないのだから，きっと悪い事をしたい放題になるに

違いない，とグラウコンは言う[1]。ということは要するに，人々が道徳的に振る舞うのは罰せられるのがこわいからでそれ以上の理由はない，と考えられるわけだ。それに対して対話の主人公ソクラテスが敢然と反論する，というのが『国家』の冒頭の展開なのだが，あいにくソクラテスの答えの方はあんまり普遍的な説得力があるとは言いがたい。しかしグラウコンの問題提起そのものはその後も生き続けている。

　本章ではこの道徳の理由の問題について考えていく。特に最近では，協力行動についてゲーム理論からの分析が行われたり，進化論の知識を倫理学にも役立てようという進化倫理学というものが登場していて，道徳の理由の問題にも新しい光が当てられている。本章ではこうした知見も踏まえて道徳の理由と起源の問題について考えていく。狭い意味での動物倫理の話題はしたがってあまり本章には登場しないのだが，まさに進化の歴史を背負った「動物」としてのヒトがなぜ倫理というものを獲得してきたのか，という，倫理への「けもの道」が本章の検討の対象となるわけである。

本章のキーワード
道徳の理由　ギュゲスの指輪　心理的利己主義　倫理的利己主義　自愛の思慮　道徳の社会的理由と個人的理由　サンクション　自然なルール　道徳感情　ダーウィン進化論　社会ダーウィニズム　生物学的利他行動　血縁選択　互恵的利他性　ゲーム理論　囚人のジレンマ　しっぺ返し戦略　社会生物学　進化心理学　デイヴィッド・ゴーチエ　半透明性　滑りやすい坂道の論法

---

1) 透明人間をテーマにしたその後の小説，映画，漫画など考えても，やっぱり透明になった人がまずするのはのぞきやら泥棒やらで，現代人も基本的に同じ考えだということが分かる。古いところだとウェルズの『透明人間』，最近だと『インビジブル』という映画があった（どちらも透明になってもあまりよいことが起きないのがみそだが）。

4-1　道徳の理由と利己主義

4-1-1　利己主義とは何かはっきりさせるのは難しい

　道徳の理由について考えるためには，まず道徳と対比される対象としての「利己主義」についてちょっと考えておく必要がある。「利己的」だとか「エゴイスト」だとかという言葉はよく使うからなんとなく分かった気になるが，これがなかなか一筋縄ではいかない。

　倫理学では，普通，「心理的利己主義」（psychological egoism）と「倫理的利己主義」（ethical egoism）を区別する。心理的利己主義とは，倫理の話とは関係なく，「人間というものは心理学的に言って，生まれつき自分のためにしか行為できない生き物である」という，人間の心理についての事実に関する主張である。倫理的利己主義というのは，「われわれは利己的に行為してもよい（あるいは行為すべきである）」という倫理的な主張である。

　心理的利己主義は，一見もっともらしく見えるけれども，意味のある主張にするのは実はなかなか難しい。その説明の準備として次のような対話をちょっと考えてみよう。

　　ミナコ（以下ミ）「人間なんてどうせ利己的な生き物よ」
　　トモコ（以下ト）「でも人助けをする人だっているよ」
　　ミ「助けたらお礼がもらえるかもしれないからでしょ」
　　ト「そうじゃない場合にも人助けをする人はいると思うけど」
　　ミ「助けないとみんなにあとで悪口を言われるしね」
　　ト「人が見てないところで人助けする人もいるよ」
　　ミ「それは助けると自分が気持ちよいからだよ」
　　ト「でも，普通は「わたしは気持ちよくなりたい」と思って人助けするわけじゃないでしょ。「かわいそうだ，助けてあげなくては」と思って助けるんじゃないかな」
　　ミ「そういう場合は，「助けてあげたい」という気持ちを満足させるためか，「助けてあげるわたしって優しー♡」みたいな自己満足のために人助けして

るんだから、やっぱり利己的に行為しているんだよ」
ト「しかしそんなことまで利己的と呼んじゃうと、利己的っていう言葉の意味が分かんなくなるんじゃない？」

　この対話には道徳の理由にかかわるいろいろな論点が出ているのだけれども、それはひとまずおいておいて、心理的利己主義との関係でまず考えてみよう。
　ミナコさんのような説明をどんどんおしすすめていくと、結局、「どんな行為だって、したくてやっているのだから利己的な行為だ」ということになるだろう。しかしこれは「行為」というものの定義を考えたら当たり前である。行為というのは、序章でも説明したように、単なる体の動きではなく、意図をもってなされる行動である。「その行為をする意図がある」ということは、ある意味では、「その行為をしたい」というのと同じことである。そして、「利己的に行為するというのは自分のしたいことをすることである」と定義したとすると、「あらゆる行為は利己的な行為である」ということが「行為」とか「利己的」という言葉の定義から導けてしまうことになる。だとすると、心理的利己主義は、一見人間の心理について深遠な主張をしているように見えて、実は言葉の定義から導ける、「わたしの兄はわたしの年上の兄弟です」みたいな無意味なことを主張していた、ということになる。
　心理的利己主義をこのように解釈することがなぜ問題かということに関連して、話はかわるが、科学哲学で、ある主張が科学的かどうかを見分ける基準として「反証可能性」というものがある。たとえば「あなたの肩の上に霊がいます」という主張をする人は、普通はそもそも霊というものが何かの実験で検出できるようなものだというつもりでそういう主張をしていないので、どんな実験結果が出ても「なんだ、霊はいなかったんだ」というように意見を変えたりしない。こういう主張が反証不可能な主張である（条件を整えてやれば霊も実験的に検出できるはずだと考えている人については話は別である）。間違いだと分かることがけっしてない、というのは一見よいことのように見えるが、科学というゲームの世界では反証不可能な主張というのは後出しのじゃんけんみたいなもので、必ず勝つかもしれないけどそれはただのずるにすぎない。さて、心理的利己主義も、定義によってあらゆる行為が利己的になるようにすることもできるが、そうしてしまうと、もともと心理学という科学の領域で調べられる科学的な主張だったはずの

ものが，いつのまにかわれわれの心理とは関係のない単なる言葉の意味についての主張になって，反証不可能になってしまっている。

　こういう事態を避けたければ，「利己的」という言葉は，たとえば，「他人を助けたいという気持ちから行った行為は利己的行為ではない」というような形で制限する必要がある（つまり，ミナコさんが最後の発言を取り消せば，人間はみんな利己的かどうかについて有意味な会話を続けることができる）。しかし，そうやって「利己的」という言葉を狭く制限すると，確かに心理的利己主義は反証可能にはなるが，それと同時に実際に反証もされてしまう。見たところ，純粋に他人を助けたいという気持ちで行われているように見える行為はたくさんあるし，心理的利己主義の偏見を取り除いて見るならば，そこに狭い意味での利己的な理由をわざわざ読み込む理由もないように思われる。

　心理的利己主義の側もまだがんばれなくはないが，とりあえずここではこのくらいにして，以下では「利己的」という言葉を前の段落で述べた狭い意味に使う（つまり，他人を助けたいという気持ちから行った行為は利己的行為ではないという含みのある言葉として「利己的」という言葉を使う）ことを確認して先に進もう。

　倫理的利己主義というのも定式化しようとすると厄介である。倫理的利己主義と呼びうる立場にはすくなくとも四つのパターンがある（他にもあるがとりあえず考慮の対象にしない）。

(a) あらゆる人は，その人自身の利益を最大化するように行為してよい（しなくてはならない）
(b) あらゆる人は私の利益を最大化するように行為してよい（しなくてはならない）
(c) 他の人はともかく，私は私の利益を最大化するように行為してよい（しなくてはならない）
(d) 他の人はともかく，私は私の利己的な動機に基づいて行為してよい（しなくてはならない）

　このうち，(a)は普遍化可能な形をしているが(b)，(c)，(d)は私という個人に言及しているので普遍化可能ではない。したがって「倫理的利己主義」の名前に値するのは(a)のような気もするのだが，普通に言う利己主義の人が(a)の立場をとるとは思えない（だって他の人が利己的に行動してもいいなんて言ったら自分が

損をするではないか）。また，(b)はあまりに自分に都合がよすぎて，真顔でこんなことを主張するのは独裁者かよほど社会性に欠ける人であろう。ということで残るのは(c)と(d)だが，これらは「私」が二回出てくるので二重に普遍化可能でない。普遍化可能でないから，通常の意味での「倫理的」な立場ではない。

　ところで，(c)と(d)はどう違うのだろうか。われわれが「自分のため」と意識して行為したとして，それが本当に自分のためになるとは限らない。自分のことばかり考えて行動した結果みんなにきらわれて自分が損をするなんてことは十分ありうる。そういう長期的な利益も含めて，何が自分の利益になるのかをよく考える人を英語で「prudentな人」と言い，そういう熟考を働かせることをprudenceと言う。日本語ではprudenceは「熟慮」とか「賢明」とか「慎重」とかと訳されることが多いが，この文脈でのprudenceの意味はこういう訳ではとらえきれないので，「自愛の思慮」などと訳すこともある（本書でもこの訳語を採用する）。自愛の思慮を働かせれば働かせるほど(d)は(c)に近づいていき，理想的な極限まで自愛の思慮を働かせた上で行為することができれば，両者は一致するということになる（さまざまな結果を見通す能力に限界のある現実のわれわれには不可能だが）。その意味では，(c)の方が(d)よりも利己主義の洗練された形だということになる。

　さて，以上のように考えていくと他にもっともらしい候補もないので，本書では(c)の立場を倫理的利己主義と呼ぶことにしよう。実際，道徳の理由を考える上では，倫理的利己主義が通常の意味で「倫理的」でないことが重要である（これについては次の項で）。

　では利己主義でないものは何かというと，他人の利益になるように行為することについては倫理学では利他主義（altruism）という言葉が使われる。利己主義の区別と対応して心理的利他主義（人間は他人の利益になるように行為するものだ）と倫理的利他主義（人間は他人の利益になるように行為するべきだ）とを区別することができる[2]。ほとんどの道徳体系や倫理学理論はなんらかの場面で利他的な行動を要請しており，それが倫理的利己主義との対立点になっている。さらに，多くの倫理体系には，狭い意味で利己的でも利他的でもないさまざまな戒律（たとえば食べてよいものと食べてはいけないものの区別に関する宗教的な戒律な

2）ここでいう倫理的利他主義は倫理的利己主義の四つのパターンの中では(a)に対応しているが，利他主義の場合には特に(a)型をとることに変なところはない。

ど）が含まれている。

　では，直接には特に利己的な動機をともなわない利他的な行為というものがありうるということを認めた上で（つまり心理的利己主義は否定した上で），利他的な行為をする理由はあるだろうか。この問いはかなり「道徳の理由」に近づいているが，もう少し正確に定式化する必要がある。

4-1-2　道徳の理由とはどういう問いか

　では，"why be moral ?" とか，道徳の理由とかとはどういう問題なのか，何について問いかけているのだろうか。だいたい why be moral というのは英語を少し知っている人なら「なんじゃこりゃ」と思うような変な文章だが，どういう意味なのだろう。

　じつはこれは "why should we be moral ?"（われわれはなぜ道徳的であるべきなのか）という疑問文と "why should I be moral ?"（わたしはなぜ道徳的であるべきなのか）という疑問文を同時に扱うために作られた省略文である。この二つの疑問文の差は単数か複数かという単純な違いではない。「われわれは」で始まる方は社会の全体でなぜ道徳というものを採用しなくてはいけないのか，たとえばなぜ「ものを盗んではならない」というルールを作らなくてはいけないのかという問題に関わる。これに対し，「わたしは」で始まる方は，社会一般で道徳というルールが採用された状態で，なぜ自分もそれに従わなくてはいけないのか，たとえばギュゲスの指輪を持っていて見つかる可能性も処罰される可能性もないとしてもやっぱりわたしがものを盗んではいけないのはなぜか，という問題に関わる。区別のため，今後は最初の方の意味での道徳の理由を「道徳の社会的理由」，二つ目の方の理由を「道徳の個人的理由」と呼ぶことにしよう。

　ここで何が問われているのか理解するために，一応確認する必要があるのは，この二種類の問題のそれぞれで「〜しなくてはいけない」とか「〜してはいけない」とかという言葉が使われるとき，この「しなくてはいけない」や「してはいけない」はそれ自体は道徳的な価値判断ではないということである。「道徳的な観点から言って道徳的であるべきか」というのは「テストで高得点を取るにはテストで高得点を取るべきか」という質問をするのと同じようなもので，一瞬何を訊かれているか分からないくらい当たり前なことを訊いていることになってしま

う。

　それではこの「しなくてはいけない」「してはいけない」はどういう観点からの価値判断なのだろう。一番自然なのは，「自分にとって（あるいは自分たちにとって）利益になるのか」という意味に理解することである。「その会社は経営が悪化しているからさっさとその株は売るべきだ」などと投資コンサルタントの人がアドバイスするときの「べき」はまさにこの観点からの「べき」である。自分の利益を基準にするということであるから，これは前項で言った自愛の思慮をベースとした「べき」だと考えられる。そうすると，「自愛の思慮の観点から言って，道徳的に行為する理由はあるだろうか」という問いは，道徳の理由の一つの候補になる。

　さて，このように道徳の理由を自愛の思慮の観点からまとめ直したとしても，問題の立て方に注意しないとすぐ意味のない問いになってしまう。「自愛の思慮の観点から見て，自分の利益にならないときにも道徳的でなくてはならない理由はなにか」というのは不毛な問いである。自愛の思慮というのは長期的な利益や見えにくい利益もふくめて自分の利益をよく考えるということだから，「自分の利益にならないことをするのは長期的な利益や見えにくい利益もふくめて考えたときに自分の利益になるか」というあからさまに無理なことを考えていることになる。

　では，どういう質問なら意味があるだろうか。上の問いを少し変えて，「一見自分の利益にならないように見える利他的な行為が長期的な利益や見えにくい利益もふくめて考えたときに本当は自分の利益になるということはあるだろうか」という質問にしたら，これはたしかに意味がある（自愛の思慮とはまさにそういう思慮を働かせることである）。あるいは，「道徳的に（利他的に）行為することが自分の利益に反することが実際問題としてあるだろうか，それはどういう状況だろうか」という形で問題を立てることもできるだろう。この二つの問いは，無意味でもないし，考えるまでもなく答えが出るわけでもない。ということで，本書ではこれらの問いを「道徳の理由に関する問い」として考えていくことにしよう。

　道徳の理由とはどういう問題かという話の最後に，「道徳の原因」の問題との関係にちょっと触れておく。道徳の原因というのは，実際問題としてわれわれはどうしておおむね道徳的に行為しているのか，という問題で，たしかにこれにつ

いて考えるのは道徳の理由について考える上でも役に立つ。しかし，安易に道徳の原因から道徳の理由を導き出そうとすると自然主義的誤謬やヒュームの法則に類した問題が発生するので要注意である。たとえば，「何を（自愛の思慮の観点から）やるべきか」ということと「何を実際にやっているか」が同じ意味だと考えると，これは自然主義的誤謬の自愛の思慮バージョンを犯している可能性が高い。また，倫理的な「べし」が「である」から導けないのと同じ理由で，自愛の思慮の「べし」も「である」だけからは導けない。

さて，以上でそもそも道徳の理由がどういう問題かは分かったことにして，具体的にどういう回答がなされてきたのかを見ていこう。

4-1-3　サンクション

まず，なぜわれわれは一般に道徳的に振る舞わなくてはならないのか，という，道徳の社会的理由から考えていこう。

「なぜものを盗んではいけないの？」と子供に訊かれた場合に，とりあえず手っ取り早くあたえることのできる答えは「そんなことをすると警察につかまるよ」というものであろう。これは道徳に反する行為へのサンクションの存在に訴える議論である。サンクションというのは聞き慣れない言葉だが，褒めたり罰したりすることを言う。もう少し正確に言うと，ある行為に対して，道徳的によい行為かわるい行為かということを評価して，その評価に基づいて与えるリアクションである。本章冒頭の会話でミナコさんが「人助けをするとお礼をもらえる」とか「人助けをしないと悪口を言われる」といったことを人助けをする理由としてあげているが，これらはサンクションの例である。サンクションは主に刑罰を指すことが多いが，きちんと制度化されたものでなくてもサンクションになる（「悪口」はその例）し，よい行為に対するご褒美（「お礼」）もサンクションである。区別が必要な場合には，処罰の方を否定的サンクション，ご褒美の方を肯定的サンクションと呼ぶ。さらに，本人が信じさえすれば，サンクションは現実のものである必要すらない（「悪いことをする子はあとで地獄におとされてひどい目にあうんだぞ」といった場合）。また外的な規範を内面化した内的なサンクション，つまり良心の呵責や罪の意識といったものもサンクションに含まれる。冒頭の会話にあった人助けをしてよい気持ちになるというのも内的サンクションの一種だ

ろう。

　さて，このようにサンクションに訴えることが十分に効き目がある場合については倫理学者はあまり道徳の理由を議論しない。これは，そのような状況では道徳的行為と自己利益の一致が明白だからであろう。しかし，また同時に，サンクションに基づく道徳の理由づけは根本的に不十分である。というのも，道徳の社会的理由の問題とは，ある種の道徳に反する行為がなぜそもそも否定的サンクションの対象にならなくてはならないのか，つまりなぜそういう行動を処罰しなくてはいけないのか，そういう行動に対して良心の呵責を感じるように教育しなくてはならないのか，ということを問いかけているからである。道徳の個人的理由としても，処罰されなくてすむような場合には「罰せられるから」というのは理由にはならない。

4-1-4　ホッブズの回答

　前節でもちょっと見たトマス・ホッブズの社会契約説は道徳の社会的理由についての古典的な回答でもある。ホッブズの『リヴァイアサン』は母国のイギリスで清教徒革命が起きているさなかに亡命先のフランスで書かれたもので，そうした時代背景の中で，なぜそもそも王様が必要なのか，なぜそもそも国が存在するのかといった根本的な問題にさかのぼって考えることが要請されたわけである。

　ホッブズは人間というものを欲求と嫌悪という二つの感情に突き動かされる動物だと考える。すでに見たように，自然状態にはなんの道徳的しばりもないので，人間は欲求のおもむくままに行動する。欲求の中には少ない資源を取り合うことに由来する競争心，不信感，見栄など，争いに駆り立てる要因がいろいろある。これが各人の各人に対する戦争状態と呼ばれる無法状態である。他人にいつ取られるかもしれないと思えば人は生産的な仕事に従事する気にもならず，食料や日用品はますます希少になる。自然状態において人間は非常に悲惨で短命な人生を送る。

　しかし人間は（他の動物と違って）理性を持つ存在なので，どうやったら自然状態から抜け出せるかということも理解できる。それをホッブズは二つの「自然なルール」(natural law)[3]という形で表現する。ロックの言う「自然なルール」と同じく，「神様の与えた命令」なのだが，ロックの自然なルールが我々の本性

の中に埋め込まれるものだったのと違って，ホッブズの自然なルールは，欲求と嫌悪という基本的動機の上に理性を働かせて考えるだけで自然に得られる「自然の道理」とでも言うべき内容のもので，わざわざ神に命令されるまでもない。ホッブズによれば，第一の自然なルールは，「平和が達成できるなら平和を求めよ，でも達成できそうになければ戦争に訴えよ」，第二の自然なルールは平和を求める際の手段についてで，「他の人が同じようにするのならあらゆるものに対する権利を放棄し，自分が相手にされてもよいと思う程度の自由で自分も満足せよ」というものである。要するにお互いの行動の自由を制限し合うことが平和を求めるという欲求からして合理的であるから，そういうものとしての道徳や国家が成立するのである。

　これは道徳の社会的理由に関する定番の答えとなっている[4]。社会の安定性がすべての人にとって重要な利害であるから，それを保証する手段として道徳があるのである。前の節で見た外的なサンクションもホッブズの枠組みで説明できる。要するにお互いに自分の権利を放棄するということをお互いに保証し合うために，外的サンクションが設定されているのである。なお，ホッブズは心理的利己主義を採用していたわけではない。彼は人間の欲求と嫌悪の長大なリストを作っているのだが，その中には，他人のために何かしたいという欲求（博愛）も含まれている。しかしホッブズの議論は，人がそういう欲求を持っているかいないかにかかわらず成り立つものとなっている。

　こうした議論の観点からは，動物に道徳的な配慮をしない理由についてもう一つの側面が見えてくる。前章で動物には契約の概念が分からないから契約は成り立たない，というホッブズの議論を引用したが，それに加えて，ホッブズ流契約論者のナーヴソンはたいていの動物については契約を結んでも何の利益にもならない，という点を指摘する。そもそも常に自分の命や持ち物を脅かされるような関係にない相手に対しては戦争状態もなく，したがって戦争を終わらせるために自分の自由を放棄する理由もない。しかしもちろん，これは同時に，限界事例の人たちに対して道徳的にふるまう理由もないことを意味している。

---

3) 普通は自然法と訳すがあえてこういう訳語を試してみている。第三章のロックについての解説も参照。
4) 道徳の理由についての古典的な議論をしているバイアーの議論などがその代表である。詳しくは文献表を参照されたい。

ホッブズのような考え方に対しては，いろいろな疑問がありうる。自然状態から脱するための契約なんてそもそもないのではないか，という疑問は前章でも紹介したが，道徳の理由の文脈ではそれがさらに大きな問題となる。ありもしない状態を避けるために道徳的になるというのは自愛の思慮の判断として意味をなさないからである。進化生物学的に考えても，ヒトの社会は社会のない状態から契約で作られたのではなく，ヒトの先祖にあたる種の社会から発達してきたものと思われる。また，仮に自然状態があったとして，そもそも自然状態はそんなにひどい状態なのか，という疑問がある。むしろロックのイメージする平和な自然状態の方が現実味があるのではないか。

さらに自然状態か権利の全面放棄かという二者択一は本当に正しい問題設定なのか，といった批判がありえよう。とりわけ，社会全体の秩序が維持されるなら，道徳的規則を少々破ってもよいのではないか，という疑問にはこの議論は答えてくれない。ホッブズ自身は，第三の自然なルールとして「自分の結んだ信約は履行せよ」というのを挙げる。これを守らないと自然状態に逆戻りだよ，というわけである。しかし，「自分の結んだ信約はひとの見ているところでは大体履行せよ」というくらいのいいかげんなルールでもよいのではないか。さすがにちょっと違反するくらいでまわりの人も「お前とはもう戦争だ」なんて言わないだろうし，分からないところで違反したらそもそもそんな反応はないだろう。ここで，道徳の社会的理由と別個の個人的理由が必要になってくるわけである。

4-1-5　人間における社会的感情

ホッブズ的な社会観に対しては，「人間ってそんなもんじゃないだろ」という反論が伝統的になされてきた。ここではそうした反論を道徳の理由について考えるという文脈で考えてみよう。

ホッブズは，道徳的な共同体を作る理由を完全に利己的な動機のうちに求めようとした。そして，ここでいう利己的という言葉を無意味にしないためには，「他人を大事にしたい」という気持ちからの行為は利己的な行為には含まないことにしないといけない。しかし，だからこそ，約束を破ってもひどい目にあわずにすむような場合になぜ裏切ってはいけないのかがホッブズの議論だけではよく分からない。

しかし，そもそも人間にとって，他人を大事にしたいという動機はそんなにどうでもよいものだろうか。むしろ，他人の気持ちを思いやることができること，つまり「共感」という能力は人間のメンタリティの基本にあるものではないだろうか。これは道徳の個人的理由についての一つの典型的な答えとも関係している。子供に「なぜものを盗んではいけないの」と訊かれたときに「そんなことをしたら警察につかまるよ」というのと並んでもう一つの典型的な答えは，「だって相手の人が困るだろう」というものであろう。この答えが機能するには，子供自身が相手が困っている状態を想像して，かわいそうだと思える必要がある。もしそもそも子供に共感という能力がそなわっていなければ相手が困るなんて何の理由にもならないだろう。ここでいう共感とは，他人の利害を自分の利害であるかのように感じることである。道徳の理由としては，要するに，道徳を大事にしないことで自分自身の利他的な感情を裏切ってしまうから道徳的に振る舞うべきだ，ということになる。これは，他人が見ているかどうかに関係のない理由なので，道徳の社会的理由にも個人的理由にもなる。

　もう少し理論的なレベルでは，多くの論者が人間には社会的な感情や道徳的な感情というものがあるのだ，と論じてきた。有名どころではデイヴィッド・ヒュームがいる（もっともヒューム自身は道徳の理由についての議論というよりは道徳心理学としてこの議論をしているようである）。倫理学の歴史には，倫理というものは頭で考えるものかハートで感じるものかという論争がある。すでに何度か出てきたカントは「頭で考える」派の代表格である。それに対して，「ハートで感じる」派の代表者がヒュームということになる。すでに第二章でヒュームが「である」から「べきである」が出てくるのは変だと言っているのを見たが，その背景として，ヒュームは「である」について判断するのは理性の仕事だが，「べきである」とか「善い」とか「悪い」について判断するのは感情の仕事で，役割分担がはっきりしているのだ，と考えていた。われわれは，人助けのような「善いこと」をしている人を見ると「いいことしてるじゃん」といって気持ちがあたたかくなり，そういう行動を奨励したくなるし，「悪いこと」をしている人を見ると嫌悪感を覚える。これが道徳判断を「ハートで感じる」ということで，そういう感情を道徳感情と呼ぶ。なお，この同じ感情が自分に向かうと，「良心」になり，悪いことに対する嫌悪感も「罪の意識」という形になる。

　道徳感情という特殊なタイプの感情をわれわれが持つ背景には，人助けをして

くれる人は自分の利益になる，という利己的な動機もあるが，それと同時に共感という感情も重要である。というのも，別に自分が助けてもらう可能性がなくても，人助けの話を聞くとそれだけで心があたたまる気がするし，自分が損をしなくても，誰かがいわれもなくひどい目にあっていると聞けば怒りがおきる。これは利己的な動機だけでは説明がつかない。特に，後者の怒りはかなり特殊な「正義」の道徳感情である。ヒュームは共感という感情は半ば生まれつき人々が持っているものだと考えたが，「正義」の感覚は生まれつき持つものではなく，共感を手がかりとして教育や社会経験によって得る「人工的」なものだと思っていた。

　共感能力を使った議論は，単に道徳的である理由を与えるだけでなく，特定の倫理学理論を支持することにも使われる。具体的には功利主義を支持する議論の中で共感能力が使われることがある（ヒュームのころはまだ「功利主義」という形で明確な立場になっていなかったのではっきりこういう言い方をしてはいないが，ヒューム自身も功利主義の先駆者とみなされることが多い）。前章で見たように，ハーサニーは利己主義者が功利主義を受け入れるようにさせるためには無知のヴェールの一種を使えばよいと考えた。しかし，「無知のヴェール」を使って出た結論を受け入れる人はすでに道徳的に行為しようと思っているわけだから，そうでない人を功利主義者にする力は持たない。しかし，無知のヴェールなんかなくても，他人の利害を自分の利害のように考える気持ちがわれわれにあれば，純粋な利己主義にはわれわれ自身が満足できず，人助けを行うことになるだろう。そうやって自分や他人の利益を大事にするという行動パターンを理論化すれば，みんなにとって一番利益になるような選択をしよう，という，功利主義にたどりつく。たとえば J. J. C. スマートというオーストラリアの功利主義者なんかがそういう議論をしている。

　共感に訴える議論は，そういう感情をもともと持っている人（特に自分がそういう感情を持っていることを忘れてしまっているような人）に対しては有効である。また，ヒュームの言うように生まれつきそういう感情があるのなら，すべての人が持っていると想定されるので，すべての人にとって共感は道徳の理由になる。さらに，動物が虐待されているのを見てかわいそうだと思う人が多いということは，この感情は動物に対しても働く。したがって，共感に基づく道徳の理由は動物に対しても配慮する理由になる。

　しかし，どうも共感能力が欠けているように見える人がいるのも事実である。

他人が苦しんでいるのを見てもまったく感情を動かされないように見える人があなたのまわりにもいないだろうか。そういう人に対して、「あなたは共感能力を持っているはずだ、だから他人の困ることをするのはあなたにとってもよろしくない」と諭してもあまりききめはないだろう。つまり、道徳の個人的な理由としては、共感能力に訴える議論は万人に通用する議論ではない。そういう人に対しては教育によって共感能力を植えつければよいではないか、という考え方もあるかもしれないが、それはつまり内的サンクションを植えつけているわけで、すでに述べたように「なぜ共感能力を植えつけなくてはならないのか」という社会的理由が必要になってくる。また、生まれつき共感能力を持つ人がいたとしても実際に社会の中で機能するような能力になるには教育でのばす必要はあるだろう。ではなぜわれわれは共感能力をのばす必要があるのか。ここでも道徳の社会的理由に対する答えが必要になる。

　ここまで、道徳の理由についての二つの由緒ある考え方、つまり社会契約の必要性に訴える議論とわれわれの共感能力に訴える議論を見てきた。この二つは全然関係ないように見えるが、実は進化論やゲーム理論の知見をふまえると、この二つの見方をある意味で統合することができるようになり、これが近年では進化倫理学という名前で盛んに論じられるようになってきている。そこで次に進化論の紹介を行うことにしましょう。

4-2　道徳の起源と進化論

4-2-1　ダーウィン進化論と動物倫理

　1859年のダーウィンの『種の起源』の出版は科学と社会のさまざまな領域に影響を与えてきた。『種の起源』で提起された進化の考え方はいろいろな要素を持つが、大きな影響をあたえた二つの主張を取り出すと以下の二つになる。

　共通先祖説：すべての動物は少数の共通の先祖から分かれて進化してきた。
　自然選択説：進化の主なメカニズムは自然選択である。

　本書では、この二つを総称して「ダーウィン進化論」と呼ぶことにする（ダー

ウィニズムという言葉も同じ意味でよく使われるが，本書ではこちらは「広い意味でダーウィン的なものの考え方」の意味にとっておく）。自然選択のきちんとした説明をするスペースはないが，非常におおまかにまとめると，その環境に適した変異を持つ個体の方が次の世代に比較的多くの子孫を残していく，という小さなプロセスが積み重なって一般に進化と呼ばれる目に見える大きな変化が生じる，という考え方である。共通先祖説は少なくとも生物学者の間では19世紀中に完全な定説となったが，自然選択説が定説となったのは時代も下って20世紀中頃になってからのことである。

　興味深いことに，これらのテーゼは動物倫理という観点から言うと，二つの逆のベクトルを生むこととなった。一方で自然選択説の影響として，ヒトも獣なんだったら獣の論理で生きても良いじゃないか，獣の論理なら弱肉強食も当然じゃないか，というようにむしろ伝統的な倫理からさらに配慮の対象や内容を切り縮めていく方にダーウィン進化論は働いた。その代表格がいわゆる社会ダーウィニズムである（次項参照）。しかし，他方で，共通先祖説は，人間もまた動物の一種であり，人間と他の動物が血縁関係にあるということを含意し，そのことが動物への配慮を要求する力として働く（章末コラム4参照）。

　また，道徳的な判断をする主体としての人間についての見方もダーウィン進化論と共に変化した。それまでの倫理学では，道徳的行為者であるためには「自然なルール」を理解する能力だとか，「良心」だとか，他の動物にない特殊な能力が必要だと考えられてきた。しかし，ダーウィン進化論の立場からは，そういう能力もまた他の動物も持っている能力から進化によって発達してきたと考えられる。ダーウィン自身も『種の起源』とならぶ主著である『人間の進化と性淘汰』の中で，協力行動などの形で社会を形成している動物（社会性動物）に着目し，社会的な本能や感情など，社会をささえるメンタリティを人間も進化の中で獲得してきたのではないか，と考え，その進化のプロセスについて推測を行っている[5]。たとえば，良心の基礎となる社会的本能がなぜ権威を持つかということについて，社会的本能は持続的なので，一時の強い欲求を社会的本能より優先させてしまったら，後々になってその欲求が消え去った時点で振り返ると後悔の念が

---

[5] ダーウィンと同時に自然選択のメカニズムに思い至った同時発見者として有名なA. R. ウォレスは，この点でダーウィンに反対し，動物としての人間は進化の産物だが人間の魂については進化の産物ではないと考えていたようである。

生じてしまうからではないか，と推測している（もちろんこれはたんなる推測なので心理学的実験で裏付けられる必要がある）。こうした分析を通じて，生物学的現象として倫理を見る道が開けてきた。本書ではこれまで動物について考えるということが主要な倫理理論に対して大幅な改訂を迫る可能性を紹介してきたが，倫理学の生物学化ももしかしたらそれと同じようなインパクトがあるかもしれない。ただし，生物学から道徳の理由や正しい倫理学理論について直接何か結論を導き出そうとすると，「自然主義的誤謬」をはじめとするさまざまな批判に直面することになるので細心の注意が必要である。これについてはまたあとで考えることにして，具体的に進化生物学が倫理の理解にどう貢献してきたかを見ていくことにしよう。

4-2-2 社会ダーウィニズム

　社会ダーウィニズムの代表者として知られるのがハーバート・スペンサーというイギリスの哲学者兼社会学者である。スペンサーはなかなか面白い経歴の持ち主で，独学で学問をおさめ，生物学，心理学，社会学，哲学など多方面で本を執筆して，19世紀末のイギリス思想界に多大な影響を与えた。スペンサーは生物学における著作では「最適者生存」という表現を発明したことで知られ，ダーウィンも『種の起源』の改版の際にこれを採用した。

　それはともかく，スペンサーは福祉や公衆衛生などに国家が手出しをすることを否定する論陣を展開した。その際に理由のひとつとして挙げたのが，そうした政策で能力の劣ったものが淘汰されずに生き延びてしまうことで社会の進化が阻害されるということであった。彼の考えでは，最低限の自由権だけを保障してあとは自由放任というやり方こそが一番早く社会を進化させ人々を幸福にする方法である。

　スペンサー自身の倫理学理論は今日の分類で言えば規則功利主義だった。だから，進化そのものに価値を認めるのではなくあくまで人を幸福にする手段として自然選択を考えていた。しかし彼の影響をうけた人々はもっとアグレッシブに「進化」と「進歩」を同一視して，進化＝進歩を善だと主張するようになった。また，スペンサー自身は誰が最適者かは状況によって変わるというようなことも言っているのだが，彼の支持者たちは知能や体力が優れている者，あるいは場合

によってはある特定の人種が「最適者」だというように解釈していった。

こうして広まっていった運動が社会ダーウィニズムと呼ばれるようになる（スペンサー自身の立場と区別して，一般に広まった方を「通俗的な」社会ダーウィニズムと呼ぼう）。通俗的な社会ダーウィニズムは19世紀から20世紀前半にかけて自由放任経済の正当化や人種差別政策の正当化に利用された。しかし，このネーミングは科学と価値判断をはっきり分けるべきだと考えていたダーウィンにとっては迷惑だっただろう。ダーウィン自身は「善い方に変わる」というような価値判断を「進化」という概念から極力排除している。むしろ，特定の方向を持たずに，その時々のその場の環境に応じて変化していくというのがダーウィン的な進化のイメージである。あまり使わない器官がなくなったりすることを「退化」と呼ぶことがあるが，これもその環境に応じて無駄を省いた結果であり，ダーウィン進化論の言葉で言えばれっきとした進化の一種である。また，ダーウィン進化論で言う「最適者」とは本来「その環境でより多く子孫を残せる特徴を持つ者」のはずで，知的能力や体力で優れたものを最適者と呼ぶのは日常的な価値判断を勝手に「最適者」に読み込んだ結果だろう。人種間闘争バージョンの社会ダーウィニズムは，これにさらに人種という，当時としても実体のはっきりしないものを付け足している。ちなみに，このころは人種は他の生物における「変種」のようなものだと考えられていたが，第二章でも触れたように今では人種間の差など生物学的にはないに等しいということが定説となっている。

要するに，社会ダーウィニズムには生物学的な理論に勝手に価値を読み込んでいるという側面が強い。このため，ムーアは『倫理学原理』の中でスペンサーをとりあげ，スペンサーが「善い行為」と「進化した行為」とを同一視する自然主義的誤謬を犯している可能性が高いと分析している。ただし，ムーア自身そこで認めているように，スペンサーが言っているのは，より進化した行為は人々をより幸せにする傾向があるからこそ善い行為だということのようである。ただ，その場合は「人々を幸せにする」と「善い」を同一視する自然主義的誤謬を犯してるんじゃないの，ということでムーアはどっちにしてもスペンサーがこの誤謬に陥っていたと考えていたようである。

本章の課題である道徳の理由という観点から見たときには，通俗的な社会ダーウィニズムはどういう意味を持つだろうか。まず，道徳の中に弱者への配慮を含めるのなら，通俗的な社会ダーウィニズムの答えは「その意味で道徳的である理

由はない」ということになるだろう。それどころかその意味での道徳は進化にとって有害ですらある。あるいは，道徳というもの自体を定式化しなおして自然選択のはたらきを邪魔しないような行為を「道徳的」と呼ぶことにするのなら（もちろん自然主義的誤謬だという批判は当然受けることになるが），その意味で道徳的である理由は「それが人類を進化させるから」だということになる。ただし，この理由は，「進化はよいことだ」とか「人類を進化させたい」とか思っている人に対してしか効力を持たない。道徳の理由に対する一般的な答えにはならないのである。

　ここまでの話は，通俗的な社会ダーウィニズムが前提としている自然選択説の理解は一応正しいものという前提で書いてきたが，実はそもそも通俗的な社会ダーウィニズムは自然選択というプロセスについて一面的な捉え方しかできていない。社会ダーウィニズムは自然界が弱肉強食の仁義無き世界だということを前提としてそれを人間社会にあてはめようとしているわけだが，そもそも自然界は本当にそんな場所なのだろうか。実際には自然界にはお互いを助け合う行動も多いのではないだろうか。こういう疑問が20世紀後半の進化生物学の発達に繋がることになる。

　なお，スペンサーは一般に流布しているイメージとは違い，進化した社会の特徴として共感や善行というものを重視していて，通俗的な社会ダーウィニズムとは一線を画している。いろいろな慈善事業も支援していたようであるから，当時イギリスで大きな運動となっていた動物虐待防止運動も支援していた可能性は高い。彼が反対していたのは，善行を福祉政策として制度化した結果社会の進化そのものを妨げることである。つまり，彼のイメージする自然選択で生き残る人々とは，皮肉な言い方をすれば，お金があって慈善活動もするが福祉政策として抜本的な対策をしようとしない人々だったということになる。まあ，確かに当時のイギリスでの「勝ち組」（上流階級）はそういう人たちが多かったであろうから，自然選択の働きにそういうイメージを持つのもあながち間違いではないかもしれない。しかし，そういう人ばかりが生き延びる社会というのは，通俗的な社会ダーウィニズムが目指す社会ではないかもしれないが，今のわれわれから見て魅力的な社会に思えない点ではあまり変わりがない。

4-2-3 生物学的利他行動

　近年のダーウィン進化論の発達は、倫理に対して大きな影響を与えており、その代表が本章の目玉でもある生物学的利他行動の分析である。ダーウィンの自然選択説はメンデル遺伝学と進化論の統合を経て20世紀半ばには確固とした定説の地位を確立した。そうした近年のダーウィン進化論は進化生物学と呼ばれることが多いので本書でもその呼び名を使おう。進化生物学は1960年代から70年代にかけて興味深い発展をとげた。注目されるのは、自然選択では説明できなさそうな生物学的利他行動についていくつかの重要な理論的進展があったということである。

　生物学的利他行動（biologically altruistic behavior）とは、自分自身の生存や生殖の促進に直接つながらない（あるいは不利になる）にもかかわらず、他の個体の生存や生殖を助けるような行動を言う。ただし、生物学的利他行動と倫理学でいう利他行動とは「利益」の考え方が違うので注意する必要がある。子孫をたくさん残したい人にとっては生殖は「生物学的利益」であると同時に倫理学的利益にもなるだろうが、子供なんていらないと思っている人には、それは倫理学的意味では「利益」にはならない。そういう人に「生物学的に言ってあなたは子孫をのこしたいはずだ」とか「そう思うべきだ」とか言っても余計なお世話である。ある人の行動が生物学的に利己的であるからといって心理的に利己的であるとは限らないし、逆に心理的に利己的だからといって生物学的に利己的とも限らない。ただし、特に「生存」に関して言えば生物学的利益と倫理学的な意味での利益が一致する部分が大きいのも事実である。

　自然界には生物学的利他行動の例がいろいろある。極端なのが社会性昆虫におけるはたらきアリやはたらきバチで、自分では生殖せずに自分の姉妹（女王アリ、女王バチ）の子供の世話に一生を捧げる。しかし、こんな行動がなぜ進化しえたのかは自然選択説の観点からは一見説明できないように見える。というのも、ある集団の中に人助け（生物学的利他行動）をする個体としない個体がいた場合、ほとんど「生物学的利益」の定義により、人助けしない個体の方が自然選択で有利になり、だんだん数を増やしていく（したがって集団全体が人助けをしない方向にすすんでいく）はずである。ついでに言えば、生物学的に「種の保存の本能」に基づいて行動する、などという言い方がされることがあるが、同じ理由で

そんな本能も進化しない。「種」などという実体も定かでない集合体のために自己犠牲する行動の遺伝子というものがあったとしても，そんな遺伝子は交配グループ内の自然選択で容赦なく淘汰されていくはずである。

　しかし，1960年代から70年代にかけて，それを説明できるモデルが開発された。一つはW. D. ハミルトンによって発案された血縁選択（kin selection）のモデルである。これをきちんと説明するには，適応度やら包括適応度やらという概念を紹介しなくてはいけないのだが，いくぶんテクニカルになってしまうのでそれは省いて何とか説明しよう。基本的な考えかたとしては，ある個体が自分の遺伝子を残すには，直接の子孫を残すというのが唯一の方法ではなく，自分の近縁者の子孫を残すのでもよいはずである。たとえば，通常の有性生殖では，自分が持っているある遺伝子を兄弟も持っている確率は50％である。仮に兄弟3人の命を救うか自分が助かるかという究極の選択があったとしたら，自分が助かれば自分の遺伝子が100％残る（つまり平均して1個残る）が，自分を犠牲にして兄弟3人が助かれば50×3で150％の遺伝子が残る（つまり，平均して1.5個残る）。したがって，犠牲になる方が遺伝子を残すという観点からは効率的ということになる（現実には助けなくても生き延びる確率とか実は諸般の事情でお父さんが違う確率とかいろいろな不確定要因が入ってくるのでそう単純ではない）。

　もちろん生物が「自分の遺伝子を残したい」と意識的に考えるわけでなく，「兄弟3人のためなら自分を犠牲にしてもかまわないと思わせる遺伝子」というものがあったら，その遺伝子は「兄弟3人のためにも自分を犠牲にしない遺伝子」よりも次の世代に受け継がれる確率が高いということである。こういう仕組みではたらく自然選択のことを血縁選択と呼ぶ。

　子供についても同じことが言えて，有性生殖では親子も50％の遺伝子を共有するから非常に単純に考えても子供3人のためなら自分を犠牲にする方がよい。ハミルトンは，はたらきアリやはたらきバチの場合には，若干特殊な生殖の仕組みにより，親子よりも姉妹の方が血縁が濃い（75％の遺伝子を共有する）ことを指摘し，これではたらきバチの行動が説明できると考えた。

　このようにして，「家族の絆」は自然選択説の枠組みでうまく説明できたことになる。そのつもりで探すと，血縁間の協力行動はいろいろな種で発見される。

　生物界における一見利他的な行為の多くは血縁選択で説明できるが，血縁の薄い相手（別の種など）に対する利他行為はこれでは説明できない。そういう相手

に対しての行動をうまく説明できるもう一つのメカニズムが，R.トリヴァースが考案した互恵的利他性（reciprocal altruism）というモデルである。相手に何かしてあげた見返りに何かしてもらえる場合，短期的には「利他的」な行動であっても，長い目で見ればその個体の利益になるため，進化する。たとえば，自分が相手の背中についたダニをとってあげると相手もダニをとってくれる，という関係が成り立つとき，目の前のことだけ考えればダニをとるのは面倒だけれども，長期的には自分がダニのせいで病気になる確率が減り，協力すれば大きな利益になる。したがって，そういう行動を促す遺伝子も生き延びる確率が高くなり，自然選択による進化の対象になる。互恵的利他性の特徴は，利他的行動が，同じ種の中であまり血縁のない相手だけでなく，まったく別の種の相手に対しても成立しうるということである。共生とよばれる現象などはこれで説明ができる。

血縁選択と互恵的利他性という二つのメカニズムの発見は，自然選択というプロセスと生物学的利他行動の関係について新しい見方を開いた。社会ダーウィニズムの自由放任経済や人種間闘争の考え方は「自然の進化プロセスをそのまま生かす」ということを題目にしていたわけだが，その自然理解そのものが一面的だったと言わざるをえないだろう。自然選択は協力が可能なところでは積極的に協力行動を進化させるメカニズムでもあったのである。

4-2-4　ゲーム理論と進化生物学

生物学者たちは1970年代に，生物の行動を自然選択の観点から理論的に分析するという問題に注目するようになっていった。互恵的利他性の研究もその一つと考えることができる。そうした生物学者たちは，実はゲーム理論（game theory）でそういう問題がすでに扱われていることに気づき，積極的に利用しはじめた。その動きの先頭にたったのがジョン・メイナード＝スミスという進化生物学者である。

ゲーム理論についてちゃんとした紹介をする余裕はもとより本書にはないが，イメージくらいは持ってもらわないと困るので，非常におおざっぱなイメージだけかいつまんで説明しよう。

ゲーム理論は二人以上の人が関わる状況でどういう選択をするのが合理的かということについての理論である。合理的な選択という点ではすでに紹介した功利

表 4-1

		マスミ君	
		パーティーに行く	パーティーに行かない
ユカさん	パーティーに行く	3, 5	6, 4
	パーティーに行かない	−1, 0	−1, 4

主義と似ているのだが，問題の立て方がちょっと違う。功利主義を含む合理的意思決定理論では自分がある選択肢を選んだときに相手が実際に何をしそうかを考えるのに対して，ゲーム理論では両方の立場から状況を見て，お互いに相手が一番合理的な選択肢を選ぶはずだという前提のもとに自分の一番合理的な選択肢はなにかを考える。

　一番簡単な二人ゲームというものを考えてみよう。例として，パーティーに行こうとしている二人の間の「ゲーム」を想定する。ユカさんとマスミ君がパーティーに行くかどうか考えている。ユカさんはマスミ君がこない方がパーティーが楽しいと思っている。マスミ君はパーティーは嫌いだがユカさんが行くならパーティーに行きたいと思っている。

　こういう問題について分析する際に使われるのが利得表というものである。利得表というのは，お互いの選択肢の組み合わせについてそれぞれがどれだけの利得を得るかを表にまとめたものである。上の例だと，たとえば表4-1のような利得表が書ける[6]。

　たとえば，二人ともが「パーティーに行く」を選んだときの利得表は (3, 5) で，ユカさんにとってこの組み合わせの利得が 3，マスミ君にとってのこの組み合わせの利得が 5 であることを示している。ゲーム理論的分析では，それぞれのプレイヤーがこの利得表をにらみながら，相手が合理的に行動したときに自分はどう行動するのが合理的かと頭をひねるわけである。

　功利計算の場合と違い，相手もこちらの行為（選択肢）を見て自分の選択肢を

---

[6] 数字の説明を簡単にしよう。マスミ君にとっては一人でパーティーに行くのが最悪で 0，ユカさんのいるパーティーに行くのが一番よくて 5，自分がパーティーに行かないならユカさんがどちらを選ぼうと関係ないのでどちらも同じ 5 より低めで 4 となる。ユカさんにとってはパーティーに行かないのはマスミ君が行くかどうかに関係なく最悪で −1，マスミ君のいないパーティーに行くのが一番よくて 6，マスミ君がいるとちょっと気分が削がれて 3，といったところである。数字の値にはあまり意味がなく，大小関係だけ見てもらえればよい。

表 4-2

		鳥 2	
		ダニを取る	ダニを取らない
鳥 1	ダニを取る	4, 4	−1, 5
	ダニを取らない	5, −1	0, 0

　決めるから話はややこしい。ゲーム理論的な分析で重要な役割を果たすのが「均衡」という概念である。均衡というのは、現在のお互いの戦略の組み合わせにおいて、お互いに、相手が戦略を変えずに自分だけ戦略を変えたら利得の期待値が減ってしまうという状況を指す[7]。つまりお互いに自分から現状を変更したいと思わないような状況である。上の例の場合、ユカさんにとってはマスミ君がパーティーに行こうが行くまいがパーティーに行った方が利得が大きい（マスミがこない方がいいけれども）。したがってユカはパーティーに行くはずだ、という前提でマスミは考え、自分もパーティーに行くという戦略を選択する。この状態になったとき、どちらも自分から戦略を変えたら損をする。したがって二人ともパーティーに行くという組み合わせが均衡だということになる。

　さて、メイナード＝スミスは、ゲーム理論利得というのを生物学的利益、つまり生存や生殖に置き換え、戦略というのを生物の行動パターンに置き換えれば、この分析のしかたがそのまま生物に当てはめられるのではないかと考えた。トリヴァースのダニを取る鳥の例で、相手のダニを取ってあげるかどうかの判断は一回きりで、しかもダニを取ってあげると決める時点ではまだ相手が自分のダニを取ってくれるかどうかお互い分からないものとしよう。そうすると、自分がダニを取らず相手にダニを取ってもらった鳥は、病気にもならず、ダニを取る手間もかからずで、いい思いをし、逆にダニを取ってあげたが取ってもらえなかった方はダニ取りの手間はかかるわ病気にはなるわで踏んだりけったりの思いをする。利得表に書くと表 4-2 になる。

　このとき、均衡は「お互いにダニを取らない」という組み合わせである。これ

---

[7] 「戦略」といった場合、単に個々の選択肢のどれかを選ぶ、という戦略（純粋戦略）だけでなく、選択肢をどういう確率で選ぶかを決める（たとえば「さいころをふって 1 か 2 が出たらパーティーに行く」と決める）という戦略（混合戦略）もある。均衡を考える上では混合戦略が重要なのだが、ここでは説明を割愛する。

は有名な「囚人のジレンマ」と呼ばれるもので，ゲーム理論で長らく研究されてきた状況である。囚人のジレンマ状況は，相手が協力的に行動しても，自分は協力しない（ダニを取らない）戦略の方が得をする。それどころか，相手がどちらの選択肢を選ぼうと自分は協力しない方が有利になる。この場合，お互い協力的な行動をとらないという選択肢の組み合わせで均衡し，それからはずれることで損をする。しかし，よく見ると「お互いに協力する（ダニを取る）」という組み合わせは，「お互いに協力しない（ダニを取らない）」という選択肢よりもお互いにとって有利になっている。協力すればもっと利益が得られるのに，合理的に考えようとすれば協力的に行動することができない，これが囚人のジレンマである。現実の協力状況の多くは実は囚人のジレンマに類する状況になっている。

　囚人のジレンマゲームはゲーム理論的進化生物学において重要な役割を果たすようになった。囚人のジレンマゲーム研究の一つのバリエーションとして注目をあつめてきたのが，「繰り返し囚人のジレンマ」ゲームである。これは囚人のジレンマゲームをあるグループで何度も繰り返し行うというもので，同じ相手と何度もゲームをすることになるので，前に裏切られたかどうかという情報を利用して自分の選択肢を決めることができる。これはコンピュータ上の「エージェント」にゲームをさせるという形でシミュレーションを行うことができるので，いろいろなシミュレーションが試みられてきた。

　中でも有名なのが政治学者のロバート・アクセルロッドと前出のハミルトンが企画した一連のシミュレーションである。一回きりのやりとりでは相手を裏切った方が得になるようなシチュエーションでも，やりとりが繰り返される場合には一定の条件で協力する行動の方が有利になるということを彼らは多くのシミュレーションを使って示した。特にアクセルロッドが有名にしたのが「しっぺ返し」(tit for tat) と呼ばれる戦略で，これは，「自分からは裏切らないが，相手が裏切ったらその次のときに一回だけ裏切り返す」という戦略である。もう少し説明すると，前に相手と会ったときに相手が「契約を履行する」という戦略を選んだときには今回の自分も「契約を履行する」という戦略を選び，前回相手が「契約を履行しない」という戦略を選んだときには今回の自分も「契約を履行しない」という戦略を選ぶ。要するに相手のまねをするだけの単純な戦略だが，長期的には非常に有効な戦略であることが知られている。これよりも相手に寛容な戦略（相手が裏切った次の回も協力する，という場合があるような戦略）では相手に甘い汁

をすわれてしまうし，これより厳しい態度をとる（相手が協力的な態度に戻っても裏切り続ける戦略など）と，お互いに裏切り合う状態に陥ってしまう。「しっぺ返し」は単純そうでいて奥の深い戦略なのである。

　この結果から言えるのは，もしも「繰り返し囚人のジレンマ」に近い状況が進化の過程で存在し，他の条件もアクセルロッドらのシミュレーションに近いなら，しっぺ返しに類する戦略が進化するということである。たとえばダニを取る鳥がお互いを個体認識しあって，「こいつはこの間ダニを取ってくれなかったやつだぞ」と認識することができるなら，しっぺ返し戦略でそういう個体を不利な立場に追い込むことができる。つまり，「相手も協力してくれるなら」という条件つきの利他行動は，そのくらい頭がよい生物の間では十分進化によって発生しうるのである。

4-2-5　他人を思いやる動物

　進化生物学の側で利他行動が進化することが可能であるという理論的な説明が進展すると共に，現実の動物における利他行動の観察も盛んに行われるようになっていった。社会性昆虫の行動や親の子に対する利他行動などはダーウィンのころから知られていたが，それ以外の行動についてはあまり研究がされていなかった。しかし，第二章で紹介した認知動物行動学の一環として，哺乳類，特に霊長類におけるさまざまな利他行動が観察されるようになった。

　血縁選択の結果進化したと思われる行動は枚挙にいとまがない。群れを助けるために警告音を発したり，生殖をせずに弟妹を育てたりといった行動がいろいろな種で観察されているが，そうした一見不利に見える行動がそれほど不利ではないことが血縁選択で説明できる。血縁選択の極端な例としては，哺乳類でありながらアリやハチのような社会性を持つハダカデバネズミという種が知られ，研究されている。この種では近親交配によってコロニー内での近親度が非常に高くなっているのだが，そのせいか，女王ネズミだけが生殖し，他のメスはワーカーとして奉仕する，という分業が成立している。

　互恵的利他行動の例として有名なのは，ジェラルド・ウィルキンソンが研究したチスイコウモリにおける食物（つまり血）のやりとりである。チスイコウモリは数日間血を吸うことができないと飢え死にしてしまう。そこで，その晩に血を

吸うことができた個体が飢え死にしかけている個体に血を与える。これは特に血縁のないコウモリ同士でも行われることが分かっており，過去に血をもらった相手に優先的に血をわけるという行動も観察されている。霊長類は互恵的利他行動のバリエーションも多く，非常に人間的な行動も観察されている。たとえば，フランス・ドゥ＝ヴァールの『利己的なサル，他人を思いやるサル』では，喧嘩をしたあとで和解するために相手の傷をなめる行動や，かんしゃくをおこした個体をなだめるといった，相手を思いやる行動を霊長類がとることについて報告している。ドゥ＝ヴァール自身はチンパンジー社会の政治的な駆け引きの研究で有名になった人で，ボスの座をめぐって人間界の政争の話と見分けがつかないくらい複雑な取り引きや裏切りが行われるさまを観察している。政治的な取り引きもまた協力行動の一種だが，これだけ複雑になると「本能的にやっている」という説明は無理があり，人間と同じく意識的に相手と自分の利害を見比べて協力を行う能力があると思われる。

4-3 再び道徳の理由について考える

4-3-1 動物の進化生物学から人間の進化生物学へ

ここまで現代の進化生物学における生物学的利他行動の分析を見てきた。これを道徳の理由の話に接続するには，まず，こうした知見が人間にどう応用できるかを確認する必要がある。そこで，そうした橋渡しの試みとして，社会生物学と進化心理学を紹介しよう。

この章の前の方で紹介したヒュームは人間観察に基づいて共感という能力や道徳感情が人間にそなわっていると考えた。ダーウィンはそうした能力が進化の中で育ってきたものだと考えたが，遺伝学すらきちんと成立していなかった彼の時代にはまだ具体的なメカニズムを提案することはできなかった。しかし，近年の血縁選択や互恵的利他性についての理論の発展は，生物の社会構造の進化論的分析を可能にし，それを人間に適用する道を開いた。

その流れを生んだのが 1975 年の E. O. ウィルソンの『社会生物学』という本である。この本は，昆虫や鳥類，哺乳類などさまざまな種に見られる社会構造を

生物学的な適応の観点から分析したものである。もしそれだけであれば堅実な生物学の研究書だったかもしれないが，ウィルソンはもう一歩ふみこんで，人間社会におけるさまざまな制度も同じように分析できると主張した。

　たとえば社会の階層構造はヒトだけでなくさまざまな動物に見られる。有名なのはニワトリの「つつきの順位」と呼ばれるもので，「上位の個体は下位の個体をつついてよいが逆はだめ」というルールに基づいて群れのなかの順位が厳格に決まっていることが観察で分かる。だとすれば，人間における階級構造（もう少し正確に言えば，それをささえる「身分の上下があった方が落ち着く」という感覚）もそうした生物学的起源を持つものかもしれない。ウィルソンはまた人間社会がどうあるべきかという倫理的問題についても社会生物学の観点から提言できると考えた。

　以上のようなウィルソンの考え方は左翼系の生物学者や社会科学者から非常に強い反発をうける。たとえば，スティーヴン・グールドやリチャード・ルウォンティンといった生物学者は「人民のための科学 Science for The People」と呼ばれる左翼系の団体を拠点として，社会生物学という分野の考え方を人間にあてはめることに猛反対した。彼らは，人間のさまざまな能力や性格に遺伝的に決まった部分があると考えること自体が差別の正当化につながると考えた。歴史的に，人種間にあるとされる遺伝的な差異を根拠とした人種差別がさまざまな国で行われてきた（これに社会ダーウィニズムや優生学[8]が使われた）。人間の行動を遺伝的に説明するのはそうした人種差別の再来を招く，というのである。仮にそれを避けられても人間の行動を遺伝的に説明するのは，「遺伝的だからしかたない」という現状肯定にはたらきがちである（たとえば「人間は遺伝的に身分制度があった方が落ち着くようにできているから身分の上下があるのはしかたない」など）。さらに，人間社会についての社会生物学的な理論は，今のところ具体的な証拠を欠いたただのお話にすぎないのに，あたかも確立した事実のように扱われて社会に影響を与えるというのは科学の濫用だと批判した。

　こうした批判をあびて 1980 年代には社会生物学を人間にあてはめることは一

8）優生学についての解説は本書ではスペースの都合上割愛したが，生物学の人間社会への応用という観点からは避けて通れない話題である。優生学は「不良な遺伝子」と「優良な遺伝子」を人為的な選択によって選別し，前者を減らして後者を増やすという考え方である。言い換えれば，人間を対象とした品種改良である。この考え方は 20 世紀を通じて障害者差別や人種差別に利用された。巻末に文献を挙げているので参照されたい。

旦はタブーとなった。ただし，これはウィルソンが論破されたからというより批判の凄まじさという政治的な要素が強かったようである。ウィルソン自身は人類すべてが共有する能力（人間の本性）について語っており，当然あらゆる人種の人が同等に扱われる。1990年代以降，社会生物学の人間への適用は進化心理学（evolutionary psychology）という形で再び支持者をふやしつつある。これは人間のさまざまな心理的な特徴を進化の歴史（特に狩猟採集時代の人類の置かれた状況）という観点から解釈するというものである。

　進化心理学の問題設定は，われわれの行動の遠因と近因の区別に基づいている。われわれがどう行動するか，ということを説明する上では，性格や考え方といった心理学の対象となるものを持ち出すこともできる。これが近因である。しかし，どうしてわれわれはそんな性格を持っているのか，どうしてわれわれはそんな風に考えるのか，とさらにその原因を考えると，もちろん環境や育ちによるものもあるだろうけれども，遺伝的に決まっている部分もあるだろう。その部分を説明するには，なぜそういう心理的特質を持つのが適応的だったのか，ということを進化生物学の観点から説明することになるだろう。これが遠因である。この意味でのわれわれの行動の遠因をさぐるのが進化心理学だということになる。

　進化心理学の提唱者としてよく引用されるトゥービーとコスミデスは，人々が間違えやすいことが知られている論理的推論の課題を使ったおもしろい実験をしている。細部は省略するが，要するに，普通に抽象的な論理学の問題として質問すると正答率が低いのに，取り決めをこっそり破っている裏切り者を検出するという文脈におきかえて質問すると，論理的構造はまったく同じなのにぐんと正答率が上がる。これはつまり，進化の歴史の中で，抽象的な論理的推論の能力の発達に比べて裏切り者検出能力の方がよく発達したからだとトゥービーらは推測する。

　当然ながら，道徳にかかわる心理の研究も進化心理学の重要な課題となっている。すでに見たような生物学的利他行動を他の種の動物で実現するメカニズムが利他的な感情であるとすれば，同じような感情が人間にもあって不思議ではない。実際，近親への愛情は人間でも観察されるし，協力行動もさまざまなものが観察されるのは言うまでもない。しかし，どんな相手にも同じように思いやりを持つ（「自分がしてほしいように相手に対して振る舞え」という黄金律はそれを要求している）といった倫理を支える感情は進化で説明できそうにない。互恵的利他行動

はつきあって見返りのある相手に対してしか成立しないから，一般の道徳で要請されるような弱者に対する思いやりは説明が難しいし，自分の属する集団の外側にいる相手（対立する他部族など）に対する配慮がこのメカニズムで進化するとは非常に考えにくい。つまり，今知られている進化のメカニズムで発達しうる「道徳」は，非常に身内びいきが強くよそものや身寄りのない弱者に冷たい，そういう道徳である（これは，第七章で見る徳倫理学がイメージする倫理には近いかもしれない）。倫理というものが持つとされる普遍化可能性や「無知のヴェール」が体現する「フェアにやる」という要請などは入ってくる余地がない。

このギャップを埋めるには，ヒュームがやったように，道徳感情のある部分までを自然な感情として説明し，その先を後天的な感情として考える方が見込みがありそうである。道徳の発達についてはエリオット・ソーバーと D. S. ウィルソン（先ほどのウィルソンとは別人）による共同研究などが進められているが，やはり道徳の起源を遺伝だけで説明できるとは考えておらず，文化的な進化と遺伝的な進化を組み合わせたモデルを検討している。あるいは，利他行動に関係するのとは別の心理的メカニズムをベースにする考え方もあるかもしれない。

ただし，進化心理学はまだまだ使用上の注意の多い分野である。まず，そもそも人間の心理に直接関わる遺伝子が見つかったわけでもなく，そうした遺伝子が人間の心理にどう影響しうるかについてもっともらしいメカニズムが提案されたわけでもない。社会生物学がただのお話だといって批判された 30 年前と比べて，理論装置は格段の進歩があったが，人間心理が遺伝の影響を受ける証拠という面ではそれほど事態が進展したわけではない。進化生物学全般の基準から言えば，まだまだ進化心理学はあやふやな仮説の域を出ていない。

また，グールドやルウォンティンが心配していた遺伝的な差別の可能性もなくなったわけではない。ウィルソンやその後の進化心理学者たちは自分たちがあらゆる人に共通する形質（遺伝などによって決まる特徴）を研究しているから差別は起こりようがないと言うが，もしそんな形質があったとしたら，その形質がどの程度遺伝で決まっているかというのは調べようがない。ある程度形質の方にばらつきがあり，遺伝子型（どういうくみあわせの遺伝子を持っているか，という遺伝子のタイプ）の方にもばらつきがあって，その対応関係を調べるからこそ，その形質がどの程度遺伝で説明できるかが分かるのである。しかしそういう研究の対象になる形質は遺伝的差別を可能にしてしまう。たとえば共感能力の大小と特

定の遺伝子型の間に統計的相関があると分かったら，それはその遺伝子型に基づく差別の絶好の口実にされてしまうだろう。

さらに，進化以外のやり方で説明した方がよいものまで進化で説明しようとする傾向を進化心理学が作る可能性もある。社会的な環境や教育によって発生している現象も多々あると思われるが，そうした要因がかえって軽視されてしまうとしたら問題である（もちろん，進化で説明した方がよいものまで社会的要因で説明しようとするのも問題である）。

以上のような問題点はありつつも，社会生物学や進化心理学の知見は道徳とは何かを考える上では今後ますますかかせないものとなっていくだろう。たとえば，こうした分析を経た目で見ると，ホッブズ，ロック，ルソーなど古典的な社会契約論者がイメージした「自然状態」がどれほど現実から遠いか分かる。ヒトと近縁の大型類人猿は社会生活を送っているものが多く，おそらく共通の先祖もなんらかの社会生活を送っていたと推測される。社会生活に入るのにヒト特有の理性によって自然のルールを認識する必要はないのである。また，自然状態で最初にお互いの所有権を認め合うというロックのイメージも，社会はあっても私有財産のない他種との比較だけでなく，人類のさまざまな社会の人類学的な比較からも疑問となる。近代的な意味での私有財産は社会が成立してからかなりして認められるようになった，比較的新しいもののようである。ルソーについては本書ではあまり触れなかったが，彼のイメージするユートピア的な自然状態もどこかにあるとは考えにくい。しかし，もちろん，社会の起源や道徳の起源の理論としては間違っているとしても，なぜ今ある社会を維持するのかという道徳の理由の理論としてのよしあしはまた別の話である。

4-3-2　道徳の起源から道徳の理由へ

以上のような注意書き付きではあるものの，進化心理学などの研究から，道徳の原因の一種としての起源についての理解はかなり深まってきた（少なくともどういうやり方で道徳が発生しうるか，どういうやり方では発生しえないか，ということについては知識が増えてきた）。しかし，これらの分析から道徳の理由（社会的理由と個人的理由の両方）について何が言えるだろうか。

まず，ダーウィン進化論から道徳の理由について何が言えないかをはっきりさ

せておこう。「われわれは進化論的に言って利他行動をするようになっているのだから，利他行動をするべきだ」という路線で利他行動をする理由を説明しよう，というのはどうだろうか。倫理学の中でこういう議論をしようとすると，自然主義的誤謬を犯しているとか，俗流社会ダーウィニズムに陥っているとかといって批判されるだけである。道徳の理由の問題としても「進化なんて俺には関係ないし」と言われてしまえばそれまでである。「進化の歴史の産物に忠実に生きたい」というような欲望を持っている人にとってだけ，この路線から道徳の理由を得ることができる。

次に，「利他行動が進化してきたということはその利他行動がわれわれにとって利益だということだ」という路線で進化論を介して利他行動と自分の利益を結びつけようというのはどうだろうか。これも，一般には成り立たない。まず，すでに指摘した，生物学的利益と倫理学で考える自分の利益との差の問題がある。また，現世人類の形質がほぼ定まった数万年前には利益だったことが，今の文明社会では利益ではないかもしれない。ということで，この路線の説得もまた，仮に自分が数万年前に生きていたとしたときの生物学的利益（生存と生殖）を何よりも重視するという人にとっては道徳の理由となるが，そうでない人には目安程度にしかならない。

こんな風に書くと，なんだかダーウィン進化論は何の役にもたたなさそうだが，そんなことはない。ダーウィン進化論からの議論にはいくつかの役割が考えられる。一つは道徳の理由についての議論に対するひな形としての役割，もう一つはある種の感情の実在性の傍証としての役割である。

まず，ひな形としての役割から見ていこう。トリヴァースの互恵的利他行動の分析やアクセルロッドのシミュレーションは，生物学的利益を対象として考察されたわけだが，別にどんなタイプの利益を入れようとも，ゲーム理論的な構造が同じである限りは最適な戦略も同じである。ということは，これらの分析の結果はそのまま，利益というものについての解釈を変えるだけで道徳の理由の問題にも適用可能なのである。たとえば，進化論において「しっぺ返し」戦略が有効だということは，同じ構造を持つあらゆる問題において同じ戦略が有効だということでもある。これについては，実際にゲーム理論的倫理学を展開しているゴーチェの分析を踏まえて後で検討しよう。

次に，ある種類の感情の実在性の傍証としての役割について考えよう。人間で

血縁間に強い感情的絆があるということは日常心理学的には観察されてきたことだが，疑い深い人だったらそういう動機の実在性を否定して，「所詮すべて自分のためにやっていることだ」と心理的利己主義を取るかもしれない。しかし，血縁選択の理論を背景にすれば，血縁への愛情が進化する可能性は十分あることが理解できる。互恵的利他行動の観点からは，赤の他人に対しても同じような（しかし血縁に対するものよりは弱いレベルの）感情が進化することが考えられる。しかも，道徳の理由となるためにはそういう感情は必要に応じて利己的な感情を押し込むくらいに強い感情でなくてはならないが，血縁を大事にすることが本当に生物学的に有利であるなら，そういう感情が強くなることも説明できる。また，アクセルロッドの研究からは，自分からは裏切らない（相手の困ることをしない）という行動を可能にする「忠実さ」といった感情や，裏切りに対して報復するという行動を可能にする「怒り」や「正義感」といった感情がこのメカニズムで発達する可能性が十分にあることが分かる。道徳の理由の観点から考えると，今のべたようなさまざまな感情を心に植え込まれた人にとっては，裏切り行為は自分の感情をも裏切ることになる。つまり，道徳の個人的な理由となりうる感情が本当にあると考えるひとつの理由ともなるのである。もちろん，すでに説明したように，普遍性や公平性などにまつわる道徳感情については逆に今知られている進化のメカニズムでは発生しそうにないから，後天的に身につけるものだろうと推測される。ただし，後天的な感情だから実在しないということにはならない。

4-3-3　ゲーム理論から道徳の理由について何が言えるか

さて，ゲーム理論的な進化生物学の考察が道徳の理由の問題についてどう使えるか考える上で，まずはホッブズの考える自然状態もゲーム理論の道具を使って分析ができることを確認しておこう。たとえば自然状態で社会契約を結ぶ際には，とにかく平和が達成されるのがお互いにとって最大の利益だとされているので，たとえば表4-3のような利得表が想定できる。

つまり，相手が自分の自由を放棄する態度を示したら，それを搾取しようとするよりも自分も自由を放棄する（つまり社会契約に応じる）態度をとった方が利益になる。しかし，一旦社会契約を結んで平和になったら，相手に分からないように契約をやぶるのは純粋に利益になるように見える（表4-4）。

表 4 - 3

		契約者 2	
		自由を放棄する	自由を放棄しない
契約者 1	自由を放棄する	4, 4	−1, 0
	自由を放棄しない	0, −1	0, 0

表 4 - 4

		契約者 2	
		契約を履行する	契約を履行しない
契約者 1	契約を履行する	4, 4	−1, 5
	契約を履行しない	5, −1	0, 0

　これは，お互いにとって，相手の選択肢にかかわらず自分は協力行動をしない方が得になる状況，つまり囚人のジレンマ状況である。

　ホッブズ自身はこういう分析をしなかったのだが，ホッブズの考え方をゲーム理論を使って現代によみがえらせた哲学者として，デイヴィッド・ゴーチエがいる。ゴーチエはなぜ倫理的協力行動が要請されるのかを考えるために，ゲーム理論的な状況を考える。すでに見たように，囚人のジレンマ状況をはじめとして，協力によらずに到達した均衡点は必ずしもお互いにとって満足のいくものではない。そこで，お互いに取引をすることでお互いの地位を改善する可能性を考えることになる。社会契約をゲーム理論的にアレンジした議論がこういう状況を考えるのに役に立つのである。

　社会契約説における自然状態や原初状態にあたるものは，ゴーチエでは「取引の出発点」(initial bargaining position) と呼ばれる。これは，取引が始まる時点における各プレーヤーの利得の組み合わせであり，言い換えればそれぞれが自分の利益を追求していったことでたどり着く均衡点でもある。ただ，単純な均衡点ではなく，各人が基本的に持つべきもの（basic endowment）なども考慮に入れられる（これについてはまたあとで触れる）。

　お互いに最大限の利得を自分によこせと主張すると取引は成立しないので，取引においてはお互いの譲歩が必要になる。しかし，個人間の効用比較はできないので譲歩の絶対量はそのままでは比べられない。細部は省くが，要するにお互い

第四章　倫理なんてしょせん作りごとなのか　173

に公平感が持てる取り決め，決裂で一番痛い思いをする人がそれだけ相対的に譲歩するような取り決めにならざるをえない，というのがゴーチエの見立てである。約束を守ったり真実を述べたり，といった，われわれの社会における道徳の規則の多くは，このような相互の公平な譲歩の結果だと見ることができる。これは，道徳の社会的理由についてホッブズが直観的にやっていた分析をゲーム理論を使ってより厳密に行ったという形になっている。自然状態（ゴーチエで言えば取引の出発点）が耐え難いほどつらい状態だというのは，おたがいが譲歩しあうためには絶好の条件だが，不可欠ではないことがゴーチエの分析からも分かる。また，この結論は，無知のヴェールや権利付与にもとづく自然権といった，根拠のあやふやな概念装置を持ち込まずに合理的選択の理論だけから出てくる。したがって，そういう理論装置を受け入れる理由のない人にとっても，ゴーチエの言うような譲歩を行う理由はある。

　しかし，そのような取引に合意するのはよいとして，われわれはなぜその合意を破ってはいけないのだろうか。つまり，道徳の個人的理由の問題については，ゴーチエはどう答えるのだろうか。ここでゴーチエは，「制限付き最大化追求者」（constrained maximizer）と「率直な最大化追求者」（straightforward maximizer）を区別する。長いのでここでは「制限さん」と「率直さん」と呼ぼう。制限さんは，約束をしたら，基本的にその約束を破らない範囲内で自分の利益を最大にしようとするタイプの人である。率直さんは自分の利益を最大にするためなら約束を破ることも辞さないというタイプの人である。制限さんは相手が約束を守ってくれるかぎりは自分も約束を守るけれど，相手が率直さんだと分かると自分も率直に（つまり約束を無視して）ふるまう。

　ゴーチエの文脈では，道徳の個人的理由の問題は，率直さんではなく制限さんになる理由はあるだろうか，という問題に置き換えることができる。ここで鍵となるのが半透明性（translucency）という概念である。半透明な状態とは，ある人が制限さんか率直さんかは他の行為者にもある程度は判断できるという状態である。そして，もし社会の中に制限さんがある一定の比率以上存在していて，「透明度」が高いなら（つまり相手が制限さんか率直さんか正しく見分けられる率がある程度以上高いなら），囚人のジレンマゲームを何度も何度もやっていくうちに，制限さんの方が率直さんよりも多くの利益を挙げることができる。

　道徳の文脈に置き換えて言えば，自分の利益のために道徳の規則を破るような

性向を持つ者は，そうした性向を持っていることがかなりの確率で他の者に知られてしまうなら自らも道徳的な扱いを受けることができなくなってしまう可能性がある，ということである。したがって，ゴーチエの考えるような条件が満たされるのなら，道徳的な性向を持つことは結局互いの自己利益を最大化する，ということが言える。

　道徳の個人的理由の問題への解決として見た場合，ゴーチエの議論には弱点があるのが分かる。制限さんの方がよい，という結論は，率直さんと制限さんがただ二つの選択肢だという仮定に依存している。第三の選択肢として，通常は制限さんだが，絶対にだれにも分からないという状況では率直さんに豹変するような戦略を考えてみよう。この第三の選択肢は率直さんよりも見破られにくいであろうし，したがって制限さんからより有効に搾取できる可能性がある。道徳の個人的理由となるには，この第三の選択肢をとってはならない理由を提示する必要がある。

　もう一つの問題は，このやり方でたどり着く「道徳」が本当に「道徳」と呼ぶに値するものかどうかということである。このような考え方で組織された社会は，取引材料を少ししか持たない社会的に不利な立場の人間にとっては非常に厳しい社会になるのではないだろうか。ゴーチエも当然そういう批判は予想していて，取引の出発点にある種の制約が必要なことは認める。そこで持ち込むのがロックの但し書きである。ゴーチエのバージョンでは，ロックの但し書きは「最低限，その人がいなければ存在しなかったような財や利益は，取引の出発点でその人のものになる」というものである。つまり，その人の知的・身体的能力，そうした能力を使って直接産み出されたものなどはすべて，取引をはじめる前のゲーム理論的な均衡がどうなっていたかにかかわらず，もとの人にもどしてから取引を始めなくてはならない。したがって，プレイヤーの一方が他方を奴隷にしているような状態から取引を始めることはできない。この条件を入れることで，ゴーチエの議論とわれわれが通常理解する道徳の間のギャップはある程度狭められる。ではこの答えで満足がいくかというとそうでもないのだが，あまりゴーチエの理論の細部に入り込むのが目的ではないのでこのくらいにしておく。

　さて，ここでアクセルロッドをはじめとする進化生物学の側でのゲーム理論とゴーチエの議論を比べてみよう。公平な譲歩に関するゴーチエの議論は，「譲歩」という言葉を「互恵的利他行動」に置き換えれば，トリヴァースらの研究の社会

契約状況での焼き直しである。その意味では必ずしも目新しいものではない。しかし，生物学における利他行動ではプレイヤーたち自身は利得表について知らず，単に自然選択の結果としてそうした行動を身につけるにすぎない。それに対して，ゴーチエのバージョンではお互いの利得表を見ながら，合理的に相対的な譲歩について考えるというプロセスが想定されている。道徳の理由を与える議論には，このように，意識して合理的に考えても「協力的に行為した方がよい」という結論が出る必要がある。

『合意による道徳』でのゴーチエは明らかに繰り返し囚人のジレンマゲームのことは念頭においていない。繰り返しゲームを想定できるなら無理に相手が「率直さん」かどうかを見抜く必要はないので，「半透明性」は不必要になる。ただし，これはゴーチエの問題設定が劣っていたことを示すわけではない。相手が裏切ったかどうか分からないような状況においては，そもそも繰り返しゲームにならない。そして，道徳の個人的理由はまさにそういう状況でどうして道徳的にふるまわなくてはならないのか，という問題だったわけである。アクセルロッド型の問題設定では，道徳の社会的理由は与えても，見えないところでどうして道徳的に行為しなくてはならないのか，という問題には答えようがない。

実は，まさにこの道徳の個人的理由の問題においてゴーチエを支持するような大脳生理学からの研究もある。ロバート・フランクという経済学者は，『オデッセウスの鎖』（原題を直訳すると『理性の範囲内の感情』）という本で，大脳生理学の知見を利用しながら，感情というものが，実はわれわれがゴーチエの言う意味で「半透明」になるための重要な役割を果たしていると論じている。つまり，われわれは自分が約束を守るという「コミットメント」をしているかどうかを表情や声のトーンなどで伝えるが，それは意識的にはコントロールできず，感情のはたらきで無意識に表示してしまうものである。

これが社会生物学や進化心理学の考え方を下敷きにしていることは見比べればすぐにわかるだろう。フランクのような生物学的議論は，さきほど触れたような第三の選択肢（通常は制限さんとして振る舞うが，絶対にだれにも分からないという状況では率直さんとして振る舞う）が生物学的に言って存在しないということを示そうというものである。そして，確かに自分は考えていることが顔に出てしまう，という人は他人から見えないところでだけ率直さんとして行動することはできないだろうから，全面的に道徳的に行動することになろう。

しかし，生物学的な議論には，やはり，生物学的であるがゆえの弱みがついてまわる。実際の人間界を見回してみれば，感情や表情をコントロールして他人をまんまと騙す人がたくさんいることが分かる。そういう人は，むしろわれわれが感情を手がかりにしてお互いの信頼性を確かめていることを逆手にとり，「影の率直さん」として甘い汁を吸うことだろう。そういう人にゴーチエやフランクが言えることはあまりない。やはり，ゴーチエ路線で道徳の個人的理由について最終的な答えを出すのは無理がある。

4-3-4　結局道徳の個人的理由はどうなるのか

ゴーチエや進化生物学におけるゲーム理論の路線で，一見利己的に振る舞った方がよさそうに見える多くの状況において，実際にはそういう行動が長期的に自分にとって損になるという場合があることを確認してきた。また，共感能力やそれに基づく道徳感情の議論を通して，利己的でない動機を現にわれわれが持っていると考える理由があるということも見てきた。

しかし，それでは道徳の個人的理由についての議論としてはまだ十分ではない。絶対にしっぺ返しをくらわないと確信できる状況で，相手を助けてあげてもあとで相手が助け返してくれる可能性のないことも確信でき，さらに自分が共感や道徳感情を持っていないということにも確信がある場合，ここまでに見てきた議論だけから考えると，道徳的に振る舞う個人的な理由はないことになる。それでよいのだろうか。

哲学の歴史の中では，ここをさらに乗り越えるためのいろいろな議論が提案されてきた。たとえば「自分の利益」の中に，「自己実現」とか「生きがい」とか「生きる意味」とかを含めてゆくと，共感というルートを通らなくとも人助けが自分のためになるという議論を組み立てることができる。あるいは，「私」の概念そのものを見直す共同体主義（第七章参照）からは，共同体のために何かをすることがそのまま自己実現でもあるというような議論も可能である。しかし，それとてもあらゆる人にとって道徳の理由を与えるようなものとはなっていない。つまり，利己主義者を完全に満足させるオールマイティな答えなど存在しないのである。これは，今さら言うまでもなく，100年近く前の功利主義者のヘンリー・シジウィックなども同じ結論に達している。

しかし，ここまでに見たようないろいろな理由やここで触れられなかった他の理由などをすべて考えあわせると，「道徳の理由として挙げられてきたものはどれも俺にはあてはまらない」と言い切れる人はほとんどいないだろう。悪いことをしたときに「だれにも見つからない」と確信できる状況自体，現実にはほとんどないだろう。だとすれば，実際問題として，みんな何かしらの「道徳の理由」は持つことになる。わたしの考えでは，道徳の理由に関して現在のわれわれが与えることができるのは，せいぜいそういう「合わせ技」のような議論だけである。

最後に，本章の冒頭で考えた，「倫理とか道徳とかいうのはもともと俺たちが生きやすいようにつくったフィクションで，普遍性がどうのというのだってそのための作りごとなんだから，そんなものにとらわれて動物にまで権利を認めるなんて本末転倒だよ」という開き直りについて考えておこう。

まず，道徳感情が進化的な基盤を持つのなら，倫理としてわれわれが理解しているものの少なくとも一部はわれわれが作ったフィクションではなく，生物としてのわれわれの中に存在しているものだということになる。利己主義者も，自らの中にある道徳感情に注意をむけて自愛の思慮を働かせれば，ある種の道徳的行為をする利己的な理由を見いだすことができるかもしれない。

ただし，それは倫理の全体にはほど遠い。普遍化可能性という考え方も，互恵的利他関係の成り立たない相手に対する共感も，進化生物学的には発達しなさそうである。しかし，それは普遍化可能性の要請が間違いだということになるわけではない。そんなことを主張する人は自然主義的誤謬かそれに類する過ちに陥っている可能性が高い。そこから分かるのは，進化の結果得られるものと，われわれが知っている倫理というものは別ものだということにすぎない。

「動物に対して」という限定をつけて道徳の理由を考える場合はどうだろうか。動物との関係において道徳を「作りごとだ」といって放棄してよいと論じる人は，同じ議論が限界事例の人たちに対して道徳的に振る舞うべきかどうかという問題に波及する可能性（つまり，限界事例の人たちに対しても「作りごと」だといって道徳を放棄する可能性）があることを肝に銘じなくてはならない。これは普遍化可能性のような言語的直観に基づく要請ではない（道徳の理由はその要請を受け入れる前段階の話である）けれども，滑りやすい坂道の一種になっている。

もう一つ，進化生物学を使った路線として，「道徳というものの起源からいって道徳的配慮の対象はヒトに限られる」と主張する人がいたとしたら，その人は

何重にも過ちを犯すことになる。まず，道徳の起源がどうかという問題と今のわれわれにとっての道徳の理由は別問題で，ひな型や傍証といった間接的な役割しか果たさないということはすでに述べた。さらに，進化論だけ考えるなら「種」というのは非常に実体のはっきりしない存在で，「種の保存の本能」なんてものも存在しえないということはすでに紹介した（第二章第一節，コラム4も参照）。だから，道徳の起源を進化論的なものだけに求めるなら，ヒトの大半（血縁もなく，互恵的関係もない相手）も配慮の対象にならない。かといって文化的なものを含めて道徳の起源を考えるなら，今度はヒト以外の動物を除外する理由もあやしくなってくる。ここでも，ヒトとヒト以外という二分法を正当化するような道徳の理由を考えるのは難しい。道徳の理由の文脈に話を移したからといって種差別的な考え方が正当化されるようになるわけではないのである。

コラム4　共通先祖説と滑りやすい坂道

　本文でもちょっとふれたが，ダーウィン進化論，特に共通先祖説の考え方は動物倫理にも大きな影響がある。そのあたりを巧みに示した議論をここで紹介しよう。これは第三章で紹介した「滑りやすい坂道」論法のバリエーションとなっている

　本書でも，生物学的種としての人間を指すことばとして「ヒト」とか「ホモ・サピエンス」という表現を使ってきたが，人間を「ヒト」という生物学的種として捉える見方はダーウィン進化論の影響の下にあるものである。もっとも，『種の起源』の中でダーウィン自身は人間と他の動物の関係について何も言っていない。にもかかわらず，一般にダーウィンの理論が紹介される際にはその点に関心が集中し，ハックスレー（ダーウィンの熱烈な支持者）とウィルバーフォース主教の有名な討論などの大きなテーマとなった。『種の起源』が出たのは現生人類の先祖の化石が出始めたころで，1856年にネアンデルタール人の，1891年にジャワ原人の化石が発見されたが，その時点ではこれらの化石の性質については懐疑的見解が多かった。人間が動物の一種であるという認識が西洋世界で共有されるのは20世紀になってからのことで，人間と動物の血縁関係を認めるものでも，人間をサルより「完成した」存在とみなす傾向は根強く存在している（それどころか，アメリカを中心に，ダーウィン進化論を否定して人間と動物が血縁関係にあることを否定し続けるキリスト教原理主義の立場が根強く存在している）。

　ヒトと動物の間が連続的だと認めることは，一方では，ヒトには絶対的な権利を認め動物には何一つ権利を認めない，という二分法があやうくなることを示している。これを説得力をもって示したのが進化生物学者として有名なリチャード・ドーキンスである（ちなみに奥さんのマリアン・スタンプ・ドーキンスは動物福利の研究で知られる動物行動学者である[9]）。ヒトとチンパンジーの間には無数の中間的な形態が過去に存在してきた。何百万年か前の共通の先祖はきっとヒトとチンパンジーの中間的な特徴を持っていただろうし，その子供の世代，さらにその子供の世代と見ていくと，少しずつ少しずつそれぞれ現在のヒトとチンパンジーに近づいているはずである。だとすると現在のヒトから共通の先祖にひと世代ずつさかのぼり，そこから現在のチンパンジーへとひと世代ずつくだってくるプロセスで，どの世代同士をとっても倫理的に重要な

---

[9] Wikipediaの彼女の項目では離婚したとあるが，Wikipediaは信頼性に欠けるので未確認情報ということにしておく。

差なんてものは存在しないだろう。チンパンジーは分かりやすい例だが，共通先祖説を認めるかぎり，これはどんな動物とヒトとの間にも成り立つ関係である。

図のAからGはそれぞれの世代の交配集団（お互いに交配して子供を残すような関係の集団）を表す。AとB，BとC，CとD（全部書くと面倒なので中略して）FとGはそれぞれお互いに交配可能なくらい（つまり，もし同じ世代に存在してオスとメスをつがわせたら子供ができるくらい）近縁だとする。しかし最終的なAとGは交配可能ではなく明確に別の種である。ここでは4世代しか書いていないが，実際には数十万世代〜数千万世代が共通先祖までの間に入ることになる。

こうして歴史的な視野で見ると種というのも実は程度の問題である。仮にAからGがすべて同じ世代に存在していたとしたらAから見てBは確かに同じ種だが，Cとは交配が難しくなり，D，Eあたりでほとんど交配が成立せず，Fとは100％子供ができない，といったように，交配可能性は程度の差になる。

ここで大事なのは，この連鎖のどこでも権利を持つものと持たないものの線を引けるような大きなギャップは存在しないということである。「交配可能なくらい近縁の二つのグループの間では権利の有無についての線を引かない」と

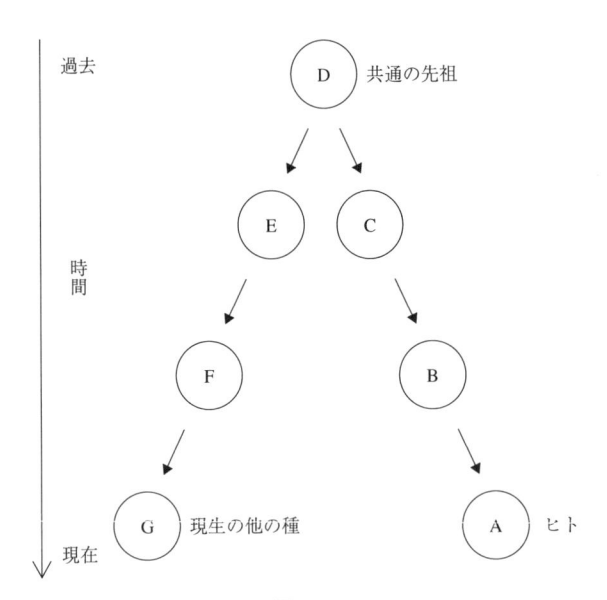

図4-1

いうことにすると，AとB，BとC，CとD（またまた中略して）FとGのどこにも権利の有無を分ける線を引くことができない。ということはつまり現在のチンパンジーに権利を認めないとすると現在のヒトにも権利を認められないことになってしまう。この結論はチンパンジーだけではなく共通の先祖を持つあらゆる動物について成り立つ。人間に権利を認めるということを前提にすれば，動物の権利を否定するどころかすべての動物に権利を認めなくてはならない方向に行ってしまうことになるのである。

もちろん，すでに絶滅した過去の動物に権利があろうがどうしようが関係ない，と言う人もいるだろう。しかし，中間種が現在存在していないのはいわば歴史の偶然で，歴史の流れがちょっと違えばB，C，D，E，Fといった中間形態も地球のどこかで生き延びていたかもしれない。いや，それどころか，もしかしたら明日にでも，ヒトとチンパンジーの両方と交雑可能なアウストラロピテクスがアフリカのどこかで発見されるかもしれず，そうするとヒトと他の動物を明確に分けてきた人権の概念が根底からおびやかされることになる。「権利」のような基本的倫理原理がそんな偶然に頼っていてよいのだろうか，というのがドーキンスの答えである。

この議論から出てくる一つの結論は，ホモ・サピエンスという種の境界で権利を持つものと持たないものの線引きをする論拠の一つとなってきた「あいまいさのない境界だから」という理由が実は成り立っていない，ということである。あいまいさがないからといって本当にそこで線引きをする理由になるかというのは別として，過去まで含めて広い視野で見ればやっぱりあいまいでグレーゾーンのある線引きの基準なのである。

しかし，ドーキンスの議論の標的はそこにとどまらない。ドーキンスはそもそも二分法的思考法を批判の標的にしているのだから，レーガン流の動物の権利論もおびやかす。レーガン流の考え方は，権利があるもののグループとないもののグループが（グレーゾーンはあるにせよ）かなりはっきりと存在しているという二分法を前提にしていて，だからこそ権利を持つ存在と持たない存在の間に極端な落差をつけることができる。しかし，生物界がなだらかに連続した血縁関係で結ばれているなら，そうした極端な落差は，どこでつけても人為的な線引きに見える。

ただし，こういう議論をするときは，事実から安易に価値判断を導き出してしまわないように気をつける必要がある。生物界がなだらかな血縁関係でつながっているという事実だけからは，その連続のなかから「生の主体」なりなんなりの条件を満たすものを人為的に選び出して特別扱いしてはならないという

規範はみちびけない。また，第一章でも述べたように，「生の主体」であるものとないものの間にグレーゾーンがあるからといって，両端の差がないことにはならない。ドーキンスの議論は，二分法への直接の攻撃というよりは，そうした二分法の背景となっていた漠然としたイメージに対する批判だと理解すべきだろう。

　しかし，二分法的に権利を持つ者と持たない者を区別するのをやめるとしたら，どういう選択肢が残るだろう。対案となるのは，もっと連続性や程度の差という要素を含む考え方である。功利主義にはそうした程度の考え方が最初から入っているし，権利論でも人によっては程度を許す考え方をする。たとえば第三章で紹介したジェームズ・レイチェルズもダーウィン進化論が種差別の問題や権利概念に大きな影響を与えると論じている。すでに見たようにレイチェルズはロックの所有権論を利用して動物にも所有権があると言うのだが，ロックやノジックと比べると，そうした権利を絶対視することに反対する。ドーキンスのように連続性を重視し，それにあった倫理学理論を作ろうとするならば功利主義やレイチェルズのような選択肢の方が魅力的だということになるだろう。

第II部
発展編

第五章

人間と動物にとって福利とは何か
動物実験問題を通して
価値があるとは,幸せとはどういうことかを考える

　本章からは,「発展編」ということで,動物倫理のもう少し具体的な話題にそって,それが倫理学の理論的な問題とどうかかわってくるのかということについて考えていく。倫理学理論の側も,これまでよりほり下げた内容をあつかっていく。まず最初にとりあげるのは,動物実験をめぐる論争の歴史と,近年の動物実験にかかわる取り組みである。動物を配慮するべきかどうかという抽象的な議論では見えてこなかった,何をどれぐらい大事にするか,という比較考量の問題がこういう具体的な問題について考える際には重要になってくる。そして,この問題について考える上では,動物にとって幸せとか利益とは何なのか,人間自身の幸せについてはどうか,そしてだれも幸せにしないようなものの価値はどう評価するのか,といったことについて何らかの答えを出す必要がある。これは価値論や,その一部としての福利（well-being）の理論の問題である。

本章のキーワード
動物実験　3つのR　インフォームド・コンセント　代替法　価値論　主観主義的価値論と客観主義的価値論　福利論　主観主義的福利論と客観主義的福利論　快楽説　選好充足説　適応的選好形成　外的選好　基本財の理論　潜在能力説　機能充足説　動物福利　環境エンリッチメント　選好テスト　動機テスト　機能充足説　本性説　テロス　合理的選好充足説　認知的心理療法　自由　個性　パターナリズム　消極的自由と積極的自由

5-1 動物実験

5-1-1 動物実験をめぐる問題の歴史

動物を使った実験の例は19世紀以前にもあるが，本格的に動物実験が科学的手法として導入されたのは19世紀以降である。特にフランスの生理学者のクロード・ベルナールはさまざまな臓器の仕組みを動物実験を通じて明らかにするとともに動物実験の基礎論をまとめた『実験医学序説』（1865）を著わした。同じくフランスの微生物学者のパスツールも狂犬病ワクチンの開発などで動物実験を用い，フランス医学は動物実験をてこにして医学界をリードすることになった。当時はようやく動物愛護運動が市民権を得，イギリスなどで動物愛護の法律が作られていた時期で，当然ながら動物実験も動物愛護運動家のターゲットとなって，イギリスのフランセーズ・コビーらが動物実験反対運動を指導した。しかし，動物実験を使った医学が輝かしい発展を遂げているという事実の前では動物実験に対する反対の声は弱いものとならざるをえず，動物実験を規制する法律がそれぞれの国で制定されてからは運動は沈静化していった。しかし，そうした規制はどれもあまり具体的な内容を特定せずに，「不必要な苦痛を与えない」といった文言があるのみであったので，逆に言えば実験者たち自身が「必要だ」と言えばなんでもありの状態だった。さらに，薬品の安全性試験に動物実験を経るという制度が確立されていき，動物実験に対して反対するのはますます難しくなっていった。

20世紀後半に入ってようやくこの状況は変化し，動物実験に使われる動物への配慮があらためて取り上げられるようになってきた。この動きの先頭に立ったのは動物を使った研究を行う研究者たち自身だった。ウィリアム・ラッセルとレックス・バーチという二人の研究者が1959年の『人道的実験技術の原理』において，できるだけ動物を人道的に扱う実験手法についてまとめた。それを要約したスローガンが「3つのR」，つまり削減（reduction），代替（replacement），洗練（refinement）である。削減とは不必要な実験を減らすという意味で，動物に対して引き起こす苦痛のわりに得られる情報の価値が低い実験（すぐに出てくるドレーズ法やLD50はそれにあたるだろう）は削減の対象となるし，一回の実験

でむやみに大量の動物を使うのも削減の対象になる。代替とは動物を使わない実験手法に置き換えることで、たとえば細胞に対する毒性は培養組織を使っても調べられるし、コンピュータシミュレーションで代替できる動物実験も多い。洗練とは、実験手法を洗練させることで苦痛を減らすことで、たとえば手術の際に麻酔をかけることなどが挙げられる（かつては麻酔をせずに麻痺だけさせて動けないようにして外科手術をするなどということもよくおこなわれていた）。こうした動物への配慮の動きをうけて、各国で動物実験に対する規制の強化が始まった。例えばアメリカでは、『ライフ』誌が1966年に実験用の動物の売買の実態を暴露する特集をしたことがひとつのきっかけとなり、実験動物福利法（AWA）が作られ、動物実験施設の認可制度や実験用動物の販売や輸送に関する規制などが盛り込まれた[1]。ただし、実験動物としてもっとも多く使われているラットやマウスが規制の対象外になっていたり、実験そのものについての規制がなかったりと、批判されるところも多かった。

　こうした状況において、シンガーの『動物の解放』とそれに触発された動物の権利運動は大きなターニングポイントになった。シンガーはLD50値やドレーズ法といった実験手法をそれまで動物実験についてほとんど知らなかった一般大衆に紹介した。LD50値というのは、ある物質がどのくらいの毒性を持つのかの目安として、「これだけの量を投与したら投与された動物の半分が死ぬ」という値である。この値を求めるには、たとえば10 mg投与するマウスが100匹、20 mgを投与するマウスが100匹、30 mgが100匹、といったように、それぞれの投与量に対して一定数のマウスを確保する必要がある。そして、たとえば20 mg投与したグループの半数（100匹ならそのうち50匹）が死んだら、20 mgがその物質のマウスに対するLD50値となる。毒性はおおむね体重に比例するとされているので、ヒトとマウスの体重比を掛けてやればヒトに対するLD50値も計算できる。この実験は一つの物質について膨大な量の動物が必要である（しかも最終的にはすべて死ぬか殺処分される）上に、LD50値が分かったからといってそれ自体が特に役に立つわけではない。ドレーズ法というのは化学物質の目に対する刺激性をウサギの目を使って確かめるテストである。ウサギがまばたきできないよ

---

[1] この法律は普通は動物福祉法と訳される。しかし本章では人間の福利についての議論と結びつける議論をあとで展開する予定なのでanimal welfareを動物福利と訳すことにする。福利という言葉についてはまたあとで説明する。

うに片目のまぶたを取り除き，眼球にテストする化学物質をのせて経過を観察する。これもまた，ウサギと人間の目の構造の違いなどもあって，ウサギに対して与える苦痛の大きさのわりには有効性が疑問視されるし，別のやり方でも科学的に有効なデータはとれる。

　それまでの規制があくまで動物実験を尊重しつつ，それと両立する範囲で動物の人道的取扱いを求めるものだったのに対し，「動物の倫理的扱いを支持する人々」（PETA）や動物解放戦線（ALF）の運動は動物実験そのものの廃止を求めるもので，運動の手法もそれまでの動物愛護運動とは一線を画し，実験施設への不法侵入などを伴う過激なものだった。世界医師会（WMA）の1989年の声明によると，1980年からそれまでにアメリカだけで29回以上の襲撃で2000頭以上の動物が盗まれ700万ドル以上の損害があったという。

　動物実験の研究者の側はALFなどの違法な活動に抗議して動物実験の必要性を訴えてきた。さきほど参照した世界医師会の声明は，動物実験が医学に必要だと訴え，医学研究者が国際的に結束してALFのような活動に抗議すること，司法当局が研究機関をテロから守ることを訴えている。しかしその反面，研究者たちは以前にも増した動物福利改善の取り組みも進めてきた。動物の権利運動の発足当初から問題となってきたドレーズ法については，人工皮膚などの代替法が開発されてほとんど利用されなくなってきたし，LD50値を求めるテストは2001年にOECDが廃止を決め，報告を求められなくなった。動物実験に利用される動物の頭数はここ20年ほどで激減した。アメリカでは1985年に実験動物福利法が改正され，研究機関で行われる動物実験はその機関内の動物実験倫理委員会（IACUCという略称で「アイアカック」と発音される）の承認を得ることが求められるようになった。それでも欧米諸国を見渡すとアメリカは規制がゆるい方で，そもそも今でもラットやマウスはアメリカでは規制の対象外なので実際の使用数すら分からないし，IACUCにかならず機関外部の一般人が入ることを求める国が多いのに対してアメリカではまだそこまでいっていない。

　研究者の側の取り組みとしては，学術誌の投稿規定に動物福利についての規定を設け，投稿された研究論文の審査の一環として動物実験の規制にきちんと従った扱いをしているかどうか，不必要な虐待をしていないかをチェックするようになってきた。そのため，たとえば日本人の研究者がアメリカに本拠を置く学術誌に投稿しても動物の扱いが不適当だからという理由で掲載不可になったりすると

いうこともおきるようになってきた。

　日本の状況も一応確認しておこう。日本の動物愛護運動は長らく動物実験の問題を中心課題として扱ってこなかった。1973年の動物管理法も動物実験については完全に動物実験機関の自主性にまかせっきりだった。1980年代になって動物実験反対運動が日本にも輸入され，ようやく動物実験の是非が日本でも話題になるようになってきたが，世間一般の認知は欧米にくらべるとはるかに低い。それでも2005年の動物愛護法改正では実験動物に関する条文が大幅に拡充されて3つのRの原則が盛り込まれたし，2006年には文部科学省が「研究機関等における動物実験等の実施に関する基本指針」という指針を定めた。ただ，これらの動きは国内の動物実験反対運動の盛り上がりに答えたというよりは，諸外国の規制に従っていないと海外の学術誌に論文を載せてもらえない，といった研究者にとって切迫した事情が背景にあるようである。

5-1-2　動物実験の現状

　では，実際のところ動物実験はどういうかたちで行われているのだろう。以下では，イギリスのナフィールド生命倫理協議会（民間の団体ではあるがこの団体の報告書の信頼性は高くイギリス政府にも国際的にも大きな影響力をもっている）が2005年に出した報告書などを参考にしつつ現状をまとめる。

1）使われる動物

　動物実験に使われる動物の数は，動物実験の報告義務のない国が多いために正確には把握できていない。日本もまた報告義務のない国の一つなので，国内での動物実験の総数はよく分からない。アメリカやEUなどの報告義務のある国での年間使用数が数百万匹～数千万匹のオーダーであることから，日本での実験数も少なくとも数百万匹のオーダーにはなるであろう。そうした数字から推測して，世界中での総数は5千万匹～1億匹と言われる。

　動物の種類別で言うと，無脊椎動物ではショウジョウバエが伝統的に実験に使われてきている。しかし，動物解放論をはじめ動物倫理における主流の立場はどれも昆虫が配慮の対象になるとは考えないので，あまり話題にはならない。

　脊椎動物を使った実験の8割以上がマウスやラット，つまりいわゆるネズミを

実験動物としているとされる（本章でも「マウスとラット」といちいち書くのはめんどうなのでネズミと総称する）。モルモットもよく使われる。これらの動物は実験動物として何世代にもわたって実験室内で飼われてきたもので，近親交配をかさねて遺伝的ばらつきを小さくしている。ばらつきが少ないので同じ条件での対照実験に都合がよい。

イヌやネコは実験動物としては少数で，せいぜい1〜2％といったところである（もちろん国によって違うが）。かつては捨て猫などが「学術用譲渡」などという名目で動物実験施設に払い下げられていたが，欧米諸国ではのきなみそうした調達方法は法的に禁止されるようになってきている（日本でも学術用譲渡は法律で禁じられてはいないものの，各自治体で廃止の方向にある）。

霊長類はヒトに近いので，知的能力などのかかわる実験に用いられている。しかし，ヒトに近いということはそれだけヒトに対するのと同じ配慮が必要になるということである。多くの国で霊長類を使った実験については特別に厳しい規制がかけられており，動物実験に占める絶対数は少なく，使う場合も行動観察が主である。

ところで，動物実験全廃派がイヌやサルが実験されている写真を使って実験反対を訴えることがあるが，研究者の側はそういう戦略に不快感を示すことがある。本当はネズミばかり使っているのにイヌばかり使っているように思われるのは心外だし，そういう誤解に基づいて動物実験全廃などと主張されても困る，というわけである。

2）使われる領域

動物実験の是非を論じる上では，動物実験ということばで総称される営みが非常に多岐にわたることを理解しておく必要がある。さもないと一部の事例から乱暴な一般化をしてしまうことにもなりかねない。

動物が実験に利用される領域は，大きくわけて，研究，試験，教育の三つがある。研究においては，その動物自体が生物学的な興味の対象である場合もあるし，ヒトについての知識を間接的に得るための手段としてネズミなどが利用される場合もある。前者の場合，実験の動機は知的な好奇心かもしれないし，農業などへの応用の場合もあるだろう。後者のような利用法は「動物モデル」と呼ばれ，医学などへの応用が念頭におかれる。歴史的には解剖学や生理学が動物実験の主な

活躍場所であったが、現在では医学と生物学の非常に広い領域にわたって動物実験が行われるようになっている。チンパンジーの認知能力の高さを示すさまざまな実験で知られる京都大学霊長類研究所のチンパンジーのアイも実験動物であるが、彼女が参加しているのは認知能力や行動に関する実験で、解剖されるわけでも有害物質を投与されるわけでもない。

最近拡大傾向にあるのが遺伝子の研究における遺伝子操作動物の利用である。ヒトのゲノムのDNA配列は解明されたが、遺伝子の構造が分かってもそれが何をするものなのかは調べないと分からない。そこで、調べたい遺伝子が機能しないようにしたり、調べたい遺伝子を組み込んだり、といった遺伝的な操作を行ったネズミをつくり、彼らの行動を観察する。ネズミとヒトのゲノムは九割以上は同じだから、ネズミで調べた結果がヒトの遺伝子のはたらきについて考える上でも大いに参考になる。

また、脳の研究でも動物実験の用途は広がっている。脳内物質の役割を調べるために、ある脳内物質のないネズミを作ったり、あるいはその物質を外から投与したりして行動に変化が出ないかどうかを調べるのである。

試験における利用としては、薬品の効果や副作用、毒性などを調べる目的で動物が使われる。薬品候補となる化学物質の種類は多様であり、効率的に調べていかないとそもそも効果が見込める物質を絞り込んでいくことができない。そこで、そういう探索的な作業において動物実験が使われることになる。効果が見込めると分かったら、その物質が本当に効果があるのかどうか、重大な副作用はないかどうかが確かめられる（ここでも動物が使われる）。

教育においては、解剖学の授業でデモンストレーションとして使われたり、手術の技法について学ぶ過程で生体を使った練習に使われたり、といった用法がある。

5-1-3 動物実験をめぐるさまざまな立場

ここまでの歴史の概観からも分かるように、現在ではなんらかの形で実験動物への配慮は必要だという立場が欧米諸国では制度の上でも主流となっている。しかし、動物への配慮をすると言ってもその考え方には温度差があることも以上の概観から分かるだろう。動物実験における動物への配慮に関しては、動物福利

(animal welfare) 派と動物実験全廃派の立場の違いを理解しておく必要がある。これらの立場の他に、日本ではまだ動物実験は福利に配慮しているかどうかにかかわらず容認という無規制派も多いだろう（もちろんそういう人でも動物の福利に配慮しないよりはした方がよいとは言うだろうが）。しかし欧米でそういう立場を公然と主張する人は非常に少数派になっている。

　動物福利派は動物実験の必要性は認めつつ、実験に使われる動物の幸福に最大限配慮していく立場である。つまり、動物実験を容認するか否定するかといえば容認する立場である。3つのRや後述する環境エンリッチメントの考え方は動物福利派の側から出てきたものである。ただ、動物福利派といっても、3Rを気にかけて痛くしさえしなければあとは自由、という、現状肯定派と、現状ではまったく不十分だという改革派まで、かなりの幅がある。

　これに対して動物実験全廃派は、そうした小手先の改善で動物実験を正当化することはそもそもできないから廃止するべきだという考え方である。本書で紹介してきた動物解放論は基本的に全廃派である。二つの立場の間では、たとえば動物実験の有用性や代替手段の十分さといった具体的な問題についても対立があるが、一番大きいのは動物の倫理的な地位に関する認識の差であろう。

　全廃派の理論的根拠としては動物の権利の考え方を使うこともできるし、シンガー流の功利主義も使うこともできる。第二章でも触れたように、両方に共通する普遍化可能性テストの帰結として、種差別をしないとすれば、人間に対してやってはならないことは、別扱いをする普遍化可能な理由を挙げ、その理由にコミットするのでないかぎり、動物に対してもしてはならない。さて、人間を被験者とする実験については、非常に厳格な国際的なルールが存在する。すなわち、本人からインフォームド・コンセントを得ることなしに実験に参加させることはニュルンベルグ綱領やヘルシンキ宣言といった国際的な倫理綱領に反することになる。インフォームド・コンセントというのは、単に同意するということではなく、十分な情報を与えられ、その実験に参加する際のリスクなどについてよく分かった上で、まったく強制のない状態で「実験に参加してもよい」と同意することである。赤ん坊など、情報を理解して判断する能力がない場合にはインフォームド・コンセントもできないことになるが、その場合は「だから何をやってもよい」という判断になるわけではなく、逆に「赤ん坊を実験に使ってはならない」ということになる。ただし、例外的に、赤ん坊にとって大きな利益があることが

分かっている実験的治療については保護者による代理同意が認められることもある。いずれにせよ,「医学の進歩のため」などという理由で赤ん坊の頭を切り開いて電極を刺す研究者が仮にいたとしたら,悪魔に魂を売ったマッドサイエンティストとして轟々たる非難をあびるのはまちがいない。

さて,以上のような考え方を動物にもあてはめるなら,動物にインフォームド・コンセントを与える能力がない以上,原則として動物を実験には使えないことになる。もちろん,場合によって「代理同意」もありうるわけだが,すでに見たように,動物実験のほとんどは実験的治療にはあたらないものであり,実験の最後にはその動物自身が殺処分されるのでその動物の利益になるとも思えない。赤ん坊について「医学の進歩のため」というのが理由にならないのなら,動物についてだって「医学の進歩のため」は理由にならないはずである。単に動物だからという理由で赤ん坊にあてはまることが動物にはあてはまらないと言うのなら,それは種差別である。もちろん,動物の持つ権利について,種差別にならないような根拠から人間の権利とは違うということが言えるなら,この問題は回避されることになる。

ただしここで,動物の権利の考え方とシンガー流の功利主義で少し立場が違ってくる部分がある。インフォームド・コンセントの考え方は,現在では「自己決定権」という基本的な権利の適用として理解されている。したがって,インフォームド・コンセントなしに動物を実験に使うのは権利の侵害であり,絶対に認めることができない。しかし,功利主義の観点からは,権利そのものは重要ではないので,自己決定権もまた,それを認めることでみんなが幸福になるという理由で認められている二次的な存在である。したがって,ある種の場合に自己決定権に制限をかけることでより大きな幸福が確保できるなら,そうした制限も功利主義の観点から正当化されることになる。動物実験の場合に引きつけて言えば,動物実験をすることで人間が経験する幸福が実験動物の経験する不幸を上回るなら,動物実験も認められることになる。ただ,シンガー自身はそうした正当化が成り立つのは非常に例外的な場合だけだと考えており,実質上動物実験全廃論をとっている。また,功利主義で筋を通すなら同じように考えて人間に対する実験においても被験者の自己決定権に制限をかけることが正当化されうる。

では,絶対的な権利論をとった方がよいのか,と言えば,絶対的な権利を持つ存在とそうでない存在という二分法が生物というものの連続性としっくりいかな

いという問題（コラム4参照）とか，ぎりぎりのところで人間の命と動物の命のどちらを優先するかというところで人間を優先するという判断を絶対的な権利論の文脈で説明するのが難しい（第三章参照）といった難点がある。

　それでは，動物福利派の理論的根拠はどういうものだろうか。動物福利派は動物も配慮の対象になると言う以上，ホッブズやロックのような動物を頭から排除する立場はとっていないだろう。またカントのように，動物を虐待すると人間にもひどいことをするようになってしまうから，というような理由で動物を大事にしましょうという立場だとしたら，動物実験をする研究者が人間に対して特に残酷だとか乱暴者だという根拠はないから，今以上の動物福利が必要だというのはあまり説得力はない。ということは，おそらくなんらかのスライディング・スケール・モデル，たとえば「人間にはカント主義，動物には功利主義」といった立場を採用しているのではないかと思われる。しかし，第三章でも触れたように，種差別にならないようにスライディング・スケール・モデルが求めるような差をつけることができるかどうかというと難しい。

5-1-4　動物実験に特有の論点

　動物福利派と動物実験全廃派の対立点は，動物に権利を認めるかどうかということに限らず多岐にわたる。動物に権利を認めないとしても，動物実験によって得られる利益が普通に思われているよりも少ない（あるいはないに等しい）ということが示せるなら，動物福利派にとっても動物実験をやめる理由になるはずである。こうした論争で対立点となるのは，動物実験は医学の発展に寄与してきたか，今後も動物実験を使うことが医学の発展に寄与するかどうかということである。この問題について考えるには，動物モデルがどれほど有効なのか，といった問題や，代替法がどのくらい十分なのかといった問題について考える必要がある。こうした論点においては，動物福利派でも大幅削減を求める改革派は動物の権利などに基づく全廃派と連携して，現状維持的な動物福利派と対立することになる。

1）動物実験の有用性

　医学の歴史において動物実験が使われてきたこと，動物実験が重要な発見のプロセスで使われてきたことはまちがいない。しかし，全廃派の側からは，使われ

たということは必ずしも必要だったということを意味しないのではないかという疑問が投げかけられる。そうした知識は結局は人間を使った実験（薬の治験など）で確かめられてきたわけで，その途中で動物実験などという無駄で残酷なプロセスを経る必要は実はなかったのではないか，というわけである。これに対しては，もちろん，動物福利派から，動物実験を経ないで人間に対していきなり実験をするなんて危険なことができるはずがない，という切り返しがある。

　それに対して全廃派は，実は人間と動物では化学物質への反応についてはかなり差があるので，動物実験は人間の反応について考える上では役に立たない，と言う。たとえば，ほとんどあらゆる物質が大量投与などなんらかの状況下でなんらかの種の動物には発がん性を持つ（食塩でさえ大量摂取が胃ガンにつながるというラットでの研究があるそうである）ため，動物実験はヒトに対する発がん性の指標としてはほとんど役に立たないという。動物実験で安全だという結論の出た薬物が意外な毒性を持っていることがよくある（たとえばかつて日本を含む世界各国で薬害を引き起こしたサリドマイドはほとんどの実験動物で安全という結果が出た）一方で，人間に対しては毒性のない薬物がたまたまネズミに対して毒性を持つとか，人間には効果がある薬物がたまたまネズミには効果がないとかの理由で実用化に至らなかったということもありえて，これは動物実験の負の側面ということになる（たとえばペニシリンはウサギには効かないので実用化に至らなかった可能性もあった）。もちろん一致率が低くても動物実験の結果は参考にはなる。しかし「参考」程度のことで動物を苦しめることはないだろう，というのが全廃派の言い分である。

　毒性試験について仮に全廃派の言い分を認めたとしても，すでに紹介したように動物実験にもいろいろある。たとえば無数にある薬品候補の中からもっとよく調べたい物質を選び出すという探索的なプロセスでは，大規模な動物実験の有用性は明らかであるように思われる。人間を相手に慎重に一つ一つ実験していたらいつまでたっても発見できなかったような薬品が，動物実験を大量にやったおかげで早い時期に発見できるということはたしかにあるだろう。また，遺伝子や脳内物質の機能の研究は，現在の生物学の最先端の研究であるが，これについては実験結果が人間とネズミで一致するかどうかはとりあえず二の次である。ネズミの遺伝子や脳内物質についての知見も十分科学的な知見として意味があるだろう。こうした観点からは，毒性試験のみ全廃するといった改革派の立場もありうる。

2）代替法の十分さ

　全廃派のもう一つの議論として，動物実験で分かることは他の方法でも分かる，というものがある。動物福利派の基本理念であるラッセルとバーチの3つのRのひとつにも代替が挙げられる。しかしたいていの動物福利派はすべての動物実験が代替可能であると考えているわけではなく，わざわざ動物でやる必要がないこともいくらでもある，という程度の主張である。これに対し全廃派や強硬な動物福利派は，すべてとは言わずともほとんどの動物実験が代替法で置き換えられるはずだ，という。確かに現状では代替のきかない動物実験も多々あるが，それはこうした人々に言わせれば，研究者たちが代替法の開発を怠っているからにほかならず，もし本当に動物実験が禁止されればなんとか利用可能な方法の範囲で他のやりかたを見つけるはずだ，というのである。

　代替法については前にも少し触れた。代表的な代替法が，いわゆるin vitroの試験，つまり試験管などの中での試験である。試験されるのは個別の細胞のレベルのこともあるし，それを成長させた培養組織が試験の対象になることもある。また，生体のコンピュータシミュレーションで毒性をテストするという方法も近年開発されている。

　教育目的での動物の使用については，模型を使う方法が提案されている。生体ではなく，精巧な模型でもデモンストレーションや練習は十分できるというわけである。

　しかし，すでに見たような，遺伝子や脳内物質の効果についての研究は，その性格からいって代替法の開発は難しい。コンピュータシミュレーションは，しくみがよく分かっているものについては組み立てることができるが，こういう実験はそもそもしくみがよく分かっていないからこそ行われるのである。ここでも，両方の主張をとりこんで，毒性試験など，分野によって動物実験を全廃，という改革派の立場はありうる。

3）得られる知見と残酷さの比較考量

　大幅削減を求める改革派の議論においては，以上のような論拠に加えて，現行の動物実験の大半は無駄なくせに残酷な実験だ，という路線の批判も行われる。動物実験の目的は，科学的知識を得ること自体である場合もあるし，医療や農業への応用を目的とする場合もある。実験動物の福利と科学的知見を比較考量して

重みを比べるというのはなかなか難しいが，実験を正当化する上では当然その比較はなされなくてはならない。大して意味のある発見とも思えないような実験結果を得るために残酷な実験をするのは，そうした比較を真剣にやったらためらわざるをえないだろう。シンガーらがそういう意味もなく残酷な研究の例として批判するのは，子供のサルを母親や他のサルから隔離して育てどういう問題が生じるかを観察する，というH. F. ハーロウによる研究である（そういうサルはうまく社会生活が送れなくなるが，そんな分かりきったことを示すために何匹ものサルの人生をむちゃくちゃにしてよいのか，というわけである）。医療に関係する場合，人命との比較ということになるので実験で得られる知見の重要さを主張しやすい。しかし，LD50テストのように，そもそも実験の意図がよく分からないにも関わらず長らく安全性試験の一環として要求されてきたようなテストについては無意味に残酷だという批判があてはまるだろう。

　これに対し，穏健な動物福利派は，現在では多くの国で無駄で残酷な実験は禁止されている，と答えるだろう（LD50テストが廃止の方向に向かっているのはすでに触れたとおりである）。ただし，日本ではまだ自主規制の段階であるから，これは日本ではあてはまらない。LD50テストとならんでしばしば指弾されてきたドレーズ法はまだ多くの国で行われているが，これは化学物質の目に対する影響に関してドレーズ法と同じくらい有効なものが最近までなかったからである（ただし培養皮膚を使う方法が最近開発されている）。つまり残酷だが必要なので仕方ないという判断がされているわけである。ハーロウのようなタイプの研究については無数のバリエーションがあるのでそうやって一括して禁止することは無理だが，個々の実験に対して一般人を委員として含む動物実験倫理委員会が審査する制度が整っている国ではおそらくそんな実験は認可されないだろう。

　また，無駄という観点から言えば，医薬品についての動物実験はともかく，化粧品など生命に関わらないものへの動物実験は禁止すべき，という議論もある。これについては，EUなどではすでに化粧品のための新規の化学物質の実験を認めない方向に進んでいる。

　この論争においては，実験から得られる知見の重要性と残酷さの度合いを全体として比較考量することが大事になってくる。しかし，そうした比較がどうしたら可能なのか，というのはなかなか難しい問題である。

さて、ここまでの紹介で、動物実験の是非をめぐる論争は生物学的な論点から非常に倫理学的な論点まで多岐にわたる論点が複雑にからみあう問題だということが分かったと思う。その中で、争点の一つとなるのが、いろいろな価値の比較、特に人間と動物の幸福の比較や、科学的知見を得ることと動物の幸福の比較である。人間をケージに閉じ込めるのは普通虐待にあたると考えられているが、動物についてそう思わない人は多い。そういう人は何を基準に福利や幸福というものを判断しているのか。こうした問題について考えるには、ここまで本書の中であまり触れてこなかった倫理学の分野、すなわち価値論の領域に足を踏み入れる必要がある。

5-2　福利論

5-2-1　価値論のさまざまなタイプ

　福利についての理論は価値論の一部なのでまず価値論全般の話からしよう。価値論とは、何がそれ自体で価値のあるもの（よいもの、望ましいもの）か、つまり内在的価値を持つものは何かについて考えるという分野である。価値にも美的価値、認識論的価値などいろいろあるが、ここでは倫理的価値に話を限定する。価値論においてどういう立場をとるかということとどういう規範理論を採用するかの間には密接な関係がある。ある状態に価値があると考えるなら、その状態をより多く実現するべきだという規範を採用するのが自然である。たとえば人々が幸せであることに価値があると思うなら、当然、人々を幸せにするような行動をするのがよいことになる。これは言うまでもなく功利主義の考え方である。つまり幸福というものを大事にする価値論から功利主義が導き出せる。第一章の功利主義の説明の中で、「この世の中のよさの根拠は幸福だと考える」という言い方をしたが、これはまさに価値論の話だったわけである。より一般に、帰結主義は、よい状態、望ましい状態をより多く実現するような行為が正しい行為だ、というように、価値論をベースにした倫理学理論と考えることができる。義務論はこれに対して、行為の結果ではなく、行為そのものや意図に価値を認める立場だということになるだろう。

価値論には大きく分けて主観主義的な価値論と客観主義的な価値論がある。主観主義的価値論とは,「価値がある」というのは,最終的にはだれかが「価値がある」と判断する（すぐに説明するように,「判断する」というのにもいろいろなタイプがあるが）ことだ,と考える立場である。これに対して客観主義的な価値論は,誰かが価値があると思うかどうかということと関係なく,価値のあるものというものが存在する,という考え方である。

　主観主義的価値論と客観主義的価値論のどちらがもっともらしいのかというのは簡単には決着がつかない問題であるが,大きな流れとしては客観主義の旗色がだんだん悪くなってきている。近代自然科学が発達する前の世界観では,価値や目的というものは人間の意志とは無関係に勝手に存在すると考える（つまり客観的価値論をとる）のが当たり前で,宇宙には神によって与えられた秩序や目的があるというのが常識であった。しかしニュートン力学では,この宇宙を,特に目的も方向性もなく物体がついたりはなれたりしているだけの空間ととらえた。ニュートン力学を中心とする自然科学がその路線で成功を収めていくにつれ,この宇宙に「客観的な価値」の存在する余地はどんどんなくなっていった。もちろん「××には客観的な価値がある」という主張をする人はいるわけだが,「え,でも僕は××に価値があるとは思わないけどなあ」と言う人がいたときに,そういう人が納得するように価値の存在を示すのは非常に難しい。ただ,相手が価値があると認めざるをえないものから××に価値があるということを導き出すことができれば説得は成り立つだろう。しかし,そうやってお互いが価値があると認めるということを根拠にするのなら結局価値を主観的なものだと考えているということになる。

　しかし,価値というのはそんなものではない,人間の評価と別に客観的にあるものだ,という考え方も根強い。自然や美術品に関して,今の形のまま保存される（つまり破壊や改変をうけない）,あるいは本来の姿に回復するのが価値あることだ,というのはどうだろう。極端に言えば,人間なんてこの宇宙に存在しなくても,生態系が保存されることには価値がある,と言えそうな気がしないだろうか。もし,われわれがどう思うかに関係なく,「保存」や「本来の姿」に価値があるのなら,それは客観的価値ということになる。ちょっと性質は違うが,「知識を得ること」や「真実を知ること」もそれで人が幸せになるかどうかと独立に価値があると考えられることがある。基礎科学の営み全体がある意味でそうした

価値観にささえられていると言ってもいいだろう。

でもほんとうにこういう価値はわれわれの主観から独立なものなのだろうか。ここで「破壊されることこそ生態系の価値だ」とか、「無秩序こそ宇宙の本来の姿だから生態系も美術品も無秩序に近い状態にもどすのがそれぞれの価値の実現だ」とか「無知な状態こそすばらしい」とか言い出す人がいたらどうかと想像してみよう。そういう人に対して「保存」や「知識」の方がよいと主張する根拠はなんだろう。われわれが破壊より保存の方がよいと思っている，とか，保存した方がよいとかという以外に理由は見つけられるだろうか。「その生態系が破壊されたいと思っていると仮定するのでもないかぎり破壊されるのが価値があるだなんて意味をなさない」と答えたくなるところだが，同じことが保存することにだって言えるのではないだろうか。つまり，保存が価値があるというのだって，その生態系や美術品が保存を望んでいると想像するのでないと最終に意味をなさないのではないだろうか。ついでに言えば，こういう答えが出るということは「利益」と「誰かが望む」ということの間に密接な結びつきをわれわれが認めているということでもある。

それにしても，やはり生態系や美術品の保存については，われわれが価値を見出すかどうかとちょっと独立な価値を認められている気がする。しかしこれも主観主義的価値論の観点から説明可能である。生態系にせよ美術品にせよ，非常に複雑で調和のとれた存在である。そういうものは壊すのはたやすいが作り直すのは非常に大変（場合によっては不可能）だから，気軽に破壊するともしかしたら大変な後悔をすることになるかもしれないし，実際人類はそういう痛い思いを何度も経験してきているはずである。そこで，今のところ価値が分からなくてもとりあえずとっておこう，という，いわば生活の知恵のようなものが育ってきて，単に自分たちが望むかどうかにかかわらず複雑な調和のとれたものに価値を見出すようになったのではないだろうか。だとしたら，単純に今われわれが望んでいるものではないにせよ，「後悔したくない」「痛い思いをしたくない」というわれわれの主観の側に価値の根拠があることになる。客観的に価値がありそうに見えるものの一つ一つについてこういう説明がつけられるなら，それだけ主観主義的価値論が優勢になることになる。

以下では，美や生態系の保存や知識がそれ自体で価値があるのかあくまで主観的に価値があるのか，という問題はとりあえず保留しておく。以下でもっぱら考

えるのは価値の一種としての福利（well-being）をどう考えるのか，ということである。福利はあまり日常的に使わない言葉であるが，「ある人にとってよいこと」を指すもっとも広い言葉である。意味としては「利益」に似ているが，利益はもっと狭い意味での個人的利益（第四章で利己主義の定義に使ったような意味）に使うことが多い。「幸福」という言葉とも近いが，幸福は主観主義的にとらえられることが多いので中立な言葉にはむかない。well-being は福祉と訳されることもあるが，日本語では福祉が社会政策用語としてあまりに定着してしまったので，かえって使いにくい。そんなわけで，福利という言葉を主に使っていく。

5-2-2　主観主義的福利論

1）快楽説

　主観主義的福利論のなかでもよく知られているのが価値に関する快楽説，つまり価値の源泉は快楽（あるいは痛みや苦痛がないこと）だという考え方である[2]。第一章でも見たように，功利主義はまずは快楽説をベースとしてはじまった。

　「快楽」という言葉は人によって全然違う意味で使う言葉なので用心しなくてはいけない。人によっては，「快感」に近い意味で快楽という言葉を使う。しかし，人間の快楽を快感に限るのは人間心理の説明としてもあまりもっともらしくない。もちろん人間には「他人から認められたい」とかそういう複雑な心理的ニーズもある。心理学者のエイブラハム・マズローは人間が持つニーズを五段階に分けている。第一段階は食欲・性欲・睡眠欲という生理的ニーズ，第二段階は健康や生命の心配がないという安全のニーズ，第三段階は友達や恋人といった愛情のニーズ，第四段階は自信や他人からの尊敬という自尊心のニーズ，そして最後に第五段階は理想を達成するという自己実現のニーズである。基本的な段階のニーズが満たされないと上の段階のニーズまで人間は気がまわらない。たとえば身の安全が確保されていないときには友情どころではない。快楽説の言葉になおせば，マズローの立場は，五つの段階下から順々にニーズを満たしていく過程で感じるのが快楽だということになるだろうし，満たされないことで感じるのが苦痛

2）英語では快楽 pleasure と対になる言葉としては pain（痛み）を一般に使う。これと別に suffering（苦痛）という言葉もある。pain が肉体的な痛みのニュアンスが強いのに対して，suffering は精神的につらいのも含めて使う。快楽説にも両方のバージョンがあるので適宜使い分ける。

ということになるだろう。

　しかし，生理的なニーズを追い求めないことこそが快楽だという立場もあってややこしい。西洋哲学で快楽主義の本家というとエピクロス派ということになるが，エピクロス自身の考える快楽は今のわれわれから見るとむしろ禁欲的に見えるものだったというのはよく言われることである。エピクロスに言わせれば，快感を求めて生きていては味わうことができないような幸福感を平静な気持ちでいると味わうことができる，ということになる。すでに第三章で紹介したミルの快楽の質の区別も同じような考え方に基づいていると言えるだろう。

　以上のように，内容的にいろいろな立場はあるが，快楽説でいう快楽や痛み（または苦痛）は，すべてなんらかの意味で意識的に経験するものと想定されている。その経験が「もっともっと」と思うようなものなら快楽，「もういや」と思うようなものなら苦痛ないし痛みだというわけである。

　しかし，本当にわれわれは快楽を望んでいるのだろうか。快楽をマズローの言う生理的ニーズだと考えたらもちろんそれだけでは満足できないという人はたくさんいる。では，マズローのニーズの五段階全体を見渡し，もっと精神的な快楽まで含めて考えたらどうだろう。そこまで含めて考えると，われわれが常に快楽を望み苦痛を避ける，というのはたしかにそのように思われる。しかしもう少し考えると，快楽と「われわれが望むもの」が完全には一致しないように見える場面がある。

　この話をするときによく引き合いに出されるのが，ノジックの「経験機械」という思考実験である。この思考実験は，実は，第三章で紹介した，人間にはカント主義，動物には功利主義，という立場について検討する文脈で出てきているものである。この思考実験では，われわれは「経験機械」と呼ばれる一種のバーチャルリアリティマシンのようなものに自分を接続するかどうか考えている。経験機械は非常によくできているので，この機械につながれていると，あたかも現実世界を生きているような気分になるが，ひとつだけ違うのはこの機械につながれているかぎり快楽が常に供給され続けるということである。また，望むなら，接続する際にそれが経験機械である（つまり現実世界ではない）ことも忘れさせてくれる。つながれている間は栄養も補給してくれるのでつながれっぱなしでも餓死したりすることはない。また，論点を明確にするために，経験機械が途中で動作不良を起こしたり止まったりといったリスクはないものとしよう。さて，あな

たならこの機械に接続するだろうか，接続するとしたら，一生つながれたままの生活を選ぶだろうか．

　もしわれわれが快楽だけに価値を見出すのなら，このあとの人生を完全にこの機械につながれたまま過ごすことを選ぶはずである．しかし，ノジックはたいていの人はこの機械につながれっぱなしの人生をいやがるはずだという．どんなによくできたバーチャルリアリティでも，どんなに気持ちよくても，今後一生そんな作り物の人生を送るのはいやだ，と思うはずだ，というのである．そこで大事なのは，そのときの自分がその経験が「作り物」であることを意識していなくても（つまり「作り物」であるという意識にともなう不快感や苦痛がなくても）やっぱり，そういう人生はいやだと思うはずだ，ということである．そして，さらに言えば，もしもだれかがそういう人を本人の知らない間に経験機械につないだとしたら，その人の経験する快楽の総量は間違いなくつながなかった場合より多いだろうが，それでもそうやってつながれたことは本人の利益になっているとは言えないだろう．もしわれわれが本当にそういう判断をするのなら，実際の意識的な体験としての快楽とは別の次元での価値判断をしていることになる．

　ところで本当に人々が経験機械をいやがるかどうかは微妙なところである．最近のTVゲームやオンラインゲームはまだまだノジックの思考実験の経験機械に比べれば原始的なものだが，それでも寝食を忘れて中毒と言われるくらいはまってしまう人がたくさんいる．ましてノジックが言うほど完成されたバーチャルリアリティで食事の心配をしなくてよいならよろこんでつながれますという人がいてもおかしくはない．しかし，一人でもそんな生活をいやがる人がいたら，やっぱりその人を経験機械につなぐのはその人の利益にはならない，という判断は十分成り立つ．

2）選好充足説

　さて，快楽説が問題があるとしたら主観主義的福利論そのものが否定されるかというと，そんなことはない．ハーサニーやヘアなど近年の功利主義で採用されている福利論は，選好充足説とか欲求充足説と呼ばれるもので，いろいろな点で快楽説と異なっている．

　第一章でもちょっと紹介したが，選好（preference）というのは，いくつかの選択肢があったときにその間につけられる序列のことで，その差の程度が「選好

の強さ」である。たとえば定食屋でメニューをみて「ハンバーグにしようかカレーにしようか」などと選ぶときにも選好が働いているはずである。ハンバーグよりもカレーを望む気持ちが強ければそれだけカレーに対する選好が強いことになる。

　そういう選択の基準は，その選択肢を選んだときに得られる快楽が一番大きいから，という理由かもしれず，もしそうなら選好充足説と快楽説は何の違いもなくなる。しかし，経験機械に関する選択でわれわれが迷うとしたら，経験機械につながれっぱなしの方が圧倒的に快楽が多くなるように状況設定しているのに迷っているわけだから，経験機械から期待できる快楽以外の要素をもちこんで判断していることになる。それらの要素が何であるにせよ（にせものの経験ばかりの人生はいやだという理由かもしれないしそうでないかもしれない），そういう要素をとりいれて判断した結果はその人の選好ということになる。また，快楽については，「快楽を望まない場合もあるんじゃないの」という疑問がありえて，それが経験機械のような反例を生んだわけだが，選好についてはそういう疑問は意味をなさない。選好というのはその人の望みのことだから，選好しているものと望んでいるものというのは言い方が違うだけで同じことである。

　さて，選好という言葉の説明はこれくらいにしよう。選好充足説とは，ある人にとって価値があるものとはその人の選好を充足するようなものである，という考え方である。選好の充足とは，選好が満たされること，つまり自分の選んだ選択肢が実現されることである。定食屋でカレーを選んで実際にカレーが出てきたら選好が充足されたことになるし，店の人が注文をまちがえてハンバーグを持ってきたら選好は充足されなかったことになる。どっちでもいいやと思ってカレーにしたのならそれほど大きな被害ではないが，ベジタリアンで絶対にハンバーグは食べたくないのにハンバーグになってしまったら大きな被害ということになる。これは，ハンバーグを食べることで現に自分が得る快楽（食欲の満足や味覚の満足，それから「肉を食べちゃった」という嫌な気持ちもすべて込みで計算した快楽）が大きくてもやっぱり被害ということになる。

　快楽説と選好充足説が大きく違うのは，自分で経験しないことについての選好というものがありうるということである。たとえばある人が死ぬ間際になって，「遺産はすべてPETAに寄付してほしい」と願ったとしよう。これは，遺産の分配についていくつかの選択肢があり，その一つである「PETAへの寄付」を選

好したわけである。ということは，実際にその遺産がPETAに寄付されるという事態がおこることによってこの選好は充足されることになる。

さて，ここまでは価値に関する選好充足説はもっともであるように見える。しかしよく吟味していくといろいろ問題が見えてくる。まず，依存症や洗脳の問題がある。ある人が薬物依存症で，どうしても薬物に手が出てしまうという場合，その人の選好は薬物を得ることだが，その選好が満たされたからといってその人の利益になっているだろうか，その選好を満たすことに価値があると言えるだろうか。あるいは，同じような例だが，新興宗教の教祖に洗脳されたためによろこんで教祖に寄付をしている人がいるとして，その人の選好を充足することはその人の福利になっているだろうか，また，その人にとって価値があることだろうか。

次に出てくるのが適応的選好形成と言われる問題である。これは，われわれの選好は，自分が手に入れられないものに対する欲求は弱くなり，現状で満足する方向へと変形していく，というものである。イソップ寓話に，手に入らないブドウに対して「あんなのはどうせ酸っぱいにきまっている」と言うキツネの話がある。この寓話で，もしキツネが本当にそのブドウに対する欲求をなくしたら，それは適応的選好形成になる。これは人々の福利や利益を考える際にけっこうおおきな問題になる。虐待されることに慣れてしまったためにその状態に満足するようになってしまった人の選好はどうカウントするのか？ もしそういう選好も普通の選好と同じに見なすことにしたら，本人が慣れてしまえばDVも福利の尊重ということになりかねないが，それは通常の倫理感覚からすれば非常に非倫理的である。

もう一つ，外的選好の問題と呼ばれる問題もある。これは，自分になんの関係もないところで他人がやっていることに関する選好である。同性愛行為を禁止するとか，ある種の文化に特有の生活習慣を禁止するとかといったときに，自分で見えないところで他人がそういう行為や儀式をするのさえいやだから，隠れてやるのもだめ，と考えるのは外的選好である。外的選好は別に否定的なものだけではない。たとえば「世界人類が平和でありますように」というのも，もし自分にまったく影響がなく知りようもないところでも平和であることを選好しているのであれば，その部分については外的選好である。外的選好を考慮に入れることにすると，お互いの自由を「気に入らない」というだけの理由で大幅に制限できるようになってしまう。そのため，外的選好の充足に価値を認めない，というのは

ある意味では現在の自由主義社会の基本理念となっている。

　以上のような問題から，現在では，主観主義の福利論をとる哲学者も，単なる選好をベースとするわけではなく，なんらかの条件や制限をつけるのが普通になっている。それについては後でまた紹介するとして，もっと客観主義よりの福利論をみておこう。

5-2-3　客観主義的福利論

　客観主義の福利論には多種多様なものがあるが，ここで紹介するのは，その中でも主観主義と比較的近い，人々の福祉や利益に関する客観主義である。依存症，洗脳，適応的選好形成といった問題から見えてくるのは，本人が望むか望まないかにかかわらず本人にとって利益と呼べるものがありそうだということである。そうした福利は誰かが望むから価値があるわけではない，という意味で，客観的な価値ということになる。このタイプの福利論の代表として，ジョン・ロールズとアマーチャ・センの立場を紹介しよう。

1）ロールズの基本財の理論

　各人の選好と関係なく価値のあるもののリストを作るという点では，第三章で紹介したロールズの立場を挙げることができる。すでに見たように，ロールズの契約説で分配されるのは基本財と呼ばれる一連のものであって，快楽や選好充足は直接は契約での考慮の対象にならない。

　ロールズは主著の『正義論』やのちの『公正としての正義再説』という本の中で主要財のかなりくわしいリストを挙げている。ここでは『再説』の方のリストを使うことにしよう（くわしくは巻末文献表参照）。それによると，基本財に含まれるのは，(1) 基本的な権利と自由（これには言論の自由，政治的自由，法で定められた自由などが含まれる）(2) 移転の自由と職業選択の自由 (3) 権威や責任のある部署につくことからうまれる権力や特権 (4) 収入と富 (5) 自尊心の社会的基盤（市民たちが自分に価値があると思ったり自信をもって自分の目的を追求したりするのに必要な社会制度）などである。

　なお，すべての基本財が同じように扱われるわけではなく，(1)や(2)の自由や権利はまっさきにあらゆる人に認められなくてはならないものとされる。また，

健康，元気，知性，想像力などは自然な基本財として別あつかいされている（ロールズの理論ではこれらは分配の直接の対象にはならない）。

基本財は『正義論』では「合理的な人ならば必ず望むようなもの」（原著92ページ）とされており，その意味では後で紹介する合理的選好充足説に近いようにも思える。しかし，『再説』の方の説明だと本人が望むかどうかにかかわらず民主社会をになう市民として必要になってくるもの，というようなイメージになる。つまり，『再説』の方では，民主社会を運営するという大目標があって，そのための道具として基本財を人々に分配するわけであるから，基本財にそもそも内在的価値を認めていないわけである。

民主社会を客観的に価値があると考えるならロールズの立場は客観主義的価値論だし，民主社会は人々を幸せにするからよいと考えるなら主観主義的価値論になるが，いずれにせよ，福利に話を限って言えば，ロールズの立場は基本財のリストをベースとした客観主義的福利論ということになる。

2）センの潜在能力説

主観主義の福利論も，ロールズ的な財のリストをベースにした福利論も批判する論者の代表としてアマーチャ・センがいる。センは経済学などで前提とされる人間観を批判する。それは，エコノミック・マン（経済人）と呼ばれるイメージで，他人に関心を持たず，ひたすら自分の利益を最大化しようとこころみる個人のことである。ほとんどの経済学理論はこのイメージに支えられてきている。ロールズの原初状態で契約に参加するのもエコノミック・マンである。

しかしすでに第四章で見たように，現実の人間はどう考えてもいわゆる自己利益の最大化を目指しているようには見えない。人間には自己利益よりも大事なものがいろいろある。選好充足説は，まさにそこを考慮に入れている。つまり，狭い意味での自己利益だけでなく，他のさまざまなことまで考慮に入れての選好の充足について考えることにしたわけである。自分の選好を最大限充足しようとする人であれば，エコノミック・マンだという批判をうけることなく，経済学でも利用できる人間像ということになる。

しかし，そういう修正をしてもなお，選好充足説は不十分だとセンは考える。それは，「選好」という言葉ですべてが一緒くたにされてしまうからである。これではわれわれの人生において重要な区別が全部ふっとんでしまう。そういう大

事な区別がつかない（架空の）人間像をセンは「合理的な愚か者」(rational fool) とよぶ。現実の人間はもちろん「合理的な愚か者」ではない。

　センの対案は共感とコミットメントを重視する人間観である。共感とは相手の立場に身をおいてその立場からものを考えることであり，コミットメントとは自分の利害を度外視してもあるものを優先的に選ぶ気持ちである。選好充足説ではこれらももちろん選好に含まれるが，センはまさにこれを他の選好と区別し，単なる強度以上の特別な価値を認めることが幸福というものを理解する上で重要だという。特に，コミットメントの中でも社会的コミットメント，すなわち社会が集団としてえらぶコミットメントをセンは重視する。ここまでであれば，選好充足説とは別バージョンの主観主義的福利論と見ることもできるが，センは自身が推奨する社会的コミットメントとして，潜在能力説という一種の客観主義的な福利論を提案する。

　潜在能力説もまた功利主義やロールズ主義の批判をベースにしている。センはまず，快楽や選好の充足については，経験機械の問題や適応的選好形成などの問題があり福利の基準としては使えないと考える（これらがどういう批判なのかということについてはすでに説明した）。したがって，そういうものの最大化を唯一の基準とする功利主義はこの点で不十分である。ではロールズ主義ならよいかというと，センはロールズの考え方も不十分だと考える。というのも，財はあればよいというものではなく，財を使って何かをしてこそはじめて価値があるからである。財だけあっても使い道がなければその人にとっては何の価値もない。

　これらの問題は，特に身体障害者をめぐる平等を考えるときに大きな問題となる。快楽説や選好充足説の観点からは，財を利用して選好を充足する能力の低い身障者からは財を取り上げてもっと選好を充足する能力の高い人に与えた方がよいという結論になりかねない。また，ロールズ主義では同じだけの基本財をもらっても身障者はそれをうまく利用できないためそこから生み出せる効用の量も少なくなってしまう。つまり，基本財の平等が効用のレベルの平等につながらない[3]。

3）もちろん，それぞれの立場からは言い分がある。功利主義にもいろいろあって，規則功利主義や二層理論にはセンの批判はあたらないだろう。また，生まれつきの能力も分配すべきだとロールズが主張していることを思えば，身障者が財をうまく使えない，という線での批判はちょっと言いがかり気味である。しかしまあ，ここはセンの紹介が眼目なので，これらの批判の評価はひとまず置いておく。

センは財と効用の中間に福利の根拠を探すことで功利主義とロールズ主義の両方の問題をうまく避けようとする。大事なのは，センによれば，その人が何かをしたいと思ったときにそれができる能力が与えられることである。そういう能力をつかって実現されるものを機能充足（functioning）と呼ぶ。たとえばだれかがある日突然「パイロットになりたい」と思い，それを実現したなら，パイロットとしてのはたらきもまたその人の機能充足である。健康，知力，運動能力などがその機能充足の具体的な内容ということになるだろう。潜在能力（capability）とは，そうやってさまざまな機能充足を実現させる能力の集合である。隠し持っている機能充足が多ければ多いほどその人は大きな潜在能力を持っているということになる。なお，適当な訳語がないため「潜在能力」という定訳を使っているが，センの使うcapabilityの訳としては，これはほとんど誤訳である。ある機能充足をその人が実際に発揮していても（つまり潜在的でなくても）その機能充足を実現する能力はその人のcapabilityの一部である。機能充足という客観的な状況が成立することが福利だという点で，この福利論は客観主義の福利論に分類できる。

しかし，もう一段階掘り下げてみると，人間の機能充足のあり方，つまり生き方はさまざまで，同じ機能充足に人々が与える価値も人によって違う。つまり，どういう機能充足がその人にとって大事かという点ではセンは主観的要素を認める。要するに，生き方については多元主義を容認しつつ，そうしたさまざまな生き方を支える潜在能力は本人の実際の希望と別に確保しよう，というわけである。そのため，センはあまり具体的なリストを提示することを好まない。ただし，多くの人が共通して求める基本的な機能充足については，必要な潜在能力が平等に分配されていなくてはならない。障害者が健常者と同じ生き方をしたいなら，基本的なレベルではそれができるようなサポート体制が必要である。なお，あとで紹介するナスボームは，同じ潜在能力説に立ちながらもっと具体的なリストを提案する。

客観主義的福利論の紹介はこのくらいにしておこう。ロールズの基本財の理論にせよセンの潜在能力説にせよ，確かに直観に訴えるところがある。しかし，そのリストに納得せず，なぜそういうものに価値があると考えるのか，という疑問が出てきたとき，どう答えればよいのだろうか。客観主義は価値についての直観

を共有する人どうしの間では話がよく通じてよいのだが，共有していない相手に出会ってしまったら自分が信じる価値を相手に対してどう正当化すればいいか途方にくれることになる。どうしても正当化しようとするなら何らかの意味でわれわれがそういうものを望んでいるということを持ち出さざるをえないだろう（もちろん，単純な快楽や欲求とも同一視できないだろうが）。

5-3　動物の福利への福利論の応用

　ここまでで，福利というものについてのさまざまな立場を紹介してきた。これらの立場から，動物の福利，特に実験動物の福利はどのように理解されるだろうか，また，その理解から言えば動物はどのように扱われるのが適当だろうか。これについて考えるには，手がかりとして，福利についての原理的な考え方が人間の福利を測る上でどのように具体化されるかも見ておく必要がある。ということで，福利論をどうやって応用するのかという話題全般を見ていくことにしよう。

5-3-1　主観主義的福利論の応用

1）快楽説と環境エンリッチメント

　すでに見たように，主観主義では快楽説と選好充足説を区別することができる。まず，快楽説をどうやって実用化するのかということを考えてみよう。

　快楽説が扱うところの快楽のうち，身体的な快楽や痛みは大脳生理学的に扱える対象になってきている。しかし，すでに見たように，快楽説といっても，そこで扱われる快楽の範囲は幅広く，もっと精神的な快楽も人間の幸福には重要な役割をはたしている。こういうものは大脳生理学では扱えないかもしれない。こういう広い意味での快楽について調べる方法としては，「あなたは幸せですか」とストレートに質問するやりかたがある。乱暴なようでいて，いろいろな指標との相関について興味深い結果が得られているという[4]。

　快楽説で動物実験における動物の福利を考えるということは，実験動物の苦痛

---

[4] 幸福をめぐる経験的な調査をまとめた本として，ブルーノ・S. フライ，アロイス・スタッツァー『幸福の政治経済学』がある。

はできるだけ少ない方がよく，快楽は多い方がよい，という基準で考えるということである。ということは，きちんと快楽と苦痛の収支があっていれば，動物を実験に使うことはそれ自体では動物の福利に反しないということでもある。もちろん実験をするからにはなんらかの苦痛は発生することがあるが，それはその実験を行うことで人間や他の動物が得る快楽（開発された新薬で病気が治ることによって生じる快楽や知的好奇心が満たされることによる快楽など）との比較で許容範囲が決まることになる。もちろんここでいう快楽はすでに説明したような広い意味での快楽であるので注意が必要である。

　この考え方を動物に適用しようとすると，快楽や苦痛をどうやって測るのかという問題をあらためて考える必要が出てくる。主観主義的価値論というものの不可避的な性質として，主観的体験にこそ価値があるわけであり，どんなに単純なものであれなんらかの「意識」と呼べるようなものがなくては配慮の対象になるような快楽や苦痛も存在しない（一見痛みに反応しているように見えても，実は単なる無意識の反射ということになる）。そして，現在の知見ではそうした意識経験には脳が必要だと考えられている。そこで，快楽説の観点からは脳を中心とする中枢神経系を持たない動物（無脊椎動物のほとんど）はとりあえず配慮の対象から外されることになる。もちろん今後動物の意識体験についての知見が深まっていったらそういう線引きは変化する可能性がある。

　話を脊椎動物に限るとしても，苦痛の大きさはどうやって測ったらよいのだろう。もちろん「あなたは幸せですか」と尋ねるわけにはいかない。痛みについては，人間との神経系の比較や行動的指標を用いて，ある程度客観化された指標が作られてきた。動物実験計画書でもその実験でどの程度の苦痛が予想されるかを評価することが求められる。日本では，動物福利科学者センター（Scientists Center for Animal Welfare, SCAW）というアメリカの民間団体が1987年に作った五段階の分類やその改良版などが使われることが多いようである（文献表の松田論文参照）。この基準ではたとえば無脊椎動物は人間と同じ意味での苦痛は感じないだろうという判断をされているようで，痛みに関しては動物を使わない実験と同じカテゴリーになっている。

　快楽説の立場からは，痛み以外の苦痛，たとえば恐怖，心理的苦痛，欲求不満，退屈なども配慮しなくてはならない。実際，動物福利派が快楽説をとっていることを暗に示すように，近年ではケージでの飼い方についても欲求不満や退屈など

のさまざまな苦痛を減らしていく取り組みが積極的に推し進められている。それが「環境エンリッチメント」(environmental enrichment) である。動物実験廃止派との論争の中で，研究者の側も，単に実験の痛みを減らすだけではなく，ケージでの飼い方にも注意を払うべきだという認識が広まってきた。その結果，これまではもっぱら痛みの除去ばかりが想定されてきた動物福利に，新しい方向性として「心理的福利」(psychological well-being) などの概念が取り入れられることになった。これは，言葉遣いこそ違うが，快楽説でいう快楽とほぼ同じものだと考えてよいだろう。何もすることがないことに由来する退屈さや走り回ることができないことに由来するストレスなどは痛みとは言えないが，その動物を不幸にする要因であり，心理的福利を大事にするならば改善が必要である。このような，実験動物の飼育環境をよくする取り組みを環境エンリッチメントと呼ぶ。これは動物実験施設だけでなく動物園などでも使われる考え方なのでそちらの方で耳にしたことのある方もいるかもしれない。

たとえば，動物園で動物が同じ動作を繰り返しているのを見たことがある人も多いと思うが，あれなどは常同行動と言ってストレスの徴候とされている（ストレスの有無は生理学的にも調べられるので，行動的徴候と生理学的徴候の対応関係で判断することができる）。他にもケージで飼われた動物には自分の糞を食べたり，一度食べた餌を吐き戻してまた食べたりといった自然では見られない行動があって，これもストレスの徴候である。こうした行動は動物が退屈しないような工夫をこらすことで解消することができる。社会性の動物については，他の個体との交流がないことも心理的ストレスになりやすい[5]。

環境エンリッチメントは動物福利派と動物実験廃止派が協力して国際的に大きな流れになっている。動物実験廃止派の人々はもちろんこうした取り組みをしたからといって動物実験が許容されるようになるとは考えないが，なにも取り組まないよりはましだということで，廃止派の人たちも環境エンリッチメントの動きを評価しているようである。

---

5) 動物がどういうものを気持ちよいと感じるかについては研究がさらに遅れている。この方面の現在の知見についてはジョナサン・バルコムの『動物たちの喜びの王国』（土屋晶子訳，合同出版）でまとまった議論がなされている。

2) 選好充足説と選好テスト

次に選好充足説を考えてみよう。選好充足説の立場からは，単純に現在の幸福度を訊いても，その人の福利がどの程度実現されているかを測ることはできない。むしろ，いろいろな問題についてどうあってほしいかを訊いてそれを実現することが大事だということになるだろう。民主主義における選挙や議会での多数決は選好充足説的な意思決定の原初的な形だといってもよいだろう。しかし，今日本で行われている多数決の仕組みは選好の強さは関係ないので，あまり正確に選好を反映した結果にはならないだろう。

こういう選好充足説の考えを基礎としていると思われる価値評価の方法として，仮想評価法（contingent valuation method）と呼ばれる手法がある。これは，「○○を守るためにあなたはいくら払いますか」などと質問してその人にとっての○○の価値を問うもので，環境経済学などで開発されてきた考え方である。これによって，金額に換算した選好の強度を測ることができる。この手法にはまだいろいろ不完全なところもあるが，こういう手法が開発されてきていること自体は評価するべきだろう。

さて，選好充足説はどのくらい動物に適用可能だろうか。動物については，実のところ快楽説と選好充足説を区別する理由はあまりない。本人が直接経験しないことについての選好（人間で言えば遺産相続など）を動物が仮に持っていたとしても，言葉を使って表現してもらわないとまったく手がかりがない。経験機械につながれた生を動物が望むかどうかという問いも，本人に「経験機械」の思考実験を説明して理解してもらうというのが絶望的である以上，あまり意味がない。ただ，動物に関して選好充足説をとる利点としては，選好は動物自身の選択という形で外面的に現れるので，純粋に内面的な尺度である快楽や痛みよりは扱いやすいといったあたりだろうか。

動物に「あなたは幸せですか」と訊いても意味がないくらいだから，「あなたは○○のためにいくら払いますか」といった質問はもっと意味がないだろう。しかしそれはもちろん動物が選好を持たないことを意味しない。環境エンリッチメントを実現するための一つの手段として「選好テスト」というものがある。これは，どういう飼育環境を好むかを動物自身の選択で示してもらうというものである。あたたかいケージと寒いケージ，明るいケージと暗いケージなど，ふたつのケージの間を自由に行き来できるようにしておいて，どちらにどのくらい多くい

るかで本人の選好を測るというものである。そうやって選好されたタイプのケージを利用することで、それだけその動物にとって選好の充足された環境で飼育することができる。これはもちろん環境エンリッチメントの重要な要素となる。

　仮想評価法ともっと似た実験手法としては「動機テスト」というものもある。これは、ある環境を手に入れるためにどのくらいの苦労をいとわないか、という実験である。たとえば社会性の動物に対して、仲間と同じケージに入るためにボタンを押さなくてはならないような仕掛けをつくり、「ボタンを押したら仲間と同じケージに入れる」ということを学んだあとで、だんだんボタンを押す作業を大変にしていく。最初のうちはそれでもいやがらずにやっていた動物が、ある線を超えると面倒くさがってボタンを押さなくなる。つまり、ボタンを押す苦労の方が勝ってしまうわけである。こうして、ある環境を手に入れることがその動物にとってどのくらい大事なのかを知ることができる（これを人間に応用してたとえば彼氏の愛情を同じようなやり方で測るということもできそうだが、人間の場合テストの対象になっていると相手が気づいたら人間関係そのものを破壊してしまいそうである）。

　もちろん、選好テストや動機テストはほんのちょっとした条件の違いで結果が変わるので、そういう実験結果の評価は慎重に検討しなくてはいけないし、今は快適だけれども健康に悪いといった長期的な利害を考慮にいれて選んでいるとは思えないので、そのあたりは補ってやる必要がある。また、実験者が思いもよらないような選好については実験条件として与えることができないので調べることができない。選好をきちんとすくい取りたければ実験者の側が想像力をひろげる必要がある。

　快楽説と選好充足説の二つの観点から、動物の福利をどうとらえるかを見てきたが、これら主観主義的福利論全体にまつわる問題がいくつかある。一つには、主観についての知識の不確実さである。すでに何度か触れたように、言葉で会話できる相手には幸せかどうか、何を望むか、ストレートに尋ねるという選択肢があって、他の情報と言葉での情報を突き合わせることができる。しかし動物や限界事例の人々についてはそうした方法がとれないために、どうしても推測の要素が入ってくる。行動パターンや神経系に関して人間との差異が大きくなればなるほど推測の要素は大きくなり、判断はあやしくなる。

さらに不確実性が大きくなる要因として，痛み以外のさまざまな苦痛や快楽については個体差が大きいことが挙げられる。ある個体が明るいケージを好んだからといって同じ種のすべての個体が明るいところが好きとは限らない。動物実験のガイドラインを作る立場からはこれは大変困ったことである。「この動物にはこういう環境を用意すること」といった基準を作りたくても，個体によって望ましい環境がそれぞれ違っては，明文化することができない。ただ，だからといって主観主義的福利論そのものを批判するのは筋違いだろう。

　もうひとつ，主観主義的福利論をとった場合，動物の生命の価値に関して考えなくてはならないことがある。快楽説や選好充足説をとったとき，動物の生命にはどういう価値があるだろうか。生から死への変化は苦痛を伴うことが多いが，死んだ状態そのものは苦痛を伴わない。生きていれば得られたかもしれない快楽が失われるという意味ではたしかにマイナスだが，生きていたら今後苦痛の方が多いだろうというときにはむしろ死んだ状態の方がましだということになる。つまり，快楽説の観点からは，殺す際の苦痛さえ避けることができれば殺すこと自体はそれほど悪いことではない。選好充足説の観点からは，死にたくないという選好がそれ自体でカウントされるので，殺すのは悪いことだと判断できる。しかし，すでに第一章でも少し触れたが，多くの動物はそもそも死ぬということを理解できず，したがって死にたくないという選好も持たない。つまり，そうした動物を殺してはならないと考える強い理由は選好充足説からも存在しない。これは，動物への配慮といえばまず「無益な殺生をしない」ことだという日本人になじみのある考え方からはずいぶん異質である。しかし，実際に動物福利派の福利の考え方は主観主義的福利論の側面が強い。たいていの動物福利基準において，実験動物を実験に使用したあと耐え難い苦痛が残るようであれば速やかに苦痛のない方法で殺処分することを求めている。もっと日常的な場面でも欧米の動物愛護家たちは安楽死に対し寛容で，たとえば老舗のイギリス王立動物愛護協会でも，引き取り手のいないイヌやネコを野良にするくらいならむしろ安楽死することを積極的に薦める。

5-3-2　客観主義的福利論の応用

　客観主義の福利論は，指標化という点では主観主義よりはるかに容易である。

既に見たようにロールズは財を中心に，センは潜在能力を中心に客観的な福利というものを考えたが，実際の福祉政策においてこの両者はそれほど対立するものではない。実際，センと共に潜在能力説を提唱し押し進めてきたマーサ・ナスボーム（一般には「ヌスバウム」と表記されることが多いが本書ではアメリカ読みする）の議論はセンの立場よりはるかにロールズよりである。

　ナスボームはまずすべての人が多かれ少なかれ同じような経験をするものを考える。たとえばいつかは死ぬということ，身体的能力の限界もそんなに差があるわけではない（もちろん足の速い人，力持ちな人はいるが，音速で走ったり東京タワーを持ち上げたりできる人がいるわけではない）。他人との結びつきや笑いを必要とするということについても個人差はあれ共通している。こうした共通性をもとにしてだれもが必要とする機能充足のリストをナスボームは作る。本によって若干の差はあるが，ここでは邦訳もある『女性と人間開発』のリストを（若干用語をかみくだいて）紹介しよう。(1)生命(2)身体的健康(3)身体の自由(4)感覚や想像力や思考といった能力が使えること(5)感情を持てること(6)自分の生き方や人生設計を考える能力(7)社会的な生活ができること，他人から尊重されること(8)自然との共生(9)遊びを楽しめること(10)政治的，物質的な環境をコントロールできること。ナスボームはこの中でも(6)の能力を「実践理性」と呼び，(7)の二つの機能充足をまとめて「連帯」と呼んでいて，特に重視している。主観的価値論と比べたときの強みは，このリストの項目の多くについてそれぞれの国でどのくらい満たされているのかは社会的統計によって調べることができるという点である。センもナスボームも個々人の機能充足に関して先進国と発展途上国の間の差を埋めることを重要な課題としており，そのためには途上国側で栄養状態や平均余命などの基本的な必要をきちんと満たしていくことが重要だと考えている。ナスボームのリストを使うことでどの程度必要が満たされているか，あとどのくらいがんばる必要があるのかが客観的に分かるわけである。ただし，たとえば「連帯」の側面が充実しているが不健康な国と健康だが「連帯」度が低い国とではどちらがより幸せかといった比較をする必要が出てきたとき，単なるリストしかなくてはお手上げになってしまう。それぞれの機能充足がどう重要なのか，なぜ重要なのかといった問題を考える必要が出てくるはずである。

　動物福利においては人間の福利以上に主観主義的な福利が分かりにくいので，客観主義もそれだけ大きな説得力を持つことになる。ここではダンカンとフレー

ザーという研究者のまとめにそって，機能充足説と本性説の二つを紹介しよう。

機能充足説とは，センやナスボームの潜在能力説のある部分を動物にあてはめたものだと理解できる。この説によれば，動物の福利の指標として動物個体としての機能が十分に発揮されていること，具体的には寿命まで生きること，発育不全などにならず順調に成長すること，体の各部分の機能が正常に働いていること，子孫を残すこと，行動上の機能が正常に働いていること（つまり異常行動が出ていないこと），などの機能の充足が挙げられる。特に生理学的な指標としてストレスと関連したさまざまな生理学的な反応（副腎皮質ステロイドの分泌など）が機能充足の基準として用いられる。もちろんストレスは動物自身にも不快な経験として意識されることが多いだろうから，主観主義的福利論においてもストレス反応を福利の一応の目安として使うことができる。しかし，ストレスは意識されないかもしれないから，そういうときには主観主義からはどうでもよいストレスが機能充足説では重要だ，という場合が起こりうる。つまり，機能充足説ではストレス反応を目安以上に重視することになる。逆に，機能充足説論者はその動物の健康や生理学的な機能を妨げないような苦痛や不快感は緩和しないだろうから，機能充足説から見てOKでも快楽説からは認められないような処置というのもあるだろう。

機能充足説は，動物への配慮なんてどうでもよいという人にも理解できる動物福利の理論だというところにポイントがある。病気の動物を使ってもちゃんとした実験結果など出ないから，よい動物実験と動物福利は切っても切れないというタイプの議論がある。この観点から動物福利を考えるとき必要なのは，動物自身がどう感じるかと関係なく，実験動物として正常であることである。従ってこのようなタイプの動物福利論者は機能充足説をとるのが自然だということになる。

さらに，機能充足説からは動物が長生きするのはそれ自体で機能充足の一つの項目であるから，単純に「よいこと」である。ということは，「無益な殺生をしない」というのを基本ルールとしたい人にとっては，生命が快楽や選好に対する二次的な価値でしかない主観主義とくらべると，機能充足説の方が都合がよい。

ただし，快楽や選好とまったく分離されたものとして機能充足を重視する立場については，人間についての潜在能力説と同じ問題がおきる。もしその機能充足をいかなる意味でもその動物自身が望んでいないなら，なんでそれがその動物にとっての福利と言えるのだろうか。

もう一つ指摘しておかなくてはならないのは，動物福利における機能充足説には潜在能力説の重要な要素が欠けているという点である。実験動物には行動や選択の自由はまったくといってよいほどないが，センやナスボームが機能充足を重視したのは，行動や選択の自由を保障するためだった。つまり，福利の客観的なリストを作るという点やそのリストの内容においては非常に近いけれども，リストを作る動機のレベルでは大きく違うわけである。もしもともとのセンのイメージする潜在能力に近いものを実験動物に与えるなら，動物自身が実験に参加するか，他の何をするかといったことを選べる余地を残すということになるだろうが，それでは今行われている動物実験の大半は成立しなくなるだろう。

　ナスボーム自身，「『同情と人道主義』を超えて：人間以外の動物への正義」と題する論文の中で，潜在能力説を動物にも拡張することを試みている。この論文でナスボームはあらゆる生き物が潜在能力説でカバーされるという。ただし，人間と同じ潜在能力をあらゆる種に保障しようというのではもちろんなく，それぞれの種はそれぞれの種にみあった潜在能力というものがあり，それを発揮できるようにするのが動物に対して正義にかなった扱いをするということだ，という。一般論としては人間に関してナスボームが作ったリストは（それぞれの種にあわせて細部を修正した形で）そのまますべての種に適用できるとナスボームは言う。たとえば，「(3)身体の自由」の項目は，動物に関するリストにも入っている。じゃあ実験動物にも自由に歩き回る潜在能力を保障するべきか，というと，彼女はそこまでは考えていないようで，ある程度歩き回れるくらいのスペースが必要だ，という控えめな主張になっている（しかしその根拠ははっきりしない）。この論文について，ナスボームは種というものを実体化してとらえすぎているとか，人間の潜在能力の実現の方が優先すると無前提に仮定しているとか，どのあたりまでの潜在能力を保障すべきかのさじ加減が恣意的だとか，いろいろ批判の余地はあると思う。しかし潜在能力説という立場の代表者が直々にこの説を動物へ拡張することについて公式見解を発表したことの重みは大きいだろう。

　もうひとつ，客観主義的な福利論の立場として本性説がある。これは，その動物が本来の仕方で振る舞うような環境を整えるのが福利だという考え方である。バーナード・ロリンなどがこの立場をとっている。ロリンによると，それぞれの動物種は進化の過程でそれぞれの種に固有な「テロス」（「目的」を意味するギリシャ語）が遺伝的に組み込まれている。たとえばカナリアは上手に飛ぶことで生

き延び，その結果飛ぶという「テロス」を持つようになった。適応的な行動はすべて「テロス」ということになる。そういう行動ができるのがそれぞれの種に属する個体にとっての福利だ，というわけである。「テロス」の内容は，生態学で野生の個体を観察したり古生物学的な分析をしたりすることで明らかになっていく。

　この意味での福利を実現する最良の方法は野生での生活に近い環境を飼育下で用意することである。この観点からの福利の充実は，実験動物よりもむしろ動物園などで盛んに行われている。最近国内で有名な動物園と言えば旭川市にある旭山動物園であるが，この動物園を有名にしたいろいろな設備の面白いところは，動物の自然な行動を誘発する環境エンリッチメントの工夫がそのまま来園者を魅了するアトラクションにもなっているところである。こうした展示のあり方を行動展示と呼ぶ。なお，これとよく似ているが，自然の行動かどうかということと関係なく課題を与えたりえさを食べるのに時間がかかるようにしたりして単純に退屈をまぎらせてもらおうというタイプのエンリッチメントもあり，これはむしろ快楽説や機能充足説からの方が理解しやすい。

　行動展示のような取り組みももちろん主観主義的福利論の立場からも理解できる。本性に従って行動することで得られる満足感のようなものがあると想定するなら，行動展示は快楽も増進することになるだろう。しかし，そうした満足感を度外視して自然な生態を自己目的化するのなら，その背後にあるのは本性説だと考えた方がよいだろう。本性説は説得力があるような気がするが，何がある生物種の「テロス」なのかはあまりはっきりしない。捕食者から素早く逃げるのはテロスだろうか，飢えることの多い生物において飢えをしのぐさまざまな仕組みが進化しているのはテロスだろうか。もしこれらもテロスなら，捕食者に追いかけられたり飢えたりというのもその動物の福利に貢献することになるが，これは「福利」という概念に非常に反するように思える（ただ，第七章でまた検討するように「福利」をはなれて，たとえば野生動物にどう接すべきかといった問題においてはこうした考え方がもっと説得力を持ってくる）。

　ところで，実際に行動展示を行っている動物園は，おそらく本性説よりは快楽説よりの考え方をとっていると思われる。というのは，ここで挙げた捕食者から逃げたり飢えたりといった，「自然」ではあるがストレスの大きい（そして苦痛だと思われる）行動は展示の対象になっていないからである。ただまあ，本当に

本性説をとるなら，動物園も動物実験も根本的に福利に反している（どうみてもどちらも進化の過程で彼らが置かれていた環境とぜんぜん違う）ためどうにも手の施しようがないという絶望的な面はたしかにあるだろう。

　本性説のもう一つの問題として人間の福利への適用がある。生物学的種としてのヒトの本性とはなんだろうか。ロリンの基準をヒトにあてはめるなら，ヒトという種が分化して確立したあたりで，どういう「テロス」にもとづいてヒトの体や行動が組み立てられたのかということを考える必要があるが，そのころ，つまり数万年前の環境に人間を置くのが一番人間の福利を満たした状態だとはだれも言わないだろう。人間の幸福について本性説に一番近い主張としては，たとえば同性愛行為は人間の本性に反するから同性愛行為をしない方が幸せなのだ，というようなものがある。しかし，こうした主張がもっともらしくないということは第二章でも少し触れた。このタイプの「自然さからの議論」を使うと，高度な医療は不自然だから無価値だとか，レイプは本性的な行動だから価値があるとかということになりかねない。そういう主張を受け入れる用意がないのなら，不用意に「本性説」などとなえない方がよい。もちろん，人間と他の動物で福利の基準が異なるということはあってもよいが，特に理由もなく違う概念を使うなら，福利のレベルでの種差別ではないかという疑いが生じる。

　以上で客観主義的福利論からの動物福利の理解についての紹介を終わる。ここで紹介した動物福利の考え方をまとめると結局表5-1のようになる。ここまでで触れていなかった点として，機能充足説を取るにせよ本性説をとるにせよ，価値論全体の中で福利（機能充足であれ本性であれ）をどう位置づけるかという問題がある。具体的には，動物実験においては人間の知的好奇心の満足とこうした福利のあいだのトレードオフはどう考えればよいのかという問題の形であらわれる。客観主義的福利論はローカルには使いやすくてよいのだが，動物実験のような多面的な考慮を要求する問題においてはかえってそれが弱点となるのである。

5-3-3　主観主義と客観主義の統合

　表5-1では三つの立場の相違を強調しているが，途中の記述でも説明したように，健康状態やストレス，本性的な行動などの価値は快楽説の観点からも理解で

表 5-1　動物福利の三つの考え方

	福利の概念的定義	判定方法	長所	短所
快楽説・選好充足説	快楽・苦痛 選好が満たされること	苦痛の評価基準へのあてはめ 選好テスト・動機テスト	直観的な幸福・福利概念との親近性	個体差が大きい 心理について知る難しさ
機能充足説	個体としての能力の実現 身体諸機能が十全に働くこと	成長率・生殖率・健康状態・寿命などストレスの測定	判定方法の客観性 斉一的な適用に適す 人間の福利の判断基準との親近性	「福利」についての直観と反する場面がある 動機の点で潜在能力説と大きくことなる 機能充足と他の価値の比較の問題
本性説	その種に本来そなわった能力・行動パターンなどの実現	生態学で明らかになる野生状態との比較	人間的な基準のおしつけを避ける 野生動物保護への応用	概念のあいまいさ なぜ本性を気にかける必要があるのか 本性と他の価値の比較の問題

きる。逆に，客観的リストはあまりに動物自身の快楽や選好とかけはなれてしまうとどういう意味で福利なのかよく分からなくなってしまう。そう考えると無理に対立して考えるより，主観主義と客観主義を統合することもできそうな気もする。実際，人間の福利については，特に主観主義の側で，そうした統合に向けた動きだと見ることもできるような理論展開が行われている。そこで本章の最後では，そうした取り組みについて紹介し，人間と動物の両方について，統合が成功するかどうか少し考察したい。

　選好充足説に対して適応的選好形成や外的選好の扱いなどさまざまな批判があることはすでに紹介した。さすがにこれだけいろいろ問題が指摘されると，選好を価値の基準にしたいと思う人も何か代案を考えざるをえなくなる。そこで多くの論者が選んだのが，「本当に価値があるのは，現実に持っている選好の対象ではなく，その人がもし合理的だったら選ぶようなものである」というように選好充足説を修正するやり方である。これを「合理的選好充足」(rational preference satisfaction) 説と呼ぶことにしよう。

　合理的選好充足説の代表的な考え方としては，リチャード・ブラントという功利主義の哲学者が提案する「認知的心理療法」(cognitive psychotherapy) という

ものがある。これは，自分が今持っている選好を事実と論理という二つの基準に照らして吟味するというやり方のことを指し，ブラントは，そうやって生き延びるような選好だけが配慮に値すると考える。事実に照らす，というのは，たとえば，「幽霊が出ると評判の家がこわくて入りたくない」という選好の吟味などで行われる。実はその幽霊話はだれかがしくんだいたずらだった，と分かったら，その家に入りたくないという選好は理由を失い，消滅するはずである（まあ人間の心理は完全にそう合理的にはいかないものだが，ここでは「理想的には」そうなるはずだ，ということを重視する）。論理に照らす，というのは，筋がとおった理由にもとづいているかどうかを吟味することである。たとえば，サンマを少しでも安く買いたい，ということで，隣町のスーパーまでわざわざ行く主夫がいたとして，サンマを100円安く買うためにバス代を往復で440円払っているとしよう。もしこの主夫の動機が純粋に料理を安くあげることだとしたら，理由と行動の辻褄があっていない。つまり，隣町までバスでサンマを買いに行きたいという選好は論理に照らしてふるい落とされることになる。

　この考え方は，選好充足説について指摘されたいろいろな問題を解消することができる。依存症や洗脳で作られた選好は，まさに自分が依存症であるということや洗脳をうけたということを理解すれば，つまり，その選好を持つに至った理由が非常に不合理なものだと理解すれば，変化するはずである（ブラントがこの方法を「認知的心理療法」と呼ぶのも，そういう効果を期待してのことである）。たばこの害について知ったときに，たばこを吸いたいという生理的欲求は依然としてあるけれども，その欲求も含めていろいろなことを考え合わせて形成した選好としては禁煙したいと思う，といった状況はこれにあたるだろう。

　適応的に形成された選好もまた，それが適応的な選好だということを理解することで変化する可能性がある。自分が今されていることは，他の人だったら怒るようなことなのに，自分はただ慣れているからというだけの理由で怒る気がおきないのだ，と納得したら，やっぱり怒りがわいてくるかもしれない。

　外的選好は認知的心理療法でどうなるか微妙なところである。自分の選好が外的選好であることに気づいていない人の場合には，それが外的選好だと指摘されることで（つまり，「それはあなたには何の影響も与えないことについての選好ですよ」と指摘されることで）選好が消滅するということもあるかもしれない。しかし，そんなことは承知の上で宗教上の信念などから外的選好を持っている人の

場合，いくら事実に照らしても外的選好だと説明しても選好は変わらないだろう。また，そういう外的選好がすべてなくなった方がよいのかどうかも議論の余地があるだろう。

ということで，合理的な選好というものを考えることで，「価値がある」とわれわれが普通思うものと，実際の選好の間の距離は一部説明できる。さらに，ロールズの基本財のリストやナスボームの機能充足のリストを見ると，合理的に選好されそうなものばかりである。つまり，そういうものを実際に望んでいない人でも，適応的選好形成の影響などを排して，そうした財や機能がどんなに役に立つかということについての事実を知ったら，欲しくなるようなものばかりである。合理的選好充足説と客観主義的価値論の距離は非常に小さい。

ただし，差がまったくなくなるわけではない。あらゆる事実を知っていろいろ考えた上でも「わたしは健康なんてどうでもよいと思う」という人や「わたしは他人から認めてもらいたいとはちっとも思わない」と心から言える人は存在するかもしれない（強がりでそういうことを言う人はいるかもしれないが，ここではもちろん口先でどう言うかではなく心の中の実際の選好について考えている）。少なくともその可能性は排除はできない。そうなる一つの理由は，認知的心理療法では基本的な価値観には手を触れないことになっているからである。結局，概念的には合理的選好充足説と客観主義の間の溝は残るということになる。

動物にあてはめる上では，合理的選好充足説を使った調停にはさらにいくつか問題がある。まず，動物についてはそもそも合理的選好を想定するのが非常に難しいという問題がある。あらゆる事実と論理に照らすというときに，その動物の最大限の知的能力を発揮して事実認識をした場合を想定するのだろうか，それとも人間と同じような知的能力を発揮した場合を想定するのだろうか。この問いに答えるには，もちろん，限界事例の人たちの合理的選好をどうとらえるかという問題もあわせて考え，矛盾や種差別がでないような体系的な答え方を考える必要がある。これがなかなか難しい。第一，動物に人間のような合理的能力があったとして，動物がどう考えるかを想像するのは大変困難である。仮にこの問題をクリアしても今度は他の問題に直面する（スペースの関係であまり詳しくは論じないが）。

以上のように，動物実験をどのくらい容認するか，動物の福利を増進するには

何をしたらよいかを考える上で価値論・福利論は大きく影響する。主観主義の価値論なら人間にとっての利益と動物にとっての利益のそれぞれの価値を比較考量するという方向で考えることができる（シンガーはその上で事実上全廃派に近い立場を選択することになる）。客観主義では人間と動物を比較するのが難しいが，本性説などある種の福利論は実験動物というあり方そのものを批判するために使うことができる。いずれの立場をとっても明確な答えがでるわけではないが，どういうことに着目して動物実験の倫理を考えていくかを決めるためにはこういう原理的な議論も必要である。

　福利の問題については本章の紹介でもまだ入り口といったところである。しかし価値論と福利論が理論的なレベルと実践的なレベルの両方でいろいろおもしろい問題をかかえているということを感じていただければ本章の目的は一応達せたと言えるだろう。

> コラム5　自由の価値

　第五章の本文でも自由という概念が何度か顔を出していたが，この概念は主観主義と客観主義の価値論・福利論のコントラストを考える上でも参考になる。そこで以下にちょっと自由という考え方が主観主義と客観主義のそれぞれでどうとらえられているかを見ておこう。

　チャップリンの『独裁者』という映画の最後で主人公の床屋が行う自由に関する演説は大変感動的である。その演説の中で，床屋を演じるチャップリンは「効率性や知識を求めるあまりわれわれはやさしさを失ってしまった」「自分たちを牛のように扱う独裁者のために戦うな，自由のために戦え」「君たちは機械でも牛でもない，人間だ」といった趣旨のことを述べる（ごらんになってない方はぜひ一度見ていただきたい）。ここまで動物倫理の話につきあってこられた読者は牛についての発言については保留するかもしれないが，自由が大事だという非常にストレートなメッセージには多くの人が感動せずにはいられないのではないだろうか。

　しかし，冷静になってなぜ自由は大事なんだろうと考えると，この演説ははっきりした答えをくれない。自由を失うことが不幸をもたらすと言っているようでもあるし，幸福と関係なく自由は貴重だとアジテーションしているようでもある（こういう野暮な分析をするから倫理学は邪悪だとよく言われるのだが）。前者なら主観主義，後者なら客観主義ということになる。主観主義の立場からは，誰かが何らかの状況下で「自由はよい」と判断するから自由に価値が発生する。あるいは少なくとも，「自由」から発生するなにかについて，誰かがそれをよいと判断するから価値が発生する。これに対し客観主義の立場からは，世の中の人が誰ひとり自由がよいと思っていなくても，自由にはやっぱり価値がある，と考える。もっといえば，人間のような知性をそなえた存在がこの宇宙におらず，「自由」という概念を理解できる生き物がまったく存在しないとしても，やっぱり自由はよいということになる。

　主観主義の中でも，選好充足説からは比較的容易に自由の価値を導き出すことができる。自由とは自分の望んだことを実現できるということなのだから，自由な人は（ちゃんと自愛の思慮を働かせれば）自分の選好を充足できるはずである。とはいえ，人々がよく考えた上で自由を選好しないということもありえて，そうなると自由は価値がなくなる。チャップリンの床屋の演説も半ばそういう人に向けたものである。

　他方，快楽説では自由を説明するのは難しい気がする。自由にさせられると

いう経験は自分の決定に自分で責任をとらなくてはいけなかったりして，必ずしも気持ちよいものではないかもしれないからである。しかし，功利主義者のJ.S.ミルは自由や個性の発展といった，直接快楽と関係なさそうな価値を快楽の観点から説明する議論を主著の一つ『自由論』で展開している。まず，自由の中でも言論の自由は，快楽のために役に立つ知識を生み出す。正しい意見だけ流布するようにしてあとは全部禁止してしまった方がみんな幸せになりそうな気もするが，そうはいかないとミルは言う。間違っているように見える意見も本当は正しいかもしれないし，少なくとも部分的には正しいかもしれない。あるいは，本当にその意見が間違っていても，そうした意見と照らし合わせることで，真理をよりよく理解できるようになる。また，真理であっても無批判に受け入れるのはいろいろ不都合が生じる。ということでミルが言論の自由を認めるのは真理を知るためなのだが，真理がなぜ大事かというと，それによって人類が進歩してけっきょく人類が幸福になる（それだけ多くの快楽を得る）からだ，という理由による。また，自由によって個性が開発されるのも快楽の増進になる。そうやって個性をのばすことで本人が幸せになるだけでなく，いろいろな生き方が開発されることでそれだけ人類が進歩し，全体として幸福になるからである。つまり，まとめるなら，自由も，個性も，真理も，進歩も，すべては快楽のための道具なのである。これは主観主義の典型的な思考法である。なお，すでに紹介したように，ミルは快楽にも質の差というものがあると考えていて，そこまで考慮に入れるとミルは選好充足説に近いという解釈もある。『自由論』では幸福の中身に立ち入った話はしていないのでどちらともつかないというのが本当のところであるが，ここでは一応普通の快楽説として理解しておく。

　ミルはまた，自由の制限についても独自の考えを示している。それによると，判断力のある大人が自分の好きに行動するのに対して制限をかける根拠になりうるのは他人に危害を加える場合だけである。子供だったりして判断力がない人の場合にはパターナリズムといって本人の利益を守るために他人がかわりに判断することもありうる。ここで大事なのは，外的選好が充足されないことは「危害」にはあたらないということである。ミルの挙げる例だと，ミルはモルモン教（キリスト教系の新興宗教で，『自由論』が書かれたころにはアメリカの砂漠の真ん中に居留地を作って孤立して生活していた）がきらいで，特に一夫多妻制をみとめるところががまんならなかった。それでもモルモン教徒たちだけで共同体を作って接触を絶って生活する分には，いくら他の人が不愉快に思おうと，モルモン教徒の一夫多妻制を無理矢理やめさせることはできないと

論じている。つまり、ミルの一夫多妻制に対する不快感はあくまで外的選好であって、そういう不快感をおぼえさせること自体は危害ではない、というわけである。

客観主義の福利論では自由はどう考えられるだろうか。まず、第三章で見たロックやノジックの契約説では、自由の権利（特に財産を自由に使う権利としての所有権）は社会契約に先立って自然状態でも存在しており、互いに尊重しあわなくてはならないことになっている。彼らはこれを価値論として擁護するわけではないが、実質上自由の価値を客観的に認める福利論を採用していると言ってもよいだろう。しかし、まさにそのために、自由の価値そのものを疑う人に対してなぜ自由が大事かを説得する材料は彼らの理論の中にはない。

次に第三章と第五章で紹介したロールズの立場であるが、基本財の理論では、言論の自由、政治的自由、移転の自由、職業選択の自由などさまざまな自由が基本財としてリストアップされている。しかも他の財よりも優先順位が高いから、正義の二原理では自由についての原理が第一原理という扱いをうける。なぜそうなるのかの説明がロールズの中で揺れているのは第五章の本文で紹介したとおりだが、一番客観主義的な解釈をとるなら、民主社会を担う市民として、本人の好き嫌いにかかわりなく自由を与えられるのである。

センの潜在能力説においても自由は重要な概念になっている。この立場の背景にはアイザイア・バーリンという政治哲学者のたてた二つの自由の区別がある。バーリンによれば、自由には消極的自由と積極的自由がある。消極的自由とは拘束されない自由であり、ミルが問題にしていた言論の自由や、他人に危害を与えない限り好きに行動してよいという意味での自由は消極的自由である。ロック、ロールズ、ノジックらの大事にする自由も基本的には消極的自由である。これに対し、積極的自由とは自分のしたいことをできるようにサポートしてもらうことまで含んだ自由である。たとえば、「大学で勉強してよいですよ」と言われても、学費が高すぎて入学できないのでは本当に大学で勉強する自由をもっているとはいえない。本当に「勉強してよい」というなら、たりない学費のサポートまでしなくては意味がない。ミルの言う個性の発揮も、もし個性の発揮を積極的にサポートするのが大事だと考えるなら、積極的自由の主張になる。バーリンは積極的自由を実現することこそ真の平等に必要だと言い、センもそれに同意する。これは本人が望むかどうかにかかわらず積極的自由が福利だと言っているわけであるから、客観主義的福利論ということになる。本文で紹介した機能充足とは、結局この積極的自由の実現のことなのである。

つまり、客観主義的福利論の中でも自由の内実には対立があることになる。

客観的に価値があるのはロックらが言うように消極的自由だけなのか，それともセンが言うように積極的自由まで客観的に価値があるのか。こういう問題について考えようとするとやはりミルのように幸福ないし選好をベースにして考える必要がありそうな気がする，と主観主義者なら考えるわけであるが……

第六章

肉食は幸福の量を増やすか
菜食主義や工場畜産の論争を通して
意思決定システムとしての功利計算や厚生関数について考える

　前章では動物実験を手がかりとして「福利」について考えた。本章のテーマは菜食主義である。これは動物実験とならんでおそらく動物倫理でもっともよく論じられる話題であろう。われわれは動物の肉をはじめとする動物性の食品を食べてもよいのだろうか。こういう問題についてどういう基準で考えたらよいのだろうか。

　本章ではこれを功利主義に関係する諸問題，特に功利計算のさまざまな考え方と結びつけて考える。功利主義の基本となる価値論は前章で紹介した主観主義的福利論ということになるが，この福利論においていろいろな選択肢があったように，福利をどう計算して最終的な結論にたどり着くのか，という点でもいろいろな選択肢がある。実は，これらの選択肢が，菜食主義の問題について考えるときに出てくるいろいろな問題にどういう解決を与えるのか，という実際的な問題とも結びついているのである。

本章のキーワード

菜食主義　工場畜産　捕鯨　総量功利主義　平均功利主義　先行存在説　置き換え可能性テーゼ　幸福の個人間比較　多数決　ボルダ法　厚生経済学　新厚生経済学　パレート改善　パレート最適　社会的厚生関数　一般可能性定理　パレート派リベラルの不可能性　マイナス功利主義

6-1 菜食主義

6-1-1 動物実験と菜食主義

　菜食主義について論じるときに出る話題は動物実験と重なる部分も多いが，異なる論点も多い。そういう共通点と相違点をまず確認しておこう。

　最初に動物実験と論点が重なるところから見ていこう。まず，食肉の場合はほぼ必ず，動物実験の場合も多くの場合，利用した動物の命を最終的にはうばうことになる。命をとること自体を問題視する立場からはこれが重要な点になる。次に，動物実験においても食肉動物の屠畜においても，非常に苦痛の多いやり方もあれば少ないやり方もあるし，実験に使うことが目的であれ，食肉にするのが目的であれ，そのプロセスで動物を飼うというのは同じである。そうした実験や屠畜のやり方とそこに至るまでの飼い方が動物福利派（この概念については第五章を参照）にとって重要な問題となるという点も同じである。対象となる動物の多くが哺乳類や鳥類であるという点も共通点として数えてよいだろう。

　逆に，動物実験と菜食主義の問題で対照的なのはどういう点だろうか。まず，動物実験に直接従事するのが科学者という限られたグループの人であるのに対し，食事はあらゆる人が自分で行うことであり，畜産業者，屠畜業者，加工業者，運送業者，販売業者などさまざまな業種の人がかかわる。つまり，菜食主義をとるかどうかはすべての人の日常生活に密着した問題なのである。また，動物実験が人類の歴史の中でせいぜいここ数百年の間に行われるようになったものであるのに対し，肉を食べる習慣は非常に古い（ホモ・サピエンスという種そのものより古い）。それだけに，肉食に関する慣習も非常に長い伝統を持つものが多く，宗教的な戒律と結びついていることもある。動物実験の廃止よりも肉食の廃止の方が心理的な障壁は大きいだろう。

　現在の日本では特に，肉食が深く日常生活に定着していることもあって，動物実験廃止を求める運動をしている人の間でも菜食主義者は少数派である。そのせいで動物実験を擁護する側からは「肉を食べるくせに動物実験に反対するな」と反発されることも多い。まあ，動物実験と肉食には違う点も多いから，肉食を容認する人が動物実験全廃論者でも一概に態度が矛盾しているとは言えないが，少

なくともよく考えて自分なりに筋の通った態度をとることは必要だろう。なお，日本と対照的に，アメリカ人の6パーセントが哺乳類の肉を食べないという統計もあり，欧米諸国ではかなり大きな運動になっている。わたし自身の経験で言うと，アメリカの哲学業界では，授業で動物倫理を扱うことも多いせいか，菜食主義者の比率が高く，わたしが留学していたころも，みんながあつまるパーティーなどでは必ず動物性食品を含まないメニューが用意されていた。

　もう一つ，相違点として，動物実験は比較的隔離された環境で行われるが，畜産業はいろいろな形で社会や環境の他の部分と関わりながら成立しているという点も挙げておくべきだろう。動物実験は隔離された研究室の中で行われるから影響があまり外に出ないようにできるが，畜産は餌の調達ひとつとっても環境との関係を考えないわけにはいかない。つまり，動物実験は独立の問題としてそれだけについて考えることが比較的簡単だけれど，肉食の問題は隣接するいろいろな社会問題や環境問題との兼ね合いがあって非常に複雑である。菜食主義を採用する方も，肉食にこだわる方も，理由は動物への配慮に限らずさまざまである。そういうせいもあって，動物愛護運動の中でも菜食主義は独立性が高い運動として別個に展開されてきた。最後に，菜食主義者は多くの場合他人が何を食べるかには干渉しないが，動物実験に関しては実験をする科学者，施設，企業などに対する反対運動が主になるという点も差がある。

　ただし，肉食をめぐる状況は20世紀半ばに大きく変わり，菜食主義と動物愛護運動の関わりも大きく変貌してきた。それが工場畜産と呼ばれる集約型の畜産の登場である。先進国では工業化の進展とともに農家が減り，大規模化が必要となった。少人数で大規模な農場を経営するためには飼育や採卵，搾乳などの作業の効率化が必要である。そこでそれまでは放牧地で飼われていた家畜を家畜舎に閉じ込めて管理することで省スペース化と効率化をはかった。飼料や品種の改良，衛生管理法の改善なども同時に進んだ。これが工場畜産である。こうした合理化はまず第二次大戦後すぐにニワトリで始められ，次にブタやウシへと応用が広がっていった[1]。

　ここでは日本の国内での変化について少しだけ数字を挙げておこう。農林水産省の『畜産統計』によると，たとえばブロイラーは1965年には約2万戸の農家

1）この変化が実現するには獣医学の協力が必要だった。文献表のジョーンズの本を参照。

で1800万羽を飼育していたのに対し，2005年の統計では農家数は2600戸と激減しているのに飼育数は1億羽を越え，一戸あたりの飼育数も900羽から3万9000羽へと激増している。採卵鶏も大体同程度の数字で，現在約4000戸で1億8000万羽ほどが育てられているが，統計の取り方が途中で変わった（あまりに大規模化したため300羽以下の養鶏業者は統計に含めなくなった）ために正確な比較はできない。飼育数が数万というオーダーになるのとともに，経営形態も家族経営から会社経営へと移行してきている。ブタは同じ期間に農家一戸あたりの飼養頭数が約6頭から約1100頭へ増え，70万戸で400万頭ほどを育てていたのが9000戸で1000万頭を育てている。乳牛は一戸あたり約3頭から約60頭へ，肉牛が約1頭から約30頭へと，ある程度の大規模化はしているが，アメリカのような大規模農場が主流になっているわけではない。ともあれ，以下の話は国内でいえば3億羽弱のニワトリと1000万頭ほどのブタと300万頭のウシの運命についての話だという，大まかな数のイメージは持っておいた方がよいだろう。

　工場畜産の影響は多岐にわたり，そのいくつかをまた後で検討するが，全体として，工場畜産の導入で，畜産業と動物実験の間には共通点が多くなった。畜産も実験と同様に閉鎖的でコントロールされた空間で行われるようになった。工場畜産という方法そのものに特に伝統はなく，宗教的・文化的しがらみからは比較的自由に論じることができる。菜食主義者が他人の食べるものに干渉しないと言ったが，そういう人でも工場畜産には積極的に反対する人が多い。ただしもちろん，工場畜産を廃止することは大幅に食肉供給量が減ることを意味し，多くの人が今のような肉中心の食生活をおくることは不可能になるだろう。

6-1-2　菜食主義のさまざまな形態

　菜食主義と一口に言っても，いろいろな形態がある。どの立場を想定するかで議論も違ってくるのでどういう立場があるのかを確認しておこう。

　倫理的菜食主義のもっとも典型的な立場は，卵と牛乳（乳製品全般）は食べるが肉・魚類をまったく食べないというものであり，単に「ベジタリアン」と言ったら普通はこの立場を指す。他の立場とはっきり区別したいときには，「ラクトオボ・ベジタリアン」という言葉もある。ラクトとは乳製品，オボとは卵を指す言葉である（応用として，牛乳はOKだが卵は食べない，という人を「ラクト・ベ

ジタリアン」と呼ぶ）。これに対して，動物性食品を一切摂取しない立場を「ヴィーガン」と言う。さらに制限がきつく，植物性食品の中でも果物（取って食べても植物の個体を殺さない部分）しか食べない「フルータリアン」という立場もある。ラクトオボ・ベジタリアンよりも肉食に寛容な立場は厳密な意味での菜食主義ではないが，場合によってはベジタリアンに分類する。たとえば魚は食べるが哺乳類，鳥類は食べないという立場は「ペスコ・ベジタリアン」と呼ばれる。理屈の上では「爬虫類は食べてもよい」とか「両生類は食べてもよい」という人がいてもよいはずだが，あまり食用にされないせいかそういう立場を指す名前はあまりきかない。また，種類に限定をつけず，肉類を少量しか摂取しない「デミベジタリアン」ないし「セミベジタリアン」という立場もある（ペスコ・ベジタリアンもデミベジタリアンに分類されることがある）。たとえば，これまでに何度か出てきた倫理学者のR. M. ヘアは放し飼いで飼われていて人道的に屠畜された動物の肉だけは食べるという立場だったそうだが，これはデミベジタリアンに分類される（この立場の人はスーパーで肉を買ったりその辺のレストランで肉料理を食べたりといったことはできないため，結果的に肉をほとんど口にしないことになる）。特に分類する必要がない場合，本章で言う菜食主義はこれらさまざまな立場の総称である。

　菜食主義者になる理由は人によりさまざまである。とりあえず，宗教的理由，動物倫理的理由，健康上の理由，安全上の理由，環境倫理的理由などを挙げることができる。

1）宗教的理由

　もっとも古いのが宗教的な理由である。インドでは，ヒンズー教，ジャイナ教，仏教など，不殺生の戒律を持つ宗教が多く，それらの戒律に従うなら，当然ながら動物を殺して食べることはできない。ただし，マイケル・W. フォックスによると，肉を食べてはならないというのは単なる不殺生戒の適用ではなく，自分の体を清く保つためという意味がつよいらしい。いずれにせよ，殺生戒をベースにした菜食主義は肉や卵を食べることを禁ずるが，乳製品はかまわない（分類ではラクト・ベジタリアンということになる）。西洋では古代ギリシャのピタゴラス学派が菜食主義を採用したことが知られている。しかしその後西洋を席巻したキリスト教には特に肉食を禁じる戒律はなかったため，宗教的な菜食主義は西洋から

一時姿を消した。しかし，19世紀初頭には，エデンの園ではアダムとイブが菜食主義者だったという聖書解釈をベースにして，ウィリアム・カウハードという牧師がはじめたキリスト教の分派が菜食主義を唱え，他の宗派にも影響した。

中国や日本においては，仏教の戒律が菜食主義の主な根拠となってきた。日本においてはよく引き合いに出されるのは西暦676年から何度かにわたって出された殺生禁止令で，これは特に廃止もされなかったのでその後千数百年にわたって有効だったはずである。しかし山間部ではずっと狩猟した獣肉を食べていたらしいという研究もあるし，江戸時代初期には犬肉をよく食べていたらしい。もちろん僧侶に対しては菜食の戒律があったが，一般人に対しては日本の仏教は寛容な態度をとってきた。殺生禁止令の効力がどうであれ，魚は食べてきたから，いずれにせよ狭い意味でのベジタリアンではなく，ペスコ・ベジタリアンに近い食生活であったと言えるだろう。

2）動物倫理的理由

次に代表的なのが動物倫理的理由，つまり肉食が動物への虐待を不可避的に含むという理由による菜食主義である。1847年に「菜食主義協会」がイギリスで作られたのが一つの区切りとなった。1883年にはハワード・ウィリアムズの『食生活の倫理』（*Ethics of Diet*）という，古代以来の菜食主義者の列伝ともいうべき本が出版された。この本はいろいろな国語に翻訳され，菜食主義運動を世界に広める上で貢献したと言われる。特に，トルストイはこの本を読んだあと自ら屠畜所を訪れ，肉食が非常に残酷な営みであることを確信して菜食主義者となった。トルストイは自らの体験を『食生活の倫理』のロシア語版の序文としてまとめ，この「第一段階」と題された文章もまた菜食主義の代表的プロパガンダとして国際的な影響力を持った。近代の日本での菜食主義の運動はいくつかのルーツを持つが，一つはトルストイらに影響を受けた倫理的菜食主義の流れで，トルストイのファンだった徳冨蘆花がしばらく菜食主義者だったことが知られている。宮沢賢治は仏教系の菜食主義者だったが，欧米の菜食主義運動についても知っていたようで，「ビジテリアン大祭」という，かなり詳しくベジタリアンの主張を紹介した小説を残しているので読んだことがある人もいるだろう。トルストイらの菜食主義は肉食に関しては屠畜を主に問題視しており，牛乳や卵の消費は特に問題はない。狭い意味でのベジタリアン（ラクトオボ・ベジタリアン）というこ

とになる。ただ，工場畜産の発達によって，動物倫理的な菜食主義者も牛乳や卵の消費を問題視するようになってきた。

　もっとも素朴な倫理的菜食主義は，「殺してはならない」「生命を大事にしなくてはならない」という子供のころから植え込まれてきたルールをそのまま適用するものだろう。ただ，こうした素朴な動物倫理は，第一章でも少し触れたように，尊重すべきものではあるけれども，無理があったりあいまいすぎたりで，基本原理としての地位をもつとは考えにくい。

　現代の動物倫理の中ではレーガン流の尊重原理（第一章参照）に基づく菜食主義の考え方がある。これは動物を「生の主体」として尊重する考え方で，カント倫理学の動物への拡張になっているというのはそこで説明した。「食べる」というのは相手を栄養源や料理の材料として単なる道具（肉のかたまり）としてとらえない限りはできないことで，レーガン流の尊重原理からは不可能なことになるだろう[2]。よく，ウシやブタは食べられるけどペットとして飼う動物は食べられないという人がいる。これは，ペットは家族の一員としてレーガンの言う意味での「尊重」の対象になるのに対し，家畜はそうなっていないという差によるものだと思われる。レーガンの主張は，ペットに対するそういう態度を「生の主体」であるようなすべての動物（したがってすくなくとも哺乳類全体）に拡大しなくてはならないという主張と考えれば，直観的に理解しやすいかもしれない。

　動物倫理的な菜食主義も，どういうタイプの倫理を前提とするかで菜食の内容が変わる。植物まで含めて生物の命をとること自体が倫理的な罪悪だと考える立場を純化すればフルータリアンになるだろう。「人間に対してやってならないことは（別扱いする理由を示せないかぎり）他の動物にもやってはならない」という動物解放論の大原則に基づいて考えるなら，人間を食べて良いとはだれも考えないだろうから，少なくとも動物の肉はまったく食べないという選択（つまりラクトオボ・ベジタリアン）にならざるをえないだろう。動物に苦痛を与えることが問題だと考える場合，畜産業がどの動物にどのくらい苦痛を与えていると考えるかで態度が変わってくる。畜産はどんなにがんばっても動物に苦痛を与えない

---

[2] 切り身になった肉そのものは生の主体ではないから，食べても相手を尊重していないことにはならない，と思う人もいるかもしれない。しかし切り身になる前にそもそもなぜ屠畜がなされるかといえば，食べるため（だけではないかもしれないが）である。屠畜業者はいわば代理となって屠畜をおこなっているわけで，肉を食べる者にはその代理行為に対して責任が発生するだろう。

わけにはいかないと考えるならベーガンにならざるをえないだろう。しかし，工場畜産でない古典的な畜産なら全体として動物を幸せにしているはずだと考えるなら，むしろ工場畜産のみに反対するデミベジタリアン（ただし工場畜産で作られた牛乳や卵も避けるという意味ではベーガンに近い）になるだろう。

3）健康上の理由

　菜食主義になる第三の理由は健康上の理由によるものである。かつては動物性食品は栄養のバランスを保つ上で不可欠だと考えられていたが，ほとんどの必須栄養素は大豆などの植物性食品から得られることが分かった。数少ない例外はビタミンB12というビタミンで，これは動物性食品からしか得られないが，微量でよいので，厳格なベーガン以外にとっては問題にはならない。これに対して，動物性食品に含まれる動物性の脂肪は血中のLDLコレステロールの量を増やす効果があり肥満や高脂血症の原因になる。したがって，全体としては動物性食品を今よりずっと減らしてもマイナスはなく，健康にはよい。ただ，この理由だけであれば，すでに高脂血症になって危ない状態の人など，例外的な人を除いては，動物性食品を完全にとらない理由にはならない。健康上の理由で全面的に肉食をやめるという人は，西洋近代医学の正統的な栄養学理論とは別の考え方に基づいている可能性が高い。日本でこれに該当するのは明治時代に創始された独特の栄養理論に基づいて菜食主義を主張している潮流で，現在ではマクロビオティックという名前が一番よく知られているだろう。マクロビオティックは陰陽説をはじめ東洋思想の概念をいろいろ使っており，内容も日本の伝統食に近いが，理論的な部分は基本的には石塚左玄や桜沢如一といった創始者たちの，よく言えば独創，悪く言えば思いつきである。

4）安全上の理由

　工場畜産の時代になると，肉食を避けるもう一つの健康上の理由ができた。それは工場で育てられた家畜の安全性の問題である。狭いところに多くの同種の家畜を飼うということは，病気の感染のリスクが非常に大きいということである。そのリスクを減らすために工場畜産で育てられる家畜は大量の抗生物質や薬品を投与され，病気に感染しないようにしてある。しかし，そうした薬品の安全性に疑問を持つ人にとってはいずれにせよあまりよいニュースではない。最近問題に

なった牛海綿状脳症（BSE）の問題も畜産の効率化の結果生じたものである。BSEはウシにウシを食べさせることで感染するものだから、昔ながらの牧草による飼育なら発生しない。鳥インフルエンザの流行も同じような不安を生んでいる。こうした事件に不安をおぼえて肉食をやめるという菜食主義者もこのカテゴリーに入れてよいだろう。

5）環境倫理的理由

　最後に、環境倫理的な理由での菜食主義もある。畜産業の環境への影響については、2006年に国連食糧農業機関（FAO）が「畜産の長い影」というレポートを発表している。氷におおわれていない土地の26％が牧草地として使われ、耕作可能な土地の33％が飼料を育てるために使われている。ウシなどの反芻動物のゲップに由来するメタンが人間由来のメタンの37％を占めていて、温暖化に無視できない効果を及ぼしている。また、集約的な工場畜産は古典的な農業に比べると同じ量の肉を生産する上でも大量の化石燃料を消費する。アマゾンではかつて森林だった土地が切り開かれており、農場から出る排泄物が環境を汚染するという問題もある。FAOの報告書は、全世界で13億人が畜産業に関わっているという影響の大きさを重くみてか、業界の努力でこれらの問題を改善する、という方向でまとめられているが、このように多面的な環境負荷の源になる畜産はやめてしまうべきだ、というのが、いわゆる「環境菜食主義」の立場である。たとえば、耕作可能な土地を畜産に使うのでなく人間が食べる穀物を作るのに使えば世界的な食料問題の解決にも役立つだろうし、畜産をやめれば新しい牧草地も必要なくなるから森林破壊も止められるだろう。

　ただし、環境負荷を菜食の理由にするのなら、全面的な肉食の禁止ではなく、デミベジタリアンに近い立場に落ち着くことになるだろう。たとえば、野菜を食べることが常に畜産品を食べることより環境負荷が低いわけではなく、地球の反対から冷凍空輸してきた新鮮野菜を食べるのと生態系と調和した農場で育ったブタを食べるのとでは、さすがに輸送にかかるエネルギーで環境負荷が逆転するだろう。また、野菜などの耕作に適さない土地を牧草地に使って畜産を行う場合、「人間が直接牧草を食べた方が環境によい」ということはさすがにない。また、食料問題は食料の流通にまつわる政治的な側面も大きいので、食物の量が豊富でもそれで単純に飢餓がなくなるというわけではない。

また，肉食と環境の関係ということで言えば，畜産よりも大きな問題なのは野生動物を捕獲して食べることである。野生動物の捕獲は，大規模にやれば，当然ながら生態系の破壊に直接繋がる可能性がある。日本人はあまり野生動物を食べているという感覚はないだろうが，遠洋漁業でとってくるマグロはまぎれもなく野生動物であり，乱獲が深刻な問題となってきている。

クジラも野生動物である。多くの日本人にとって肉食にまつわる動物保護運動としてすぐに思い浮かぶのは捕鯨反対運動だろう。日本では捕鯨反対運動というと日本と西洋諸国の間の政治問題としてとらえられがちで，そのために「あいつらは牛肉を食べるくせになんでクジラだけだめなの」という反応がよくある。しかし，菜食主義の運動の一環として，高度な知性や感受性を持つと思われる野生動物を屠畜と比べものにならない残酷な仕方で殺して食べるというところが批判されているという面もあることも知っておいた方がいいだろう。もちろん，捕鯨は政治的な駆け引きがからむ複雑な問題になってしまっていてこういうところでついでの話題に取り上げるのには向かないが，ここで見たようなさまざまな菜食主義の論拠から考えると捕鯨は非常に分が悪い。

以上をまとめると，菜食主義を採用する理由に応じて，食べない食品の範囲も大きくかわってくる。ただ，ここで挙げたような理由は，われわれが消費している食肉の大半は消費をやめた方がよいという点では一致する。自分の体に悪く，環境も破壊し，家畜を苦しめるような食生活を続けたいというのは一体どういう神経なのか，と訊かれたらあなたはどう答えるだろうか。

6-1-3 工場畜産をめぐる攻防

さて，ここまでは畜産全般を対象にしてきたが，現代の工場畜産は畜産のあり方をかえ，新しい論争と反対運動の火種になった。本章で考えていきたい功利主義の問題とも直接つながる論点は工場畜産をめぐる論争の中で出てきたものである。

工場畜産導入の経緯についてはすでに簡単に説明したが，畜産業の変化，特に動物の扱い方の変化を人々が知るようになったのは少し後になってからだった。具体的には，1964年のルース・ハリソンの『動物工場』(*Animal Machine*) や，

すでに何度も言及した1975年のピーター・シンガーの『動物の解放』といった著作が，工場畜産の実態を広く知らせ告発した。『動物の解放』は邦訳もあるのでここで詳しく紹介できない分もぜひ読んでみていただきたい。

　工場畜産でまず問題になるのは，狭さが生み出す痛みやストレスである。産卵用のニワトリは狭いケージで何羽かまとめて飼われることもあるし，場合によっては広い鶏舎いっぱいに押し込んで飼われることもある。シンガーが挙げている数字では，ニワトリが羽根をいっぱいに伸ばすと80 cmくらいになるが，ケージの大きさは30 cm×50 cmで，しかも一つのケージに5羽ほど一緒に押し込められることもある。これは，1975年当時の規制値から言っても狭すぎる。そうしたぎゅうぎゅう詰め状態がストレスを高めるのは生理学的にも確認することができるし，死亡率も上がることが分かっている（さすがにニワトリが死んでは業者にとっても損のような気がするのだが，ケージ一個あたりでとれる卵の数はぎゅうぎゅう詰めにしたほうが多いからその方が合理的なのだという）。ケージの床は掃除しやすくするため金網になっているがニワトリの足は金網向きにできていないので足を怪我することも多い。マリアン・ドーキンスの研究では，餌の与えられるケージと餌の与えられない芝生のどちらを選ぶかという選好テスト（第五章参照）でニワトリはみな芝生の方を選んだという。

　ブタに関しても状況は似たようなものであるが，知性が高い分，ほとんど身動きができない狭いケージでの飼育には「退屈」というストレス要因が増える。『動物の解放』の第二版でシンガーが新しい動きとしてとりあげている中に，生まれたばかりの子ブタを母ブタから引き離して機械で母乳を与える技術がある。これは出産の効率化につながるが，母ブタと子ブタの両方に苦悩を与えるという点でブタたちの福利には負の効果を生む。

　ウシは今でも牧草地で育てることが比較的多いので，ブタよりは若干ましな状態にある。しかし乳牛は早くから合理化がすすめられ，肉牛もだんだん牛舎の中で暮らすようになっている。また子牛肉（veal）用の子ウシは例外で，特に虐待の要素が強い飼育法として動物の福利に関心をもつ人の多くから指弾の対象にされている。子牛肉は欧米では美味とされるが，これを作るには，生後すぐの子ウシを母ウシから引き離し，狭い木枠の中で数週間育てる必要がある。動けるようにすると木枠を齧ったりするので，ほとんど身動きできないように固定する。牧草を食べる年齢になっても肉を明るい色に保つために流動食を与え続け，その結

果子ウシは慢性の下痢になる。鉄分を多く取ることが肉を暗い色にするので，鉄分を与えず，そのため子ウシは貧血もおこす。

　工場畜産には別種の処置も必要となってくる。たとえばニワトリをそのまま狭いところにぎゅうぎゅう詰めにするとお互いをつつきあうので，くちばしの先を切り落とす「断嘴」という処置をする。ブタに関してはお互いの尾を齧るという形でストレスを発散しようとするので前もって尾を切除する（「尾齧り」については『動物のお医者さん』という漫画で紹介されたので，それで記憶している方もいるだろう）。ウシの場合は除角といって角を切り落とす。これらの処置に麻酔をかける業者は少なく，これもまた苦痛のもととなっている。

　外から見えにくい虐待として，輸送時における家畜の取扱いがある。食肉用の家畜は最終的に屠畜される際には屠畜所まで輸送されることになるが，これは長時間におよぶことも多い。その間狭いトラックの中で餌や水を与えられずに過ごす場合もある。安全対策がなされていなければ，トラックの中で怪我をすることもある。畜産業者も，飼育段階での福利は肉の品質などに影響する可能性があるので気にかけるが，輸送段階になればあとは肉にするだけなのでそれほど配慮が働かないようである。

　最終的な屠畜もまた効率化がはかられている部門である。日本で最大の屠畜場は品川にある芝浦屠畜場だそうだが，内澤旬子の『世界屠畜紀行』によれば，ここでは毎日 350 頭のウシと 1400 頭のブタが処理されているそうである。これだけの数を処理するため，機械化できるところは機械化して，徹底した分業の下で作業がすすめられる[3]。屠畜は家畜を殺すというもっとも直接的な危害を加える場面であり，はやくから各国で規制のかかっている領域である。しかし，屠畜における苦痛がなくなっているかというと実態はまだまだ不十分である。たとえば，アメリカやイギリスでは家畜の命を奪う前に電気ショックで意識を失わせることが法律で求められており，シンガーらの本の出版後にそうした規制は軒並み強化されてきたが，『動物の解放』の第二版での補足によればあまりきちんとは実行されていないらしい。また，屠畜場に入るのをいやがるウシやブタには電棒で電撃を与えて言うことをきかせるとのことで，そうした点も虐待として批判されて

---

[3] このあたりの様子は同書に詳しい描写があるのでぜひ一読されたい。また，近代的な屠畜にかぎらずさまざまな国の屠畜の様子をまとめた興味深い本としても同書はおすすめである。

いる[4]。

　ハリソンやシンガーらの告発によって，工場畜産は動物の権利運動の主要課題となった。PETA はここでも世界的な反対運動の先頭に立ってきた。PETA の作った"Meet Your Meat"（直訳すれば「お肉に会おう」）というビデオは，工場畜産の様子とあわせて，ふだん触れることのない屠畜の様子も生々しくとりあげている（PETA のウェブサイトからダウンロードすることができる）。血に弱い人にはあまりおすすめできないが，肉食への態度を決める際の一つの判断材料として見ておいた方がよいだろう。ただし，あくまで工場畜産の廃止を訴えるという立場から編集された映像であるから，もっと屠畜に肯定的な内澤の本などと見比べながら見た方がよいだろう。いずれにせよ，工場畜産の登場によって，肉食か菜食かという問題は，個人の生き方の選択の問題から，みんなで話し合って許可するかどうかを考えるべき社会的な選択の問題へと変化したと言ってよいだろう。

　そうした反対運動に対しては，肉食を支持する側からさまざまな反論がなされてきており，それに対する再反論もなされている。一番の論争点は PETA のビデオなどに出てくる家畜の虐待がどのくらい一般的かという点である。畜産業側からは，ストレスは肉をまずくするのでたいていの業者はストレスを家畜に感じさせないように努力しており，虐待などとんでもないと抗弁する。このあたりの事実認識については動物の権利運動側と畜産業側の言い分が大きく食い違っており，外部からはなかなか判断しにくい。ただ，一頭あたりのスペースの狭い家畜舎やケージで飼育しているという点は間違いなく，それ自体がストレス源と考えられるから，やはり工場畜産が全体としてストレスの多い飼育形態であることは間違いないだろう。

　また，工場畜産の告発を菜食主義につなげる論調に対しては，工場畜産が問題だからといって肉食全体を否定する必要はないはずだという反論がある。たしかに，昔ながらの農場で幸せな環境で育てられ，十分な注意をはらって屠畜された動物だけを食べるなら，工場畜産とは無関係にやっていけるのだから，肉食は可

---

4) ただ，これが殺されるとか痛い目にあわされるとかということを予期して逃げようとしているかどうかははっきりしない。テンプル・グランディン，キャサリン・ジョンソン『動物感覚 アニマル・マインドを読み解く』は，自閉症者の立場から，まるで見てきたように動物の気持ちの動きを解説する本としてなかなか興味深い。それによれば，動物が嫌いなのは急に暗いところに入ったり，視野にちょっとした光るものがあったりすることなのだそうで，痛みの予測は恐怖には関係ないのだそうである。もし本当であれば工場畜産のガイドラインも大幅に変更する必要が出てくるだろう。

ということになりそうである。しかし，現状では，地球上のすべての人が日常的に肉食をするのに十分な食肉を生産するには工場畜産は不可欠である。これはなぜ問題なのだろうか。第三章末のコラム3で紹介したカントの普遍法則テスト（第二章で紹介した普遍化可能性テストとは違うので注意）の考え方がここで使える。ある行動指針のすべての人が同じように行動する社会を想定したときにその社会を自分が望むことができるかどうかでその指針のよしあしを判断しようというわけである。「わたしはスーパーで売っている肉を食べる」という行為指針は，普遍法則テストにかけて「すべての人がスーパーで売っている肉を食べる」という形にすると，工場畜産を行うという方法でしか普遍法則にできないことになる。工場畜産を望むことができないのなら，それを必要条件とする，「すべての人がスーパーで売っている肉を食べる」という普遍法則も望むことができないはずである。つまり，「日常的な肉食」は普遍法則テストに落第するのである。

　ところで，同じ論法は有機野菜などにもあてはまる。今地球上にいるすべての人に十分行き渡るような野菜を生産しようと思うなら，有機農業という手間のかかる方法だけでやっていくことはできないとよく言われる。もしこれが本当なら，肉食が普遍法則テストに落第するのと同じ理由で，有機野菜を食べるというのも普遍法則テストに落第することになる。これが肉食や有機野菜食にとって困った事態なのか，普遍法則テストという考え方にとって困った事態なのか，という点は簡単には答えはでない。しかし工場畜産にだけ普遍法則テストをあてはめて有機農業にはあてはめないという二重基準は合理的議論においては避けたいものである。

　肉食をしたい人からはまた，すでに肉になってしまったものを食べなくても動物の苦痛の量は変わらないじゃないか，という反論がなされることもある。これにも定番の答えがある。つまり，そうやって食肉を消費することで，食肉産業に資金援助をし，現在の工場畜産を支援して，あらたな虐待を生んでいることになる，という答えである。資金援助というのは特に悪いことではないように見えるが，帰結主義者であれば，自分の行為が間接的に生む帰結にも敏感にならざるをえないだろう。

　もう一つ論点になるのは，工場畜産を禁止したら，それに関わる人の生活はどうなるのか，という問題である。もし世界中のすべての人がベジタリアンになったら工場畜産のみならずすべての食肉産業が，そしてすべての人がベーガンにな

ったらそれに加えて養鶏や酪農もまた，廃業に追い込まれるだろう。その総数が，全世界で13億人になるというのがFAOの見積もりだった。国内の畜産業を営む農家数を種類別の統計から計算すると13万戸ほどになる。今のように菜食主義者が少数派であるうちは彼らの仕事はなくなりはしないが，菜食主義者が増えたり，工場畜産への反対運動が成功したりしたら，これらの人々の生活にそれだけ大きな影響が生じることになる。これはまた，われわれの食生活をささえてくれている人たちでもある。そんなわけで，個人的な倫理観のために他人の生活を脅かすとはどういうつもりだ，という批判は常に存在する。

　たしかに，現在畜産業や屠畜業などを営んでいる人の生活をどうするのかというのは工場畜産への反対運動をする側が真剣に考えなくてはならない問題である。こういう問題をいい加減に扱うと，どんなに説得力のある根拠で工場畜産に反対しても，現実離れした机上の空論として相手にされなくなってしまうだろう。しかし，現存する産業をすべて守らなくてはならないわけではないはずである。たとえば奴隷制もかつては制度として成立し，奴隷を使って綿花農場を営んでいた人もたくさんいたはずである。そうした綿花農場主が奴隷廃止運動家に「俺たちの商売を邪魔するつもりか」と怒ったとしてもそれは筋違いだと今のわれわれなら考えるだろう。奴隷を使う農業と畜産業が同じだとは言わないが，「単にその商売に従事している人がいるからといってその商売を保護しなくてはならないというわけではない」ということを示すにはこの例で十分だろう。また，PETAなどの積極的な反対運動の対象になっているのはもっぱら工場畜産だが，工場畜産だけが廃止に追い込まれた場合，畜産業者には旧来の農場の形態に戻るという選択肢がある。それで本当に経営が成り立たなくなるかどうかは議論の余地があるところだろう。また，畜産業が壊滅することによる関係者へのダメージは一時的でいろいろな形で補償可能なものだが，畜産業が続くことで動物に対して与えられる危害は長期的に続く深刻なものである。仮に人間の利害を大きく見積もるスライディング・スケール・モデルをとったとしても，一時的な人間へのダメージの方が大きく見積もられるとは考えにくい。

　さて，以上は特定の倫理学理論に関係なく出てくる論点だが，特に功利主義の観点から見たときに出てくる論点がある。それを，功利主義のさまざまなバージョンの比較を交えながら考えていこう。

6-2 功利主義のさまざまなバージョン

6-2-1 平均功利主義と総量功利主義

　功利主義の中にもいろいろな立場の違いがある。まず，第三章で少し触れた平均功利主義と総量功利主義という功利主義の二つのバージョンについて考えたい。
　その手がかりとして，まず，工場畜産を正当化する一つの議論について見てみよう。それは，工場畜産のような環境でも家畜の幸福を増やすようなものになっているはずだから，功利主義者が工場畜産を批判するのはおかしいではないか，という議論である。確かに広いところをのびのびと歩き回ったり走り回ったりするのにくらべれば，工場畜産は窮屈でストレスの多い環境かもしれない。しかし全体として「生まれてこない方がよかった」というほどひどい状態とは考えにくい（動物の権利運動の側はそれに反対するかもしれないが）。ところで，そもそも工場畜産という制度がなければこれらの家畜たちの多くは生まれてくることがなかった。というのも，旧来の牧場では需要に見合った数の家畜を飼育することができないからこそ工場畜産という合理化が行われたからである。ということは，この制度のおかげで家畜たちの多くが生まれてくることができ，その多くが幸せとは言いにくいかもしれないがそれほど不幸でもない一生を送れるのだから，全体として工場畜産は家畜のためになることを（したがってひいては世界全体の福利を増進することを）していると言ってよいのではないだろうか。
　この議論に対してはいろいろなレベルでの反論が可能である。動物の権利論者であれば，こういう議論をする人に対して，たとえば「限界事例の人々にも『生まれてこさせてやったんだからたいていの劣悪な環境はがまんしろ』と言うのか」と尋ねることになるだろう。動物福利派の人であればそういう反論のしかたはしないだろうが，そのかわり，本当に全体として生まれてきてよかったと言えるような家畜ばかりなのかどうかを問題にするだろう。すくなくとも子牛肉用の子ウシに関しては，それはかなりあやしい。
　この問題について考えるには，本当に「生まれてこない方がよかった」かどうかを判断の基準線にするかどうかというのがポイントになるが，ここで，総量か平均かという功利主義の二つのバージョンの対立がかかわってくる。

功利主義のスローガン,「最大多数の最大幸福」は,単純に解釈すれば幸福の総量を最大にしようというスローガンである。これを総量功利主義と呼ぶ。これに対して,幸福の平均値を最大にしようという立場もありえ,これを平均功利主義と呼ぶ。

　何が違うのかと思われるかもしれない。実際,関係者の人数が固定されている場合には,総量を最大化しようが平均を最大化しようが,答えは同じである。しかし,選択肢によって関係者の人数そのものが変わるような場合もある。たとえばすでに子供が二人いる夫婦がもう一人子供を作るかどうか相談している,というようなシチュエーションでは,子供を作るか作らないかで関係者の数が一人変わることになる[5]。

　一人ぐらい違ったって,と思うかもしれない。しかし,問題となっている選択肢が全地球的な産児政策であるとしよう。A案はとにかく少しでも経済的余裕がある限り子供を作ることを奨励する政策で,B案は厳格な一人っ子政策であるとする。話を単純にするために,A案をとれば,100人が生まれてみんな5ずつの幸福を持っている状況になり,B案をとれば,10人が生まれて7ずつの幸福を持っている状況になるとする。前者の状況は幸福の総量は500で一人当たりの平均は5,後者の状況は幸福の総量は70で一人当たりの平均は7となる。幸福の総量を最大にするという総量功利主義なら前者の方が圧倒的によい選択肢だが,幸福の平均を最大にするという平均功利主義なら後者の方がよい選択肢になる。

　この区別が工場畜産の評価にどう関係してくるか確認しよう。「工場畜産がなければそもそも生まれてくることがなかった家畜がこのおかげで生まれてきて,ものすごく不幸せでもない生活をできているんだから,われわれはむしろよいことをしているんだ」というのは,総量功利主義の観点から出てくる考え方である。確かに個体が増えてその生涯の平均の幸福度がプラスマイナスゼロよりも少しでも高ければ,その個体がこの世に生まれてきたことは幸福の総量を増やす。これに対して,平均功利主義の観点から言えば,現在の平均値よりも低い幸福度しか持たないような新しい個体が生まれてくることは,幸福の平均値を下げること に

5）ただし,たとえば友達を5人あつめて遊びに行くか10人あつめて遊びに行くか,というような選択肢の場合には関係者の数は変わらない。遊びに行くのに声をかけてもらった場合ともらわなかった場合のそれぞれについて10人全員の幸福の度合いを見積もることが可能だからである。子供を作る場合には作らなかった場合のその子供の幸福の度合いというものを想定することがそもそもできないために差が生じるのである。

なるので，その個体の幸福度がプラスマイナスゼロよりも上であっても望ましいことではない。つまり，総量功利主義では新しい個体を増やした方がよいかどうかの判断の分かれ目になるのは「生まれてこない方がまだましなほどひどい一生を送ることになるかどうか」という一線であるのに対し，平均功利主義では，分かれ目になるのは「すでにいる個体の平均的な幸福度を下回るような一生を送ることになるかどうか」という一線である。現在の世界ではみんなそこそこ幸せな生活は送っているだろうから，平均功利主義の方が新しい個体を生み出していいかどうかを決める基準はきびしいことになる。この平均功利主義の観点から言えば，ストレスの多い狭い家畜舎で一生を送る個体を生み出すことは幸福に貢献するどころか，平均的な幸福を下げてしまっていることになるだろう。

　総量功利主義と平均功利主義のどちらを採用するかは，どういう理由で功利主義を選ぶかにある程度依存する。この世で望ましいのは幸福だけだ，という主観主義の価値論を出発点として功利主義にたどりつくならば，幸福の量は多ければ多いほどよい，ということになるだろうから，総量功利主義を取るのが自然だろう。これに対して，第三章で紹介したハーサニーの立場は，無知のヴェールの下で利己的に選択するという条件で考えて功利主義にたどり着くというものだった。このルートをとると，その社会に属する人数が多いことによって幸福の総量が多くなったとしても，どうせ自分自身が享受できる幸福は一人分だから幸福の期待値は全然増えない。だったら総量ではなく一人あたりの幸福の量を増やした方がよい。つまり，契約説経由で功利主義にたどり着いた場合は平均功利主義を取るのが自然である。

　では，結局総量功利主義と平均功利主義のどちらがもっともらしいのだろうか。実はどちらの立場もつきつめて行くと妙な結論が出ることが知られている。総量功利主義から言えば，よほどのことがないかぎり人間の数は増やした方がよい。そうすると人口がどんどん増えて，それこそ工場畜産のニワトリのケージのように狭いスペースに押し合いへし合いして暮らさなくてはならなくなるだろうが，それでもまあ生まれてこないよりはましだと言える程度の幸せは見つけることができるだろう。総量功利主義からは，そんなふうにしてほとんど耐え難いくらいまで生活の質を下げてでも人を増やすのがよいことだということになってしまう[6]。これはなんだか変な感じがする。

　逆に平均功利主義では，人口をどんどん減らして少数精鋭でいった方がよいこ

とになる。極端なことを言えば，極端に幸せな人がひとりだけ存在する状態の方が，それよりはやや劣るが非常に幸福な人が10億人いる状態よりもよいということになる。これもやっぱり変な感じがする。

実際には人がどのくらい幸福か（ある政策をとったときにどのくらい幸福になるか）を知るのは非常に難しいので，どちらのタイプの功利主義でも，安全策をとって，一番極端でリスキーな政策（ぎりぎりまで人口を増やすとかぎりぎりまで人口を減らすとか）は避けることになるだろう。しかし現実にそういう選択に直面しないからといって，原理的な問題がないことにはならない。特に，総量功利主義を持ち出して工場畜産を擁護する人は，人間についても同じ判断を下す覚悟が必要だということを肝に銘じなくてはいけない。

いずれにせよ，総量功利主義と平均功利主義は，どちらがよいか悪いかについて特に決定打がない状態である。

6-2-2　先行存在説

功利主義には，総量功利主義や平均功利主義とはちょっと違う角度から人口の増減の問題をとらえる立場もある。それが先行存在説である。工場畜産において家畜を殺すことが本当にそれ自体で悪いことなのかどうか，という問題について，功利主義的な観点から工場畜産を擁護する議論の中でこの説が利用される。

家畜について考える前に，そもそも人間について「殺人はいけない」というルールがあるのはどうしてなのか，功利主義の観点からはどう説明されるのだろう。まず，本人が死にたくないという選好を持っている場合にはその選好に反しているからだと言える。そういう選好が存在しない場合でも，殺す際に生じる苦痛が大きければそれは功利主義的に悪いことである。もう一つ，もし生き延びていれば感じたはずの幸福がそこで打ち切られるために殺すことで幸福の総量を減らしてしまう，というのもマイナス要因である。あとは間接的な影響として，殺すことによる人間性の低下や社会的な不安といったものが挙げられる。しかし，これ

6）厳密に言うと，この結論は総量功利主義だけから出てくるわけではなく，われわれの選好の構造についてのいろいろな前提が背後にある。たとえば，まわりに人が一人増えることで幸福度が一万分の一になるとかいうことがあれば，この議論は成り立たなくなる。つまり，窮屈さは幸福度にそこまで大きくは影響しない，ということが前提されているわけである。

らの理由は工場畜産における屠畜にあてはまるだろうか。

　まず，すでに何度か触れたように多くの動物は「死にたくない」という選好を持つのに必要な「未来」や「自己」の概念を持っていないと考えられるので，その面では問題にならないはずである（ただし，前章の最後に出てきた合理的選好の考え方を使えばこの点は変わる可能性がある）。屠畜する際の苦痛については，もしきちんと欧米の規制通りに屠畜が行われるなら，回避できるはずである。動物を殺すと人間性に影響があるなどというと屠畜業者の人に失礼であろう（そういう業種の人が特に残酷だとか殺人をしやすいなどという話はきいたことがないし，むしろ職業差別ですらあるだろう）。また，これだけ確立した制度となった工場畜産がそれ自体で社会的な不安を生むとは考えにくい。とすると，唯一功利主義の観点から屠畜の問題として残るのは，殺された動物がその後の生で経験したはずの幸福だということになる。

　しかし，工場畜産において，本当に屠畜でこの意味での幸福が失われているかどうかというのは議論の余地がある。工場畜産における飼育頭数は施設の規模によって決まっている。ということは，同じウシを長く飼い続けていれば，新しいウシを飼うスペースがあかず，長期的にはそこで飼育されるウシの数が減ることになる。逆に，あるウシをさっさと屠畜すると，次のウシを飼うことができるので，より多くのウシを飼うことができる。結局，さっさと屠畜しようが長く育ててから屠畜しようが，各時点において飼育されているウシの数はあまり違わない。あるウシが感じる幸福が生涯のどの時点でも，どのウシでも大体同じだとすると，ウシが入れ替わっただけでは幸福の総量は変わらない。だから（功利主義をベースとする限りでは）こういう場合には殺すことに問題はないはずである。これを一般化すると，「ある個体が死ぬことで別の同じくらい幸福な個体が生まれてくることができる場合，前の個体を人道的なやりかたで殺すならば幸福の総量を減らさないから，それ自体では問題ない」という主張になる。これは倫理学で「置き換え可能性テーゼ」（replaceability thesis）と呼ばれるテーゼである。功利主義は幸福のみが望ましいという主観主義的福利論を取るから，逆に言えばその幸福が誰のものだろうと功利主義理論の観点からは関係ない。つまり，通常の功利主義は，原理的には置き換え可能性テーゼをみとめざるを得ないのである。それどころか，もしさっさと殺して次のウシと「交替」させることで幸福の総量が増えるのなら，むしろ「さっさと交替」は功利主義の観点からは積極的に推奨される

ことになる。

　この置き換え可能性を認めると，いろいろ邪悪としか思えない結論が出てくる。たとえば，経済的な理由から子供をひとりしか持てない家庭があって，現在の子供はあまり幸せになる見込みがないとしよう（実際に「幸せになる見込みがない」なんて断言できるシチュエーションは非常に考えにくいが，仮定の問題として思考実験につきあっていただきたい）。この場合，今いる子供を殺してあらためて別の子供を作った方が幸せの総量は増えるだろう。むしろ幸せの量だけから言えばそうした方がよい，ということになりそうである。深刻な例で言えば，回復の見込みのない重度障害新生児は幸福も限られているので，さっさと安楽死させて次の子供にチャンスを与えろというようなことにもなりかねない。これはひどすぎるように思われるが，幸福の量だけを考えればそれも正当化されることになりそうである。この種の事例は「功利主義からはこんなひどい結論が出るじゃないか」といって功利主義を批判するためにしばしば使われる。ロールズは（ここで検討しているタイプの置き換え可能性テーゼとはちょっとちがう文脈で）功利主義のこういう特徴は人間というものをいわば「幸福の容れ物」としてしか見ていない証拠で，根本的に個人というものを尊重していないといって批判する（そして契約説ならばそんな問題は生じないと主張する）。

　功利主義からの定番の答えは，上で少しほのめかしたように，実際問題として「この子はもうこれ以上幸せになりようがない」なんて断言できることはまずなく，実際にこういう計算が成立するシチュエーションなんてほとんどないということである。また，二層理論（第一章参照）の観点から言えば，そんな計算を気軽にするタイプの人間は目の前の相手の幸福を軽視しがちになるだろうから，われわれが通常の場面を処理するために教え込まれるルールとしては，「それぞれの人を個人として大事にせよ」というものの方が「幸福の量を増やすためなら相手を「交替」させてもかまわない」というルールよりよいことになるだろう。また，平均功利主義の立場からは，「幸福の総量を増やすためにさっさと交替」というポリシーはひとりひとりの一生における幸福の量を減らす傾向があるからよくない，という答え方もできる（ただしこの答え方はちょっと状況設定を変えて，平均の幸福度が変わらないか増えるような置き換え状況を考えるとうまくいかなくなる）。しかし，こういうちょっと苦しい感じの答えではなく，もっと抜本的な答え方はないだろうか。

ピーター・シンガーはこの問題についていろいろ考えた結果,「先行存在説」(prior existence theory) という立場を提案している。これは, 功利主義者が最大にしようとするのは自分の選択に関係なく存在する相手の幸福だけであって, 自分の選択次第で存在したりしなかったりする相手の幸福は考えに入れる必要がない, というものである。さきほど事例として使った「一人っ子」政策か「産めよ増やせよ」政策かという例で言えば, 前者をとるか後者をとるかで生まれてくる子供の数が違う。ということは, 少なくともその差分については,「自分の選択次第で存在したりしなかったりする相手」だということになる。その人たちの幸福はまったく功利計算にカウントされないのだから,「産めよ増やせよ」政策で子供を増やす理由(少なくとも総量功利主義的な理由)はなくなる。

先行存在説の立場からは,「さっさと交替」ポリシーはまったく意味をなさない。重度障害新生児も少しでも幸福な人生が送れるならなるべく長生きできるように努力した方がよいということになるし, 今生きているウシを殺すと, そのあとがまで育てられるウシがどんなに幸福かに関係なく, 幸福の総量は殺さない場合よりも減ることになる。つまり, 先行存在説をとることで, 今いる個人を大事にするという要素を功利主義の原理的な部分に(つまり単なる経験則としてではなく)取り込むことができるというわけである。ちなみに, まだ生まれてきていなくても, 自分の選択に関係なく生まれてくるであろう相手は, 先行存在説の立場でも配慮の対象になる。

そんなわけで, 先行存在説は, 置き換え可能性テーゼにまつわる問題をうまく処理できるように見える。しかし, 先行存在説は置き換え可能性テーゼを否定するだけの目的で, たいした根拠もなく恣意的に導入されているように見える。この立場をとる根拠はあるのだろうか。一つ考えられるのは,「存在する状態」と「最初から存在しない状態」の幸福の度合いは比較のしようがない, というものである[7]。生まれてきたかぎりは何らかの経験をし, それに数値を与えることもできるだろうし, 数字ではあらわせないにせよ, どちらの経験の方がよいかとい

---

[7] なお,「最初から存在しない」のと「途中から存在しなくなる」, つまり死ぬのはまったく違う。死ぬのが悪いことなら, もっと早く生まれてこなかったことだって悪いことになるはずだ, というのはルクレティウス以来のパラドックスである。途中から存在しなくなる場合はすでに存在していた部分があるわけだから, その部分だけしかない場合と, その部分にさらに生き延びて経験する分を付け足したものを比較することができる。トマス・ネーゲルの「死」というエッセイでこのあたりの話題があつかわれているので, 興味を引かれたら一読をおすすめする(文献表参照)。

った比較は可能だろう。しかし，生まれてこない状態というのはなんらの経験もしないわけだから数値を与えることも比較することもできない。幸福度がゼロというのはある度合いの経験があってはじめて言えることで，存在しない状態はゼロですらない。そんなものは比較の対象にならないはずだ，というわけである。

しかし，よく考えてみると，「生まれてきてよかった，お父さん，お母さんありがとう」と思う人はいる。これは生まれてきた現在の状態と，生まれてこなかった状態（最初から存在しない状態）を比較して，生まれてきた現在の状態の方がよいと判断しているわけで，実際そういう比較をわれわれは行っているのである。こういう例を思い浮かべると，「そもそも存在しない状態との比較なんてできないはずだ」というのはあやしくなる。

　仮にきちんと根拠を与えることができたとしても，先行存在説からは，幸福が大事だという価値論とは相容れないような結論がいろいろ出てくる。たとえば，工場畜産という制度を認めるかどうかを決定する決定権を自分が持っていたとしよう。この選択はどうなるだろう。工場畜産を認めないなら，それぞれの畜産業者が飼える家畜の頭数ははるかに少なくなるから，「認める」という選択をしたときに生まれてくるであろうウシやブタの多くは「認めない」という選択をしたときには生まれてこないことになる。ちょっと想像を極端にして，今自分が「認める」と決定したらウシやブタたちが非常に劣悪な環境で飼育されることになるだろうことが予測できる一方，「認めない」と決定したら商売が成り立たないので畜産業者はみな廃業する，つまりウシやブタは一頭も生まれてこない，と仮定してみよう。先行存在説の立場から功利計算をするなら，この選択で一番影響を受けそうに思えるウシやブタたちの利害はまったく計算に入ってこないことになる。

　あるいは，もっと身近な例で，ある夫婦が子供を作ろうかどうしようか，何人作ろうか，などと相談しているような場合を考えてみよう。もし彼らが先行存在説を採用して功利計算したとしたら，子供を仮に作ったとして本人のその子がどのくらい幸せになるか，あるいは苦労をしそうかというようなことはまったく無視して考えるべきだということになる。つまり総量説や平均説が主観主義的価値論という裏付けを持つことができるのに対し，先行存在説ではそういう明確な価値論の裏付けがなくなってしまうのである。

　なお，これらの反論は，「わたしは別に幸福そのものに価値があると思ってい

るわけではない」と先行存在説論者が開き直れば意味をなさなくなる。その意味ではこの論争は決着がついているわけではない。しかし全体としては先行存在説の方が旗色が悪いとは言えるだろう。ということはつまり，功利主義をとるからには置き換え可能性テーゼは基本的には認めざるをえないということでもある。

6-3　厚生経済学

6-3-1　幸福の個人間比較と種間比較

　本章ののこりで検討するのは，狭い意味での功利主義ではないが，それと密接に関係した厚生経済学という分野における社会的決定の考え方である。この話をするには，功利主義の難点としての個人間比較の問題をまず見ておく必要がある。
　肉食にせよ動物実験にせよ，人間の幸福のために動物の幸福が犠牲にされるという構造を持っている。しかし，人間のどのくらいの幸せとひきかえだったら動物のどのくらいの犠牲が許されるのだろうか。いろいろな概念を使うことができるという点で，人間の方が一般論として他の動物よりも複雑な選好を持つのは認めてよいだろうし，自分が置かれている状況についての理解も一般に深いだろうから，それも選好に影響するだろう（しかし限界事例の問題などを考えるならこれもあくまで程度の問題である）。しかし，功利計算をする際にはあくまで快楽の量や選好の強さで比較をするから，複雑さや状況の理解度は人間の選好を優先する決め手にはならない。
　できるだけ比較を簡単にするために，人間の空腹とウシの空腹を快楽説で比較するという例で考えてみよう。何も食べずに一日過ごした人間と何も食べずに一日過ごしたウシはどちらが強い苦痛を感じているだろうか。ちょっと考えてみれば分かるように，必要な食物の量も種類も全然違うし，空腹に対する耐性も違うだろうから，比較は非常に難しい。同程度の空腹度でもウシの方が鈍感なようにも見えるが，そうではないかもしれない。「あまり空腹を感じていないようだ」とか「非常に空腹に感じているようだ」とかとわれわれが判断する根拠となっているのは外面的な行動（すごい勢いで食べるとか，食べ物がないかと探すとか，逆に動かなくなるとか）だが，人間とウシで同じ程度つらい空腹感が同じくらい激

しい行動として表現される保証はまったくない。逆に言えば，さきほど「おいしいものを食べる」ことで人間が得る快楽と狭い木枠の中に閉じ込められることで子ウシが得る苦痛では人間の幸福の方が瑣末だというような想定をしたが，これだって保証はないわけで，もしかしたら人間の味覚はウシ一頭の苦痛をはるかに上回る大きな快楽を生んでいるかもしれない。ましてや，新しい知識を得ることによって発生する快楽など，片方に対応物のない快楽を比較の中に持ち込めば話はさらにややこしくなる。

　「人間は他の動物よりも複雑な選好を持っているから外から見て同じような危害に対しても人間の方が多くの被害を被る（たとえば狭い所に閉じ込められることで人間が被る被害とイヌが被る被害では人間の方が被害が大きい）」という暗黙の仮定を認める人は多く，シンガーですらそれを認めているように見える。しかし，単純だから選好が弱いと考えるのは何の根拠もない。たとえば，食欲と性欲と睡眠欲くらいしかない動物がいたとして，この三つの欲求については人間とくらべようもないほど強い選好を持っている，なんてこともありうるのではないだろうか。

　こんなことを書くと「動物がどのくらい幸せかとか不幸せかとか分からないわけだから，配慮のしようがないじゃないか，だから配慮しなくてもよいはずだ」と言う人がでてきそうである。しかし，実は同じ問題は，動物まで話を拡張しなくても，人間の間だけ考えていても発生する（第二章でも動物がそもそも心を持つかどうかについて同様の応酬を紹介した）。たとえば，わたしと連れ合いでは気温の感じ方が違うようで，わたしが十分許容範囲内だと思う気温でも連れ合いは耐え難いほど暑いと言う。しかしこのことから二人の感じている不快の比較について何が言えるかというのは単純な問題ではない。これは気温に対する生理的な反応の差かもしれないし，もっと心理的な差かもしれないし，反応の仕方が違うだけかもしれない。生理的な差なら生物学的に調査することで差を明らかにできるし比較もできるが，感じ方が違うだけなら，調べただけでは分からない。また，外面的反応の差も調べれば分かるが，大げさに表現する人もいれば控えめに表現する人もいるだろうからそれが不快感の差を反映しているとは限らない（したがって，わたしと連れ合いの場合がどれにあたるのかもよく分からない）。

　選好充足説の観点から選好の強度を比べるとなると，話がさらにややこしくなる。たとえば室温が摂氏30度の部屋でクーラーをつけずに一日生活するとお金

を1000円もらえるという提案をAさんとBさんがうけたとしよう。Aさんは「よしそれならやる」と言ってその部屋で一日過ごし，1000円もらった。Bさんは「そんなのわりがあわないよ」と言ってその提案に乗らなかった。つまりAさんは涼しいことより1000円の方を選好し，Bさんは1000円より涼しいことを選好したわけだが，このことから二人の選好の強度の比較について何が言えるだろうか。もし1000円もらうということの価値が両者にとって同じだと仮定してよいなら，これはAさんよりBさんの方が涼しさへの選好が強いことを意味する。しかし「1000円もらうということの価値が両者にとって同じ」と本当に仮定してよいだろうか。もしかしたら，両者にとって涼しさの価値の方がまったく同じで，1000円もらうことの価値がAさんにとってとても大きいのかもしれない。

まだまだいくらでも話をややこしくすることができるが，とにかく快楽や選好を比較するというのが原理的に非常に難しい問題をはらんでいるということを示すにはこれくらいで十分だろう。この問題については，功利主義者もあまり歯切れの良い回答は持っていない。選好のパターン（つまり，何をどのくらい大事だと思うかということについてのパターン）がある程度同じなら，同じパターンになる部分については大体選好の強さも同じだと考える，というのが一つのやり方で，ハーサニーはこの路線を推奨している。しかし，人間とウシではそもそも選好のパターンからして全然違うので比べようがないし，人間同士でもまったく違う文化で育った者同士では選好のパターンが大きく違うので比較が難しくなる。

これは幸福の量の比較をしないと話がはじまらない功利主義にとっては致命的とも言える大きな問題だが，それ以外の立場でも，「われわれは周囲の人たちを幸せにしなくてはならない」という義務を一応認めるなら何をするのが一番みんなの幸福になるかという同じ問題に直面せざるをえない。幸福の比較は功利主義が好きか嫌いかに関係なく，倫理学に関心を持つだれもが考えなくてはならない問題なのである。

6-3-2　多数決は解決になるか

このように，幸福の度合いの個人間の比較（ましてや人間と別の種の間の比較）は，考えれば考えるほど絶望的な気分になるくらい難しい理論的問題をはらんで

いる。しかし，それぞれの人の選好の順番だけなら，順位を付けてもらうだけだから，はっきり確定することができるし，見比べることもできる。動物に関しても，第五章で見たように，うまく状況をセットしてやれば，選好テストや動機テストを使って本人に理解できるかぎりでの選好の順番を身をもって示してもらうことができる。では，そうした順番だけから，何か一定の手続きに従って，どの選択肢を選ぶか決める，というのはどうだろうか。この考え方で幸福の個人間比較をやらずになんとかすることはできるだろうか。

　実は，経済学における厚生経済学と呼ばれる分野では，そうした観点から，選好の順番だけをもとに社会的な意思決定をするにはどうしたらよいかという研究が行われてきた。これがうまくいけば，個人間の比較の問題が解決し，功利主義を乗り越える代替案となる。しかし，その厚生経済学について考える前に，選好の順番だけを利用する社会的意思決定の方法として昔から知られている方法について簡単に見ておこう。こういう言い方をするとなんだか難しそうだが，要するに「投票」というやり方のことである。A党の候補とB党の候補が立候補していてあなたがA党に投票したとしたら，あなたはA党の候補が当選するという状態をB党の候補が当選するという状態よりも選好するということを示したわけである。

　投票でしばしば用いられる「多数決」という決定方法は，意見が分かれるときにとにかく結論を出すにはよい方法である。しかも，選好の強さを個人間で比較する必要はまったくないから，さきほどの例にあったような，1000円もらうことと一日暑い部屋で過ごすことの例について，どうやって選好の強さを比較するかなどと頭を悩ませる必要はない。多数決は社会的意思決定の単純だが強力な方法なのである。

　しかし，多数決はよいことばかりではない。多数決による投票には，200年も前から知られる「投票のパラドックス」というものがある。これは，三つ以上選択肢があるときに，いわば「三すくみ」のような状態が生じてしまうということである。もっとも単純な形では，投票者が三人，投票する選択肢が三つという状況で生じる。これのどこがパラドックスかと言えば，投票の順序で投票結果が変わるという妙なことがおきてしまうのである[8]。それを避けるための方法として，ボルダ法と言って，すべての選択肢に順位に応じてあらかじめ決められた点数をわりふる方法がある[9]。これは（集計が面倒ではあるが）ずいぶん改善になって

いる。しかしこの方法でもちょっと妙なことがあって，選択肢が一つ増えると前からあった選択肢の順位まで大幅に変わることがある（つまり，後述するように独立性の要請がみたされていない）。

6-3-3　厚生経済学の歴史

こういう問題を解決するような意思決定方法を探ってきたのが厚生経済学（welfare economics）である[10]。まず簡単にこの分野の歴史を紹介しておこう。厚生経済学という分野を20世紀初頭に切り開いたのはイギリスの経済学者アーサー・C. ピグーで，ケンブリッジ大学でのピグーの先生にあたる倫理学者ヘンリー・シジウィックの影響をうけて功利主義的な観点を経済学に持ち込んだ。たとえば，自由市場をほったらかしておいても最大幸福が実現できないのははっきりしているので，それを是正するような税金の導入を提案した。これがピグー税と呼ばれるもので，最近では二酸化炭素の排出などにかけられるいわゆる「環境税」などがピグー税の一種である。

しかし，功利主義はすでに見たように別の人の幸福の量を比較するという問題をかかえている。倫理学者とくらべて経済学者たちはそういうあやふやなものを自分たちの分野に持ち込まれるのに神経質だったようで，ピグーは同じイギリスの経済学者ライオネル・ロビンズらの厳しい批判にさらされる。こうして，量的比較なしに社会的に何が望ましいかを決定するという「新厚生経済学」という立

---

8) 投票するのがA，B，Cの三人，投票対象がグー党，チョキ党，パー党の三つだとしよう。A, B, Cの選好順序がそれぞれ
　　A　グー＞チョキ＞パー
　　B　チョキ＞パー＞グー
　　C　パー＞グー＞チョキ
だとする。グー党とチョキ党で選挙をするとAとCがグー党に投票し，Bがチョキ党に投票するので2対1でグー党が勝つ。同じようにしてチョキ党とパー党で選挙をすればチョキ党が，パー党とグー党で選挙をすればパー党が勝つ。こういう場合，たとえば先にグー党とパー党で予備投票をして，その勝者とチョキ党で決戦投票をする，という手順だとチョキ党が勝つのに，先にパー党とチョキ党で予備投票をしてその勝者とグー党が決戦投票をすることにするとグー党が勝つことになる。つまり投票の順序という非常に手続き的なことで結果が全然変わってしまうのである。

9) たとえば，前の注の例で言えば，Aさんはグー党に3点，チョキ党に2点，パー党に1点をわりふる。こうするとどの順番で投票してもすべて引き分けになる。

10) welfareは前章で福利と訳したが，厚生経済学は分野名として定着しているので定訳にしたがっている。

場が1930年代ごろから発達してきた（これに対してピグーの立場は「旧厚生経済学」と呼ばれる）。

新厚生経済学の基本原理としてしばしば挙げられるのが「パレート最適性」(Pareto optimality) である。Xという状態とYという状態を比べたとき，社会の全員がYよりもXを選好するならばXの方が社会的に望ましい，という考え方をパレート原理と呼ぶ。たとえば，X党とY党で選挙をして，X党がすべての票を獲得してY党に一票も入らなければ，X党の方が社会的に望ましい，というのがパレート原理の適用になる。特に，現状がYで，そこから全員一致でXへ移行したいと思って移行する場合，「パレート改善」と呼び，もしもある状態からパレート改善する余地がなければ，その状態は「パレート最適」(Pareto optimal) である。みんなが利益を追い求める自由市場は放っておけばパレート最適にたどりつくはずである。これは選好の個人間の比較は必要ない上に，こういう全員一致の場合にかぎっては投票のパラドックスは起きない。

しかし，パレート原理は全員一致している選択にしか使えない。これは非常に困ったことである。たとえば，犯罪者は自分が処罰されるということに同意しないだろうから，パレート改善だけでは犯罪者を処罰することすらできない。また，全員一致して「今よりはこっちの方がよい」と思うような選択肢（つまりパレート改善の候補）は一つとはかぎらず，しかもお互いに矛盾することも多い。そんなこんなで，社会的な意思決定にはパレート原理以外のルールが必要になってくる。どういうルールがありうるのかというのを考えてきたのが新厚生経済学だと言えるだろう。

もう少しきちんとした言い方をすれば，新厚生経済学の研究対象は，社会的厚生関数である。社会的厚生関数というのは，「ある選択肢の集合に関して人々がそれぞれどういう順序をつけているか」を入力したら，「その選択肢の集合についての社会的な望ましさの順序」を出力してくれる計算機みたいなものである。もし満足のいく社会的厚生関数があれば，厚生経済学の基礎を与えるとともに，投票のパラドックスも解消される。しかし，実は満足のいく社会的厚生関数を発見するのは非常に難しいことが分かってきた。そうした難問の代表として一般にも知られているのがケネス・アローの「一般可能性定理」と呼ばれる定理と，アマーチャ・センの「パレート派リベラルの不可能性」と呼ばれる証明である。

6-3-4　アローの一般可能性定理

　本書は倫理学の本なので，厚生経済学に深入りはできない。そこで，くわしい証明などはさけて，これらの証明の結論と，倫理学にどう関係してくるかというところだけ述べる[11]。

　アローの一般可能性定理（これは本人が付けた名前だが，一般には逆に「不可能性定理」と呼ばれることも多い）というのは，社会的厚生関数が当然満たすべきと思われるいくつかの条件が同時には完全には満たすことができないことを示すものである。社会的厚生関数というのはさっきも書いたように，みんなのつけた順位を入力すると社会全体としての順位を出力してくれる装置のようなものである。これを意思決定に安心して利用するにはどんな順位を入力してもなんらかの答えが出るようでないと困ってしまう。しかも，答えが出ればよいというものではなく，誰も納得しないような答えが出ても困る。つまり，どんな入力にもそこそこ納得のいく答えが出るのが社会的厚生関数というものの最低限満たすべき条件なわけである。

　納得がいく答えの条件としてアローが考えるのは以下のようなものである。まず，パレート原理が満たされていることである。これはすでに説明した。次に独立性という条件がある。「赤と青ではどちらが好きですか」と聞かれると「赤」と答えるのに，「赤と青と黄色ではどれが好きですか」と聞かれると「青」と答える人がいたら変だろう。これは赤と青の間の選択が，黄色という別の選択肢と独立になっていないということを意味する。そういうことが社会的な選択で起きては困る，というわけである（ボルダ法は実はこの条件で失格になる）。もう一つが独裁者がいないという条件である。社会の中のある個人のつけた順位がそのまま社会全体の順位になったとしたら，それは社会的に決めているようで実はその個人の意見が通っていることになる。これを厚生経済学では独裁者と呼ぶ。独裁者がいるのはやはり望ましくないだろう。アローが証明したのは，この非常に控えめな条件の組み合わせでも，すでに，あらゆる場合に答えを出すような社会的厚生関数が原理的に存在しなくなってしまうということである。

　この証明はけっこう衝撃をあたえた。その後の新厚生経済学は，独立性や独裁

---

[11] 日本語でのこの定理の紹介として定評もあり，分かりやすいのは，佐伯胖『「きめ方」の論理』であり，これから書くことも多くは同書の受け売りなので，詳しくはそちらを参照されたい。

をはじめとするさまざまな条件に制限をつけて，社会的厚生関数が成立するように工夫するという方向ですすんでいるが，どういう解決がよいのか一致があるわけではない。ちなみに，すでに何度か登場したジョン・ハーサニーは，順序だけではなく，選好の絶対的な強さという情報も入れてよいことにすれば（つまり幸福の個人間比較をみとめる昔ながらの功利主義にもどせば）アローの定理は成立しなくなることを示した。ボルダ法は選択肢の順序に応じて点数をつけるので新しい選択肢が入るともとからあるものの順位（つまり点数）まで変わる（つまり独立性がない）のだが，各選択肢の望ましさを順位と独立にきまる数値であらわすようにすると独立性も保たれる。その他の条件も満たされるのでアローの言うような厚生関数が存在可能になるのである。

6-3-5　センの「パレート派リベラルの不可能性」

　経済学者のアマーチャ・センはすでに潜在能力説の提唱者として紹介したが，その研究を始める前の，若い頃のセンを世界的に有名にしたのが今から紹介する「パレート派リベラルの不可能性」という論文である。この論文でセンはもっと単純な条件でもアローが証明したのと同じような問題を作れることを示した。それは，パレート原理とある種の自由主義を両立させる社会的厚生関数が存在しないということである。ここでいう「ある種の自由主義」とは，少なくとも二人の個人について，それぞれある選択肢の組み合わせに関して，その個人の選好がそのまま社会的選好になるという条件が満たされることだと定義される。若干不正確ながら直観的に分かりやすく言い換えると，「少なくとも一つのことについて自分の勝手に決めてよい」個人が少なくとも二人いる状態を最小限の自由主義と呼ぶ。センが証明したのは，これとパレート原理を組み合わせただけで，社会的厚生関数が作れなくなる（つまりあらゆる入力に対してこの二つの条件を満たした出力を出すような装置は作れない）ということである。

　この証明はアローの定理よりは簡単だが，やはりきちんと紹介するスペースはないので，簡単にどういう仕組みで証明するかだけ説明しておく。Aさんがaとb，Bさんがcとdという組み合わせについて自分で勝手に決めてよいと想定し，bとc，aとdの間にパレート原理がはたらくとする。どんな入力でもよいはずだからそういう状況もあるはずである。しかしこれだけの条件からうまく選

好順序を組み合わせるとa, b, c, dの間に循環ができてしまう[12]。無理矢理一列にならべると, 自由主義かパレート原理のどちらかを破らなくてはならなくなる。

この問題についてもさまざまな解決が提案されている。センの証明したパラドックスは, アローのものと違って, 量的な比較の要素を入れても解消しないことが分かっている。しかし, 功利主義者は, そもそもセンの言う意味での自由主義というのがなぜ絶対不可侵なルールとして扱われなくてはならないのか, というところを疑問視するだろう (実際にングという経済学者によってそういう批判がなされている)。また, 自由主義者のノジックからは, センの定義する自由主義はとても変だという批判がある。一般に使う意味での自由を社会的厚生関数の文脈に翻訳するなら, 特定の選択肢の序列について独占権を持つというより, ある種の選択肢を考慮の対象からはずすという権利だと考えた方が近いとノジックは言う[13]。セン自身はむしろパレート原理が制限されるべきだと考える。つまり, たまたま一致していても全然違う理由で一致しているような場合など, 表面的な全員一致は必ずしも尊重されるべきとは限らない, というわけである。いずれにせよセンは選好の順序だけを使って社会的な選択をするという新厚生経済学のやり方に見切りをつけ, その後, 客観的に比較可能な幸福の指標として前章で見たような潜在能力説を提案することになる。

6-3-6　新厚生経済学は何を意味するか

さて, 以上紹介したような新厚生経済学から倫理学が学べること, もっと具体的にこの章であつかってきた肉食の問題について言えることは何かあるだろうか。

---

[12] 例えばAさんとBさんが肉を食べるかどうかを決めようとしていて, a＝二人とも食べる, b＝Aさんだけ食べる, c＝Bさんだけ食べる, d＝二人とも食べないという状況だとしよう。四つの状況に対する二人の選好がそれぞれ
　　Aさん　d＞a＞b＞c
　　Bさん　b＞c＞d＞a
で, Aさんがaとbについて, Bさんがcとdについて順番を決める自由をもっているとする (つまりa＞bとc＞dは固定される)。パレート原理でd＞aとb＞cは決まる。そうするとdよりcが, cよりbが, bよりaが, そしてaよりdが社会的に優先されることになるが, この四つをすべて満たす順序は存在しない。

[13] 前の例で言えば, Aさんはbという選択肢を消去する自由を, Bさんはdという選択肢を消去する自由を持っていると考え, 社会的選択をaとcだけで行うとノジックは考えるわけである。

アローの定理が，民主主義の基本原則が相互に矛盾することを意味する，というような解釈もあるが，それは少し言い過ぎだろう[14]。あらゆる選好順序の組み合わせにつじつまのあった答えを用意しなくてはいけないとか無関係な事項に対する社会的選好がお互いに独立でなくてはいけないとかという要請は，もちろん満たせればうれしいが，必ずしも民主主義の基本原則とは思えない。多数決原理ひとつとっても，これがあらゆる場合に答えを出せる理想的な方法だなどと思っている人の方が少ないのではないだろうか。また，独裁者が存在するのは確かに民主主義の精神に反する気がするが，アローが定義するような非常に特殊な意味での独裁者は現実世界で独裁者と呼ばれている人々とはだいぶ違う。つまり，社会的厚生関数を探すという問題設定自体がかなり人工的で特殊な問題になってしまっており，簡単に実際の政治や社会に応用できるような結論は出ないと思った方がよいだろう。

ちなみに，功利主義の観点から言えば，多数決はみんなが幸せになるような選択肢を探すための効率的な方法というだけであって，基本原則としてとらえられるわけではない。功利主義をとるかどうかは別としても，多数決というものを何かの目的を達する道具としてちょっと距離をおいて見る態度には学ぶべきところがあるだろう。アローの証明がなくても，たとえば多数決原理には功利主義以上に少数派を犠牲にする傾向があることは知られており，素朴な功利主義を批判する人なら，当然，多数決原理に対しても距離を取るはずである。

また，幸福の個人間比較を持ち込むことでアローの定理をくつがえせるというハーサニーの証明は，われわれはそういう比較から逃げるわけにはいかない，という結論を補強するものになる。経済学者は経済学が科学だということにこだわるのでそういうあやふやなものを避けようとしたわけだが，はっきりしたことが分からなくても，手に入る証拠の範囲で判断をくださなくてはならないものというのはいろいろある。選好の個人間比較もその一つだろう。

次に，新厚生経済学の観点から肉食や工場畜産の問題について何が言えるかを簡単に見ておこう。といっても，実はあまり積極的なことは言えない。そもそも新厚生経済学で想定している社会的決定に人間以外の動物を含めるかどうかははっきりしないが，幸福に価値をおく功利主義がすべての有感生物を配慮の対象に

---

[14] 佐伯胖も『「きめ方」の論理』の中でそういう評価をしている（80ページ）。倫理学者では川本隆史が『現代倫理学の冒険』の中でその解釈を踏襲している（123ページ）。

するのが自然なのと同じ理由で，選好順序に価値をおく新厚生経済学は選好を示すことのできる生物はすべて配慮の対象にするのが自然だろう。哺乳動物はもちろんいろいろなものに対する好き嫌いを示すし，光から逃げるといった単純な反応まで含めれば，この範囲は有感生物よりはかなり広くなりそうである。ただ，工場畜産という制度そのものを認めるかどうかといった大きな政策問題については，人間以外の動物に選好順序を示してもらうのは難しい。あくまで彼らに直接影響が出る問題について選好を示してもらうことになるだろう。

　次に，パレート原理は動物倫理にどう当てはめられるだろうか。とりあえず（おそらくセンを唯一の例外として）ほとんどの厚生経済学者がパレート原理を一致して認めるから，パレート改善になるような政策が動物倫理上で存在するなら当然それを選ぶことになるだろう。たとえば，動物がより快適に暮らすことで肉がおいしくなり生産者も消費者も喜ぶのなら，動物の福利を進める方がパレート改善が進むのでよいということになるだろう。

　しかし，パレート改善という手続きは，現在すでに存在する不正義を解消する方向には働かない。動物の権利論者が言うように，工場畜産という制度で家畜たちが虐げられているとすれば，適切なテストをすれば，家畜たちは屋外で広いスペースで暮らす方を選好するという結果がでるだろう。しかし，パレート改善という方法では既得権益を放棄させることはできない（犯罪者を処罰することすらできないというのはすでに触れた）。これを工場畜産にあてはめると，現状では工場畜産という方式があるからこそ消費にみあうだけの食肉や卵が生産されており，そういう制度で恩恵を受けている人たち（つまりは現在の日本社会に住むほとんどの人たち）にとっては工場畜産の廃止は望ましくない。したがって工場畜産を廃止する方向でのパレート改善はありえず，パレート原理では工場畜産を廃止できない。しかし，「だから工場畜産は現状維持でよいのだ」という人は，犯罪者も処罰できなくてよいのだという結論を認める覚悟が必要である。

　では，単純多数決で考えるならどうだろう。すでに紹介したように，日本では人間の数よりニワトリの数の方が多いので，多数決型の社会的決定を行うならニワトリの意見が通るはずである。もちろん，多数決にはすでに見たような問題がある。しかし，アローの言う意味での「独裁者」が望ましくないのと同じような理由で，圧倒的多数が望んでいることが全然実現しないような社会的厚生関数は減点されるだろう。こう考えると，人間の得る快の方が大きいからといって工場

畜産を正当化できる可能性のある功利主義の方が，まだしも工場畜産の擁護に役立ちそうである。

　ということで，新厚生経済学から肉食や工場畜産について言えることはあまり多くないが，言える範囲では少なくともあまり工場畜産に肯定的な結論は出てこなさそうである。

　以上，本章では菜食主義や工場畜産を手がかりに，功利主義のさまざまな形態や，功利主義とはちょっと違う新厚生経済学という立場について紹介してきた。結論だけまとめると，平均功利主義，先行存在説，多数決原理といった立場からは工場畜産に反対する結論が出やすく，総量功利主義やパレート原理からはむしろ工場畜産を支持する答えが出そうだ，というような評価であった。この中で先行存在説はかなり難点があり，パレート原理はそれだけではあまりに不十分だということが分かっているが，その他については一長一短といった感じである。功利主義やそれに類する立場から具体的問題について検討するといっても，「平均か総量か」といった非常に理論的なレベルと現実の工場畜産に関する非常に具体的なレベルの両方で同時に考えを進める必要があるわけである。

コラム6　マイナス功利主義

　第六章で紹介した先行存在説とはまた別の形で功利計算の対象を制限するマイナス功利主義（negative utilitarianism, 普通は消極的功利主義と訳される）と呼ばれる立場がある。あまり功利主義者の間でポピュラーな立場ではないが，功利主義の考え方を知る手がかりとしてはおもしろいのでちょっと紹介したい。

　これもまずは肉食をめぐる問題から見てみよう。医薬品の研究に動物実験を使う場合，動物を犠牲にして得られるのは，人間の生命であったり，人間の苦痛の軽減であったりする。しかし，化粧品の実験や肉食の場合，動物の犠牲と引き換えに人間が得るのは，「もっと美しく装うことができる」（すでに安全性の確認された化粧品でも十分化粧はできるはずだから）とか，「おいしいものを食べる」とかといった，比較的瑣末な利益である（もちろん菜食主義にはビタミンB12などの栄養の問題もあるが，これは気をつければ回避可能だから，その意味では「食生活に気をつけるのがめんどくさい」というもっと瑣末な利益の問題になる）。通常の功利主義はありとあらゆる快楽と苦痛を大きさだけで比較するから，「おいしいものを食べる」ことで得られる快楽も，十分な数があつまれば，原理的には子牛肉用の子ウシが木枠の中に押し込められることで経験するさまざまな苦痛と釣り合うことがありうる。

　しかし，そもそもそういう贅沢と深刻な苦痛を比較の対象にすること自体まちがっているのではないだろうか？　これは肉食に限ったことではなく，実際，第一章で出てきた定番の功利主義批判は，たいてい，功利主義がどうでもよい快楽や幸福を増進するために重大な危害を許容してしまう，という点に向けられる。こういう直観をいかす形で功利主義を修正し，贅沢のために苦痛を与えるようなことが原理的に認められなくすることはできないだろうか。

　こういう考え方に基づいて，功利主義の適用範囲を限定して，マイナスを最低限におさえるという立場にしましょう，という考え方が提案された。これがマイナス功利主義の立場である。よく引用されるのは，科学哲学者のカール・ポパーが『開かれた社会とその敵』という本で述べた，「最大多数の最大幸福を要求する代わりに，もっと控え目に，すべての人のために避けることのできる苦痛を最小量にすることを要求すべきである」（邦訳，第一巻319ページ）という主張である。この文章で述べられていることを額面通りに定式化すれば，功利のマイナス原理，すなわち，「関係者全員の苦痛を最小化するように行為せよ」あるいは「最大多数の最小不幸」というものが得られるだろう。

　この立場によれば，多くの人が些細な満足を得るために一人の人をいじめる，

といった状況は原理的に許容されない。肉がどんなにおいしくても，それによって動物に苦痛を与えるのなら，そもそも比較対象にすらならない。ちなみにポパーがこの本を書いたのは第二次世界大戦中で，苦痛の量をできるだけ少なく，というのは抽象的な理論の話ではなく，現に進行している戦争を具体的にイメージしたものであったのはまちがいないだろう。

たしかにマイナス功利主義はわれわれの気持ちに訴えるところがある。しかし，通常の功利主義の立場から言っても，一種の経験則として功利のマイナス原理に近いものを使うのは正当化できそうである。幸福を最大にするには，まず苦痛を減らすことを考えた方が，すでにある程度幸福な人をもっと幸福にすることを考えるよりもよほど効率的であろう。しかし，前後の記述から見ると，ポパー自身の言っているのはそういう経験則のレベルの話ではなく，もっと根本的に，快楽の増進を保証する義務なんてわれわれにはないという主張をしているのである。

しかし，そういう基本原理としてマイナス原理を考えると，いろいろ困ったことがおきる。まず，R. N. スマートという哲学者が指摘するように，もし功利のマイナス原理が正しいなら，苦痛のないやり方で全人類を抹殺できるなら抹殺した方がよいということになる。というのは，生きてゆく上で，全く何の苦痛も感じないという人はいないだろう。どんなに今の生活に満足している人でも，たとえば「眠いのにもう起きなくてはいけない」なんていうのは軽い苦痛になったりするだろう。幸福のことをまったく度外視してよいのであれば，そういう軽い苦痛まで含めてあらゆる苦痛を未然に防ぐ最善の方法は全人類（もっと正確にはすべての有感生物）を抹殺することである。

マイナス功利主義がこの問題を回避できたとしても，マイナス功利主義にはもう一つ，快楽と苦痛の分かれ目，温度計で言えば０度にあたる場所をどうやって決めるのか，という問題がある。普通の功利主義の場合，人数が一定で個人間の換算方法も一定していれば，どこをゼロにしても選択肢の望ましさの順序は変わらない（人数が変わる場合には，第六章本文で紹介した総量功利主義のように，ゼロの取り方が大きな影響を与える）。しかし，マイナス功利主義の場合にはゼロの設定がそもそも配慮するかしないかの根本的な分かれ目になるので，ゼロをどこにとるかで全然違う選択肢が選ばれることになる。たとえば，とても満腹した状態と，非常にひもじい状態の間で，どのくらいの満腹感をゼロ地点にしたらよいだろう？　ちょうど中間だろうか，一番満腹した状態だろうか，腹八分目くらいの状態だろうか，空腹ともなんともつかない微妙なところだろうか。どれもある意味ではゼロ地点だと言えそうである。

まあ，マイナス功利主義にはいろいろなバージョンがありうるので，この問題も回避できるかもしれない。しかし実際のところ，倫理学の理論家でマイナス功利主義をまじめに採用している人は現在ほとんどいない。ジェームズ・グリフィンは8通りほどの解釈を検討し，どれもうまく行かないと論じている。これがけっこう決定的なダメージになったようである。ポパーは倫理学を専門としているわけではないのでそういう倫理学の側の事情はあまり気にしなかったのかもしれない。ということで，マイナス功利主義は直観には訴えるが，倫理学理論としては問題がある，というのが妥当な評価だろう。このコラムの冒頭の菜食主義の問題にひきつけて言えば，贅沢を原理的に功利計算から排除するのは難しいということでもある。

第七章

柔らかい倫理から動物はどう見えるか
野生動物問題を通して
環境倫理学, 徳倫理学, 共同体主義, ケアの倫理について考える

　人間と他の動物の関係を倫理的に考える上で，もう一つ大きなカテゴリーとなっているのが野生動物との関わりについての領域である。これは，動物倫理と環境倫理の接点にある問題領域でもある。こうした問題に動物倫理の観点からアプローチしたらどういうことになるだろうか。

　本章では，この話題を，まず応用倫理学の一大領域である環境倫理の主な理論の観点から考える。さらに，もっと基礎的な規範倫理学レベルの理論として，本書でこれまで取り上げることのできなかった近年の倫理学の大きな流れ，すなわち共同体主義，徳倫理学，ケアの倫理学といった観点と結びつけて考えていく。これらの理論の内容は多岐にわたるが，功利主義や義務論とくらべて，性格や感情といった，ある意味ではとらえどころのないもの，「柔らかい」ものを倫理のベースにおくという点で一致している。

本章のキーワード
野生動物問題　移入種　役割責任　環境倫理学　人間中心主義　生命中心主義　生命の目的論的中心　土地倫理　生態系中心主義　全体論と個体主義　環境ファシズム　徳倫理学　徳　中庸　統合性　ケア　共同体主義　物語的秩序　状況の中の自己　狩猟　環境フェミニズム　混合共同体　生物共同体　コード化不可能性　フロネーシス　理由の空間　感受性理論

7-1　野生動物の倫理

7-1-1　野生動物をめぐる問題

　ここまでで扱ってきた動物実験や肉食の問題は，もっぱら飼育動物に関わるものだった（もちろん野生動物を使った実験や，食用の狩猟もあるが，どちらかと言えば飼育された実験動物や家畜を対象としてきた）。野生動物に対してはどういう問題が発生するだろうか。

　まず野生動物について今一番問題になっているのは野生動物の保護という問題である。現在世界的に野生動物の減少が問題になっており，いわゆる絶滅危惧種（これにもいろいろな段階がある）の保護には各国の政府がとりくんでいる。日本でも1993年に「絶滅のおそれのある野生動植物の種の保存に関する法律」（通称「種の保存法」）が施行され，さまざまな保護対策がはかられてきた。こうした対策が必要であることに異論を唱える人はまずいないだろう。しかし，何に重点をおいてどのくらいの優先度で保護するのか，という具体的なレベルになると，さまざまな意見がありうる。なぜ種が滅びるのはいけないことなのか。個体の保護と種の保護はどちらに重点が置かれるべきなのか。世界的には絶滅危惧種ではない種がある地域の生態系から姿を消すのは避けるべきなのか，それはどのくらいの優先度の問題なのか。こういう問題について考えるときに，法律に何と書いてあるかというのは参考にはなるが答えにはならない。現行の野生動物保護法令が適切かどうかということ自体が問題になっているからである。

　種の保存との関係で問題になるのが，移入種（外国などからつれてこられて定着した種）の問題である。移入種は生態系を破壊するから食い止めなくてはならない，ということがよく言われる。しかし，生態系が破壊されるとなぜいけないのだろうか，またそもそも本当に生態系は破壊されるのだろうか。もちろん生態系のシステムそのものを破壊する移入種もいるだろうが，移入種が在来種にとってかわっただけで他の生物種にあまり影響がない場合はどうだろうか。もしもそもそも在来種を保護する目的が生態系を維持することであれば，在来種が移入種にとってかわられるだけならば反対する必要はないはずである。この問題は，移入種のもたらす問題が混血である場合に特に真剣な検討を要するものとなる。社

会問題化したものとしては，和歌山県で野生化したタイワンザルが捕獲・殺処分された事件（2000年）がある。これはニホンザルとの混血が進んで純粋なニホンザルがいなくなることを恐れたためにとられた処置だった。しかし，この過程で動物愛護団体からタイワンザルを殺すことへの抗議が行われ，新聞などでも報道された。ニホンザルの純血性は捕獲された数百頭のタイワンザルの生命より大事なのだろうか。

　野生動物の保護の問題は，また，いわゆる「獣害」の問題とも切り離すことができない。日本ではここ数年クマが人里にやってくることが社会問題化しており，今のところ捕獲されたクマは殺処分されることがほとんどのようである（2006年12月18日読売新聞）。これについては，「人間は怖い」と教えて奥山に返すという「学習放獣」の取り組みが最近すすめられているが，まだそれほど広まっているとは言えない。また，「学習」のプロセスは動物にとって大きなストレスや苦痛になりうる。獣害については，クマだけでなく，サルやイノシシによる畑の被害なども以前から問題となっている。ここで問題になっているのは農家の経済的な被害やクマに会う危険性と野生動物の保護とのバランスをどうとるかということであり，野生動物の保護をどういう理由でどのくらい重要だと思うのかによってバランスの取り方も違ってくるはずである。

　もう一つ，野生動物については狩猟の是非をめぐる問題もある。狩猟といってもさまざまな形がある。かつては狩猟は人類にとって主要な食料の獲得方法だった。現在でも，イヌイットをはじめとして，昔ながらの狩猟生活をおくる人々が存在する。また，魚介類については，「養殖」の魚はともかくとして，「天然もの」は（パッケージに偽りがなければ）野生動物を食べているわけで，これも食料獲得のための狩猟に含まれる。われわれはこういう狩猟を許容すべきだろうか，それとも考え直すべきだろうか。

　しかし，狩猟の目的は食料を得ることだけではない。欧米ではスポーツとしての狩猟が発達し，文化の一部となってきた。また，象牙や毛皮など，装飾品を手に入れるための狩猟もあり，そのために絶滅に瀕している種も多い。これらのタイプの狩猟に対しては動物愛護運動は長らく反対してきており，各国で規制がなされている。1973年にはいわゆるワシントン条約が締結され，絶滅のおそれのある種や変種の狩猟や取り引きが禁止された。

　これとは少し違うタイプの狩猟として，管理目的の狩猟や研究目的の狩猟があ

る。管理目的の狩猟とは，ある地域にある特定の種が増えすぎて生態系のバランスが壊れそうなときに，増えすぎた種を間引くことによってバランスを回復させるというものである。獣害への対策としての狩猟も，場合によってはここに含めることができるだろう。あるいは，「調査捕鯨」のように，生態系の状態を調べるために野生動物をとらえて調べることもある。狩猟に反対する場合，その理由次第で，こういうタイプの狩猟を認めるという立場も認めないという立場もありうるだろう。

われわれが野生動物に対して持つ責任は飼育動物に対して持つ責任と違うのか，違うなら何が違うのか，という問題を考える上では，野生動物をどう捉えるかというのが重要なポイントになってくる。そもそも野生動物とはどういう動物を指すのか，つまり野生動物の定義も，どういう関心で野生動物について考えるかで違ってくる。現に飼育されているかどうか，という観点から野生動物を捉える人もいるし（この場合，動物園には野生動物はいないことになる），「野生種」と「飼育種」の対比をもとにして，「野生種」に属する動物を野生動物だと考える人もいる（その場合，イヌが野生化しても野生動物にはならないことになる）。とりあえず，本章では両方の条件を満たす野生動物，つまり飼育されていない野生種の動物を主に念頭において以下の話をすすめる。

7-1-2　動物倫理と野生動物

まず，ここまで紹介してきた動物倫理の観点から野生動物についてどういうことが言えるのかを考えてみよう。

動物実験や畜産に関して動物福利派の立場を取る人は，概して野生動物に同種の福利を保証する必要があるとは考えていない。再確認すると，動物福利派とは，3つのRや環境エンリッチメントなどを通じて，動物実験や畜産を全廃することなく，目的を損なわない範囲で動物の福利を向上しようという立場である。この立場の人々には，実験動物や家畜は人間が育てているからこそその福利に配慮する必要があるのだ，と考える人が多い。これは，「役割責任」と呼ばれる考え方の一種である。親が子供を養育する責任を負ったり，医師が引き受けた患者に対して治療を行う責任を負ったりするのは役割責任の例である。契約によって発生する義務も役割責任と同種の責任である。

役割責任としてのみ動物の福利を考えるなら，野生動物は，いわばわれわれの営みに関係なく存在してきたものだから，それに対しては何の責任もない，というのはもっともである。ただし，これだけ人類が自然に対する影響力を持つようになってくると，自然の生態系がわれわれと関係なく存在しているとは言いにくくなってきている。これについては，環境倫理学の紹介のなかでまた検討することにする。

　さて，役割責任としての動物福利を認めるにせよ認めないにせよ，問題は本当にそれだけで十分なのかということである。第一章から見てきたシンガーやレーガンの動物解放論の考え方から言えば，動物の利害に配慮しなくてはならないのは管理者としての責任があるからではなく，限界事例の人々の扱いと整合性を保つためだった。限界事例の人々に対しては，なんの義理も役割責任もなくても（つまり通りがかりの赤の他人だったとしても），相手に危害を加えない義務が存在することを認めないのは難しい。そうであれば，管理責任のない野生動物に対しても限界事例の人々に対するのと同じような義務が発生するはずだということになる。つまり危害原理などの規則を認め，限界事例の人々と動物の間で種差別を持ち込まないような普遍化可能な判断をするならば，野生動物にも危害原理などの規則が当てはまることを認めざるをえないのである。

　では，動物解放論から言うと，野生動物に関するさまざまな問題はどう扱われることになるだろうか。まず，狩猟全般についてであるが，基本的に狩猟は恐怖や身体的苦痛を与えることになるので，有感主義から言っても尊重原理でも問題視される。有感主義ではその苦痛に見合う利益が他で発生していれば狩猟が認められることもありうるが，スポーツ的な狩猟はどう考えても正当化できないし，必ずしも食べる必要のない野生動物を食べるために狩るのも問題視されるだろう。尊重原理から言えば他人にとって利益になるからというのは危害を加える理由にはならない。スポーツ的な狩猟はもちろん，食料獲得の手段としての狩猟全般も問題視される。

　しかし，狩猟を問題視するということは必ずしも一般に理解される意味での野生動物保護を行うことになるわけではない。たとえば，動物の権利の観点から言って，希少種を保護しなくてはならない直接の理由は特にない。もちろん，乱獲されることで滅亡に瀕しているのなら，乱獲の過程で大きな苦痛を生んでいるはずだから，それは止めさせるべきだということになる。しかし徐々にある種の個

体数が減っていくような場合，個々の動物は特に苦痛のある生涯をおくるわけでもないから特に優先して保護する理由はない。

もちろん，種が絶滅することが福利に間接的に影響することはありえる。オオカミのような捕食動物が減少した結果シカが増えすぎて森が丸裸になるまで食べ尽くしてしまい，食べるものがなくなったシカも大量に餓死，といった例はいろいろなところで報告されている。生態系は微妙なバランスの上に成り立っているので，一旦バランスが崩れるともとに戻るのに時間がかかる。この場合，絶滅しそうなオオカミを保護することが後々の悲惨な状態を防ぐ一番の方法である。同じ理由で，管理目的の狩猟も，狩猟が生む苦痛より狩猟をしないことで生まれる苦痛の方が大きいと予想されるので正当化できるだろう。管理に必要な情報を得るための研究であれば，研究目的の狩猟も認められるかもしれない。

ただ，この理由で生態系や絶滅危惧種を保護する場合，移入種の問題については微妙な判断が求められる。移入種を放置することが大量死などに繋がる場合，動物解放論から言っても移入種を放置しないことが大事である。生態系というものについて現在分かっていることはまだまだ少ないから，分かっている範囲で特に問題なさそうでも，慎重な判断をするということもありうるだろう。しかし，そういう判断においては，移入種を駆除することで発生する危害も考えに入れなくてはならない。そうすると，たとえばタイワンザルを放置してニホンザルとの混血が進む，というようなシチュエーションでは，混血が進んだからといってあまり生態系が破壊されるようには見えないから，今後の研究で大幅な知見の変化がないかぎり，純血の保護という目的よりもタイワンザルの福利の方が重くなりそうに見える。

獣害の問題についても，動物解放論の立場からは独特の結論が出てくる。基本的には，人間の利害も動物の利害も対等に配慮される。法的な責任能力のない人間による迷惑行為への対処と似たような処理がなされることになるだろう。したがって，田畑を守るためなら動物に何をしてもよいということにはもちろんならないが，逆に天然記念物だからといって特別な権利を持つことはないはずである。結局はお互いにとって全体として一番損失の少ない調停をさぐることになるだろう。こうした観点からは「学習放獣」は殺処分よりも望ましいということになるだろう。

動物解放論の観点からは，野生動物について，通常は問題にならないようなこ

とも考える必要が出てくる。それは，野生動物の捕食（肉食動物が他の動物を捕まえて食べること）に介入するかどうかという問題である。捕食は食べられる側にとって（場合によっては食べる側にとっても）大変苦痛を伴うプロセスなので，苦痛を減らすという観点からは捕食がない方がよいだろう。もちろん，捕食が行われないと捕食動物の方は飢えてしまうし，食べられる側も捕食という形で数が減らないと生態系のバランスが崩れてしまう。しかし，これらの問題がクリアできるなら，できるだけわれわれ人間が捕食に介入した方がよいということになってしまう。たとえば，捕まりそうになった動物を人間が苦痛の少ない方法で殺して捕食動物に食べさせるといったやり方が生態系のバランスを崩さずに可能なら，その方が望ましいことになるだろう。シンガーの立場からは，幸福を最大化しなくてはならないわけだから，いちいち介入するのが望ましいことになるだろう。しかしこれは非常にばかばかしいように見え，また，余計なおせっかいであるように思われる。

　ただ，この点について，レーガンの尊重原理の立場はシンガーの有感主義とはちょっと違う。レーガンの立場からは「道徳行為ができる者」（第一章参照）だけが尊重の義務を負う。人間以外の動物は道徳的に考える能力は持っていないので，そういう義務は負っておらず，したがって捕食をしても，とりたてて義務に反することをしたわけではない。また，義務論の特徴として，自分が何かをする（作為）のと自分が何かをしなかったために何かがおきる（不作為）のではまったく扱いが異なる（これも第一章参照）。したがって，レーガンの立場からは捕食を放置することで誰かが義務違反を犯すわけではない。

　以上の立場は，確かに動物倫理学上の立場としては一貫したものであるが，現在進められている環境保護の取り組みとはかなり方向性が違い，希少種の扱い方などにおいて大幅に異なるものとなっている。もちろんこれは現在の環境保護の方向性が間違っていることを示すものかもしれないが，逆に現在の主流の動物倫理の考え方が偏っていることを示すものかもしれない。そこで，環境倫理におけるさまざまな立場から野生動物についてどういう考え方ができるかを見て，シンガーやレーガンの立場とどちらがもっともらしいかを考えていくことにしよう。

7-2 環境倫理学のさまざまな立場

7-2-1 生命中心主義

　本書のテーマである動物倫理に比べると，環境倫理という言葉ははるかに市民権を得ており，「環境倫理学」という応用倫理学の一分野も存在する。この分野で展開されてきたさまざまな理論のうち，生命中心主義と生態系中心主義を以下でそれぞれ簡単に見ていこう。これらはいずれも動物の問題についてシンガーやレーガンの動物解放論とはかなり違う答えを出す。

　最初にまず環境倫理学の理論というのがどういうものかということを簡単に紹介しておこう。環境を大事にしなくてはならないということは誰もが認める。しかし，具体的にどのくらい環境を大事にするべきなのか，そして，何をしたら環境を大事にしたことになるのだろうか。こうした疑問について考えていくと，結局，なぜ環境を大事にするのか，という根拠についての疑問にたどりつく。とりわけ問題となってきたのは，環境は内在的価値を持つのだろうか，それとも何か別のもののための道具的価値しか持たないのだろうか（この区別については第一章参照），そして道具的価値を持つとすれば，それは何に対しての道具的価値なのだろうか，という問題である。環境倫理学では大きく分けて人間中心主義的な環境倫理と非人間中心主義的な環境倫理が区別されてきた。人間中心主義（anthropocentrism）というのは，環境の価値というのは最終的には現在や未来の人間の利益になるという道具的価値に過ぎない，という考え方である。非人間中心主義とは，人間以外の存在も内在的価値を持つという考え方である。第一章で紹介したカント主義の考え方は人間中心主義的倫理である。動物解放論は非人間中心主義だが，自然環境の中でもせいぜい有感生物までが直接の配慮の対象となり，それ以外は道具的価値しか持たない（レーガン流の「生の主体」の範囲は有感生物の範囲より狭い）。しかし，有感生物までしか配慮しないというのは環境倫理では不自然な感じがする。そこで，ある意味でそれを乗り越えるべく理論的に整備されていったのが，以下に紹介する生命中心主義や生態系中心主義だということになる。

　まず生命中心主義（biocentrism）から見ていこう。これはあらゆる生命に価値

があるという考え方である。第一章でも動物愛護の考え方の一つとして「生命を大事にしよう」という考え方があると言ったが、そういう日常感覚をもっと理論化しようというのが生命中心主義の立場だと言ってもよいだろう。

　生命中心主義の代表的な思想家としてよく名前が挙がるのが、アルバート・シュヴァイツァーであるが、彼の言う「生への畏敬」(reverence for life) は神秘主義的・宗教的なにおいの強い独特の立場だった（コラム1参照）。そこで、もっと散文的な非キリスト教徒にも通じるような形で整理しなおす必要がある。これを現代の環境倫理学の文脈で行ったのがポール・テイラーの生命中心主義である。これは、あらゆる生命はそれ自体で値打ちがあり、配慮の対象となるという考え方である。

　テイラーの主張は1986年の『自然への敬意』という本にまとめられているが、この本の評価はなかなかむずかしい。彼が示す議論の大半は、非常にストレートに「「である」から「べきである」は導き出せない」という「ヒュームの法則」（第二章参照）を犯しているように見える（一般にはこの文脈で「自然主義的誤謬を犯している」という言い方がよく使われるが、第二章で説明したように、自然主義的誤謬というのはヒュームの法則を犯す際のかなり特殊なパターンである）。たとえば彼は人間が生態系の中のとるに足りない一部であるということを生命中心主義の根拠の一つとして挙げているが、これなどは生態学的な重要性を倫理的な重要性と勝手に同一視していると批判されてもしかたないだろう。そのせいもあって、この本の倫理学者の間での評判はかならずしも芳しくない。

　しかしテイラーの議論にはヒュームの法則違反と言って単純に切り捨ててしまえない部分も存在する。その部分をわたしなりに再構成してみよう[1]。われわれは人間の合理性や自律といった能力に価値があると考える。しかしなぜそれに価値があると考えるのだろうか。こういう能力は人間が進化の過程でたまたま獲得してきたものにすぎない。つまり、たまたまそういう能力を持つことが生存の上で有利になるような環境だったからそういう能力を発達させたにすぎない。逆に、ほかの動物がそうした能力を持たないのは、それが必要ないような方向へ進化してきたからにすぎない。そういう進化の偶然によって配慮の対象になるかならないかが決まるのは変ではないだろうか。

---

1) 以下は『自然への敬意』ではなく、1981年に出た論文「自然への敬意の倫理」に基づいている。

たまたまある性質を持った存在が得をする，というのは，それだけなら問題はない。たまたま当たりくじを買った人が大金持ちになっても誰も不公平だとは言わない。しかし，人間は，「自律能力を持つ存在だけが内在的価値を持つ」という基準を，自分が自律能力を持つ存在であるということを知った上で作っているのである。これは，自分がお金持ちであることを知った上でお金持ちに有利な法律を作るとか，宝くじの運営係の人が自分のくじの番号を知ったうえでその番号を「当たり」だと宣言するとかというのと似ている。テイラーはこれが民主主義の精神に反するという言い方をしているが，本書の文脈ではすでに紹介したロールズの無知のヴェールで考えた方が分かりやすい。無知のヴェールはまさにそういう「ずる」を防ぐために考案された道具だった。無知のヴェールが有感生物まで拡張される可能性については第三章で触れたが，それをあらゆる生物にまで拡張するなら，人間中心主義は却下されるだろう。まったく同じ理由で，有感主義すら却下されることになるだろう。

では，テイラーの考えでは，そういう意味で公平な「内在的価値」の考え方はどういうものになるだろうか。テイラーは内在的価値を(1)欲求の対象となるもの，(2)価値があると誰かが認めるもの，(3)誰も認めなくてもそれ自体で価値があるもの，の三つに分類する[2]。ここで問題になるのは三番目の意味での価値である。この意味で内在的価値を持つということは，テイラーによれば，そのものにとっての善や悪が考えられることである。あらゆる生物は生き延びるという「目的」にそって活動するように進化してきており，その目的にかなうものが善，目的に反するものが悪だ，と考えることができる。この意味で，あらゆる生物個体は「生命の目的論的中心」(teleological center of life) と考えることができる，とテイラーは言う。これに対し，無生物は進化によって与えられた目的をもたないから，それに対する善や悪といったものも存在しない。ちょっと用語法は違うが，すでに第五章で紹介したロリンの「テロス」は，テイラーの言う「目的」とほぼ同じ考え方である。つまり，ロリンは動物倫理における生命中心主義者だと言えるだろうし，テイラーの価値論をさらに突き詰めていくならロリンの本性説に似たものになるだろう。

---

[2] テイラー自身は(1)を intrinsic value, (2)を inherent value, (3)を inherent worth と呼び分ける（*Respect for Nature*, 71-80ページ）のだが，日本語に訳すと全部「内在的価値」になる上に英語でももともとそういう使い分けがあるわけではないのでややこしい。

生命中心主義の基本的義務は，それぞれの生物個体の目的を尊重せよ，というものである。これはカント主義における「人格」を「生命」に置き換えたものだと言えば，分かりやすいかもしれない。実践的な指針としてはテイラーはシュヴァイツァーと似たような調停案を考えており，人間の生命を維持するのに必要な活動は否定していない。詳しく紹介するスペースはないが，テイラーは「自衛の原理」「比例性の原理」「最小の悪事の原理」「分配的正義の原理」「矯正的正義の原理」という五つの原理でさまざまな価値の調停を行うことを提案している。したがって，「生命中心主義では餓死するしかない」「生命中心主義では息もできない」などの批判は的はずれである。

　誤解されやすいところだが，生命中心主義はすべての生命が配慮の対象になるという主張であって，必ずしもすべての生命を完全に同じように扱うことを主張しているわけではない。実際，すでに見たように，テイラーは欲求の充足も別の意味での内在的価値だと認めるので，有感主義的な考え方との二本立てが可能となる。たとえば，植物を食べるのは生命中心主義的な観点から問題だが，動物を食べるのは生命中心主義と有感主義の両方の立場から問題なので，より問題が少ない方ということで（最小の悪事の原理），テイラーは菜食主義を支持する。

　以上がテイラーの立場の概要である。この立場をとれば，野生動物の保護は，人間や有感生物との関係にかかわらず重要な問題だということになるので，環境保護の論理としては確かに使いやすい。本章で考えてきた問題に即して言えば，狩猟も管理も論外であり，人間はできるだけ野生動物から手を引いて自然のなりゆきにまかせるのがよいということになる。しかし，生命中心主義はあまりに強力すぎて，これを受け入れたらわれわれの生活はラディカルに変わらざるをえない。有感生物だけでなく植物の利用さえわれわれの生存に必要なぎりぎりのラインまで減らすことになる。もし環境保護の論理を考えることが目的なのだったら，これはやりすぎだということになるだろう。また，有感主義と同じ理由で，生命中心主義もまた絶滅危惧種の保護の理屈にはなりにくい。というのは，テイラーも種という単位そのものにはあまり価値を認めていないので，絶滅危惧種の個体も豊富に存在する種の個体も同様に尊重されることになるからである。

　理論的にも生命中心主義にはいくつかの問題がある。細かいところはとばして，内在的価値についての議論だけ検討しておこう。テイラーは進化のプロセスに目的を認め，その目的に相応した価値というものが発生する，と主張している。し

かし，これは「目的」という言葉の濫用だと言われてもしかたないだろう。何かの目的に役に立つものを確かにわれわれは「価値がある」と言うが，その場合の目的は，誰かの意志の作用（つまり選好）の対象としての目的であり，目的に役立つものが価値を持つのも選好充足としての価値である。そういう意志をともなわないものに「目的」という言葉を使うこと自体は比喩としてはかまわないだろうが，われわれを拘束するような意味での「価値」を導出するのはやりすぎである（アナロジーで説明すると，ある分野の偉い人を比喩的に「天皇」と呼ぶのまではかまわないが，だからといってその人に天皇としての仕事，たとえば内閣総理大臣の任命をするように求めるのは無茶である）。逆に，それを認めてしまえば，たとえば岩だってその場所にあり続けることを「目的」にしていると比喩的に言うこともできてしまうだろう。

　結局，テイラーの立場は，内容のラディカルさのわりに，それをどうしてもわれわれが受け入れざるをえないというような有無を言わせない議論の力には欠ける。「生への畏敬」とか「進化の目的」とか言われると何となく納得してしまいそうになるが，それは論理の力というより，レトリックや素朴な感覚へ訴えている面が強く，ヒュームの法則違反と言われてもしかたのない面があるのである。

7-2-2　生態系中心主義

　もうひとつ，動物解放論の中途半端な感じを乗り越えようという立場として，生態系中心主義がある。これは環境倫理学における代表的な考え方ともなっている。生命中心主義の源流がシュヴァイツァーにあったように，生態系中心主義の源流はアルド・レオポルドの土地倫理に求めることができる。ただ，土地倫理にしても生態系中心主義にしても環境倫理の教科書でよく紹介されているので，ここでは最低限の説明にとどめる。

　アルド・レオポルドはアメリカの森林局の職員だったのだが，その経験をもとにまとめられた著書『野生のうたが聞こえる』（原題は *A Sand County Almanac* で，直訳すれば「砂の国の暦」）の最後の章で展開されたのが土地倫理（land ethic）という考え方である。土地倫理の基本原理は，「いかなることも，生物共同体の統合・安定・美しさを保つ傾向があるならば正しく，そうでないならば間違っている」というものである。レオポルドの文章では，生物共同体の統合とは，

より具体的には食物連鎖のピラミッドの維持を想定しているようである。逆に言えば，そうした秩序を保つためには管理的な狩猟も積極的に認められることになる。それどころか，レオポルドはスポーツ的な狩猟に対しても，人類が長い歴史の中で培ってきた技術の保存の意味を持つという意義を認める。

土地倫理はレオポルドの本が出版された1949年当時にはあまり話題にならなかったが，1970年代になって環境保護運動の高まりと共に環境保護の基本理念としての地位を確立していく。これを倫理学的な立場として整理しなおしたのがJ. B. キャリコットの生態系中心主義（eco-centrism）である。生態系中心主義は生物個体よりも生態系全体の維持を環境倫理の目標として掲げる。従って，生態系の中の一つの種だけが増えすぎた場合には積極的に間引いて生態系を維持することが善とされる。また，生態系が維持される限り，動植物の個体を殺して食べるのは問題なく，生態系の一部として人間が機能するための義務ですらある。

生態系中心主義は，生態系を作る個々の生き物よりも生態系全体の方に価値の基礎を置く。こういう考え方を「全体論」（holism）と呼ぶ。全体論という言葉には分野によっていろいろ違う意味があるが，ここでは構成要素の価値と独立な全体としての価値というものを認める立場を言う。これに対して，有感主義や生命中心主義は，生態系の価値はその生態系を作る個々の有感生物ないし生物の価値の総和にすぎないと考えるという点では一致している。こういう考え方を個体主義（individualism）と呼ぶ。この二つに限らず，功利主義，カント，レーガン，ロールズ，センなど，本書でここまで紹介してきた倫理学上の立場はすべて価値の源泉を個人の中に求めるので，個体主義だと言える[3]。土地倫理も全体論的な倫理だったが，それを倫理学の言葉できちんと言い直したのが生態系中心主義だと言ってよいだろう。

キャリコットはまた，「動物解放論――三角関係」と題する1980年の論文で，人間中心主義と動物解放論と土地倫理（生態系中心主義）が根本的に対立する三角関係をなしているという主張を展開した[4]。シンガーが問題を人間中心主義と

---

[3] 功利主義は全体の幸福を大事にするんだから全体論のように見えるかもしれないが，功利主義で言う全体の幸福はあくまで個人の幸福を単純に足したものにすぎない。そのため功利主義は個体主義の立場に分類される。

[4] 生命中心主義が入っていないのは，テイラーが最初に生命中心主義についての論文を書いたのがキャリコットの「三角関係」論文の翌年だったからである。このあたり，環境倫理学の展開と本書での話の流れが一致していないのでちょっと注意。

動物解放論の二項対立だととらえていたのに対して，動物解放論と土地倫理，人間中心主義と土地倫理の間にもそれぞれ対立関係があるため，実は三項対立関係が発生している，というのがキャリコットの論文の趣旨である。この三つの立場が対立するのは，たとえば環境問題ひとつとっても，何をどう守るのかという路線選択で異なる回答が出てしまうからである。

　さて，狩猟についての土地倫理の立場はすでに見たが，野生動物のその他の問題については土地倫理や生態系中心主義はどういう立場を取ることになるだろうか。まず，絶滅危惧種の保護であるが，これは生態系中心主義からはストレートに正当化することができる。どんな種も，生態系の現在のバランスを作るのに何らかの役割を果たしているはずであり，種が絶滅するということは，生態系の安定性を崩すことになる。これは土地倫理の基本原理に反する。特に，哺乳類や鳥類は食物連鎖の頂点近くにいて生態系のバランスに重要な役割を果たすので，絶滅危惧種の中でも哺乳類や鳥類を重視するのもそれなりに理屈が付けられる。次に獣害の問題であるが，生態系を維持しながら共存するという方向であれば，ある程度害獣を狩ることも認められるだろう。しかし捕獲したクマの大半を殺処分するといった処置は生態系にも影響を与えるので生態系中心主義の観点から非難されることになるだろう。

　環境問題の中心に生態系の保護を据えるという考え方は，環境問題についてのわれわれの直観をうまく整理するのに役立つ。実際，今の環境保護運動のさまざまな主張はおおむね生態系中心主義と整合的である。国際的な環境保護運動の出発点となった地球サミットのリオ宣言（1992年）においても，全体のトーンは人間中心主義的ながら，「地球の生態系の健全性と統合性の保全・保護・回復」に各国が力を注ぐことを求めている（第七条）。また，環境保護の生物学的な基盤となっている保全生物学という分野があるが，この分野の教科書を見ても，生態系の特徴としての複雑さそれ自体に価値がある，という生態系中心主義的な主張が基本理念として紹介してあったりする。これは，生態系中心主義が環境政策や生態学をはじめとした他の分野との相性がよいということだろう。レオポルドの生態系のイメージは時代的な制約もあって食物連鎖をベースとした比較的単純なものだったが，生態系のイメージがより複雑で精妙なものになっても，その統合性や安定性を大事にするという考え方は十分意味をなすだろう。

　ただし，生態系中心主義もよいことばかりではない。何より問題なのは，レオ

ポルドの原理の根拠がはっきりしないことである。なぜ生態系を大事にしなくてはいけないのだろう。個体主義的な倫理同士であればある程度拡張とか比喩が成り立つが、全体論的な倫理にいきなり飛躍するにはそれなりの論拠が必要なはずである。もしここで「われわれが生きていくために不可欠だから」と答えてしまうと、それは人間中心主義を根拠にすることになる。そうすると、われわれにとって役に立つならむしろ積極的に生態系を改変した方がよいという議論に反論できなくなる。実はこれを考える上で以下で紹介する共同体主義という立場が役に立つかもしれない。

　それと関連して、生態系の統合・安定・美しさをどのくらい維持すればよいのかが不明確である。他のあらゆるものをなげうっても生態系を維持しなくてはならないのだろうか。そういう立場は「環境ファシズム」だという批判がよくなされる。「ファシズム」はもとの意味をはなれて好き勝手に相手を非難するために使われるレッテルだが、ここでは個人の権利より全体の利益の方を優先する立場を指す言葉として使われていると考えてよいだろう。もし生態系の維持がもっとも重要なことであるならば、人間の権利も生態系の維持の前には制限されるということになりそうである。そうすると、例えば増えすぎた人間も、シカを間引くのと同じように（10分の1くらいに）間引かなくてはならないのではないだろうか。実際、キャリコットは土地倫理の立場から言えば人類の個体数はクマの2倍くらいがちょうどよいということになるだろうと言っている（文献表のHargrove編の論文集の49ページ）。これは、ある意味では、生態系中心主義が個体主義を放棄したことの当然の帰結である。シカについてだけ個体主義を放棄し人間は個体を守るというのでは、（なぜそういう差がつくかの理由を明示しないかぎり）種差別になってしまう。

　キャリコットは、新しい倫理原理は古い倫理原理に取って代わるのではなく付け足されていく、と主張してこの問題を回避しようとする。つまり、昔からある人間同士の間での人権などは認めた上で、それに付け足す形で生態系への配慮が出てきた、というわけである。この答えをめぐってもいろいろつっこむことが可能だが、それについてはあとで共同体主義的な根拠付けについて見てからこの話に戻ることにしよう。

　ここまでの考察をまとめるとこんな感じになる。シンガーやレーガンの動物解

放論は理論的根拠の点では申し分ないが，野生生物や環境の問題にあてはめたときに，現実に進行している環境保護の考え方とそぐわず，ちぐはぐな感じがする。生態系中心主義は環境保護をめぐる政策や科学との相性はばっちりだが，肝心の根拠がはっきりしない根無し草のような理論になっている。中間にある生命中心主義は，両方のいいとこ取りというよりは，両方の問題点を抱え込むような形になっている。これだけでも，動物倫理の別のアプローチを模索してみる動機になるだろう。そこで候補に挙がるのが徳倫理学や共同体主義をベースにした動物倫理である。しかしまずはこれらの立場がどういうものなのかということを知っておく必要がある。

7-3　徳倫理学

7-3-1　徳倫理学の基本的な考え方

序章でも紹介したように，徳倫理学は功利主義を代表とする帰結主義やカント主義を代表とする義務論と並んで，規範倫理学の三大アプローチの一つという位置づけがなされている。それにしては，功利主義や義務論が第一章で出てきたのに対してずいぶん徳倫理学が登場するのに時間がかかってしまった。これは決して理由がないわけではない。

徳倫理学は，古代ギリシャまでさかのぼることのできる古い考え方で，他の文化圏の倫理思想も分類するなら徳倫理学になるものが多い。しかし，近代以降の欧米で，徳倫理学は忘れられた存在だった。徳倫理学の復活を決定づけたとされるアラスディア・マッキンタイアの『美徳なき時代』が出版されたのが1981年だから，それからまだようやく30年弱である。もっとも，その前にも，1950年代からG. E. M. アンスコムやフィリッパ・フットといったイギリスの哲学者によって徳倫理学の復活の基礎作業は行われていたので，決して一夜にして徳倫理学が復活したというわけではない。いずれにせよ，この30年間で徳倫理学は飛躍的に支持を増やし，最近ようやく第三のアプローチとしての地位を確立してきた。そのため，応用倫理学の諸分野においては，まだまだ新規参入組であり，徳倫理学からの議論の蓄積はそれほど多くない。

動物倫理についても徳倫理学からの議論が意識的になされるようになったのはせいぜいここ10年ほどのことである。これは，この分野の特殊事情によるところも大きい。動物倫理の主な話題は，「動物にも権利を認めろ」「いや認められない」と，動物の権利を認めるかどうかをめぐる応酬だった。この「権利」という考え方は非常に近代的な考え方で，功利主義や義務論とは相性がよいが，徳倫理学との相性はあまりよくない（これがどういうことかはすぐに説明する）。それで動物倫理の論争には徳倫理学の出番があまりなかったわけである。本書でも，ここまで特に徳倫理学を説明しなくても不便はなかったためにこんなに遅い登場になったわけである。ただし，今後徳倫理学の重要性が増すことはあっても，一時の流行として消えることは考えにくい。重要性に劣るわけではないのである。では，徳倫理学とはどういう考え方なのだろうか。

　徳倫理学は功利主義や義務論の批判からスタートした。その批判のポイントは，功利主義や義務論は「頭でっかち」ではないか，という点にある。どんなに（功利主義や義務論の観点から見て）正しい行いをしている人でも，それに暖かい感情が伴っていなければ，やはりその人には何か道徳的にみて欠けているところがあるのではないか。この点を示すためにマイケル・ストッカーが考えた面白い例がある。ある人が，友人が怪我をして入院し退屈しているというので毎日お見舞いに行っているとしよう。友人は非常に感謝するし，この人が自分のことをそんなに大事に思っていてくれたのか，と感激するだろう。しかしその人は，「わたしはあなたの友だちとしての義務をはたすためにやっているだけだ」と言う。友人の方は最初，謙遜してそんなことを言っていると思っていたのだが，しばらくたつうちに，この人は本当に「義務をはたすため」だけにやってきていて，自分に対して暖かい感情もなにも持っていないことに気付く。さて，（とここで徳倫理学の支持者は聞くわけだが，）この，暖かい感情もなにもなしに義務だけからお見舞いをする人は，倫理的に見て望ましい人だと言えるだろうか。むしろ，少々義務からはずれたことをしても他人のことを思いやる暖かい感情のある人，他人のことを思いやらずにいられない性格の人の方が望ましいと思うのではないだろうか。こうして，感情や性格に重点をおいて倫理というものを考える立場が出てくることになる。これが徳倫理学と総称されるものである。

　さて，徳倫理学の観点から言って，倫理的に望ましい人というのはどういう人だろうか。実は徳倫理学と言っても立場はいろいろで，一枚岩とはとうてい言え

ない。そこで以下の話はまあ最大公約数的なものということになる。

　この最大公約数的な立場から言うと，道徳的に価値があるのは，行為や行為の結果ではなく，行為の背景となる性格や動機の方である。困っている人を見た時に，助けるのが義務かどうか，人々の幸福につながるかどうか，といった冷静な考慮をするのではなく，ごく自然に手をさしのべられるような性格を養成することにこそ道徳的な価値というのがある。徳倫理学の立場から言うと，義務についての知識があることや合理的に判断できることよりも正しい行動が体にしみ込んでいることが大事ということになる。そうした性格的特徴のことを「徳」(virtue）と呼ぶ。日常語としては「人徳」とか，あるいは「あの人はいい人だねえ」という表現における「いい」という形容詞が比較的近いかもしれない。「聖人君子」なんて表現もあって，これは徳倫理学の言い方で言えば完璧な徳を身につけた人を指すと考えてよいだろうが，「わたしは聖人君子じゃない」といった否定的な使い方をすることが多い。ただ，日本人がイメージする「人徳のある人」「いい人」「聖人君子」と，欧米の徳倫理学で想定される「徳のある人」の人物像はだいぶ違う。具体的な徳の中身についてはまたすぐあとで紹介する。

　善悪の判断基準が性格であるとしたら，行為の善し悪しについての判断はどうなるのか。徳倫理学の考えでは，基本的には行為者がどれだけ徳を身につけているか（「いい人」か），が判断基準となる。いい人のした行為であれば，たとえそれが「嘘をつく」とか「ものを盗む」という行為であったとしても，相手を助けるためとか，だれかをかばうためとか，よくよくの理由があってのことだろうから，杓子定規に悪い行為とされることはない。

　徳倫理学は倫理的な行為のイメージも変える。行為功利主義やカント主義では正しい行為をするには頭を使って何が正しいかを考える必要があるし，規則功利主義やロス流の義務論でも規則を認識してそれに従う必要がある。これに対して，徳倫理学では，正しい行為は無意識の行為でもよいし，むしろ「いい人」というのは考えるより先に体が動くくらいに徳が体にしみこんだ人だと言えるだろう[5]。

　ただ，このように割り切ってしまうと，すでに徳を身につけている人でないと

---

[5] 道徳的な行為者をこのようにイメージすると，動物は道徳的行為者ではない（第一章での分類で言えば「道徳行為を受ける者」である）という動物倫理の議論が大前提としてきた考え方が崩れる可能性がある。イヌも訓練すれば有徳な行為を無意識に行えるようになるだろうから，徳倫理学的には道徳的行為者に含めていいだろう。動物倫理学者のサポンツィスがこの路線の議論をしていて興味深いが，本章の流れから脱線してしまうのでくわしい紹介は割愛する。

よい行為はできないことになってしまい、行為の指針として役に立たない。そこで、二次的なルールとして、自分がすでに人徳を身につけているのでないなら、「「人徳ある人」ならどう行動するだろう？」と考えることで行為を決定する、という考え方も導入される。つねにそうやって考えることが徳の涵養（つまり少しずつ本当の徳を身につけていくこと）にもつながる。この辺をもっと詳しく展開したハーストハウスの議論はまたあとで紹介する。

7-3-2 徳のいろいろ

　徳の例としては古来、いろいろなものが挙げられてきた。たとえば古代ギリシャでは、節制、正義、勇気、知恵が四つの基本的な徳（四元徳）として挙げられていたし、キリスト教はこれに博愛、謙虚、信仰心の三つを付け加えて七つの基本的な徳としていた。儒教では五常といって仁・義・礼・智・信の五つを基本的な徳として挙げることが多いが、儒教の伝統の中でももっと多くの徳を挙げる人ももっと少ない人もいる。徳倫理学の古典とされるアリストテレスの『エウデモス倫理学』の中でも、温和、羞恥心、義憤、鷹揚さなど四元徳に限らないさまざまな徳がリストアップされている。

　さて、これだけいろいろなものが徳として挙げられているのだが、古代ギリシャと中国で徳の考え方として一つ共通するのが「中庸」という考え方である。これはどんな性格でも行き過ぎても足りなくても徳とは言えず、ほどほどであるのが大事だという考え方である。よく使われる例は「勇気」の徳で、基本的には危険を恐れないのが勇気があるということになるのだが、これが足りないと「臆病」、行き過ぎると「無謀」で、どちらも悪徳になってしまう。

　こうして挙げられた徳の中には倫理とあまり関係なさそうなものも多い。知恵があるというのはもちろんよいことだが、倫理という観点からはあまり関係なさそうな気がする。近年の徳倫理学では、マイケル・スロートという倫理学者が倫理と結びつく徳の類型として、内的な強さ、博愛、ケアの三つを挙げている。内的な強さというのは古典的な徳で言えば勇気や節制が含まれるだろう。内的な強さを持つ人は自信があり、自分は十分に持っていると考えるから、他人にも恩恵を分け与えるという意味で、われわれが普通に考える意味での倫理的な行動をすることになる。博愛というのはあらゆる人を等しく愛するという感覚である。博

愛に基づいて行動する人は一見すると行為功利主義的に行為する人と同じように見えるはずである。ただ，功利主義が動機は不問にして結果のみを重視するのに対し，博愛の徳を重視する徳倫理学では博愛という動機から行った行為かどうかが大事なので，みんなのためにと思ってやったことが思い違いで結果としてみんなを不幸にしたとしてもその行為は有徳な行為として肯定的に評価される。ただし，本当に博愛にあふれる人なら，同じ失敗を繰り返さないように事実関係をよく調べて対策を練るだろうとスロートは考えるから，功利主義（特に行為功利主義）との差はさらに小さくなる。ちなみにこれは，「徳倫理学は結果を気にしないからどんな大惨事を引き起こしても倫理的に正しい場合ができてしまう」というような批判への答えにもなっている。ケアについてはケアの倫理という独立の分野があるので次の項で紹介する。

　もう一つ，最近の徳倫理学で提案された徳として，「統合性」（インテグリティ）の考え方も紹介しておこう（インテグリティという言葉は高潔さという意味でもしばしば用いられるが，ここでは若干特殊な専門用語として使っている）。統合性とは自らの人生設計，人生の見方にあった行動をとることで，バーナード・ウィリアムズという哲学者が功利主義を批判するときにこの考え方を提案した。功利主義者は，自分の妻と見知らぬ他人が溺れていて，どちらか一人しか助けることができないというような場合，どちらを助けるのも同じだと主張するだろう（とウィリアムズは言う）。しかし，そこで特に理由もなく妻を見捨てて赤の他人を優先的に助ける人がいたら，見ている人は何かおかしいんじゃないかと思うだろう。一方，ウィリアムズの意味で統合性がある人は，自分自身にとって大事な人を優先するだろう。功利主義者からは身内びいきだと見られるかもしれないが，倫理とはまさにそういうものなのだとウィリアムズは言うだろう。

　この「身内びいき」についてちょっと補足しておこう。徳倫理学は全般的に非常に身内びいきに対して好意的である。あとで見るように，徳が共同体の中で求められる性格であり，身の回りの共同体のメンバーを大事にする性格（これが市民社会的に考えると身内びいきになる）は徳というもののそういう性格から要請されるのである。もちろん，身内びいきを否定するような博愛や正義という徳はあるが，それだけで十分だと考える徳倫理学者は少数派だろう。

　このあたりは，あらゆる人を同じように扱うという近代の市民社会的な考え方とかなり温度差がある。義務論の場合には家族を大事にする義務を認めるかどう

かで違ってくるが、たとえばカントのような人格の尊重をベースとするかぎり、身内だけを尊重する人は非難されることになるだろう。功利主義の場合、身内びいきはある程度正当化できる。あらゆる人が常にあらゆる人の福利を気にかけるなどということは心理的に無理なので、もっと効率的にお互いに配慮し合うためのルールとして、「それぞれの人が家族や友人のことをしっかり配慮するべし」というルールを功利主義的な理由で採択することはできるだろう。ただ、身内びいきが不幸を増進するような場合にはこの限りではない。たとえばピーター・シンガーは、先進国の住人はせめて収入の10％くらいは途上国でぎりぎりの生活をしている人の支援などに寄付する義務があると主張している。たとえその10％で家族に贅沢をさせられるとしても、それによって先進国ですでに満ち足りた生活をしている家族が得る満足と、寄付することで苦境から救われる人の幸福とでは同じ金額でも比べ物にならないくらい後者の方が大きいからである。そうした「寄付の義務」は功利主義者以外の人からは、行き過ぎた博愛主義と見えるだろう。

7-3-3　ケアの倫理

　徳倫理学と密接な関係にある、ないし徳倫理学の一種と見られている立場として、ケアの倫理というものもある。ケアの倫理という考え方を広めたと言えば、何よりもキャロル・ギリガンの『もうひとつの声』であろう。この本はギリガンの師だった道徳心理学者ローレンス・コールバーグの道徳性の発達の理論への反論という形で書かれながら、結果として道徳心理学を超えて倫理学全体に大きなインパクトを与えた。

　ローレンス・コールバーグは子供たちにさまざまな道徳的ジレンマの問題に答えさせることで、その答え方で考え方を類型化し、道徳の発達段階を調べることができると考えた。そのために考案されたのが第一章でも触れた「ハインツのジレンマ」である。簡単にポイントだけ繰り返すと、ハインツの妻はある病気で死にかけているが、その薬は薬屋から盗まないと手に入らない。こういうときハインツは妻を救うために薬屋から薬を盗んでもよいだろうか。

　コールバーグはこの問題にどう反応するかで子供たちの道徳的発達を六つの段階に分けた。大まかに言うと、子供たちはまず自分の利害に基づいて考える段階

から，社会の慣習に従うという段階に移行する。しかし道徳性の発達とともに，単に慣習に従うのではなく，自分の考えで何がよいかを判断して道徳的行為を行うようになる。もっとも道徳性が発達した段階では正義や権利などの普遍的な規則に基づく思考ができるようになるとされる。ハインツのジレンマで言えば，薬屋の所有権と妻の生きる権利との間の倫理的ジレンマとして問題をとらえることができれば「合格」というわけである。

　ギリガンは，コールバーグに対して，道徳というものについての視野が狭すぎるんじゃないの，とかみついた。ギリガンはコールバーグの言う最終段階にいつまでたっても到達しない女の子が多いことに気づいた。しかし，彼女らの回答をよく分析すると，薬屋や妻とのコミュニケーションや人間関係を手がかりにジレンマを回避して問題解決をはかるという思考法を読み取ることができる。これだって立派な道徳性の発達ではないか，とギリガンは考える。こうした思考には「権利」や「正義」という概念は出てこないが，かわりに「ケア」や「愛着」や「責任」という概念が出てくる。これをベースにして，正義の倫理とは別の「ケアの倫理」というものが考えられるのではないか，とギリガンは主張する。

　ギリガンのこの本を出発点として，ケアの倫理はフェミニズムにおける新しい流れを生み，男性的な倫理に対する対案として倫理学の世界も席巻した。特に医療倫理学などにおいて絶大な力を持つようになってきている。

　では，ケアとは何だろうか。これについてはネル・ノディングズの『ケアリング』での分析が参考になる。ノディングズによれば，ケアの倫理とは，人間（とくに女性）が自然に持つ感情や態度としてのケアを，他の文脈にまで拡張することで得られる倫理である。ケアという感情や態度が働いている状態の特徴としては，相手のことが気になって気になってしかたがなくなり，相手の立場からものを見るという視点の変換が行われる。また，ノディングズが強調するのは，ケアはケアする人とケアされる人の二人の関係として成り立つということである。これは，ケアされる人がケアを受け入れる（ケアしてもらっていると感じ，それに反応する）ことでケアは完成するということであり，逆に言えば一方的なケアは不完全だということになる。ノディングズは，ケアの倫理において，普遍性よりも，そのときの両者の関係の特殊性を強調する。つまり，権利のように普遍的に誰もが同じように持つものではなく，その状況や文脈に応じて発生し，内容が変わるのがケアの倫理だというわけである。

ギリガンとノディングズに共通するのは，非常に一般化のしにくい，もっぱら身内に対して働く，身内びいきで文脈依存的な倫理を想定しているところである。これは，功利主義や義務論の土台になっている平等主義や普遍主義の倫理に対立することになる。ただ，必ずしも道徳判断の普遍化可能性まで否定していると解釈する必要はない。「母親として，目の前の子供とこれこれこういう関係（ここには非常に詳細なその場の状況の記述が入る）にあったら，これこれこういうふうにケアするべきだ」というようなタイプの判断について普遍化可能性を認めてもケアの倫理は十分成り立つ。

ところで，ケアの倫理について，よく「女性的」な倫理だと言われるが，生物学的性との関係はギリガンもノディングズも否定する。二人とも，むしろ，ケアの視点というものを，女性が社会において担っている役割（特に母親としての役割）から発生する視点としてとらえる。男性も同じような役割を担えば同じような倫理を身につけられるはずである。

ここまでの説明から，ケアという心構えや態度は性格や感情のレベルの問題であり，徳の一種と考えることができることが分かるだろう。普遍主義や権利ベースの考え方を批判する点，身内びいきを肯定的に評価する点でも徳倫理学者らの徳のイメージと一致している。だからこそ，すでに見たように，スロートはケアの視点を内的な強さの視点や博愛の視点とならんで，徳をベースとした倫理の第三の視点として重視するのである。

7-3-4　徳と共同体

ここまでは，徳というものを，直観的に分かっているものとして扱ってきたが，倫理学の理論として徳を考えるには，徳というものがどうやって選ばれるのか，なぜ時代や文化によって微妙に違うのかといったことも考えておく必要がある。実はこの点でも徳倫理学は既存の立場と一線を画し，「共同体主義」という政治哲学上の立場と結びつく。特に，アラスディア・マッキンタイアの『美徳なき時代』は徳倫理学そのものを現代によみがえらせたというだけでなく，徳倫理学と共同体主義を密接に結びつけた本として知られる。そこでマッキンタイアの主張を少し紹介しよう。

この本は，現代は実は倫理というものが成立する基盤がなくなってしまったの

にその残りかすだけが残っている、というセンセーショナルな見方からはじまる。現代における「正義」や「善」という言葉は、近代文明が崩壊し近代科学が忘れられたあとの世界で「ニュートリノ」という言葉だけが残っているのと同じような状況におかれているというのである。この本でマッキンタイアはアリストテレスや中世のトマス・アクィナスの徳の概念を検討して、自分なりの徳の概念にたどりつく。マッキンタイアによれば徳はその徳を必要とする「営み」(practice) と不可分である。たとえばチェスのゲームも「営み」の一種であり、チェスというゲームをよりよくプレーするための能力（集中力や想像力）がチェスに関する「徳」である。もちろんこれは倫理的な徳ではない。倫理的な徳と結びつく営みは、人間の生活全体という一番大きな営みである。従って人生全体の目的を叶えるために必要な能力が倫理的な徳だということになる。しかし現代のわれわれは人生全体の目的なんてものを想定しない。だから、近代社会では徳は意味をなさない、とマッキンタイアは言うわけである。

　これが古典的な共同体においては事情が違っていた。そこには共同体を機能させるような共通の目的があり、その共同体がどこから来てどこへ向かっているかということについての共通の理解（物語）があり、神話や伝説という形で共有される。これは「物語的秩序」(narrative order) と呼ばれる。その物語の中でそれぞれの人が役割をわりふられ、その役割を果たすことが各人の人生に目的を与える。つまり、目的というのは勝手に自分で設定するものではなく、共同体が設定するのである（ただし、自分で人生の進路を決定できる人間になることを重視する共同体では、むしろ自律性を持つことが徳とされるだろう）。特に、これまでの世代から受け継いできたものを次の世代に受け渡すというのはどんな共同体においても重要な仕事であり、そこから「伝統を大事にする」ということが重要な徳としてクローズアップされることになる。

　個人の権利や自由よりも共同体や伝統を大事にする考え方は社会契約説的なイメージで倫理を考えると納得がいかない。無闇に自己犠牲を求め、伝統でしばりつけるような社会にどうしてわれわれは参加しなくてはならないのだろう。しかし、マッキンタイアの本と同じころに、マイケル・サンデルやチャールズ・テイラー（生命中心主義者のポール・テイラーとは別人なので注意。チャールズの方が有名人である）が契約説的な人間観そのものを批判する論陣をはった。われわれはなんのしがらみもない独立した個人（そういう個人をサンデルの用語で「負荷

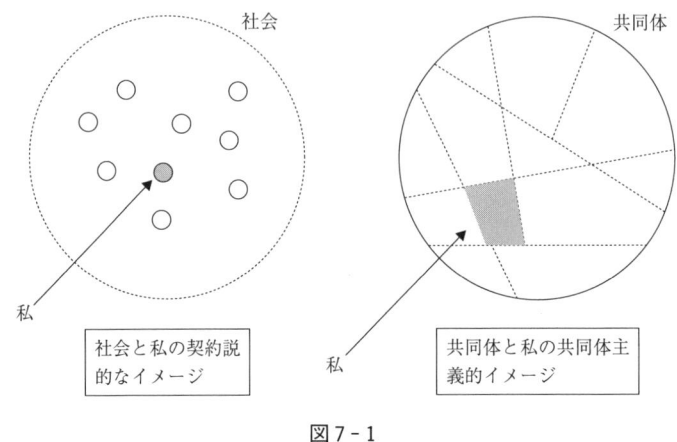

図中ラベル: 社会／私／社会と私の契約説的なイメージ／共同体／私／共同体と私の共同体主義的イメージ

図 7-1

なき自己」と呼ぶ）としていきなり存在しているわけではない。共同体の中で生まれ，共同体の価値観を吸収しながら育つのである（こういう見方を「状況の中の自己」と呼ぶ）。イメージとしては，つぶつぶとしての「私」があつまって社会ができるのではなく，共同体のなかで「ここからここまでがあなたです」といってケーキを切り分けるように切り分けてもらって「私」が成立するのである（図7-1参照）。後者の立場からは，われわれは社会から仮に独立の個人としての地位を与えてもらっているのだから，社会に所属するかどうかを個人が勝手に選ぶという契約説の考え方は本末転倒ということになる。ただし，テイラーは，現代のわれわれが生きている共同体は自律した個人を育てるような共同体であるという点を強調して，二つのイメージが両立すると主張している。つまり，右の図で作られた個人が左の図のような自由な社会を作る立場に移行するというわけである。

　共同体主義とは，こうしたマッキンタイア，サンデル，テイラーらの共同体観，人間観，倫理観を総称する言葉である。彼らの考えの細部にはいろいろ差がある（たとえばマッキンタイアは現代社会では共同体は崩壊していると考えるが，テイラーは市民社会もまた一種の共同体だと考える）。しかし共通の特徴は多い。まず，共同体主義は，生態系中心主義と同じ意味で全体論的な倫理なのである（この点についてはまたあとで触れる）。また，功利主義や義務論は同じ道徳原理があらゆる文化にあてはまるということを前提としているが，共同体主義は共同体ごとに

別の伝統があるから徳の内容も違うということになる。チャールズ・テイラーはこの点を強調して、共同体主義の観点から各文化の伝統を大事にする多元文化主義を主張している。

なお、ケアの倫理学は必ずしも共同体主義を前提にはしない。しかし、ばらばらの個人ではなく、ケアするものとされるものという関係を出発点に考えるというあたりでは、共同体主義の個人主義批判と軌を一にする。

また、徳倫理学の立場をとる上でも、必ずしも共同体主義を採用する必要はない。一方では、功利主義を前提にした徳倫理学というのがあってもよい。規則功利主義（第一章参照）で行為の規則を功利主義的に選ぶのと同じように、その共同体にふさわしい徳目を功利主義的に選ぶということはありうるだろう（教育や感情面を重視するヘアの二層理論はかなりこれに近い）。その場合、功利主義嫌いの性格や動機が功利主義的に望ましいなんてことも十分ありうる。他方では、徳というのは共同体に関係なくあらゆる人が道徳的な直観によって認識できるようなものだ、という考え方もある。これはロスのタイプの義務論の考え方を徳倫理学にあてはめたものと言えるだろう。スロートの立場はこれに近い。

以上のような徳倫理学、ケアの倫理、共同体主義などの考え方は、ある意味では近代の市民社会がこの数百年をかけて築き上げてきたものを否定するようなところがある。そのためもあって非常に多方面から批判をうけてきた。しかしその批判について見るのは少しあとにまわして、まず徳倫理学などの考え方がどのように環境や動物の問題に当てはめられるのか、本章の最初の方で見たような問題にどういう光を当ててくれるのかを考えてみよう。

7-4　徳倫理学と環境と動物

7-4-1　徳倫理学の適用

まず、徳倫理学から一般論として動物の扱いについて何が導けるかを確認しよう。

すでに見たように徳のリストの中には正義や博愛といった項目があった。一見

したところ，正義の徳を備えた人ならば種差別はしないということになりそうであるし，博愛の徳を備えた人ならば動物の苦痛も配慮するだろう。しかし話はそう単純ではない。たとえば徳倫理学は「差別をしてはならない」とか「あらゆる人を愛せ」とかというのを単純なルールとしてとらえるわけではない。最終的な判定は個々の事例においてこういう徳を持った人がどう行動するかによる。だから，現に正義の徳を備えた人が種差別的な行動をとるなら，それが徳倫理学的な意味での正義ということになる。また，中庸が大事であるのは正義の徳にもあてはまる。度を過ぎていかなる例外も認めないことは，かえって「杓子定規」といって悪徳として扱われるだろう。実際，古代ギリシャは奴隷制度を持つ身分社会で，それぞれの身分に応じた扱いをすることこそが正義だと考えられていた。したがって奴隷は奴隷として，動物は動物としてあつかう，というのがこの社会で正義の徳を身につけた人の振る舞い方だっただろう。

　さらに有徳な人というのはいろいろな徳をあわせもっているので，それらの徳の総和として動物に対する態度が決まるはずである。動物を不必要に虐待するのが悪徳だというのは誰もが認めるにせよ，家族を大事にするという徳の前には動物の福祉は二の次になることは十分ありうるだろう。実際，徳倫理学で強調される徳の中にはウィリアムズのいう「統合性」のように，身内びいきを肯定的に評価するものが多い。動物解放論が出発点にしているのは人権や反差別主義といった身内びいきを否定する発想であるから，その出発点を否定されてしまえば動物解放論は説得力を大幅に奪われる。徳倫理学の観点からは，動物実験や肉食を全廃するという考え方はいきすぎという評価になりそうである。ただし，もちろん，あらゆる人にまったく同じように人権を認めなくてはならないという考え方自体が否定されるわけだから，人権は確保しつつ動物の権利は否定したいという人には徳倫理学は論拠には使えない。

　さて，以上は一般論だが，実際に徳倫理学者は動物の問題についてどう言っているだろうか。ここではロザリンド・ハーストハウスの考えを紹介しよう。彼女は徳倫理学の考え方を応用倫理学に適用していくという点で最先端を行く哲学者である。

　まず，徳倫理学の応用というものをハーストハウスがどうとらえているか確認しよう。徳というのは非常にあいまいであるし，徳のある人がどう行動するかなんてことも徳を備えないわれわれが推測するのは非常に難しい。だから現実問題

に対処するには徳倫理学は役に立たないなどとよく言われる。ハーストハウスはそれに答えて，徳倫理学はそもそも第三者的にルールを決めたりするのに使うのではなく，自分自身が何をするべきか決めるときに使うものだという。そういう用途であれば，十分に実践の役に立つのである。

　徳倫理学を自分の行為について当てはめる上で考えるのは「自分がこの行為をしたら，それは徳の言葉ではどう言い表されることになるだろうか」という問いである。たとえば，中絶をしようとしている少女なら，「今自分が中絶をするとしたら，それは何といって形容するのが一番ぴったりくるだろうか」と考える。もし，いろいろな状況を考え合わせても，自分の行為が「軽卒だ」とか「自己中心的だ」とか「無責任だ」とか「大人になることを怖がっている」とかという記述がぴったりくるなら，悪徳のあらわれだということになる。他方，「意志が固い」とか「独り立ちしている」とか「真剣だ」とかという記述がぴったりくるのなら，その行為は徳のあらわれだということになるだろう。当然，こういう判断を下すには自分の置かれている状況の細部についての情報が必要になる。一般論として中絶が徳のある人のする行為かどうかといった問いは無意味である（コラム7で紹介するコード化不可能性の考え方からは当然そうなる）。従って第三者が判断をするのは非常に難しいし，一般化をするのも非常に難しい。こういう判断をするときにハーストハウスがもう一つ重視するのは，いろいろな場面における態度について一貫した判断を下すということである。たとえば，中絶に対する態度と流産に対する態度は同じである必要はないが，ある種の一貫性はなくてはならない。したがって，中絶に対して殺人と同等だという態度をとるなら，流産に対しても人が死んだのと同じような態度をとらなくてはならないはずである。

　さて，ハーストハウスは『倫理，人間，他の動物』と題する動物倫理の入門書の中で，徳倫理学の考え方を狩猟の問題に当てはめている。興味深いことに，ハーストハウスの議論は，同じく徳倫理学の考え方を使ってスポーツ的な狩猟を擁護するロジャー・スクルートンの議論への反論という形をとっている。まずそのスクルートンの議論の方から紹介しよう。

　動物倫理の議論の進展にともなって，動物の権利かそれに近いものを否定する哲学者はほとんどいなくなっているが，スクルートンはその中でも権利を認めない方向でがんばっている一人である。彼の立場は義務論と徳倫理学の二本立てになっていて，道徳的な行為者同士の間では厳密な義務が成り立ち，それ以外のも

のとの関係では厳密な義務はないが徳をもって振る舞わなくてはならないと考える。したがって，動物に対しては義務はないが，残虐さや無神経という悪徳は避けなくてはならないので，実験動物や家畜の福利への配慮は行うべきだという結論になる。そうした配慮が行われるかぎり，食べるために家畜を飼うのはむしろよいことである。ただし，肉食に関しては敬虔さの徳との関係で，自分が信じている宗教の戒律にしたがうべきである。以上が，動物倫理全般に関する彼の主張である。

さて，スクルートンは野生動物についてはどう考えるのだろう。まず，自分が飼育している動物に対しては責任をもって世話をするというのが美徳であるが，野生動物に対してはなんの責任もないので，世話をしなくても悪徳にはならないと彼は言う。ただし，環境に配慮する責任はあるので，その一部としての動物への配慮は必要であるし，共感の欠落や傲慢さや不信心さといった悪徳は避けなくてはならない。

こうした文脈において，彼はスポーツとしての狩猟は徳のあらわれとして考えることができるという。釣りにせよキツネ狩りにせよ，そうしたスポーツが存続するには釣られたり狩られたりする動物が野生に生息できる環境が維持されていなければならない。したがって，こうしたスポーツは環境保護の強い動機になる。また，キツネに不必要な苦痛を与えて喜ぶようなサディスティックなハンターは悪いハンターであり，よいハンターならキツネ狩りというスポーツが成立する上で必要最小限の苦痛しかキツネに与えないし，あらゆる手段をつくしてキツネを狩ろうともしない。したがって，よいハンターの態度には残酷さも共感の欠如も見られず，悪徳とはよべない，とスクルートンは言う。

ハーストハウスはこれに対して，サディスティックな欲望を満たそうとしていないからといって残酷ではないことにはならない，と批判する。われわれが「共感の欠如」と考える状況というのは，他人を苦しめて喜んでいるというシチュエーションではなくて，むしろ他人が目の前で苦しんでいるのにそれに対して何の感情も持たないようなシチュエーションである。道ばたで人が苦しんでいるのに素通りするという態度を共感の欠如と言うなら，魚やキツネの苦しみに何も感じないのも共感の欠如だろう。それどころか，スクルートンは，人間や猟犬や馬が猟のときに感じる喜びにくらべれば「キツネの恐怖や苦痛が絶対的な道徳的な障害になるとは考えにくい」とまで言う (Scruton, 118 ページ)。そうやってスポー

ツの興奮と死の恐怖を同等に比較すること自体，かなり感受性に問題がある可能性がある。

　しかしハーストハウスはこの議論で狩猟を全面的に否定しようとは考えていない。むしろ，個別の状況に応じて判断が違ってもよいはずだと考える。ハーストハウスが批判しているのは，むしろ，スクルートンが自分のキツネ狩りが徳をあらわしているかどうかとは考えず，第三者的にキツネ狩り一般について考えているという点である。その際に，自己欺瞞におちいらずに評価できるかどうかが重要になってくる。たとえばスクルートンはキツネ狩りが勇敢な行為だと思っているようだが，それはかなり自己欺瞞が含まれているのではないか。圧倒的に有利な立場で大勢でキツネを追い詰める行為は客観的にはとても勇敢とは言えず，むしろ卑怯な行為なのではないだろうか，とハーストハウスは言う。

　ちなみに，スクルートンは限界事例の問題については，道徳的行為者になる前の存在（赤ん坊）ともはや今後道徳的行為者になる可能性のない存在（「植物人間」や重度の知的障害者）を区別する。道徳的行為者は前者を将来のメンバーとして大事にする理由がある。しかし後者については道徳的行為者とまったく同じ権利を認める訳ではない（たとえば「植物人間」を殺すことについて道徳的行為者を殺すほど強い禁止が存在するわけではない）とスクルートンは言う。だから動物に人間と同じ権利など認める理由にはならないではないか，というわけである。しかし，ピーター・シンガーが指摘するように，この路線でキツネ狩りを正当化しようとすると，キツネと知的能力等で同等な限界事例の人をキツネ狩りと同じしかたで苦しめて殺すのも正当化されることになる[6]。まさかスクルートンも本気でそんなことは主張しないだろうから，種差別的な議論をどこかで持ち込まざるをえないはずである。

　スクルートンの議論とハーストハウスの批判を見比べることで，徳倫理学は確かに現実問題について考えるときに参考になるということは示せているようだが，同時にその難しさもまた見えたのではないだろうか。スクルートンとハーストハウスのように，徳倫理学者が同じ問題についてまっこうから対立したときにはど

---

[6] シンガーは「30歳になった『動物の解放』」という文章の中で最近の反動物解放論の例としてスクルートンを挙げて批判している。これはシンガーが最初に「動物の解放」という言葉を使った1973年の書評から30周年ということで2003年に『ニューヨーク・レビュー・オブ・ブックス』に寄稿したものである。

うしたらよいのだろうか。ただ，いずれにせよ，野生動物の扱いについて常識や慣習とあまり大きく違う結論は徳倫理学からはでてこない。その意味では，動物解放論や生命中心主義よりはハーストハウス流の動物愛護論は受け入れやすいとは言える。

7-4-2　ケアの倫理と動物と環境

　ケアの倫理からは動物や環境についてどういうことが言えるだろうか。ノディングズ自身がこの問題について『ケアリング』の中で一つの章をさいて論じている。ハーストハウスの考える徳倫理学と違う部分に着目しながらそれを紹介しよう。

　すでに見たように，ケアはケアする側とケアされる側の両方がいて成り立つ。ケアする側がケアされる側の立場に立ってものを見ること，そしてケアされる側の反応があることをノディングズは重視する。これらの条件は，すくなくとも哺乳動物に関しては十分成り立ちうる。われわれは動物の苦しみがどんなものか想像できるし，動物もわれわれに働きかけたり，ケアに反応したりする。実験動物，家畜，ペットに対してはケアをする立場の者が福利に責任を持つべきだということになる。

　しかし，ケアの関係は強制的な関係ではない。現在ケアの関係にない相手とその関係に入るべきだとまでは主張しないのである。これをもとに，ノディングズは飼い猫に対する態度と害獣（例にあがるのはネズミ）や野生動物に対する態度を対比して，害獣や野生動物に対してはとりたててケアの関係にあるわけではなくなんらの責任も発生しないと論じている。動物倫理としては非常に限定された立場だということになる。

　また，ケアの関係は多面的であり，自分の家族へのケアと対立するならば動物の福利は後回しにされることになる。家族が肉を食べたいなら肉を食べさせることがケアだということになる。こうしたこともあって，ノディングズは肉食については肯定的である。また，ノディングズは，われわれが肉食をやめたら肉食のために飼われている動物も飼われなくなってしまい，彼らにとっても不利益になる，という第六章で功利主義的な議論として紹介したものも利用している。

　ノディングズのようなケアの倫理から動物への配慮を考える態度は，決して目

新しいものではない。それどころか，1970年代に動物の権利運動が登場するまでの動物愛護運動の主流はまさにここで述べた意味でのケアの倫理に近いものだった。ある意味では「動物愛護」という言葉自体がケアの倫理を体現している[7]。「愛護」というのは「愛し護る」と書くが，これはノディングズがケアする側の心持ちとして記述しているものと非常に近いと思われる。

　ノディングズのこのような立場は種差別的だとして，同じケアの倫理の立場をとるジョセフィン・ドノヴァンから批判されている。ドノヴァンはむしろケアの倫理（彼女の用語では「動物ケア理論」）の立場からもっと積極的に菜食主義や野生動物保護が導き出せると考える。ただ，その際に，ドノヴァンはケアするということがケアする側とされる側の相互関係で成り立つというノディングズの出発点を否定してしまうため，博愛をベースとした徳倫理学に非常に近いものになっている。

　この他，フェミニズム系の環境思想として，環境フェミニズム（eco-feminism）と呼ばれる立場もあり，ドノヴァンはその影響もうけている。これはケアの倫理とはちょっと違う切り口から既成の倫理を「男性的」だと言って批判するのだが，他に適切なところもないのでここで紹介しておこう。環境フェミニズムとは，人間が自然環境を好きに支配するというイメージは過去において男性が女性を支配してきた関係と同じ発想だと考える。「支配」とか「収奪」とかいう「男性的」な考え方ではなく「共生」や「協調」という「女性的」な考え方で自然との関係をとらえなおそう，というのが環境フェミニズムである（ただし，「男性的」「女性的」と言っても，ケアの倫理の場合と同じく，これも生物学的な性別と明確に結びついているわけではない）。支配したり収奪したりしないというのがどういう態度なのかははっきりしないが，あらゆる対象にたいしてケアする態度をとる（反応するかどうかにかかわらず）という。この立場からは，動物実験も肉食もスポーツ的な狩猟も人間が動物を支配し収奪するという考え方を背景にしているので当然認められない。環境フェミニズムはラディカルな環境主義の一形態で，まじめに実践したら，たとえば化石燃料を使うような営みはすべて否定

---

[7] 英語では動物愛護運動をあらわす言葉は「動物虐待防止」（prevention of cruelty to animals）だったのが，日本に入ってきたときに「動物愛護」という，もっとこころの持ち方をあらわす表現にかわった（「動物虐待防止」が言いにくいというのが主な理由だったようだが）。ただ，欧米の動物虐待防止運動にもそうした感情の側面が強くあるのは間違いない。

されるから，現代文明をほぼ全面的に放棄することになるだろう。

7-4-3　共同体主義と動物と環境

　共同体主義からは動物や環境の問題はどう見えるだろうか。

　まず，共同体主義に特に修正をくわえないとしたらどうだろうか。すでに見たように，共同体主義（特にマッキンタイアのバージョン）は伝統を重視する。伝統こそが徳や倫理に意味を与え，われわれに役割を与えてくれるのだから，当然伝統は大事だというわけである。だとすれば，肉食も狩猟も宗教や食生活などさまざまな伝統の一部となっており，守られるべきだということになる。もっとも，ここで言う伝統は，その共同体の人々が物語的秩序として受け入れるものだから，かならずしも古くから同じことをやってきているという意味での伝統である必要はない。

　逆に，森林伐採などの大規模な環境破壊は伝統とは関係がないし，動物実験などもあまり伝統と関係がなさそうであるから，共同体主義の立場からそういうものを支持する直接の理由はないだろう。むしろ近年の里山の保全の流れから言えば，里山の開発は伝統の破壊だということになる。しかし，里山のような形で伝統に結びついていない森林を伐採することや動物実験は伝統に反するわけではないから反対する直接の理由もない。つまり，共同体主義は動物倫理に関しては非常に現状維持に近い立場になるはずである。これは，野生動物の福利を人間や飼育動物と同じように大事にせよという動物解放論や生命中心主義にくらべれば確かに受け入れやすいが，同時に環境保護運動にとってもあまり有利な材料ではない。

　しかし，共同体主義の背景にある論理は，「共同体」の範囲を拡大して考えることでもっとラディカルな動物倫理に繋がる可能性を持つ。共同体という概念が動物倫理で利用できる可能性を早い時期から指摘していたのはマリー・ミジリーである。彼女は主著の『動物たち，およびなぜ彼らは問題となるのか』（1983）の第10章において「混合共同体」（mixed community）という概念を導入する。人間が人間だけで共同体を作っていたことは人類の歴史上なく，つねにペットや家畜が存在していた。こうしたいろいろな種の生物を含む共同体がミジリーの言う混合共同体である。混合共同体のメンバーは共感で結びついており，それが倫

理の根拠ともなる（このあたりはケアの倫理の考え方に近い）。人間以外にまで共感を感じるのは擬人主義として批判されることがあるが，それは行動主義の名残である（第二章でも行動主義の問題については論じた）。共感をベースとする限り，混合共同体のメンバーのうちホモ・サピエンスだけを配慮の対象にして他をまったく配慮しないという峻別には根拠がない。以上がミジリーの主張のようである（実はこの本の記述だけからは正確なところミジリーが何を主張しようとしているかはっきりしない）。

　限界事例の問題に対する反動物解放論の答えで「限界事例の人々もわれわれと同じ共同体に属しているが動物は属していないから同列には扱えない」という議論がなされることがある。ミジリーの議論はこれへの反論と見ることができる。混合共同体を基準にするならペットや家畜も含むべきだということになる。つまり，共同体ベースの全面的な反動物解放論はうまくいかないのである。

　ただし，ミジリーの議論を使うなら，いかなる意味でも共同体に属していない存在には共感という絆も生じず，責任も発生しない。野生動物への責任もないことになる。これは一見直観にあいそうだが，ホモ・サピエンスであろうが同じことが成り立ってしまう（共同体に属していない個人には何も感じないから何をしてもよいということになってしまう）。現代人の感覚から言えば狭い意味での共同体をあまりに強調する考え方は受け入れがたい。

　共同体の概念を拡張するもう一つのやり方は，生態系全体を共同体と考える見方である。ミジリーの混合共同体の考え方をつきつめれば，人間は別にペットや家畜とだけ暮らしているわけではなく，人間をとりまくあらゆる動植物とともに暮らしているわけであるから，生態系全体を一つの共同体とみるのは一理ある。これは，言うまでもなく，土地倫理や生態系中心主義に近い考え方であり，キャリコットが「動物解放と環境倫理：もとのさやに収まる」という論文の中で展開している考え方である。

　すでに指摘したように，共同体主義の価値観と，生態系中心主義の価値観には全体論的であるという共通点がある。キャリコット自身，古代ギリシャの共同体主義と土地倫理を比較して，「土地倫理は現代の倫理学の体系からはちょっと異質に見えるが古典的な西洋の倫理哲学の広い文脈で見れば完全になじみ深いものに見える」と述べている（文献表のHargrove編の論文集52ページ）。つぶつぶの個人があつまって社会を作るというイメージが本末転倒しているというなら，人

間が生態系から独立したものとしてまず存在して，そのあとで生態系との関係を考えるというイメージも本末転倒のはずである。そして，共同体主義のように個人というものをとらえて共同体全体の価値が優先すると考えるなら，同じようにして人間よりも生態系全体の価値の方が優先すると言ってよいはずである。つまり，共同体主義の価値論を受け入れるなら，それは同時に生態系中心主義を支持する強力な論拠になりうるのである。この章の最初の方で指摘した土地倫理や生態系中心主義の問題点は，なにより理論的根拠がはっきりしないということであった。共同体主義を援用することでその点が解消するならば土地倫理・生態系中心主義は強力な立場となるだろう。

キャリコットはまた，共同体主義的なイメージを生態系中心主義が「環境ファシズム」だという批判に応える際に使っている。彼は共同体というものを重なり合いながら広がるものだと考える。われわれはまず家族という共同体に属し，地域共同体に属し，国家共同体に属し，人類全体という共同体に属し，混合共同体に属し，最後にはあらゆる生物から構成される生物共同体（biotic community）に属する。それぞれの共同体がそれぞれの価値を持ち，それぞれにわれわれに義務を負わせる。家族共同体では家族への義務が，地域共同体では伝統を大事にするという共同体主義的な義務が，人類という共同体ではあらゆる人の人権を大事にするという義務が，そして生態系という共同体では生態系を大事にするという義務がそれぞれ発生してきた。キャリコットは，こうした重なり合う共同体のイメージをベースに，別の共同体上の義務が対立した場合にはより身近な共同体の義務が優先されるという原理を提案する。人権を守るという義務は生態系を守るという義務よりも身近な共同体によるものなので，他の理由がなければ人権の方が優先される。ただ，内側が常に優先されることにすると，家族を守るためだったら人権もなにも無視してよいことになってしまいかねないので，キャリコットはもう一つの原理でバランスをとる。それは，より強い利害に基づく義務（つまりその義務に違反することで侵害される利益が重大であるような義務）はより弱い利害に基づく義務より優先する，という原理である。キャリコットは，この二つをうまく組み合わせれば，それほど変な結論はでてこないはずだと考える。

キャリコットのこの立場は共同体主義的な考え方と権利論的な考え方と生態系中心主義的な考え方を全部使ってしまおうという欲張りな立場だと見ることができる。しかし欲張りすぎて，どの場面でどれを使うのか，結局は勘にたよらざる

をえなくなってしまっている（「身近な方を優先」というルールだけならかなりはっきりした手続きになるが，とても受け入れがたい結論がでてしまうことも間違いない）。

7-4-4　徳倫理学アプローチへの批判

さて，ここまで，徳倫理学・ケアの倫理・共同体主義という一連の立場（めんどうなのでこの後は「徳倫理学など」と略する）を検討してきた。これらの立場は功利主義や義務論といった第一章で紹介した立場を頭でっかちで冷淡だと言って批判し，権利や義務や普遍的命令といった「かたい」もののかわりに感情や伝統や無意識の反応といったもっと「やわらかい」ものを倫理の中心に据える。こうした一連の運動が80年代以降順調に勢力を延ばしてきたのは，それまでの倫理的な議論のありかたに違和感をおぼえている人が意外に多かったということなのだろう。その意味では，徳倫理学などのアプローチはそれまであまり光の当たらなかった面に光を当てたという意味で高く評価されるべきだろう。また，伝統を重視するということは，家畜や野生動物の扱いについても（たとえば生命中心主義などにくらべて）穏健な結論が出るということであるし，かっちりしたルールという形で何をするべきかが指定されないということは，その場その場で自分の裁量で決めることができる部分が多いということである。こういう点で徳倫理学は高圧的でない倫理だと言えるだろう。

しかし，徳倫理学などのアプローチには問題が多い。特に，既存の倫理学にとってかわるような対案として見たときにいろいろ不満足なところが見えてくる。そういう定番の批判からいくつか見ていこう。

まず，徳倫理学はあいまいで指針として役に立たない，という批判がある。しかし，そもそも，人徳のある人ならこう行動する，というのが単純にルール化できないからこそ徳倫理学という立場が義務論や功利主義への対抗理論として出てきているわけで，その意味ではこの批判は的外れである。ハーストハウスのように，自分がこれからどうするべきかを考えるような文脈であれば十分指針として役に立つ，という立場もある。それではこの批判は意味がないかというとそうでもない。動物倫理の議論はたいていは具体的にどういうルールを作るかという場面で行われてきた。たとえば，われわれは動物実験やスポーツ的な狩猟を禁止す

るべきなのだろうか。こうやって共同でルールを決めるという場面では，個別性や一人称の判断ということにこだわる徳倫理学などのアプローチはやはり功利主義や義務論に比べると弱い。

　次に，生命中心主義や土地倫理と同じく，共同体主義もヒュームの法則違反だという批判がある。共同体主義は，われわれが共同体によって作られ，役割を与えられる，という社会学的・心理学的事実判断から，したがって共同体やその中での自分の役割（さらにはその役割をもとに定められる徳）を大事にしなくてはならない，という価値判断を導きだしているように見える。もちろんその導出にきちんと理屈をつけることができればよいわけであるが。

　第三に，徳の中身は文化や共同体によってだいぶ違うが，これが問題になる。現代の倫理問題はしばしばいくつもの共同体を巻き込む形で生じる。たとえば現代のどこかの国で，「うちの国では伝統的に黒人はみな奴隷として扱うのが正義だとされています」と主張した場合，それを非人道的だと言って非難するのは当然に思える。しかし共同体主義に基づく徳倫理学では，相手は自分の伝統にそって徳とされるものにしたがっているのだから，むしろ相手の文化を尊重するべきだということになってしまう。これは「文化によって何がよいか悪いかは違う」という文化相対主義と呼ばれる立場である。コラム0でとりあげた倫理的相対主義よりは少しはましだが，受け入れ難いという意味ではあまり変わらない。もちろんおたがいの文化で尊重しなくてはならないところは尊重すればよい（これは「多元文化主義」で「文化相対主義」とは似て非なるものである）。しかし奴隷制度や虐待といった問題でまでそうした寛容さを発揮するべきだという人はほとんどいないだろう。

　これと関連しているが，徳倫理学などのアプローチでは，相手との関係にかかわらず権利を守るという動機がないところがもうひとつ問題となる。女性，老人，障害者といった社会的弱者に対して，伝統的共同体は，現在のわれわれからみて必ずしも公平な扱いをしてきたわけではなかった（もちろん一概にすべて否定するのも極端で，現代よりむしろよい面もあっただろうが）。近代社会はそういう伝統に対して少しずつ改良をほどこし，文化的な背景などにかかわらずすべての人の権利を尊重する社会を築いてきたわけである（現実の運用はともかく，少なくとも社会の基本的なルールのレベルでは）。これが全体としては社会的弱者をより幸福にする方向に働いていたことを否定する人はいないだろう。われわれはつい

つい身近でない人の利害をないがしろにしてしまう傾向を持つが，権利や義務の概念が融通がきかなくできているおかげで，そういうわれわれでもお互いの利害を大事にすることができ，それが結局お互いの幸せになっている。ところが徳倫理学などのアプローチは，そういう近代社会の成果を覆してしまいかねない。徳を厳格なルールにしないことで，無意識の差別が容易になるし，身内びいきにも肯定的な価値を認めることで，身内びいきを否定することで確保できていたお互いの幸せをおびやかす。徳倫理学や共同体主義が批判されるのは，あいまいだとかという以前に，こういう危険性をはらんでいるからという面が強い。

　似たようなことは動物倫理の文脈に限っても言える。ノディングズのケアの倫理が従来型の動物愛護運動の背景にある考え方に近いということを指摘したが，動物の権利運動が「従来型の運動ではだめだ」といって新しい運動を始めた理由もまさにそこである。シンガーは，動物を解放しようとする人を「動物愛好家」と呼ぶのは，黒人解放運動をする人を「黒人愛好家」と呼ぶのと同じような侮辱だと指摘する。動物が好きだという個人的理由からではなく動物の扱いが不正だという倫理的理由から運動しているのである。これに対して，従来型の動物愛護運動は，感情に訴えるというまさにその特質により，何がどういう理由で不正なのかを突き詰めて考える構造になっておらず，そのため抜本的な改革を求める方向にも進まなかったのである。

　従来型の「かわいそう」に基礎をおく運動と動物解放論の違いを象徴的に示すエピソードとして，シンガーの『動物の解放』の冒頭の有名なエピソードがある。シンガーがこの本を書いているときに，動物が好きだという動物愛護家の女性からシンガーとその奥さんがお茶に招かれた。その女性は平気でハムサンドウィッチをすすめてきた。「どんなペットを飼ってらっしゃるの？」「いやペットを飼ったことはありません」といった嚙み合わない話をしたあげく，シンガーと奥さんは「われわれは動物は好きではないし興味もない。ブタをハムサンドにするべきではないと思うだけだ」と言って帰ってきたそうである。

　ただ，近代社会の権利拡張運動も無条件に認めることはできないだろう。差別反対の論理を何も考えずに押し広げて行けば，ポール・テイラーの生命中心主義のようなものにたどり着くことも十分考えられるが，これはこれで過激すぎて採用するには勇気がいるし，よく考えると根拠もはっきりしない。以上のようなことを考えるなら，徳倫理学などのアプローチはあくまで義務や権利をベースとし

た倫理の行き届かないところ，行き過ぎたところを補完・補正するように使うのがよいということになりそうである。キャリコットのイメージする重なりあう共同体はまさにそういう意図で考えられたものである。しかしこれはこれで複雑すぎて，いつどれを優先するのかがはっきりしないという問題はある。なかなか理想の倫理学理論を見出すのは難しい。

コラム7　徳倫理学とメタ倫理学

　徳倫理学はいろいろな面でそれまでの倫理学との違いを強調するものだったが，メタ倫理学においても徳倫理学と同調する動きがあった。第二章で見たように，メタ倫理学の問題設定は，「X は善い」といった道徳判断を事実に関する判断の一種として見る（認知主義）か，命令や感情の表現など別の言語行為として見る（非認知主義）かという二者択一の問題として考えられてきた。事実についての判断ならなぜそれが動機と結びつくのかが謎であるし，感情の表現などなら，なぜ道徳判断が客観性を持つのかが謎である。しかしこの垣根を乗り越えようという立場がここ 30 年ほどで現れ，認知主義 vs. 非認知主義という対立構図はちょっと古くさいものになってきている。

　この立場について考える手がかりとして，徳倫理学と義務論の差は何だろうかと考えてみよう。たとえば徳のリストに「正義」というものがあるが，正義の徳を持つということと，「正義を実現せよ」という義務に従うのは何が違うのだろう。ここで徳倫理学と義務論の違いを際立たせる際に「コード化不可能性」（uncodifiability）という概念が使われる。「コード化」というと難しげだが，要するに「操作マニュアル」とか「テーブルマナー」みたいな形でマニュアル化できないということである。これはジョン・マクダウェルという哲学者が考えたもので，何がよいか，何が悪いかというのをひとまとまりのルールとして示す（これをコード化と呼ぶ）ことはできないという考え方である。義務論は何が正しい行為かを明文化できると考えている点で完全に間違っているというわけである。何が「正義」なのかということをちょっと考えてみれば，正義という言葉の意味をあいまいさのない形で表現するのは非常に難しい。直面するさまざまな状況に応じて，人生経験などを手がかりにしてどうするのが正義なのかを考えなくてはならない。アリストテレスはそういう能力を「フロネーシス」（「賢慮」などと訳される）と呼んでいた。いろいろな場面で「正義」などの徳をわれわれが実践できるのは，コード化の結果ではなく，フロネーシスを働かせた結果なのである。

　コード化できないからといって正確な判断ができないということにはならない。たとえばわれわれは友人の顔を見てすぐに誰だか分かるし，顔の一部が見えなかったり，ちょっと違う角度から見たりといった状況でも相手を判別することができる。しかし「あなたが相手の顔を見て「杉本君だ」と判断するのはどういうときか，明文化してください」などと訊かれたら答えに困ってしまうだろう。近年の認知科学ではこれはパターン認識の問題として知られている。

フロネーシスをつかっての判断も，顔を見分けるのと同じ，明文化できないパターン認識の問題だとマクダウェルは考えるのである。

　徳倫理学では，こうした能力はトレーニングを積むことで身につくと考える。トレーニングを積むと，マクダウェルの表現で言えば「理由の空間」という，自然科学では記述できない世界が見えるようになる。たとえば川で子供が溺れていたら，それが単なる「溺れている」という事実としてではなく，「川に飛び込んで助ける」という行動をする理由として見える，というのである。理由として見えるということは，妨げるものがなければ実際にそういう行動をとるということでもある。この立場は，認知主義か非認知主義かと言えば認知主義に分類されるが，見えるものが普通に理解される意味での「事実」ではなく「理由」だという点では従来の認知主義とは大きく異なる。こうしてマクダウェルは認知主義と非認知主義の両方のよいところをとろうとするわけである（そんな都合のいい能力があるのか，という問題はあるが）。マクダウェルの立場がメタ倫理学上の他の立場とどう関係があるのかについては，第二章末の表をもう一度参照されたい。なお，マクダウェルの立場をどう呼ぶかは人によってさまざまだが，比較的多いのは，「感受性理論」(sensibility theories) の一種とする見方なので，ここでも彼の立場を感受性理論と呼んでおく。

　ケアの倫理では，「理由が見える」という認知的な言い方よりも「理由を感じる」という言い方の方がしっくりくるだろう。すでに見たようにケアの倫理では倫理判断の客観性をあまり重視しないので認知主義をとる強い理由はもともとない。ただ，道徳的判断の内容がマニュアル化できないという点などはまさにギリガンなどが強調していたところであり，共通点だと言えるだろう。

　この考え方は，倫理教育のあり方にも影響を持つ。倫理教育というと「××してはいけません」といったルールを教えることだと思われがちだが，徳倫理学の観点からはそんなことでは倫理的な判断ができるようにはならない。フロネーシスの能力を持ち，自然に行為の理由が見えるような人間を育てることこそが倫理教育だということになる。共同体主義と結びつけるなら，そういうトレーニングを行うのは共同体であり，共同体が求めるような形でどういう場合に何をするべきかが自然に見えるようになってくれば，それが徳を身につけたということなのである。

終 章

動物は結局どう扱えばいいのか
往復均衡法を手がかりに
倫理学の考え方と理論の改良の方法を考える

　本書では，倫理学全般と動物倫理に関わるさまざまな話題をとりあげてきた。この最後の章では二つのことを行う。まず，雑然とした本書の内容をもう少し体系的に整理し，体系的に勉強したい人がどういう順番で読んでいけばいいかの指針を与える。それから，倫理学のさまざまな理論の比較をどういう基準で行うのか，という基準についての考え方とその基準をつかって理論の改良をどうやってすすめていくのか，という方法論についての考え方，特に往復均衡法の考え方を紹介する。最後に，もういちど動物倫理の問題にたち戻って，今後どう考えていけばいいのかについての私見を述べる。

本章のキーワード
内的整合性　統一性　道徳的直観　往復均衡法　広い往復均衡法

終-1　本書の内容を振り返る

　本書の論述の順番はかならずしも整理されたものとは言えないので，それぞれの話題について体系的な本を書くとしたらどうなるか，という観点から本書でとりあげた話題を整理しなおしてみよう。一応警告しておくが以下のリストは情報を整理したい人向けで大変無味乾燥なので，こういうものがきらいな方はとばして次へ行かれたい。

終-1-1　倫理学に関する内容

まず，倫理学に関する話題だが，もし体系的な倫理学概説にするなら，以下のような順番で整理できるだろう。

1) 倫理学の前提条件

これについては，倫理学の全体像（序章）の他，相対主義（コラム 0），利己主義と道徳の理由（第四章第一節，第三節），進化論を利用した道徳の起源の考察（第四章第二節，第三節）などを行った。また，この終章の後半で倫理学的理論の評価方法についてあつかう。

2) メタ倫理学

これについては，まず，ヒュームの法則と自然主義的誤謬について紹介をしている（第二章第二節，コラム 2）。古典的な対立として認知主義と非認知主義（第二章第四節）を紹介したあと，カントの普遍法則テスト（コラム 3）やマクダウェルの徳倫理学的な新しい認知主義の立場（コラム 7）も紹介した。その他，狭い意味でのメタ倫理学からは少し離れるが社会契約のさまざまなイメージ（第三章第一節）についての紹介やそれを批判する共同体主義の人間観（第七章第三節）もメタ倫理学的な考察に含めることができるだろう。

3) 規範倫理学

規範倫理学の話題は倫理学の中心であり，多くの分量が割かれている。

(3-1)　功利主義

功利主義関係は本書でもかなり大きな比重で紹介してきた。まず少々単純化した形で功利主義の定式化（第一章第二節）をしたあと，もう少し義務論に配慮した功利主義の考え方として規則功利主義と二層理論（第一章第四節）を紹介した。功利主義を擁護する一つのアプローチとしてハーサニーの契約説的功利主義（第三章第三節）を紹介した。功利主義のバックにある価値論として快楽説と選好充足説（第五章第二節，コラム 5）を比較したあと，改訂案としての合理的選好充足説（第五章第三節）についても少し説明した。功利計算のやり方については総量説，平均説，先行存在説（第六章第二節）の三つを対比し，少し違うアプロー

チとしてマイナス功利主義（コラム6）も紹介した。

(3-2)　義務論・権利論

まず代表的な義務論としてカント主義（第一章第三節，コラム3）と一見自明の義務の理論（第一章第三節）を紹介した。義務論系と見なされることの多いロールズ主義（第三章第二節，第六章第二節），ロックの立場（第三章第二節），ノジックのリバタリアニズム（第三章第三節），ドゥオーキンの平等主義（第三章第三節）なども見ていった。センやナスボームの潜在能力説（第五章第二節，第三節，コラム5）は権利論と見るべきか帰結主義と見るか微妙なところだが，いずれにせよ無視できない立場なのはまちがいない。新厚生経済学も倫理学理論としての分類に困るが，功利主義でも徳倫理学でもないので，強いて分類するなら一種の義務論だということになるだろうか（第六章第三節）。

(3-3)　徳倫理学

徳倫理学，ケアの倫理，共同体主義（第七章第二節，第三節）は相互に関わりあう一連の考え方ということで本書ではまとめてあつかった。

4）応用倫理学

本書では動物倫理以外の応用倫理学はほとんど取り上げなかったが，環境倫理学（第七章第一節，第二節）は動物とも深く関わるのでくわしく紹介した。その中でも生命中心主義についてはシュヴァイツァーの立場（コラム1）やロリンの立場（第五章第三節）も紹介して動物解放論的な考え方と対比した。

終-1-2　動物倫理に関する内容

次に動物倫理については以下のような内容をとりあげた。

1）動物倫理の背景説明

これについては，動物倫理の問題設定（序章）や歴史的経緯（第一章第一節）などを説明した。

2）動物やその利害に内在的価値を認める側の理論的立場

これについてはまず，シンガーやレーガンの立場を紹介し，両者の共通項を

「動物解放論」の立場としてまとめた（第一章第五節）。契約説系の考え方としてはノジックとレイチェルズ（第三章第三節）の立場を，潜在能力説からの説明としてヌスボーム（第五章第三節）を，徳倫理学からの説明としてハーストハウス（第七章第四節）を，ケアの倫理からの説明としてノディングズや環境フェミニズム（第七章第四節）を，それぞれ紹介した。

3）動物やその利害に内在的価値を認めない側の理論的立場

代表的な義務論者としてカント（第一章第三節），契約説からの否定論としてホッブズ，ロック，ナーヴソン，カーラザース，否定論ではないが自分の理論では動物は扱えないというロールズ（以上第三章第二節），徳倫理学からの否定論としてスクルートン（第七章第四節）などをとりあげた。

4）理論的な論争点

(4-1) 反動物解放論の論拠

動物解放論に反対する側の議論としては，まず動物解放論そのものへの批判（第一章第五節）を簡単に紹介したあと，人間と動物のさまざまな差に基づく議論（第二章第一節），フレイらの認知能力の差に基づく議論（第二章第三節），カーラザースらの契約能力の有無に基づく議論（第三章第二節）などを紹介した。

(4-2) 限界事例をめぐる議論

反動物解放論に動物解放論が答える際の最大の論点になっている限界事例の問題（第二章第三節，第三章第二節），それに対する反動物解放論側からの答えの試み（第三章第二節）などを紹介した。

(4-3) 極限的選択における人間の優先

これについては，簡単に，動物解放論側の弱みである極限的な選択をめぐる問題と，それを解決するための最悪回避原理やスライディング・スケール・モデルの検討を行った（第三章第二節）。

(4-4) 進化論からの滑りやすい坂道

動物解放論側の強力な論拠として，進化論における共通先祖説をみとめるなら，種の境界の明確さという反動物解放論の根拠がくずれ，権利論などの二分法的な倫理そのものもあやしくなるというドーキンスの議論を紹介した（コラム4）。

5）動物解放をめぐる各論

(5-1) 動物実験をめぐる問題

動物実験については動物実験の歴史、動物実験における動物福利派と全廃派の対比、動物実験に固有の論点として動物実験の有用性や代替手段の有効性などについて紹介した（第五章第一節）。

(5-2) 動物福利と環境エンリッチメント

動物実験だけでなく動物園や工場畜産においても最近問題となっている動物福利の向上について三つの立場（快楽説・選好充足説、機能充足説、本性説）と環境エンリッチメントという概念について紹介した（第五章第三節）。

(5-3) 菜食主義と工場畜産

菜食主義の歴史と菜食主義のさまざまなタイプ、工場畜産の基本的なデータと工場畜産をめぐる論争などを紹介した（第六章第一節）。

(5-4) 野生動物問題

野生動物に関する問題とその動物解放論からの分析および環境倫理学からの分析を紹介した（第七章第一節）。

こうしてあらためて振り返ってみると本書ではなかなか盛りだくさんな内容を扱ってきたものである。

終-2 対立する倫理学理論の使い方

終-2-1 倫理学理論を比較検討する視点

さて、上のまとめにもあったように、規範倫理学の理論だけでも、本書ではずいぶんたくさん扱ってきた。功利主義と一口に言っても快楽版もあれば選好充足版も合理的選好充足版もあり、総量主義も平均主義も先行存在説もある。義務論系でもカント主義と一見自明の義務の体系では言っていることがずいぶん違う。そこにさらに潜在能力説や徳倫理学も加わって、「われわれは何をするべきか」という問いに対して非常に多種多様な答えが存在していることになる。

本書は基本的には入門書なので、それぞれの立場の長所・短所（それも比較的

倫理学者の間で共通了解となっているもの）を示すだけで，最終的な結論を出すことも著者であるわたし自身の立場を強く押し出すこともしてこなかった。とはいっても，功利主義関係の話題の多さからもわたしが功利主義に肩入れして読者を誘導しようとしていることはうすうす感じとられたかもしれない（いやうすうすではないかもしれない）。

それはともかく，「わたしはどう生きるべきだろうか」という疑問をもって本書を読み始められた読者がいたとして，こうやっていろいろな理論を紹介されるだけ紹介されても，「じゃあ結局わたしはどうしたらよいの」と訊きたくなるのが人情というものだろう。これに対するよい答えを用意しているわけではないのだが，何もないと「言いっぱなしで無責任なやつだ」と言われそうなのでちょっとだけ考えてみたい。

まず，さまざまな倫理学理論が対立している状況をどうとらえるか，ということについてだが，倫理学という学問の中で，突然（たとえば）徳倫理学が正しいことが判明したので功利主義や義務論の支持者が皆無になった，なんてことはまずおこりそうにない。仮に倫理学者たちが一致してある見解がだめだと判断しても，その否定された立場が形を変えて復活しリターンマッチをすることになるのが倫理学（ひろくは哲学全般）の常である。メタ倫理学における自然主義や規範倫理学における徳倫理学はそのよい例だろう。つまり，「意見がまとまらない」というのはこの分野の根幹にかかわる根の深い問題である。

しかし，何でもありなのかというと，実はそうでもない。単純なルール化はできないものの，ある種の共通了解として，理論のよしあしの評価の基準として以下のようないろいろな基準が使われている。

(1) **内的整合性**　同じ理論の中であちらとこちらでつじつまが合ってないというのは大きな減点項目である[1]。

(2) **他の知見との整合性**　他の分野の理論や事実，たとえば自然科学の知見と矛盾しているというのも困る。人助けのためなら光速を超える速度で移動できるはずだとか，あらゆる人を永遠に生かし続けることができるはずだとかといったことを前提にした倫理学理論があったら真に受ける気にはならない。なお，科学

---

1) ここで「内的に矛盾してるなら減点どころかその場で即退場だ」と言う人もいるかもしれない。しかし，たとえば満足のいく選択肢がないような場合には，矛盾のある理論を矛盾がダメージを引き起こさないようにうまくやりくりしつつ使った方がよいということはあるかもしれない。

的知見は事実判断，規範倫理学の理論は価値判断ということで，もともとタイプの違うものだから直接矛盾するわけではない。ただ，事実と価値を橋渡しする一つの前提として，「「べきである」は「できる」を含意する」というテーゼがある。これはつまり，「できもしないことを義務だと言って要求されても困ります」ということで，カントが言い出した。このテーゼを受け入れるなら，人間に原理的に実行できないようなことを義務として要求する倫理学理論を却下することになる。

(3) 実践的有用性　倫理学理論というのは「何をするべきか」「どう生きるべきか」という問題に答えるものなので（少なくとも規範倫理学の理論はそういう性質を持っているので），実際にそういう問題に悩んでいるときに参考にならないというのは減点項目である。特に，二つの義務が対立する道徳的ジレンマに陥ったときに倫理問題について考えることが多いので，ジレンマを解決するたすけにならない理論はあまり魅力的ではない。

(4) 統一性　いろいろな領域にわたる問題を一つの統一的な基準で扱えるかどうかというのも理論の評価基準の一つである。中絶の問題と環境保護と動物実験を同じ枠組みの中で扱うことができる立場は，それぞれにその場しのぎの解決を与える立場よりもよいような気がする。実際，いろいろな問題を考えに入れて総合的な政策決定をするにはそういう統一的な視点が必要になるだろう。

(5) 直観との整合性　科学理論において，実際に実験してみたときにその理論から予測された通りのことがおきるかどうか，というのは重要な判断基準になる。しかし，倫理学理論をそれと同じような意味で実験することはできない。その代わりに行われるのが，その理論をいろいろな問題にあてはめた結果を道徳的直観（第二章参照）と照らし合わせるというやり方である。直観というのは，「この問題についてはこれで絶対間違いない」と思えるような，一種の自明さをもった価値判断である。たとえば「無実の人を殺してはならない」という直観は根強いので，ある倫理学理論から無実の人を好きに殺してよいという結論が出たら，その理論の信憑性が大幅にダウンすることになるだろう。

ただし，「道徳的直観」といってもいろいろで，多くの文化で共通に受け入れられているような考えもあれば，本人は明らかだと思っていてもまわりから見れば単なる偏見だというようなものもある。さらに，仮にあらゆる人が同じ直観を持っていたとしても，だからその直観が正しいと言えるのかどうかは微妙で，単

にあらゆる人が同じような教育をうけた結果同じような偏見を持つようになっただけかもしれない。場合によっては直観どうしが矛盾するということもある。科学において使われる観察にも同じような問題が発生することはあるけれども，「温度計のめもり」など，誰が見ても大差ない結論のでる観察というものも多い。そういう意味では，倫理学理論の優劣の判定は科学よりもはるかにあやふやなものを基礎とせざるをえない。しかし，かといって道徳的直観がなんの基準にもならない，というのは言いすぎである。殺人や窃盗など基本的な問題についてはおおむね一致するのもたしかで，そうして一致している人の間では，その直観を前提にして理論の評価を行うことができる（だからこそ一見自明の義務の理論が成立するのである）[2]。

さて，以上の基準で見たとき，本書で紹介したさまざまな規範倫理学理論はどう評価されるだろうか。まず功利主義だが，単純な行為功利主義はあらゆることを功利の原理で統一的に扱えるという利点がある。また，依拠する直観も快楽説ないし選好充足説などの主観主義的価値論で，これがある程度の説得力を持っていることは第五章で見た。あるいは，ある種の無知のヴェールから平均功利主義を導き出すこともできて（第三章のハーサニーの議論参照），これは倫理とか公平さというものについてのかなり基本的な直観から功利主義を導き出していることになる。少数の比較的確実度の高い直観だけから適用範囲の広い結論が出せるという意味では功利主義は他の倫理学理論の追随をゆるさない。といっても，たとえば快楽か選好充足か，総量か平均か先行存在か，など，功利主義で行くと決めても，具体的な問題について結論を出せるようになる前に決めておかなくてはならないことは多く，そこでまた別の直観に頼らなくてはならない。

また，幸福が大事だということは（おそらく第一章で紹介したカントを例外として）誰も否定しないにせよ，幸福だけが大事だと言われると，とたんにそれと矛盾するさまざまな直観がうずきだすことになる。幸福だけでなく，人命は何ものにも代え難い気がするし，自然環境だって大事だ。義務論や権利論はそういうことについての道徳的直観を多く取り込むことができるという意味ではよい理論である。ただし，そのために統一性やジレンマに対する解決力は大幅に削がれる。

---

[2] 道徳的直観がなぜ一致するかの説明としては，第四章で見たような進化生物学的な分析や，認知科学からのアプローチなどがこころみられている。もしこういう分析が正しければ，直観が一致するのは決して偶然ではない。

ロールズやノジックの理論は義務論的な理論に「契約」という道具を持ち込むことでもっと統一性を取り戻そうという努力として見ることができる。しかし，統一性を得る代償として，無知のヴェールの条件設定といった肝心の部分で恣意的な感じがする（言い換えれば直観に裏付けられている感じがしない）のは減点項目である。さらに，契約説的な人間観には共同体主義からの批判もあって，そうなると背景となるべき社会科学的知見との整合性も問題になる。

　潜在能力説や徳倫理学は，それぞれ違う角度から，これまでの理論ではすくい取りきれていなかったある種の直観をすくい取ろうとしていると理解することができるが，これらの理論の役割は補完的なものだと思う。潜在能力説について言えば，確かに潜在能力の配分が大事だと言われたらそう思うが，潜在能力さえ平等なら財や幸福の配分はどうでもよい，とまでいうわけではないだろう。つまり，これまでの理論を支えていた直観を否定するほど，潜在能力説の依拠する直観は強いわけではなさそうである。徳倫理学についても，性格や動機も倫理的な評価の対象になるというのは功利主義や義務論があまり重視してこなかった直観である。しかし，かといって性格や動機だけで倫理的判断をしようとすると，幸福や義務を大事だと思う他の直観を満足させることができないだろう。補完的にこれらの理論を使うということは，いろいろな理論をまぜて使うということだから，全体としての統一性は下がる。直観の取り込みと統一性のどちらをとるかというトレードオフの問題がおきる可能性がある。

　新厚生経済学は，功利主義から選好の大小に関する直観を取り除いた（もう少し正確に言うと，そういう直観に頼らなくても答えが出せる）ものとなっている。理論そのものがあやふやな直観に頼らないというのはもちろん評価されるべきポイントだが，その結果自由度が高くなりすぎて，実践的な有用性がかなりダウンしているように見える。

　以上のように，総合評価をしてみたときに，どの軸で見ても異論の余地なくすぐれた倫理学理論というのはおそらく存在しない。ではこの先どんな風に考えていったらよいのだろうか。

終-2-2　往復均衡法

　以上のような視点をくみこんで理論と直観の改訂をやっていく際の方法論とし

て，往復均衡法（method of reflective equilibrium）というものが提案されている[3]。これは，抽象的・一般的なレベルの理論と，具体的・個別的なレベルでの判断をいったりきたりしてだんだん全体の調和を高めていくという方法である。同じような考え方はいろいろな人が提案しているが，往復均衡法という形で倫理学の方法論として提案したのはロールズである（図 終-1）。

　ロールズ自身，この考え方をいろいろなところで使っているが，基本はシンプルである。抽象的な倫理学理論（ロールズの場合で言えば原初状態の満たすべきいろいろな条件）の善し悪しを評価する際に，まず，具体的ないろいろな事例についてその理論からどういう結論が出るか（ロールズの場合で言えばその原初状態の設定からどういう正義の原理が出て，それが個別の問題にどういう判断を示すか）を考える。それを，その事例についての直観と照らし合わせるわけだが，そこで使われる直観は，ロールズの言い方では「熟慮された判断」（considered judgment）である。つまり，直観と言うとぱっと感じたことという印象があるかもしれない（それはどちらかと言えば「直感」という字の方が適切だろう）が，そうではなくて，十分経験も積み，能力もある人がよく考えた上でその問題について達する結論こそが，倫理学理論を評価する際の基準になるべきだとロールズは考える。

　では，倫理学理論から導かれた結論と熟慮された判断が食い違ったらどうしたらよいだろうか。たとえば，ある種の功利主義理論からはどう考えても工場畜産は正当化されないが，熟慮された判断は工場畜産はOKだと言っている，というような状況である。ここで熟慮された判断の方が正しいはずだから倫理学理論が訂正されなくてはならない，と考えるならただの直観主義であり，直観なんて信用できるの，という批判にさらされるわけだが，ロールズのイメージは必ずしもそうではない。他のところで非常にうまく行っている理論がある特定の問題でだけ熟慮された判断と食い違うなら，もしかしたら修正されるべきなのは工場畜産OKという熟慮された判断の方かもしれない。もちろん，熟慮された判断に対する確信が強いなら，功利主義という理論の方に戻って，理論の方をちょっと手直しするという選択肢もある。あるいは熟慮された判断を全面的に否定するのではなくてちょっと手直しするといったやり方でつじつまをあわせることができ

3）reflective equilibrium は倫理学の文献では「反省的均衡」ないし「反照的均衡」と訳されることが多いが，ここでは分かりやすさを優先して，試しに往復均衡と訳してみた。

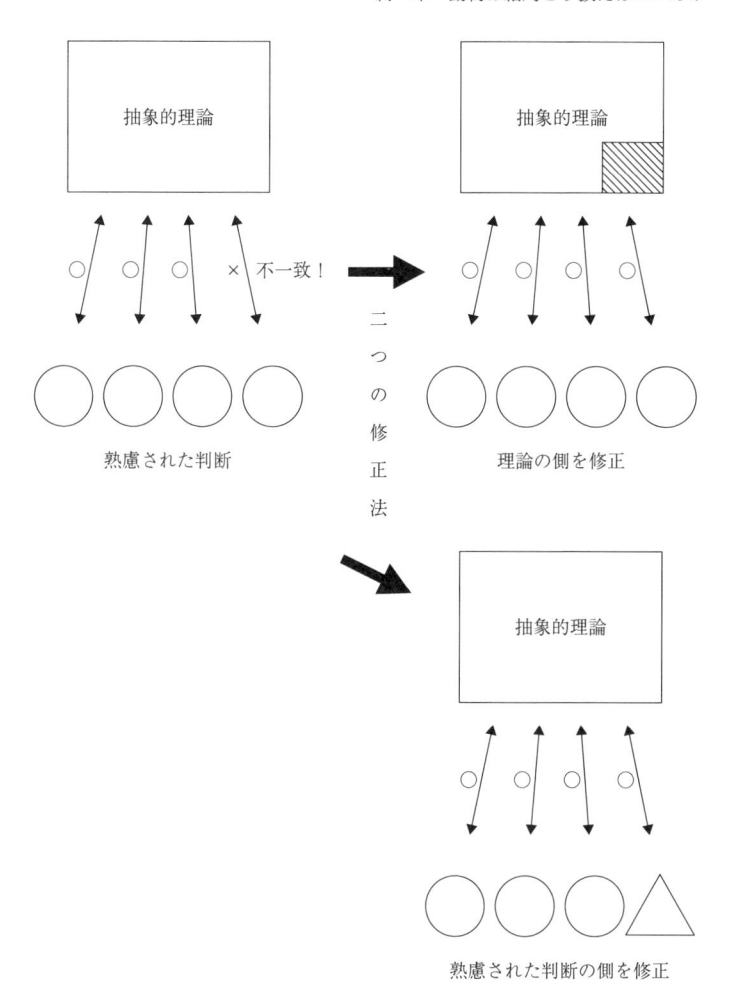

終　章　動物は結局どう扱えばいいのか　317

図終-1　（狭い）往復均衡法

左上：抽象的理論 ／ ○ ○ ○ ×不一致！ ／ 熟慮された判断

二つの修正法

右上：抽象的理論（斜線部分あり）／ ○ ○ ○ ○ ／ 理論の側を修正

下：抽象的理論 ／ ○ ○ ○ ／ ○ ○ ○ △ ／ 熟慮された判断の側を修正

るかもしれない。しかし，理論を手直しした場合，他の問題にも修正が波及する可能性が十分にある。功利主義の場合は特に統一性が高いので，工場畜産という問題に関連して行った修正が人口政策から何から倫理のあらゆる範囲に影響を及ぼす可能性がある。そうするとその波及した先でまた同じような手続きをする必要が出てくる。こうして，抽象的な理論のレベルと具体的な事例のレベルを行ったり来たりしながら，だんだん全体として均衡に達するように（つまり調和がと

れてそれ以上修正が必要なくなるように）しよう，というのが往復均衡法である。

ロールズがもともと提案した方法は，倫理学理論と具体例という二つのレベルの間の往復だけを考えていた（まあ読みようによってはもう少し好意的に解釈することもできるが）。しかしそうすると，熟慮された判断と理論から導かれた結論が食い違ったとき，理論を修正するのか熟慮された判断を修正するのかの選択は，結局その選択をする人まかせということになりかねない。つまり，往復均衡法は自由度が高すぎて，やる人によって全然違う答えが出てしまうのである。

そこで，ノーマン・ダニエルスは，広い往復均衡法 (method of wide reflective equilibrium) という考え方を提案した（正確に言うとロールズが先にこの言葉を使っているが，一般に流布しているバージョンはダニエルスが考えたものである）。それによると，倫理学理論と熟慮された判断の間の食い違いがあるときには，背景理論に照らしてどちらを修正するのかを考える。背景理論には，合理的であるとはどういうことかについての理論（整合性や単純性の重視など），人間とはどういう存在かということについての理論（たとえば心理的利己主義），社会の仕組みについての理論，道徳語の用法についてのメタ倫理学的理論など，さまざまなものが含まれる。背景理論のうちには価値判断もあれば事実判断もある。それらと見比べて，理論の方がもっともらしいか熟慮された判断の方がもっともらしいかを考え，どちらを修正するか決めよう，というのが広いバージョンのポイントである。もちろん，背景理論も修正の余地がないわけではなく，たとえばもっともらしい倫理学理論と矛盾するということからメタ倫理学理論や人間性に関する理論が見直される可能性もある。背景理論同士が矛盾することもありうるだろう。そういうものも含めて行ったり来たりしながら均衡を求めるのが広い往復均衡法である。

実際の規範倫理学が何かしら広い往復均衡法に類するものを使っているのは間違いないだろう。本節の前の方で倫理学理論を評価する際のポイントをいくつか並べたが，それらはどれも広い往復均衡法の中で利用可能である。それらの基準をもっともよく満たすような形の倫理学理論が残るように，均衡点をさぐっていけばよいわけである。たとえば功利主義をめぐる議論で単純な功利主義から規則功利主義や二層理論型功利主義が派生したり快楽説からさまざまな選好充足説へと福利論が変化したりしていくのは，功利主義をさまざまな熟慮された判断や背景理論と照らし合わせた結果だと言ってよいだろう。二層理論型の選好功利主義

は，単純な功利主義と相容れないと考えられていたさまざまな直観，たとえば義務が絶対だという考え方や性格が大事だという考えを功利主義の中に取り込むことができる。もちろんこれらの直観は他のやり方でも取り込むことができるが，二層理論の場合は功利主義の利点である統一性をあまりそこなわずに取り込めたというのがポイントである。これは往復均衡法の使用例だと言えるだろう。もちろん義務論を出発点としても，徳倫理学を出発点としても，同じような改良を進めることができるだろう。大事なのは，理論が改良されていくということは，少なくとも改良する前よりはましな理論になっている（より多くの直観を取り込めるようになっている，より統一性が高まっている等）はずだということである。

　実のところ，広いバージョンになったところで，理論修正の選択の余地が減るようには思えない。それどころか，最終的に均衡させなくてはならない要素が増えているわけだから，どこをいじって均衡を実現するかについての選択肢はむしろ増えているはずである。だから，客観的に誰もが同じ結論に達する，という意味での方法論を探しているなら，広い往復均衡法はそれだけではその期待には応えられない。ではここで往復均衡法を紹介したのは無駄かというとそういうわけでもないだろう。倫理学理論の比較検討や改良というのがどういう作業なのかを理解すれば，もっと効率的にいろいろな選択肢を比較して，自分がもっとも納得のいくものを選ぶことができるようになる。そうした自己理解の手がかりとして，広い往復均衡法という考え方は役に立つと思う。また，前にあげた判断基準については多かれ少なかれ共通了解はあるはずなので，そうした基準を無視して完全に恣意的に自分の好きな結論が選べるわけではない。序章でも言ったが，倫理問題に唯一の正解はなくても，ましな答えはあるのである[4]。

　ということで，結局どの理論がよいのか，ということについてここでは答えは出なかった（というか出るはずもない）。この先考えを進めていくには，もっと本格的に倫理学の書籍や論文にあたっていきながら考えてもらうしかない。その段階に達したらもう入門書は卒業である。

---

[4] こうした方法は，哲学が伝統的に求めてきた「確実な知識」を手に入れるやり方としては不適当だが，われわれの直観がある程度正しいと前提して話をはじめる文脈では十分役に立つ。こうした考え方を文脈主義とよぶ。文献表参照。

終-3　結局動物とどう接すればよいのか

　さて，倫理学理論についてはこのくらいにして，動物倫理についてはどうだろうか。これについてもいろいろな立場や考え方を紹介してきた。一方の極端には生命中心主義のようにあらゆる生命に内在的価値を認めて大事にするという立場があり，他方の極には動物は機械のようなものだから配慮する必要などないというデカルトの立場がある。その二つの中間には，間接的な義務だけが存在するというカント的な立場や，同じ共同体のメンバーとしての動物に対して義務が発生するというミジリーの立場，「生の主体」には人間に対するのと同様の直接的義務が存在するというレーガンの立場，義務や権利とはちょっと違うが有感生物の利害が直接の配慮となるというシンガーの立場などがある。われわれはこの中でどの立場をとるべきなのだろうか，そして動物実験や肉食，野生動物管理について何をするべきなのか。

　本書の記述からもなんとなく分かったかもしれないが，動物が直接の配慮の対象にならないと考える側でビッグネームな哲学者というとデカルト，ホッブズ，ロック，カントなど，比較的昔の哲学者である。現代の代表的な倫理学者で動物の問題について発言している人はほぼ例外なく動物が直接の配慮の対象になるべきだという立場である。ヘア，シンガー，ロールズ，ノジック，レイチェルズ，ナスボーム，コースガード，ハーストハウス，ノディングズなど，まったく理論的方向性の違う論者たちがこの点では一致している（ロールズの場合は複雑だが）。それに反対する側はナーヴソン，カーラザース，スクルートンなどで，前のリストに挙がる論者とくらべると倫理学における重要度ではかなり見劣りがするし，R. G. フレイのように，議論をしているうちに動物を直接の配慮の対象と認める側に鞍替えせざるをえなかった例もある。つまり，一旦動物解放論が成立してしまえば，それを否定するのは難しいということだろう。

　なぜ動物解放論はそんな影響力を持つのだろうか。特に本書の前半で詳しく述べたように，動物解放論の議論は，はじめて接したときには突拍子もなく感じるかもしれないが，論破しようとするとなかなか手強い。それは動物解放論がいくつかのかなり広く共有されている規範的判断や背景理論を組み合わせることで導き出せるものだからである。「倫理判断は普遍化可能である」「遺伝的差異自体は

差別をする理由にはならない」「動物も人間と同じように苦しむ」「認知能力や契約能力など，動物と人間を区別する道徳的に重要な違いとされている違いは人間同士の間にも存在する（すなわち，限界事例の人たちが存在する）」「限界事例の人たちにも人権があり，危害を加えてはならない」，これらの組み合わせから容易に「動物にも人権と同等の権利があり，危害を加えてはならない」という結論が導ける。

この結論に反対しようとすると，前提のどれかを否定しなくてはならないが，ここに挙げられている規範的判断は，少なくとも現代市民社会に生きるわれわれにとっては抜きがたい確信となっているものであり，動物に権利を認めたくないばかりに少し修正しようとすると他のところに大きな影響が生じてしまう。「倫理判断は普遍化可能である」というのを否定すれば，人々が自分に都合のよいときだけ都合のよい規範を持ち出してもおとがめなしということになってしまう。「遺伝的差異自体は差別をする理由にはならない」というのを否定すると性別や皮膚の色による差別も認めることになってしまう。「動物も人間と同じように苦しむ」というのを否定すると，「自分以外の人も自分と同じように苦しむ」というのも否定せざるをえなくなる可能性が高い。「限界事例の人たちが存在する」というのを否定するのは明白なさまざまな事実に目をつぶることになってしまうだろう。「限界事例の人たちにも人権があり，危害を加えてはならない」というのを否定すると赤ん坊や知的障害者に危害を加えてもよいことになってしまう。動物に権利を認めないのはそれなりに覚悟が必要なことなのである。

といっても，動物に権利を認めれば問題が解決かと言えばそうは簡単には言えない。動物解放論者は「少なくともぎりぎりの選択では人間の方が他の動物より優先される」という強固な直観と向き合わなくてはならない。この直観を動物解放論の中で生かすのは難しい。別の言い方をすれば，「倫理判断は普遍化可能である」をはじめとした前述の判断や背景理論に「極限的選択における人間の優先」を付け加えると，全体としてつじつまがあわなくなってしまう（均衡が破れた状態になってしまう）ということである。これはまさに往復均衡法が発動するべきシチュエーションであるが，どうやって均衡を実現したらよいのだろうか。

一つは功利主義を使ってシンガーの路線で全体の整合性をとるやり方である。シンガーのやり方は，「限界事例の人たちにも人権があり，危害を加えてはならない」という部分を修正して，動物の命（とある種の限界事例の人たちの命）は

奪ってもよい，ということにするということだった。この路線は障害者差別だといってごうごうたる非難をあびたから，あえてシンガーの後に続くのはかなりの覚悟がいる。

　動物の権利を重視するのなら，解決策は極限的選択における人間の優先という直観の方を放棄してつっぱしるという方向になるだろう。これはレーガンよりも過激な立場で，憲法にうたわれるような基本的人権をあらゆる動物に同等に認めることになる。これならたしかに当面の矛盾は解決されるが，もっと大きな問題を抱え込むことになる。というのも，それだけ強力な権利になってくると，どの範囲にまでその権利を認めるのかが大きな問題になってくるからである（シンガーのバージョンでその問題がないわけではないが）。

　他方，徳倫理学は倫理判断の普遍化可能性や人権の概念を制限して，身内びいきを積極的に認め，人権を絶対化しない方向へ進んだ。直観の食い違いの解決のためにやっていることはシンガーと似たようなことなのだが，特定のグループだけが人権を失うのでなくあらゆる人が絶対的な人権を失うという路線なので差別にはならず，かえって非難されにくかったのかもしれない。しかし，そうやって人権という考え方を否定すると時計の針を200年以上巻き戻す結果になる。それが人間と動物の間の最低限の差を残すための代償だとしたら，ちょっと大きすぎるのではないだろうか。キャリコットが描く同心円的な倫理のイメージは，そういう問いかけに対する答えとなっている（つまり往復均衡をもう一歩先へすすめているわけである）。しかし，そのようなやり方で共同体主義と市民社会的権利を平和共存させようとするなら，市民社会的権利が働く範囲内では動物にも同じタイプの権利を認めざるをえなくなるだろう。問題の範囲がせばまっただけで，矛盾が解決するわけではない。

　もう一つの路線は種差別を別のやり方で擁護する，たとえば「魂」はヒトにだけあるから種の差はぜんぜん連続的ではないのだ，といった主張をするというやり方である。広い往復均衡法で言えば，背景理論の方を修正するという路線の一種になる。言い張るだけではもちろんだめだから，魂が存在する証拠を出す必要があるだろうが，認知動物行動学やダーウィン進化論が進展すればするほど，ヒトがそんなに特別だと主張するのは難しくなってきている。さらには，仮に魂の存在を認めたとしても，魂に道徳的価値があるかどうかというのはまた別に議論が必要な問題である。

残りの選択肢はもっと過激になる。一つは倫理そのものを相対化して「倫理的になるのは自分の利益になる範囲だけでかまわない」と認めることだが，これでは道徳的直観のほとんどを敵にまわすことになる。ダーウィン進化論そのものを否定するのも一つの方法だが，反ダーウィン主義者がたくさんいるアメリカならともかく，他の国でその路線は支持されないだろう。

　こうして細かく見ていくと，どのやり方も均衡にはほど遠い。ここで二つ問題が出る。均衡にたどり着きたければどちらに向かえばよいのか，という問題と，均衡が達成できるまでの当面の間，どうしたらよいだろうか，という問題である。

　まず前者の問題だが，基本としては，一番無理がなく均衡を作れる方向を探す，ということになるだろう（もちろん，どれが無理が多いと感じるかは人それぞれだろうが）。たとえば前節でも見たように，二層理論は功利主義を出発点として往復均衡を実現する方法として比較的すぐれている。これは，ここで見てきた中では，シンガーの路線を修正して，道徳的直観の果たす役割をもっと拡大することを意味する。功利主義的な批判的レベルでは場合によって限界事例の人たちの命を奪ってもよい場合があると認めた上でも，直観的レベルではそうした例外を認めないような直観（つまり人間であるかぎり命はつねに神聖であるといった直観）を持っていた方がみんなが幸せになるということは十分ありうる。ただ，これで終わりではない。この路線は，有感生物全体について同じ直観を持った方がよいのではないか，という疑問に答えなくてはならない。

　後者の問題（均衡が達成できるまでの当面の間どうしたらよいかの問題）は，どうするのがよいだろうか。これは他の問題にもまして定説らしいものはないので，以下はわたしの個人的見解である。本書の後半の章で見てきたように，動物実験にせよ菜食主義にせよ野生動物保護にせよ，現に進行している問題であり，対処をしないわけにはいかない。これについては，実際に行われている対処が答えになるだろう。功利主義者も義務論者も徳倫理学者も潜在能力論者も，動物の福利に配慮し，環境エンリッチメントなどの取り組みを進めるべきだということにはほとんど反対しない。それだけいろいろな立場から支持される政策は，たとえば功利主義者だけから支持される政策よりも，当面の解決としてすぐれた政策だと言えるだろう。

　ただし，これは単なる多数決をとろうという話ではない。ある程度往復均衡をやって生き延びた理論の間での最大公約数をとろうというのである。単なる多数

決なら，現状維持で決まりだろう。しかし本書の中で確認されてきたのは，現状維持というポリシーはつじつまのあわないところがいろいろあるために往復均衡を生き延びることができないということである。ある程度の議論を生き延びた立場は一致して，動物に対して，日本の現状よりはるかに強い保護（権利という形の保護になるかどうかは別として）を要求している。動物実験や工場畜産は，継続するにしても今よりはるかにきびしい規制の下で行われなくてはならなくなるだろう（ヨーロッパなどではすでにその方向に進んでいるのは本文でも紹介したとおりである）。

　大学の授業などでこういう話をすると，「でも肉が食べられなくなるのは困ります」「わたしやっぱり肉を食べます」というリアクションが学生から返ってくる。そういう人は，「奴隷が使えないなんて困ります」とか「わたしやっぱり妻は鞭で打ってしつけます」というような人が自分から見てどう見えるかを考えてみる必要がある。習慣の力は強いが，習慣であるということはそれ自体では何の正当化にもならない（無理にやろうとすれば，自然主義的誤謬か，それに類する誤謬を犯すことになる）。正当化しようとして言っているのでないのなら，悪いと分かりつつもやってしまう，「意志の弱さ」の問題ということになるかもしれない（意志の弱さも倫理学の定番の話題だが，本書では扱うことができなかった）。

　わたし自身もそれほどえらそうなことを言えるような日常生活を送っているわけではない。わたしは菜食主義者でもないし，動物実験をした化学物質を絶対使わないような生活をしているわけでもない。とはいえ，できること（わたしも心がけていること）はある。動物の福利について，何が福利を増進すると考えられているか，福利の増進のためにどういう取り組みがなされているかを知るのは基本のステップである。それらを知ることで，「わたしは本当にこの肉を食べて自分の倫理観に照らして恥じるところはないか」といった判断ができるようになる。これが次のステップである。倫理的な決定はそのあとでようやくできるようになる。わたし自身は「選択の余地があるときには，なるべく工場畜産で作られたとおぼしき肉類は避ける」といった基準で考えている。動物由来の材料は肉や卵といった見える形だけでなくソースやだしに至るまでいろいろなところで使われるので，外食をするなら完全に避けるのは本当に難しいが，まずは完全を目指さないことが大事だろうと思っている。これは一度何を食べるか決めてしまえば終わりというようなものではない。こと動物倫理については往復均衡で最低限の条件

を満たすような均衡点すら見つかっていない以上，動物倫理に関わるいかなる決定も暫定的なものだと心得て，考え続ける姿勢が必要になる。

　この，「関心をもち，無理をせずにできる範囲のことをやり，考え続ける」という態度は，動物解放論の運動を広めたい側からいってもそれほど的外れではない方針ではないかと思う。動物倫理への理解がまだ進んでいない日本で厳格な菜食主義者・動物実験全廃派として生活するのは非常に困難で，それを要求するのは動物解放論の側の戦略としても得策ではあるまい。こんなことを言えば，後の時代の人からは「生ぬるい」といって批判されることになるかもしれない。たとえばジョージ・ワシントンが奴隷を使っていたと知ったときに現代のわれわれが感じる「あんな偉そうなことを言っていても結局そうなんだ」というがっかりした気持ちと同じような気持ちを将来の人に感じさせるかもしれない。しかし，時代を変えてきたのもまたそうした「生ぬるい」人々の積み重ねだということも確かであろう。

　本書の冒頭で，この本は「動物」というスリリングなキーワードを手がかりに，まだ道とはいえない踏み分け道を通って楽しく倫理学までたどり着いてもらおう，というのが趣旨だ，と書いた。動物を考慮に入れるのが，下手をすると根っこの部分から倫理を見直すようせまるような大変な潜在力を持つスリリングな試みだというのは，少しは伝わっただろうか。そして，いろいろな理論がそうやって試されているのを見ることで，倫理学理論というものがどういうものなのか，少しは知っていただけただろうか。そうした目的が達せられているなら，本書はひとまず成功ということになる。

文献案内もかねた文献表

- 入門書という性格を考慮して，参考図書はできるかぎり日本語とし，原書の著者名とタイトルを括弧内に示した。
- おおむね本文の話題の順番にそって，話題ごとに配列しているが，同じ章の中で関連する話題が何度か登場するときは文献もまとめてリストしている。
- 名前の後の年号は出版年を表す。外国語の書籍の邦訳についてはまず原書の出版年を書いた後で邦訳の出版年を［　］内に示した。
- インターネットのサイトの紹介は 2008 年 4 月段階で確認した情報に基づいている。

0　全般・序章

0.1　倫理学全般

哲学系の文章を読んだことがない人が倫理学について知りたいというときに最初に読む本としては次の三つがおすすめである。

加藤尚武（1997）『現代倫理学入門』講談社学術文庫
永井均（2003）『倫理とは何か：猫のアインジヒトの挑戦』産業図書
ジェームズ・レイチェルズ（1986［2003］）『現実をみつめる道徳哲学　安楽死からフェミニズムまで』古牧徳生・次田憲和訳，晃洋書房（James Rachels, *The Elements of Moral Philosophy*）

以下の本はどれも上の三つよりはもうちょっと堅いが，いずれも倫理学の入門書として推薦できる本である。

サイモン・ブラックバーン（2001［2003］）『ビーイング・グッド　倫理学入門』坂本知宏・村上毅訳，晃洋書房（Simon Blackburn, *Being Good : A Short Introduction to Ethics*）
赤林朗編（2007）『入門　医療倫理 II』勁草書房
リチャード・ノーマン（1998［2001］）『道徳の哲学者たち　倫理学入門　第二版』塚崎智ほか監訳，ナカニシヤ出版（Richard Norman, *The Moral Philosophers*, second edition）
黒田亘（1992）『行為と規範』勁草書房
坂井昭宏・柏葉武秀編（2007）『現代倫理学』ナカニシヤ出版
新田孝彦（2000）『入門講義　倫理学の視座』世界思想社

政治理論系のものに詳しいのは次の本である。

W. キムリッカ（2002［2005］）『新版　現代政治理論』千葉眞・岡崎晴輝訳者代表，日本経済評論社（Will Kymlicka, *Contemporary Political Philosophy : An Introduction*, second edition）
川本隆史（1995）『現代倫理学の冒険　社会理論のネットワーキングへ』創文社

理論よりは倫理学の思考法に重点をおいた異色の入門書として

アンソニー・ウエストン（2002［2004］）『ここからはじまる倫理』野矢茂樹・高村夏輝・法野谷俊哉訳，春秋社（Anthony Weston, *A Practical Companion to Ethics*, second edition，原書は第三版が 2006 年に出ている）

もっと深く知りたいという方は，英語の入門書に進まれた方がいいかもしれない。

Gordon Graham (2004) *Eight Theories of Ethics*. Routledge.
David Copp ed. (2006) *The Oxford Handbook of Ethical Theory*. Oxford University Press.

オンラインの英語リソースとしては ethics update というリソースサイトがある。
http://ethics.sandiego.edu/
そのほか、スタンフォード哲学百科事典やインターネット哲学百科事典（いずれもオンライン）も信頼できる著者による倫理学に関する記事が多くあり、本書の執筆でも参考にした。
スタンフォード哲学百科事典（Stanford Encyclopedia of Philosophy）
http://plato.stanford.edu/
インターネット哲学百科事典（The Internet Encyclopedia of Philosophy）
http://www.iep.utm.edu/

日本語で倫理学のオンラインサイトはあまりないのだが、児玉聡氏の「哲学・倫理学用語集」はおすすめできる。
http://plaza.umin.ac.jp/~kodama/ethics/wordbook/

0.2 動物倫理全般

動物倫理全般について紹介していて読みやすい本としては以下のようなものがある。
デヴィッド・ドゥグラツィア（2002［2003］）『動物の権利』戸田清訳、岩波書店（David DeGrazia, *Animal Rights : A Very Short Introduction*）
マーク・ベコフ（2000［2005］）『動物の命は人間より軽いのか：世界最先端の動物保護思想』藤原英司・辺見栄訳、中央公論新社（Marc Bekoff, *Strolling with Our Kin : Speaking for and Respecting Voiceless Animals*）
ピーター・シンガー編（1985［1986］）『動物の権利』戸田清訳、技術と人間社（Peter Singer ed., *In Defense of Animals*、シンガー、レーガン、マリアン・ドーキンス、マリー・ミジリーら当時の代表的な論客の論文を収録している）
Stephen G. Post 編（2004［2007］）『生命倫理百科事典』生命倫理百科事典翻訳刊行委員会編訳、丸善（Stephen G. Post ed., *Encyclopedia of Bioethics*, third edition, 邦訳第 IV 巻の「動物の福祉と権利」（2177-2211 ページ）および「動物を用いる研究」（2212-2229 ページ）は分量のわりには網羅的で情報量が多いまとめとなっており有用である）

動物倫理について話題別にさまざまな観点からの論文を収録しているという点で次の本は非常に便利である。
S. J. Armstrong and R. G. Botzler eds. (2003) *The Animal Ethics Reader*. Routledge.
さきほど紹介したウェブサイト ethics update の中には animal rights という項目も存在するので動物倫理についてはそちらも参照されたい。

0.3 相対主義

コラム0であつかった倫理的相対主義については前掲のブラックバーン『ビーイング・グッド』の第一部第二章、レイチェルズ『現実をみつめる道徳哲学』の第二章から第三章の前半あたりでも論じている。
相対主義と密接な関係のある倫理的懐疑主義についてはここでは触れなかったが、別のところで紹介したのでそちらを参照されたい。懐疑主義をやっつけるのはなかなかやっかいである。
伊勢田哲治（2005）『哲学思考トレーニング』ちくま新書、筑摩書房（倫理的懐疑主義については第四章）

1 第一章 動物解放論とは何か

1.1 動物倫理史

動物倫理についてのさまざまな哲学者の立場を手っ取り早く知るための本としては
Tom Regan and Peter Singer eds. (1989) *Animal Rights and Human Obligations*, second edition. Prentice Hall.（動物倫理でよく引用される文章をあつめた便利なソース集）
Paul A. B. Clarke and Andrew Linzey eds. (1990) *Political Theory and Animal Rights*. London: Pluto Press.（プラトンからレーガンまでさまざまな哲学者からの比較的短い抜粋を集めた抜粋集）

日本、西洋、イスラムの動物観の比較については
国立歴史民俗博物館編（1997）『動物と人間の文化誌』吉川弘文館

モンテーニュの「残酷さについて」は『エセー』に収録されている。
ミシェル・ド・モンテーニュ（1580-1588 [2008]）『エセー 3』宮下志朗訳、白水社、第11章（Michel de Montaigne, *Essais*, 岩波文庫『エセー（二）』原二郎訳などにも収録されている）

1.2 動物愛護運動史

イギリスにおける動物愛護運動の歴史
ジェイムズ・ターナー（1980 [1994]）『動物への配慮：ヴィクトリア時代精神における動物・痛み・人間性』法政大学出版局（James Turner, *Reckoning with the Beast: Animals, Pain and Humanity in the Victorian Mind*）
Hilda Kean (1998) *Animal Rights: Political and Social Change in Britain since 1800*. Reaktion Books.

ナチスドイツでの動物の扱い
ボリア・サックス（2000 [2002]）『ナチスと動物：ペット・スケープゴート・ホロコースト』関口篤訳、青土社（Boria Sax, *Animals in the Third Reich: Pets, Scapegoats, and the Holocaust*）

本文で触れたソルトの本は以下のものである。
Henry Salt (1894 [1980]) *Animal's Rights: Considered in Relation to Social Progress*. Society for Animal Rights Inc.（1980年の復刻版ではピーター・シンガーが序文をつけている）

本文で触れたシンガーの著作については以下の1.8にまとめた。

日本における動物愛護運動の歴史は
今川勲（1996）『犬の現代史』現代書館（第三章が動物愛護運動全般の歴史）

1.3 功利主義

ベンサム（1789 [1979]）「道徳および立法の諸原理序説」山下重一訳『世界の名著49 ベンサム J. S. ミル』中公バックス、中央公論社（Jeremy Bentham, *An Introduction to the Principles of Morals and Legistration*、本文で言及した「問題は彼らが苦しむかどうかだ」というベンサムからの引用句は本書の第17章第一節の注1にあるが、邦訳ではこのあたりは訳されていない）
J. S. ミル（1861 [1979]）「功利主義論」伊原吉之助訳『世界の名著49 ベンサム J. S. ミル』中公バックス、中央公論社（J. S. Mill, *Utilitarianism*、なお、「一人を一人として数え…」というベン

サムのスローガンは本書におけるミルによる引用という形で伝わっている。第五章，邦訳526ページ）

功利主義についてもう少し深く知りたいというときには以下のような本を読んで欲しい。
伊勢田哲治・樫則章編（2006）『生命倫理学と功利主義』ナカニシヤ出版（第一章が功利主義についてのまとめ）
内井惣七（1988）『自由の法則　利害の論理』ミネルヴァ書房（功利主義については第二部）
奥野満里子（1999）『シジウィックと現代功利主義』勁草書房
安藤馨（2007）『統治と功利』勁草書房（現在日本語で読めるもっとも行き届いた論考であるが初心者にはすすめられない）

功利主義批判はいろいろな人が行っているが，古典的な議論は以下の二冊に収められている。
J. J. C. Smart and Bernerd Williams (1973) *Utilitarianism : For and Against*. Cambridge University Press.（後半のウィリアムズによる部分が功利主義批判）
Amartya Sen and Bernerd Williams eds. (1982) *Utilitarianism and Beyond*. Cambridge University Press.（スキャンロン，ロールズ，エルスターらの論文が代表的な批判となっている）

1.4　カント

カント（1785 [2005]）「人倫の形而上学の基礎付け」野田又夫訳『プロレゴーメナ・人倫の形而上学の基礎付け』中公クラシックス，中央公論新社（Immanuel Kant, *Grundlegung zur Metaphysik der Sitten*，岩波文庫版は「道徳形而上学原論」という訳題だが原書は同じである。）
カントが動物についてはっきり述べているのは「コリンズ道徳哲学」という講義の一部である（前掲の Regan and Singer のアンソロジーにも収録されている）
カント（[2002]）『カント全集20　講義録II』岩波書店（「コリンズ道徳哲学」は御子柴善之訳，動物関係の箇所は 268-271 ページ）

現代のカント主義
クリスティン・コースガード（1996 [2005]）『義務とアイデンティティの倫理学：規範性の源泉』寺田俊郎ほか訳，岩波書店（Christine Korsgaard, *The Sources of Normativity*，カント主義者ながら動物を配慮するというコースガードの議論は本書の邦訳 175-185 ページ，原書 pp. 149-157）
Marcia Baron (1997) "Kantian Ethics" in M. Baron et al., *Three Methods of Ethics*. Blackwell, pp. 3-91.
Thomas E. Hill Jr. (2006) "Kantian normative ethics," ch. 17 of David Copp ed., *The Oxford Handbook of Ethical Theory*.

1.5　一見自明の義務の理論

W. D. Ross, edited by Philip Stratton-Lake (2002) *The Right and the Good*. Clarendon Press.（1930年に出版された原著に序文と索引をつけたもの）

これに類する常識重視の立場として以下のものがある。
Tom L. Beauchamp and James F. Childress (2001) *Principles of Biomedical Ethics*, 5th edition. Oxford University Press.
Bernard Gert (1998) *Morality : Its Nature and Justification*. Oxford University Press.

1.6 権利論

ロナルド・ドゥウォーキン（1977［2003, 2001］）『権利論 増補版』『権利論 II』木下毅・小林公・野坂泰司共訳，木鐸社（Ronald Dworkin, *Taking Rights Seriously*, 前半は1986年に部分訳され，2001年に後半が，2003年に補完されたものが出た）

1.7 義務論の要素を入れた功利主義

規則功利主義については
Richard B. Brandt (1979) *A Theory of the Good and the Right*. Clarendon Press.

二層理論については
R. M. ヘア（1981［1994］）『道徳的に考えること：レベル・方法・要点』内井惣七・山内友三郎監訳，勁草書房（R. M. Hare, *Moral Thinking : Its Levels, Method, and Point*）

1.8 動物解放論

シンガーの立場
本文でも触れた1973年の書評と1975年の本はそれぞれ邦訳がある。
ピーター・シンガー（1973［1988］）「動物の生存権」加藤尚武・飯田亘之編『バイオエシックスの基礎：欧米の「生命倫理」論』東海大学出版会（Peter Singer, "Animal Liberation" *The New York Review of Books*, April 5, 1973, Roslind Godlovitch and John Harris eds. *Animals, Men and Morals* の書評としてかかれたもの。同じ書評論文の邦訳がシュレーダー・フレチェット編『環境の倫理 上』にも収められている）
ピーター・シンガー（1975［1988］）『動物の解放』戸田清訳，技術と人間社（Peter Singer, *Animal Liberation*, 原書は1990年に新しい動向を加味した第二版が出されている）
そのほかシンガーの立場がよく分かる本としては
ピーター・シンガー（1993［1999］）『実践の倫理』山内友三郎・塚崎智監訳，昭和堂（Peter Singer, *Practical Ethics*, second edition. 原書の第一版は1979年に出版されている）
ピーター・シンガー（2002［2007］）『人命の脱神聖化』浅井篤ほか監訳，晃洋書房（Peter Singer, *Unsanctifying Human Life*）
シンガーについての解説書
山内友三郎・浅井篤編（2008）『シンガーの実践倫理を読み解く』昭和堂

レーガンの立場
Tom Regan (1983) *The Case for Animal Rights*. University of California Press.（生の主体基準については pp. 243-248，尊重原理については pp. 276-279）
次の翻訳はこの本の中心となる第九章から抜粋して翻訳したものである。
トム・レーガン（［1995］）「動物の権利の擁護論」青木玲訳，小原秀雄監修，鬼頭秀一ほか編・解説『環境思想の系譜3 環境思想の多様な展開』東海大学出版会，21-44ページ
そのほか，危害原理については本文献表0.1の加藤尚武『現代倫理学入門』の他，以下のような文献を参照
J. S. ミル（1859［1979］）「自由論」早坂忠訳『世界の名著49 ベンサム J. S. ミル』中公バックス，中央公論社（J. S. Mill, *On Liberty*, 岩波文庫にも塩尻公明・木村健康訳の『自由論』がある）
Joel Feinberg (1984) *Harm to Others*. Oxford University Press.
ファインバーグはレーガンとともに動物の権利論の提唱者として知られている。
Joel Feinberg (1974) "The rights of animals and future generations," in William Blackstone ed., *Philosophy and Environmental Crisis*, University of Georgia Press, pp. 43-68.

その他の動物解放論者

動物解放論の代表的な論客として，他にサポンツィスやドゥグラツィアがいる。
S. F. Sapontzis (1987) *Morals, Reason, and Animals*. Temple University Press.
David DeGrazia (1996) *Taking Animals Seriously : Mental Life and Moral Status*. Cambridge University Press.

日本人で動物解放論側からの議論をする数少ない哲学者として
田上孝一（2006）『実践の環境倫理学：肉食・タバコ・車社会へのオルタナティヴ』時潮社

やや批判的な立場からの動物解放論のまとめとしては
ローレンス・プリングル（1989［1995］）『動物に権利はあるか』田邊治子訳，NHK 出版（Lawrence Pringle, *The Animal Rights Controversy*）

1.9 シュヴァイツァー

アルベルト・シュヴァイツァー（1931［1995］）『わが生活と思想より』竹山道雄訳，白水社（Albert Schweitzer, *Aus meiner Leben und Denken*，1956 年に出た翻訳の改版。「エピローグ」において「生への畏敬」の倫理が展開されている）

2 第二章　種差別は擁護できるか

2.1 事実を見れば分かるという系統の議論

ここで挙げたような議論の例をプロの哲学者の書く論文から挙げるのは難しい。というわけで明確な典拠があるわけではなく，学生のレポートや日常の議論などからわたしが自由に組み立てたものである。

種の保存の本能なんてない，とか，生物学的には人種には実体がない，といった話題は以下の本で扱われている。
長谷川寿一・長谷川眞理子（2000）『進化と人間行動』東京大学出版会

本文でちょっと触れた「利己的な遺伝子」という考え方については
リチャード・ドーキンス（1976［2006］）『利己的な遺伝子　増補版』日髙敏隆ほか訳，紀伊國屋書店（Richard Dawkins, *The Selfish Gene*，1980 年に最初に訳され，1989 年の第二版が 1991 年に現在のタイトルで出されている。2006 年に出たのは原著 30 周年記念版の訳）

2.2 メタ倫理学全般

メタ倫理学の動向については次のものがおすすめである。
マイケル・スミス（1994［2006］）『道徳の中心問題』樫則章監訳，ナカニシヤ出版（Michael Smith, *The Moral Problem*）
Stephen Darwall, Allan Gibbard and Peter Railton (1997) *Moral Discourse and Practice : Some Philosophical Approaches*. Oxford University Press.
また，本文表 0.1 で挙げた赤林朗編『入門　医療倫理 II』は（このタイトルからは想像しにくいが）かなりのスペースをメタ倫理学の近年の展開の紹介に割いており，日本語でのまとめとして手頃である。

2.3 ヒュームの法則

ヒュームの法則についてのヒューム自身の議論は以下の箇所にある。
ヒューム（1739-1740［1952］）『人性論（四）第三篇道徳に就いて』大槻春彦訳，岩波文庫（David Hume, *A Treatise of Human Nature*, Book III の訳。問題の箇所は Part I section 1. 邦訳 33-34 ページ）

本文中で触れた三段論法については，もう少しだけ詳しい解説を本文献表 0.3 に挙げた伊勢田『哲学思考トレーニング』第三章で行っている。

サールの「である」から「べき」の導出とヘアの反応は
John Searle (1964) "How to derive 'ought' from 'is,'" *Philosophical Review* 73, pp. 43-58.
R. M. Hare (1964) "The promising game," *Revue Internationale de Philosophie*, pp. 398-412.（ヘアの論文集 *Essays in Ethical Theory*, Clarendon Press, 1989 に再録）

メタ倫理学なんて無駄だという身も蓋もないシンガーの論文は
Peter Singer (1973) "The triviality of the debate over 'is-ought' and the definition of 'moral,'" *American Philosophical Quarterly* 10, pp. 51-56.

2.4 自然主義的誤謬

G. E. ムーア（1903［1973］）『倫理学原理』深谷昭三訳，三和書房（G. E. Moore, *Principia Ethica*）
コラム 2 で触れたフランケナの論文は
William Frankena (1939) "Naturalistic Fallacy," *Mind* 48, pp. 464-477.
コラム 2 で挙げた本の文献情報は本文献表 0.1 を参照。コラム本文では不十分な紹介の例しか挙げなかったが，日本語で非常に正確な紹介としては同じく本文献表 0.1 で紹介したリチャード・ノーマン『道徳の哲学者たち 倫理学入門 第二版』の邦訳 269-274 ページ。

2.5 形而上学的自然主義・外在主義

これについては日本語で読めるものがあまりない。
『思想』2004 年第五号特集「倫理学と自然主義」（大庭健，福間聡，田村圭一，河田健太郎の諸氏による論文）
David Brink (1989) *Moral Realism and the Foundations of Ethics*. Cambridge University Press.
Richard Boyd (1988) "How to be a moral realist," Geoffry Sayre-McCord ed., *Essays on Moral Realism*. Cornell University Press, pp. 181-228.
Peter Railton (1986) "Moral Realism," *The Philosophical Review* 95, pp. 163-207.

本文でちょっとだけ触れたクリプキたちの「新しい指示の理論」は
ソール・A. クリプキ（1980［1985］）『名指しと必然性』八木沢敬・野家啓一訳，産業図書（Saul Kripke, *Naming and Necessity*）
背景となる言語哲学全般については以下の本などを参照
服部裕幸（2003）『言語哲学入門』勁草書房

フレーゲ＝ギーチ問題については本文献表 0.1 の坂井・柏葉『現代倫理学』の 54-55 ページを参照。

2.6 直観主義

ムーアの直観主義については前掲の『倫理学原理』を参照。シジウィックのメタ倫理学的な直観主義（シジウィックの用語でいえば哲学的直観主義）についてはムーアも論じているほか，第一章で紹介した奥野満里子『シジウィックと現代功利主義』の第三章を参照。原典にあたりたい方は

Henry Sidgwick (1907) *The Methods of Ethics*. seventh edition. (1981 年に Hackett 社より復刻，第一部第八章および第三部第一章に直観主義についての説明がある)

2.7 非認知主義

エイヤーやスティーヴンソンの情動主義については

A. J. エイヤー（1936 [1955]）『言語・眞理・論理』吉田夏彦訳，岩波書店（A. J. Ayer, *Language, Truth and Logic*)

C. L. スティーヴンソン（1944 [1976]）『倫理と言語』島田四郎訳，内田老鶴圃新社（C. L. Stevenson, *Ethics and Language*)

2.8 普遍的指令主義

R. M. ヘア（1952 [1982]）『道徳の言語』小泉仰・大久保正健訳，勁草書房（R. M. Hare, *The Language of Morals*)

R. M. ヘア（1963 [1982]）『自由と理性』山内友三郎訳，理想社（R. M. Hare, *Freedom and Reason*)

この箇所の本文で触れた生物学的種についてのさまざまな考え方を知るには『生物科学』59 巻 4 号（2008）の特集「種についての終わりなき論争」を参照

2.9 認知動物行動学

ドナルド・R. グリフィン（1984 [1989]）『動物は何を考えているか』渡辺政隆訳，どうぶつ社（Donald R. Griffin, *Animal Thinking*)

ドナルド・R. グリフィン（1994 [1995]）『動物の心』長野敬・宮木陽子訳，青土社（Donald R. Griffin, *Animal Minds*)

デリク・デントン（1993 [1998]）『動物の意識，人間の意識』大野忠雄・小沢千重子訳，紀伊國屋書店（Derek Denton, *The Pinnacle of Life : Consciousness and Self Awareness in Humans and Animals*)

大型類人猿に手話を教える計画，特にニムの事例をめぐる論争については

ハーバート・S. テラス（1979 [1986]）『ニム：手話で語るチンパンジー』中野尚彦訳，思索社（H. S. Terrace, *Nim*)

ロジャー・ファウツ，スティーヴン・タケル・ミルズ（1997 [2000]）『限りなく人類に近い隣人が教えてくれたこと』高崎浩幸・高崎和美訳，角川書店（Rogar Fouts and Stephen Tukel Mills, *Next to Kin*)

クレバー・ハンスの事例については

オスカル・プフングスト（1907 [2007]）『ウマはなぜ「計算」できたのか：「りこうなハンス」効果の発見』秦和子訳，現代人文社（Oskar Pfungst, *Das Pferd des Herrn von Osten (Der kluge Hans)*）

動物の心についてのデカルトの発言
デカルト（1637［1997］）『方法序説』谷川多佳子訳，岩波文庫（Descartes, *Discours De La Méthode*，このほか中公文庫や中公クラシックスにも野田又夫訳の『方法序説』がある。動物に関する記述は第五部の終わり）

動物倫理的な観点からのまとめとしては本文献表 1.8 の DeGrazia, *Taking Animals Seriously* の第三章から第七章を参照。

2.10 R. G. フレイの反動物解放論

R. G. Frey (1980) *Interests and Rights : The Case against Animals*. Clarendon Press.

このほか，人間と動物の能力差を根拠に種差別を正当化する議論をマイケル・A. フォックスがしている。

マイケル・A. フォックス（1978［1993］）「動物の解放：一つの批判」樫則章訳，シュレーダー・フレチェット編『環境の倫理 上』（京都生命倫理研究会訳，晃洋書房）所収（初出は Michael A. Fox, "Animal Liberation : A Critique," *Ethics* 88, pp. 106-118. K. S. Schrader-Frechette, *Environmental Ethics*, second edition, 1991 に再録）

2.11 限界事例の議論

限界事例の問題は動物倫理をめぐる書籍のほぼすべてで触れられる，避けては通れない問題である。この問題だけを取り上げて一冊にした本としては以下のものがある。

Daniel A. Dombrowski (1997) *Babies and Beasts : the Argument from Marginal Cases*. University of Illinois Press.

限界事例をめぐる議論の哲学論争としての特異性は，主要な反動物解放論者が間違いを認めて動物解放論よりの立場に宗旨替えしていることである。たとえばマイケル・A. フォックスは以下の論文で自分の立場を撤回した。

Michael A. Fox (1987) "Animal Experimentation : A Philosopher's Changing Views," *Between the Species* 3, pp. 55-60.

動物には原理的に利害などないと言っていたフレイも後にスライディング・スケール・モデル（第三章参照）へと立場を弱めている。

R. G. Frey (1988) "Moral Standing, the Value of Lives, and Speciesism," *Between the Species* 4, pp. 191-201.

3 第三章 倫理は「人と人の間のもの」か

3.1 和辻哲郎

冒頭で紹介した和辻哲郎の本は以下のものである。
和辻哲郎（1934）『人間の学としての倫理学』岩波書店（和辻哲郎全集の 9 巻などにも再録されている）

3.2 社会契約説全般

契約説系の議論を概観的に紹介している本として以下のようなものがある。

寺崎俊輔ほか（1989）『正義論の諸相』法律文化社
D. バウチャー，P. ケリー編（1994 [1997]）『社会契約論の系譜：ホッブズからロールズまで』飯島昇藏・佐藤正志訳者代表，ナカニシヤ出版（David Boucher and P. J. Kelly, *The Social Contract from Hobbes to Rawls*）
本文献表 1.3 に挙げた内井『自由の法則　利害の論理』の第一部でも社会契約説をとりあげている。

3.3　ホッブズ，ロック，ルソー

トーマス・ホッブズ（1651 [1979]）「リヴァイアサン」永井道雄・宗片邦義訳『世界の名著 28　ホッブズ』中公バックス，中央公論社（Thomas Hobbes, *Leviathan*, 本文 3-2-1 項の動物との信約がありえないという記述は邦訳の 167 ページ）
ジョン・ロック（1690 [2007]）『統治論』宮川透訳，中公クラシックス，中央公論新社（John Locke, *Two Treatises of Government, The Second Treatise of Government*, 岩波文庫版は『市民政府論』鵜飼信成訳，「ライオンやトラのように殺していい」という本文 3-2-1 項の引用箇所は中公クラシックス版では 15 ページにある）
ジャン＝ジャック・ルソー（1762 [2005]）「社会契約論」井上幸治訳『人間不平等起源論・社会契約論』中公クラシックス，中央公論新社（Jean-Jacques Rousseau, *Du contrat social*, 岩波文庫版は『社会契約論』桑原武夫・前川貞次郎訳）

ナーヴソンのホッブズ流動物倫理は
Jan Nerveson (1983) "Animal rights revisited," H. Miller and W. Williams eds., *Ethics and Animals*, pp. 56-59.（本文献表 1.1 に挙げた Regan and Singer のアンソロジーにも再録されている）

3.4　ロールズ

ジョン・ロールズ（1971 [1979]）『正義論』矢島鈞次監訳，紀伊國屋書店（John Rawls, *A Theory of Justice*, 残念ながらこの翻訳は訳語の選択に難があるので，利用するときはいちいち原語を確認しながら読む必要がある。なお，動物に関する引用は 77 節の最後，原書 p. 512, 邦訳 398 ページ）

最近のロールズの立場を知るには
John Rawls (1993) *Political liberalism*, Columbia University Press.
ジョン・ロールズ，エリン・ケリー編（2001 [2004]）『公正としての正義　再説』田中成明・亀本洋・平井亮輔訳，岩波書店（John Rawls, *Justice as Fairness : A Restatement*, edited by Erin Kelly）
ロールズの解説としては
盛山和夫（2006）『リベラリズムとは何か　ロールズと正義の論理』勁草書房
川本隆史（1997）『ロールズ：正義の原理』講談社
ロールズのメタ倫理学的立場については以下の本が詳しい。
福間聡（2007）『ロールズのカント的構成主義』勁草書房

カーラザースのロールズ流契約説による動物倫理は
Peter Carruthers (1992) *The Animals Issue*. Cambridge University Press.
正確に言うとカーラザースが下敷きにしているのはロールズのバージョンではなくそのスキャンロンによる改良版である。
Tom Scanlon (1998) *What We Owe to Each Other*. Harvard University Press.

ロールズ流契約説の動物倫理における批判として本文献表 1.8 の Regan, *The Case for Animal*

Rights の pp. 163-174, および

Bernard E. Rollin (1989) *The Unheeded Cry : Animal Consciousness, Animal Pain and Science*. Oxford University Press.

3.5　限界事例の扱いについての議論

契約するのがグループの代表者だというロールズの説明については前掲のロールズ『正義論』22 節, 原書 pp. 128-129, 邦訳 100-101 ページを参照。ナーヴソンは前掲論文, カーラザースは *The Animals Issue* の pp. 110-121.

3.6　極限状況における人間の優先

これについてのレーガンの方の例と解決策としての最悪回避原理については *The Case for Animal Rights*, pp. 301-312, カーラザースの方の例は *The Animals Issue*, p. 67. 本文で言及した快楽の質についてはミル「功利主義論」(本文献表 1.3 参照) の第二章を参照。

スライディング・スケール・モデルについては本文献表 0.2 で紹介したドゥグラツィア『動物の権利』の第二章, 邦訳 50-54 ページを参照。

3.7　ロールズへの対案

ドゥウォーキンの平等主義は

ロナルド・ドゥウォーキン (2000 [2002])『平等とは何か』小林公ほか訳, 木鐸社 (Ronald Dworkin, *Sovereign Virtue : The Theory and Practice of Equality*, 資源の平等に関する思考実験は第二章)

限界効用逓減の法則については

ライオネル・ロビンズ (1932 [1957])『経済学の本質と意義』辻六兵衛訳, 東洋経済新報社 (Lionel Robbins, *An Essay on the Nature and Significance of Economic Science*, 第六章)

ハーサニーの功利主義的契約説は

John C. Harsanyi (1976) *Essays on Ethics, Social Behavior and Scientific Explanation*. Reidel. (特に chapter IV "Can the maximin principle serve as a basis for morality ?" でロールズと自分の立場を対比している)

ノジックの立場全般については

ロバート・ノージック (1974 [1992])『アナーキー・国家・ユートピア：国家の正当性とその限界』嶋津格訳, 木鐸社 (Robert Nozick, *Anarchy, State, and Utopia*)

ノジックの動物に関する立場を知るには同書の pp. 35-47 (邦訳 56-76 ページ) および以下のノジックによる書評を参照。

Robert Nozick (1983) "About Mammals and People," *The New York Times Book Review*, November 27, 1983.

レイチェルズのロック流動物倫理は

James Rachels (1990) *Created from Animals : The Moral Implications of Darwinism*. Oxford University Press.

3.8 カントの社会契約説

カントの契約説は本文献表 1.4 で紹介した「人倫の形而上学の基礎付け」の「目的の国」に関する記述のほか、以下の本を参考にされたい。

カント（1797 [1979]）「人倫の形而上学」加藤新平ほか訳『世界の名著 39　カント』野田又夫責任編集、中央公論社（Immanuel Kant, *Metaphysik der Sitten*, ルソー的な契約説を展開しているのは法論第二部「公法」の 43-49 節、邦訳 448-457 ページあたり）

4　第四章　倫理なんてしょせん作りごとなのか

4.1 道徳の理由全般

安彦一恵ほか編（1992）『道徳の理由：Why be moral ?』昭和堂

大庭健ほか編（2000）『なぜ悪いことをしてはいけないのか Why be moral ?』ナカニシヤ出版

プラトン（350 BC ごろ [1979]）『国家〈上〉』『国家〈下〉』藤沢令夫訳、岩波文庫（Plato, *Politeia*, 第二巻第三章でギュゲスの指輪の物語が紹介される）

4.2 利己主義

利己主義については意外にそれだけを扱った本があまりない。本文献表 0.1 に挙げた永井均『倫理とは何か：猫のアインジヒトの挑戦』は利己主義の視点から倫理学理論を検討している。同じく 0.1 に挙げたレイチェルズ『現実をみつめる道徳哲学』にも利己主義についての章がある。

心理的利己主義と倫理的利己主義の区別など利己主義の基本的な解説としては
Kurt Baier (1991) "Egoism," in Peter Singer ed., *A Companion to Ethics*, Blackwell, pp. 197-204.

倫理的利己主義を真剣に検討している倫理学者としてはシジウィックがいる。本文献表 2.6 で紹介した Sidgwick, *The Methods of Ethics* の Book II や Book IV、および本文献表 1.3 の奥野満里子『シジウィックと現代功利主義』における解説を参照。

本文でちょっと触れた科学哲学の反証可能性の概念については
伊勢田哲治（2003）『疑似科学と科学の哲学』名古屋大学出版会（第 1 章で反証可能性の概念について説明している）

4.3 道徳感情

ヒュームの道徳感情論は本文献表 2.3 で挙げた『人性論（四）第三篇道徳に就いて』（*A Treatise of Human Nature*. Book III）を参照。最近の倫理学や進化倫理学との関わりでヒュームの立場を解説した本として
神野慧一郎（2002）『我々はなぜ道徳的か：ヒュームの洞察』勁草書房

共感をベースにした功利主義の議論としては本文献表 1.3 の Smart and Williams, *Utilitarianism: For and Against* の p. 7 や p. 31 に博愛の感覚を備えた相手に対して訴えているというくだりがある。

4.4 進化倫理学

本章で扱う進化論や進化倫理学関係の話題の大半は以下の本でより詳しく紹介されており，興味を持ったときに次に読む本としておすすめである。

内井惣七（1996）『進化論と倫理』世界思想社（本書は全文が著者によって Web 公開されている http://homepage.mac.com/uchii/Papers/FileSharing83.html）

4.5 進化生物学全般

河田雅圭（1989）『進化論の見方』紀伊國屋書店（本書は全文が著者によって Web 公開されている。http://meme.biology.tohoku.ac.jp/INTROEVOL/MIKATA/index.html）

ダーウィン（1859［1963-1971］）『種の起原』八杉竜一訳，岩波文庫（Charles Darwin, *The Origin of Species : By Means of Natural Selection, or the Preservation of Favored Races in the Struggle for Life*）

4.6 社会ダーウィニズム

R. ホフスタッター（1955［1973］）『アメリカの社会進化思想』後藤昭次訳，研究社出版（Richard Hofstadter, *Social Darwinism in American Thought*）

Robert C. Bannister (1979) *Social Darwinism : Science and Myth in Anglo-American Social Thought*. Temple University Press.（ホフスタッターに対する代表的な批判として知られている）

スペンサーについては前掲の内井惣七『進化論と倫理』における解説や，スタンフォード哲学百科事典（本文献表 0.1 参照）の"Herbert Spencer"の項参照。

スペンサーが福祉や公衆衛生への反論を展開したのは

Herbert Spencer (1851) *Social Statics*（福祉についての否定論）
Herbert Spencer (1884) *The Man Versus the State*（公衆衛生への否定論）

いずれもスペンサーの著作集 *The Works of Herbert Spencer*, O. Zeller の第 11 巻に収められている。

4.7 優生学

社会ダーウィニズムと密接な関係のある優生学については本文では取り上げられなかったが，関連する話題としておさえておきたいところである。

ダニエル・J. ケヴルス（1985［1993］）『優生学の名のもとに：「人類改良」の悪夢の百年』西俣総兵訳，朝日新聞社（Daniel J. Kevles, *In the Name of Eugenics : Genetics and the Uses of Human Heredity*）

スティーヴン・J. グールド（1996［1998］）『人間の測りまちがい：差別の科学史 増補改訂版』鈴木善次・森脇靖子訳，河出書房新社（Stephen Jay Gould, *The Mismeasure of Man*, revised edition, 第一版は 1981 年に出て 1989 年に邦訳が出ている）

現代では生殖技術の発達にともなう新しい形の優生学が（それを優生学と呼ぶかどうかも含めて）問題となっている。

米本昌平・松原洋子・橳島次郎・市野川容孝（2000）『優生学と人間社会：生命科学の世紀はどこへ向かうのか』講談社現代新書

4.8 社会生物学・進化心理学

ダーウィンとウォレスについては

チャールズ・R. ダーウィン（1871 [1999-2000]）『人間の進化と性淘汰』長谷川眞理子訳，文一総合出版（Charles Darwin, *The Descent of Man and Selection in Relation to Sex*）
A. R. Wallace (1870) *Contributions to the Theory of Natural Selection*. Macmillan.

利他行動や社会性の進化については本文献表2.1で挙げた長谷川・長谷川『進化と人間行動』を参照。そのほか70年代の社会生物学から近年の進化心理学にいたるまで，多様な議論がなされ，本も多く出版されている。

エドワード・O. ウィルソン（1975 [1999]）『社会生物学　合本版』伊藤嘉昭日本語版監修，新思索社（Edward O. Wilson, *Sociobiology*，以前に分冊で翻訳が出ていたものが1999年に合本になって再版された）

ロバート・トリヴァース（1985 [1991]）『生物の社会進化』中嶋康裕・福井康雄・原田泰志訳，産業図書（Robert Trivers, *Social Evolution*）

E. O. ウィルソン（1978 [1990]）『人間の本性について』岸由二訳，思索社（Edward O. Wilson, *On Human Nature*）

リー・ドガトキン（1999 [2004]）『吸血コウモリは恩を忘れない：動物の協力行動から人が学べること』春日倫子訳，草思社（Lee Dugatkin, *Cheating Monkeys and Citizen Bees : The Nature of Cooperation in Animals and Humans*，本文で紹介したハダカデバネズミの例などが紹介されている）

マット・リドレー（1996 [2000]）『徳の起源　他人をおもいやる遺伝子』古川奈々子訳，翔泳社（Matt Ridley, *The Origins of Virtue*）

フランス・ドゥ・ヴァール（1996 [1998]）『利己的なサル，他人を思いやるサル：モラルはなぜ生まれたのか』西田利貞・藤井留美訳，草思社（Frans B. M. de Vaal, *Good Natured : The Origins of Right and Wrong in Humans and Other Animals*，霊長類の利他行動についてはこの本が詳しい）

ジョン・H. カートライト（2001 [2005]）『進化心理学入門』鈴木光太郎・河野和明訳，新曜社（John H. Cartwright, *Evolutionary Explanations of Human Behaviour*）

進化心理学を代表するトゥービーとコスミデスの研究は
L. Cosmides and J. Tooby (1992) "Cognitive Adaptations for Social Exchange," in J. H. Barkow et al. eds., *The Adapted Mind*, Oxford University Press, pp. 163-228.

ウィルソンとソーバーの研究は
Eliott Sober and D. S. Wilson (1998) *Unto Others : The Evolution and Psychology of Unselfish Bahavior*. Harvard University Press.

4.9 ゲーム理論的進化生物学

ジョン・メイナード＝スミス（1982 [1985]）『進化とゲーム理論　闘争の論理』（John Maynard Smith, *Evolution and the Theory of Games*）

R. アクセルロッド（1984 [1987]）『つきあい方の科学　バクテリアから国際関係まで』松田裕之訳，ミネルヴァ書房（Robert Axelrod, *The Evolution of Cooperation*）

4.10 ゴーチエ

デイヴィド・ゴティエ（1986 [1999]）『合意による道徳』小林公訳，木鐸社（David Gauthier, *Morals by Agreement*）

ゴーチエの紹介は日本ではあまりないのだが，たとえば次の本で議論されている。
松嶋敦茂（2005）『功利主義は生き残るか：経済倫理学の構築に向けて』勁草書房，第5章

本文でふれたフランクの著作は
R. H. フランク（1988［1995］）『オデッセウスの鎖：適応プログラムとしての感情』大坪庸介ほか訳，サイエンス社（Robert H. Frank, *Passions within Reason : The Strategic Role of the Emotions*）

4.11 ドーキンス
コラム 4 で紹介したドーキンスの論文は以下の本に収録されている。
リチャード・ドーキンス（1993［2001］）「心の中の断絶」パオラ・カヴァリエリ，ピーター・シンガー編『大型類人猿の権利宣言』山内友三郎・西田利貞監訳，昭和堂，第七章（Paola Cavalieri and Peter Singer eds., *The Great Ape Project : Equality beyond Humanity*，邦訳 109-120 ページ，ドーキンスの論文集『悪魔に仕える牧師』1-3 にも再録されている）

5　第五章　人間と動物にとって福利とは何か

5.1　動物実験
動物実験をめぐる議論については本文献表 0.2 の Stephen G. Post 編『生命倫理百科事典』の「動物を用いる研究」の項に詳しい紹介があり，おすすめである。

クロード・ベルナール（1865［1970］）『実験医学序説』三浦岱栄訳，岩波文庫（Claude Bernard, *Introduction à l'étude de la médicine expérimentale*）
本文で触れたラッセルとバーチの 3 つの R がまとめられたのは
W. M. S. Russell and R. L. Burch (1959) *The Principles of Humane Experimental Technique*. Methuen.

本文の記述をする上でおおいに参考にさせてもらったナフィールド協議会報告は
The Nuffield Council on Bioethics (2005) "The Ethics of Research involving Animals."
http://www.nuffieldbioethics.org/go/ourwork/animalresearch/publication_178.html からダウンロードできる。
世界医師会（World Medical Association）の生物医学研究における動物の使用に関する声明は WMA のウェブサイトで公開されている。翻訳はさきほど言及した『生命倫理百科事典』の資料編に収められている。
http://www.wma.net/e/policy/a18.htm

動物実験反対派の議論としては，シンガーの『動物の解放』やレーガンの *The Case for Animal Rights* の該当箇所の他，以下のようなものがある。
野上ふさ子（2003）『新・動物実験を考える　生命倫理とエコロジーをつないで』三一書房
ハンス・リューシュ（1983［1991］）『罪なきものの虐殺』荒木敏彦・戸田清訳，新泉社（Hans Ruesch, *Slaughter of the Innocent*）

反対派の主張を理解するには，動物実験の様子をおさめたビデオを見た方が早いかもしれない。
"Testing One Two Three"（PETA 製作，制作年不明）
http://www.stopanimaltests.com/feat/testing123/index.asp

もう少し中立的な論争のまとめとして
Vaughan Monamy (2000) *Animal Experimentation : A Guide for Students*. Cambridge University Press.

動物実験における動物の痛みの評価については
P. A. Flecknell (1994) "Refinement of animal use—assessment and alleviation of pain and distress," *Laboratory Animals* 28, pp. 222-231.
松田幸久 (2007)「痛み・苦痛・安楽死の評価と基準」『日薬理誌』129(1)，19-23 ページ（日本の動物実験における苦痛の評価について詳しい）

5.2　動物福利

佐藤衆介 (2005)『アニマルウェルフェア：動物の幸せについての科学と倫理』東京大学出版会
M. Bekoff, ed. (1998) *Encyclopedia of Animal Rights and Animal Welfare*. Greenwood Press.
Michael C. Appleby and Barry O. Hughes eds. (1997) *Animal Welfare*. CABI Publishing.

本文で言及したダンカンとフレーザーの論文も Appleby and Hughes の本に収録されている。
I. J. H. Duncan and D. Frazer (1997) "Understanding Animal Welfare," chapter 2 of Michael C. Appleby and Barry O. Hughes eds., *Animal Welfare*.

5.3　価値論・福利論全般

以下の本は福利論の全体を見渡す際に役に立つ。
James Griffin (1986) *Well-Being : Its Meaning, Measurement, and Moral Importance*. Clarendon Press.

5.4　主観主義的福利論とその応用

快楽説と選好充足説の対立については本文献表 1.3 で言及した奥野満里子『シジウィックと現代功利主義』第 7 章および第 9 章，安藤馨『統治と功利』第 5 章，前掲の Griffin, *Well-Being* などを参照。

経験機械の思考実験についてはノジック『アナーキー・国家・ユートピア』(本文献表 3.7) の原著 pp. 42-45，邦訳 67-72 ページを参照。

その他にもパーフィットなどが選好充足説の問題を取り上げている。
デレク・パーフィット (1984 [1998])『理由と人格』森村進訳，勁草書房（Derek Parfit, *Reasons and Persons*, 原著 pp. 493-502, 邦訳 667-679 ページでこの話題を取り上げている）

マズローの欲求段階説については
A. H. マズロー (1970 [1987])『人間性の心理学：モチベーションとパーソナリティ』小口忠彦訳，産業能率大学出版部（Abraham H. Maslow, *Motivation and Personality*, second edition. 原著第一版は 1954 年）

幸福の測定については
ブルーノ・S. フライ，アロイス・スタッツァー (2002 [2005])『幸福の政治経済学　人々の幸せを促進するものは何か』佐和隆光監訳，沢崎冬日訳，ダイヤモンド社（Bruno S. Frey and Alois Stutzer, *Happiness and Economics*）

動物園における環境エンリッチメントの活動については
川端裕人 (2006)『動物園にできること』文春文庫

動物の快楽については

ジョナサン・バルコム（2007［2007］）『動物たちの喜びの王国』土屋晶子訳，合同出版（Jonathan Balcombe, *Pleasurable Kingdom : Animals and the Nature of Feeling Good*）

選好テストについては前掲の Bekoff, *Encyclopedia of Animal Rights and Animal Welfare* に項目がある。
その際にふれた仮想評価法については
鷲田豊明（1999）『環境評価入門』勁草書房

動物の安楽死についてのイギリス王立動物愛護協会の見解は
RSPCA（2006）*RSPCA Policies on Animal Welfare*, revised 2006（RSPCA のウェブサイト，http://www.rspca.org.uk からダウンロードできる。安楽死については 3.8 節に記述がある）

5.5　客観主義的福利論とその応用

ロールズの主要財の理論については，本文でも触れたように『正義論』の第 15 節や『公正としての正義　再説』の p. 58（邦訳 101 ページ）を参照。本文のリストは後者の本からとったものである。

潜在能力説については
アマルティア・セン（1985［1988］）『福祉の経済学　財と潜在能力』鈴村興太郎訳，岩波書店（Amartya Sen, *Commodities and Capabilities*）
鈴村興太郎・後藤玲子（2001）『アマルティア・セン　経済学と倫理学』実教出版
若松良樹（2003）『センの正義論　効用と権利の間で』勁草書房
マーサ・C.ヌスバウム（2000［2005］）『女性と人間開発　潜在能力アプローチ』池本幸生・田口さつき・坪井ひろみ訳，岩波書店（Martha C. Nussbaum, *Women and Human Development : The Capabilities Approach*）

ヌスバウムの動物倫理についての見解は
Martha C. Nussbaum (2004) "Beyond 'compassion and humanity': justice for nonhuman animals," in C. R. Sunstein and M. C. Nussbaum eds., *Animal Rights : Current Debates and New Directions*, Oxford University Press, pp. 299–320.

5.6　本性説

ロリンの本性説は本文献表 3.4 の Rollin, *The Unheeded Cry* 参照。

5.7　合理的選好充足説

Richard B. Brandt (1979) *A Theory of the Good and the Right*. Clarendon Press.

5.8　自由

コラムで取り上げたチャップリンの映画は
『独裁者』*The Great Dictator*（チャールズ・チャップリン監督，1940 年）

自由の価値についての主観主義的な議論としては本文献表 1.8 のミル「自由論」が代表的である。

積極的自由と消極的自由についてはすでに紹介したセンの『福祉の経済学　財と潜在能力』の他，元ネタとなったバーリンの著作なども参照。

I. バーリン（1969 ［1997］）『自由論 ［新装版］』小川晃一ほか訳，みすず書房（Isaiah Berlin, *Four Essays on Liberty*）
濱真一郎（2008）『バーリンの自由論：多元論的リベラリズムの系譜』勁草書房

6 第六章　肉食は幸福の量を増やすか

6.1 菜食主義

最近菜食主義についての日本語の本は増えつつある。
ピーター・コックス（1994 ［1998］）『新版　ぼくが肉を食べないわけ』浦和かおる訳，築地書館（Peter Cox, *The New Why You Don't Need Meat*）
蒲原聖可（1999）『ベジタリアンの健康学：ダイエットからエコロジーまで』丸善ライブラリー
ハワード・F. ライマン，グレン・マーザー（1998 ［2002］）『まだ，肉を食べているのですか：あなたの「健康」と「地球環境」の未来を救う唯一の方法』船瀬俊介訳，三交社（Howard F. Lyman and Glen Merzer, *Mad Cowboy : Plain Truth from the Cattle Rancher Who Won't Eat Meat*）
エリック・マーカス（1997 ［2004］）『もう肉も卵も牛乳もいらない!!　完全菜食主義「ヴィーガニズム」のすすめ』酒井泰介訳，早川書房（Erik Marcus, *Vegan : The New Ethics of Eating*）
蒲原聖可（2005）『ベジタリアンの医学』平凡社新書

ヘアのデミベジタリアニズムについては
R. M. Hare（1993）"Why I am only a demi-vegetarian," in *Essays on Bioethics*, Clarendon Press, pp. 219-235.

マクロビオティックについては近年レシピの本が多く出ているが，ここではもとになった石塚左玄の本の現代語訳を挙げておく。
石塚左玄（1898 ［2004］）『食医石塚左玄の食べもの健康法：自然食養の原典『食物養生法』現代語訳』橋本政憲訳，農山漁村文化協会

6.2 菜食主義の歴史

鶴田静（1997）『ベジタリアンの世界：肉食を超えた人々』人文書院

菜食主義運動の歴史で重要な役割を果たしたのが以下の本である。
Howard Williams（1883 ［2003］）*The Ethics of Diet : A Catena of Authorities Deprecatory of the Practice of Flesh-Eating*. With introduction by Carol Adams, University of Illinois Press.（この本自体が 19 世紀までの菜食主義運動の歴史をたどった本となっている）
レフ・トルストイ（1891 ［1973］）「最初の段階」中村融訳『トルストイ全集 14　宗教論　上』河出書房新社，414-438 ページ（Лев Толстой, *Первая ступень*, Williams, *The Ethics of Diet* のロシア語版への序文）

宗教的な戒律における菜食主義についてはマイケル・W. フォックスの以下の論文が参考になる（本文献表 2.10 で紹介したマイケル・A. フォックスとは別人）。
Michael W. Fox（2003）"India's Sacred Cow : her Plight and Future," in S. J. Armstrong and R. G. Botzler eds., *The Animal Ethics Reader*, Routledge, p. 239.

近代以前の日本の肉食文化や菜食主義については
国立歴史民俗博物館編（1994）『国立歴史民俗博物館研究報告　第 61 集　共同研究「生命観：とくに

ヒトと動物との区別認識についての研究」』国立歴史民俗博物館
塚本学（1995）『江戸時代人と動物』日本エディタースクール出版部
原田信男（1993）『歴史のなかの米と肉』平凡社選書

近代の日本で倫理的菜食主義を紹介した小説として宮沢賢治の「ビジテリアン大祭」がある。
宮沢賢治（[1996]）「ビジテリアン大祭」『ビジテリアン大祭』角川文庫

次の本は宮沢賢治を中心に，近代の日本に菜食主義がどう紹介されていたかを論じている。
鶴田静（1999）『ベジタリアン宮沢賢治』晶文社

6.3 工場畜産

全般的な情報は本文献表 1.8 に挙げたシンガー『動物の解放』（特に原書第二版）を参照。

シンガーよりも前に工場畜産について世間に知らせた先駆的な仕事として
ルース・ハリソン（1964 [1979]）『アニマル・マシーン：近代畜産にみる悲劇の主役たち』橋本明子ほか訳，講談社（Ruth Harrison, *Animal Machines : The New Factory Farming Industry*）

少し違う角度から工場畜産の歴史をたどる本として
Susan D. Jones (2003) *Valuing Animals : Veterinarians and Their Patients in Modern America*. Johns Hopkins University Press.（第四章で工場畜産の成立史を獣医学の観点からまとめている）

屠畜の具体的な作業については
内澤旬子（2007）『世界屠畜紀行』解放出版社

工場畜産というのがどういうものか外からではなかなかイメージがわかないので映像作品もよい手がかりになる。
"Meet Your Meat"（PETA 製作，制作年不明，http://www.meat.org/）
『いのちの食べ方』*Our Daily Bread*（ニコラウス・ゲイハルター監督，2005 年）

工場畜産の環境への影響については国連食糧農業機関から最近報告書が出た。
Food and Agriculture Organisation of the United Nations (2006) "Livestock's Long Shadow"
http://www.virtualcentre.org/en/library/key_pub/longshad/A0701E00.htm

国内の畜産業についてのデータは『農業白書』（農林統計協会），『食料・農業・農林白書』（農林水産省），『畜産統計』（農林水産省大臣官房統計部）等を参考にした。

工場畜産における動物の苦痛についてはシンガー『動物の解放』の他，以下の本も参照。
Marian Dawkins (1980) *Animal Suffering : The Science of Animal Welfare*. Chapman and Hill.（本文でとりあげたニワトリの選好テストは第 7 章で。シンガー『動物の解放』の第二版にも引用されている）

畜産動物の感覚について参考になるかもしれない書籍として
テンプル・グランディン，キャサリン・ジョンソン（2005 [2006]）『動物感覚　アニマル・マインドを読み解く』中尾ゆかり訳，NHK 出版（Temple Grandin and Catherine Johnson, *Animals in Translation : Using Mysteries of Autism to Decode Animal Behavior*）

6.4 総量功利主義と平均功利主義

日本語では総量説と平均説の区別を詳しく論じたものはあまりない。ただし，総量説や平均説という言葉は使っていないが，実質的に同じ問題が，本文献表 5.4 で挙げたパーフィット『理由と人格』の第四部で詳しく扱われており，この問題について深く考えたい人はまずそこを読んでほしい。

ヘアの立場は総量功利主義である。
R. M. Hare (1988) "Possible people," *Bioethics* 2, pp. 279–293, reprinted as ch. 5 of his *Essays on Bioethics* (Clarendon Press, 1993).

ハーサニーの平均功利主義については本文献表 3.7 に挙げた Harsanyi, *Essays on Ethics, Social Behavior and Scientific Explanation*（特に Chapter I や Chapter IV）

6.5 先行存在説

シンガーの先行存在説は『実践の倫理』第二版の邦訳 125–127 ページ，145–163 ページ，221–229 ページ（原書 pp. 103–105, 119–134, 184–191）などで知ることができる（邦訳では「存在先行」説と訳している）。前述のパーフィット『理由と人格』の第四部にも先行存在説にかかわる議論がある。

ここで言及したロールズの功利主義批判については本文献表 3.4 に挙げた『正義論』の第 5 節や第 30 節を参照。

注で触れた死の問題については
トマス・ネーゲル (1979 [1989]) 『コウモリであるとはどのようなことか』永井均訳，勁草書房 (Thomas Nagel, *Mortal Questions*, 第一章「死」が注で言及した論文)

6.6 選好の個人間比較

本文献表 1.3 の奥野『シジウィックと現代功利主義』第 10 章

ハーサニーのこの問題への解決は本文献表 3.7 の Harsanyi, *Essays on Ethics, Social Behavior and Scientific Explanation* の Chapter II "Cardinal welfare, individualistic ethics, and interpersonal comparison" を参照。

6.7 厚生経済学

ピグーの厚生経済学や哲学的背景については
本郷亮 (2007) 『ピグーの思想と経済学：ケンブリッジの知的展開のなかで』名古屋大学出版会

旧厚生経済学へのロビンズの批判については本文献表 3.7 で挙げたロビンズ『経済学の本質と意義』を参照。

新厚生経済学全般については
佐伯胖 (1980) 『「きめ方」の論理：社会的決定理論への招待』東京大学出版会

アローの一般可能性定理については
Kenneth Arrow (1951) *Social Choice and Individual Values*. Wiley.

アローに対するハーサニーの功利主義的な分析は
John Harsanyi (1979) "Bayesian decision theory, rule utilitarianism, and Arrow's impossibility theorem," *Theory and Decision* 11, pp. 289-317.

パレート派リベラルの不可能性は
アマルティア・セン (1970 [1989])「パレート派リベラルの不可能性」大庭健・川本隆史訳『合理的な愚か者：経済学＝倫理学的探究』勁草書房，1-14ページ (Amartya Sen, "The impossibility of Paretian liberal," *Journal of Political Economy* 78, pp. 152-157)

本文で触れたングとノジックのセンへの回答は
Y. K. Ng (1971) "The possibility of a Paretian liberal: impossibility theorem and cardinal utility," *Journal of Political Economy* 79, pp. 1397-1402.
Robert Nozick (1973) "Distributive justice," *Philosophy and Public Affairs* 3, pp. 45-126.

6.8 マイナス功利主義

K. R. ポパー (1945 [1980])『開かれた社会とその敵（上）』内田詔夫・小河原誠訳，未来社 (Karl R. Popper, *The Open Society and Its Enemies*, マイナス功利主義の表明は第9章の注2, 邦訳 318-319ページ)
R. N. Smart (1958) "Negative utilitarianism," *Mind* 67 (268), pp. 542-543.
J. Griffin (1979) "Is unhappiness morally more important than Happiness?" *The Philosophical Quarterly* 29 (114), pp. 47-55.

7 第七章　柔らかい倫理から動物はどう見えるか

7.1 野生動物問題

羽山伸一 (2001)『野生動物問題』地人書館
瀬戸口明久 (2003)「移入種問題という争点：タイワンザル根絶の政治学」『現代思想』31巻13号，122-134ページ

7.2 環境倫理学全般

小原秀雄監修 (1995)『環境思想の多様な展開：環境思想の系譜3』東海大学出版会
加藤尚武 (1991)『環境倫理学のすすめ』丸善ライブラリー

7.3 生命中心主義

アルベルト・シュヴァイツァーについては本文献表1.9参照。
ポール・テイラーについては
P. W. Taylor (1986) *Respect for Nature : A Theory of Environmental Ethics*. Princeton University Press.
P. W. Taylor (1981) "The ethics of respect for nature," *Environmental Ethics* 3, pp. 197-218.

7.4 生態系中心主義

生態系中心主義のもとになった土地倫理については

アルド・レオポルド（1949 [1986]）『野生のうたが聞こえる』新島義昭訳，講談社学術文庫（Aldo Leopold, *A Sand County Almanac*, 第三部で土地倫理の考え方を展開している）

生態系中心主義，および生態系中心主義と動物解放論との対立については
E. C. Hargrove ed. (1992) *The Animal Rights/Environmental Ethics Debate : The Environmental Perspective*. State University of New York Press. （キャリコットの「三角関係」論文や「もとのさや」論文はこの論文集にも収められている）

キャリコット「三角関係」論文と「もとのさや」論文の初出は
J. B. Callicott (1980) "Animal liberation : the triangular affair," *Environmental Ethics* 2, pp. 311-388.（人間の間引きに関する議論や古代ギリシャの共同体主義との比較はこの論文の"ethical holism"と題するセクションで読むことができる）

J. B. Callicott (1988) "Animal liberation and environmental ethics : back together again," *Between the Species* 5, pp. 163-169.

保全生物学における生態系中心主義の考え方については
R. B. プリマック，小堀洋美（1995 [1997]）『保全生物学のすすめ：生物多様性保全のためのニューサイエンス』文一総合出版（Robert Primack, *A Primer of Conservation Biology*, 邦訳の 31-33 ページで生態系中心主義的議論をしている）

7.5 徳倫理学

徳倫理学について日本語での概説的な紹介はまだあまり多くない。本文献表 0.1 で挙げた赤林朗編『入門 医療倫理 II』の徳倫理学の項あたりが最初に読むものとしてはいいかもしれない。その他，「情報倫理の構築プロジェクト」のオンラインサイトで徳倫理学を紹介する論文をいくつか読むことができる。

ジャスティン・オークリー（2000）「徳倫理の諸相と情報社会におけるその意義」児玉聡・岸田功平・徳田尚之訳，『情報倫理学研究資料集 II』13-36 ページ
http://www.fine.bun.kyoto-u.ac.jp/tr2/oakley.html

伊勢田哲治（2002）「企業におけるメールプライバシー問題：徳倫理学的アプローチ」『情報倫理学研究資料集 IV』43-57 ページ
http://www.fine.bun.kyoto-u.ac.jp/tr4/iseda.pdf

本文で言及したアンスコム，フット，ストッカー，ハーストハウス，スロートらの論文をはじめ，徳倫理学の基礎文献の多くは以下のアンソロジーに収められている。
Roger Crisp and Michael Slote eds. (1997) *Virtue Ethics*. Oxford University Press.

徳倫理学の代表者はマッキンタイアである。
アラスデア・マッキンタイア（1981 [1993]）『美徳なき時代』篠崎榮訳，みすず書房（Alasdair C. MacIntyre, *After Virtue : A Study in Moral Theory*）

徳の三つの類型については
Michael Slote (1995) "Agent-based virtue ethics," *Midwest Studies in Philosophy* 20, pp. 83-101.

統合性（インテグリティ）については本文献表 1.3 の Smart and Williams, *Utilitarianism : For and Against* の後半のウィリアムズによる部分で統合性の徳についての議論を展開している。

7.6 ケアの倫理

キャロル・ギリガン（1982［1986］）『もうひとつの声：男女の道徳観のちがいと女性のアイデンティティ』生田久美子・並木美智子共訳，川島書店（Carol Gilligan, *In a Different Voice : Psychological Theory and Women's Development*）

ネル・ノディングズ（1984［1997］）『ケアリング——倫理と道徳の教育——女性の観点から』立山善康ほか訳，晃洋書房（Nel Noddings, *Caring : A Feminine Approach to Ethics and Moral Education*，ケア概念の解説は第一章，動物に対するケアの倫理からのアプローチについては第七章で論じている）

ギリガンの批判の対象となったコールバーグ理論については

L. コールバーグ，C. レバイン，A. ヒューアー（1983［1992］）『道徳性の発達段階：コールバーグ理論をめぐる論争への回答』片瀬一男・高橋征仁訳，新曜社（Lawrence Kohlberg et al., *Moral Stages : A Current Formulation and a Response to Critics*）

ローレンス・コールバーグ（1987）『道徳性の発達と道徳教育：コールバーグ理論の展開と実践』岩佐信道訳，広池学園出版部（コールバーグが来日した際の講演や関連する論文を翻訳して一冊にしたもの）

7.7 共同体主義

徳倫理学の項でも挙げたマッキンタイア『美徳なき時代』がここでも基礎文献となる。

共同体主義全般について知る手がかりとしては
デヴィッド・M. ラスマッセン編（1990［1998］）『普遍主義対共同体主義』菊池理夫ほか訳，日本経済評論社（D. Rusmussen ed., *Universalism vs. Communitarianism : Contemporary Debates in Ethics*）

M. J. サンデル（1998［1999］）『自由主義と正義の限界 第二版』菊池理夫訳，三嶺書房（Michael J. Sandel, *Liberalism and the Limits of Justice*, second edition）

チャールズ・テイラー他（1994［1996］）『マルチカルチュラリズム』佐々木毅ほか訳，岩波書店（Charles Taylor et al., *Multiculturalism : Examining the Politics of Recognition*）

テイラーの議論の全体を見渡した紹介を行っている本としては
中野剛充（2007）『テイラーのコミュニタリアニズム』勁草書房

7.8 これらの立場と動物倫理・環境倫理

徳倫理学と動物の関係については
Rosalind Hursthouse (2000) *Ethics, Humans and Other Animals : An Introduction with Readings*. Routledge.（本文で紹介した動物倫理に関するハーストハウスの見解は本書の第六章 "The virtue ethics defense of animals" で展開されている。また，本章で紹介したミジリーやスクルートンからの抜粋もこの本に収められておりお得である）

Roger Scruton (1996) *Animal Rights and Wrongs*. Demos.（直訳すれば『動物について正しいことと間違ったこと』だが，前半は animal rights（動物の権利）とのかけことばになっている）

イヌなどを徳倫理学的観点から道徳的行為者と見なす議論については本文献表 1.8 の Sapontzis, *Morals, Reason, and Animals* を参照。

シンガーのスクルートンへのコメントは
Peter Singer (2003) "Animal Liberation at 30," *The New York Review of Books* 50 (8) (May 15, 2003) http://www.nybooks.com/articles/16276

共同体主義と動物や環境については
Robert Garner (2005) *The Political Theory of Animal Rights*. Manchester University Press. (第四章で共同体主義と動物の権利，第七章でフェミニズムと動物の権利についてそれぞれ論じている)

ミジリーの議論は
Mary Midgley (1983) *Animals and Why They Matter*. The University of Georgia Press. (特に第10章を参照)

ケア倫理と動物の関係については，上記のノディングズ『ケアリング』とともに以下を参照。
Josephine Donovan (1990) "Animal Rights and Feminist Theory," *Signs* 15, pp. 350-375. (ノディングズへの批判は p. 374)
Josephine Donovan (2006) "Feminism and the Treatment of Animals : From Care to Dialogue," *Signs* 31, pp. 305-329.
Josephine Donovan and Carol Adams (1996) *Beyond Animal Rights : A Feminist Caring Ethic for the Treatment of Animals*. Continuum.

7.9 マクダウェルの感受性理論

マクダウェルの感受性理論やコード化不可能性の概念についての出典は以下の論文だが，大変難解なことで知られる論文なので初心者がいきなり読むのはおすすめできない。
ジョン・マクダウェル (1979 [2008])「徳と理性」荻原理訳，『思想』2008年7月号，7-33ページ (John McDowell, "Virtue and Reason," *The Monist* 62, pp. 331-350)
以下の論文もよく言及される。
John McDowell (1985) "Values and secondary qualities," in T. Honderich ed., *Morality and Objectivity : A Tribute to J. L. Mackie*, reprinted in Stephen Darwall et al. eds., *Moral Discourse and Practice : Some Philosophical Approaches*, Oxford University Press, 1997, pp. 201-213.

マクダウェルに近いメタ倫理学的な立場を展開している日本の論者として菅豊彦がいる。
菅豊彦 (2004)『道徳的実在論の擁護』勁草書房
日本語で読める批判的な議論としては以下の論文などがある。
安彦一恵 (1999)「二つの『合理性』概念：J. McDowell 的「道徳的実在論」の批判的検討」『哲学』50号, 61-73ページ
美濃正 (2000)「価値は実在するか？：マクダウェル説の批判的検討」『アルケー』第8号, 1-11ページ

8 終章　動物は結局どう扱えばいいのか

8.1 倫理学理論の評価基準

直観についての近年の心理学的研究
Walter Sinott-Armstrong ed. (2008) *Moral Psychology vol. 2 : The Cognitive Science of Morality : Intuition and Diversity*. MIT Press.

8.2 往復均衡法

ロールズの提案した往復均衡法については本文献表 3.4 で挙げたロールズの著作および解説書を参照。ダニエルスのバージョンは主に以下の二つの論文で提案されている。

Norman Daniels (1979) "Wide reflective equilibrium and theory acceptance in ethics," *The Journal of Philosophy* 76, pp. 264-273.

Norman Daniels (1980) "Reflective equilibrium and Archimedean Points," *Canadian Journal of Philosophy* 10, pp. 83-103.

共有された直観を出発点にする文脈主義の考え方については本文献表 0.3 に挙げた伊勢田『哲学思考トレーニング』参照。文脈主義全般については第三章，倫理問題への文脈主義の応用については第四章で取り上げている。

あとがき

　本書は倫理学の入門書でもあるし，動物倫理の入門書でもある。動物倫理に関心のない人は倫理学の部分をつまみ食いしてもらってもいいし，逆に倫理学理論に関心のない方や「もう十分よく知っている」という方は動物倫理の部分だけつまみ食いするという読み方もあるだろう。企画としてはかつて書いた『疑似科学と科学の哲学』と似ているが，そちらに比べるとわたし自身の主張は控えめにするよう心がけている。また，倫理学への最初の入門書としてはすでに加藤尚武『現代倫理学入門』などの本があるから，もう少し先まで知りたい人むけに内容のレベルを調節したつもりである。

　本書がこうして本の形になって，正直なところほっとしている。本書の企画は，そもそも名古屋大学出版会の編集者の橘宗吾氏の発案だった。たしか，『疑似科学…』の打ち合わせをしていた際に，橘氏の方から，「同じような感じの本を，倫理学と動物で考えられないでしょうかねえ」と持ちかけてこられたのであった。手元の記録では，2002年9月に橘氏に送ったメールで「8月の頭にお会いしたときに「動物倫理を使った倫理学入門の本はできないか」というようなアイデアが橘さんからでていましたが，とりあえず目次だけ作ってみました。」と書いている。このときは橘氏をその後あしかけ6年おまたせすることになろうとは思っていなかった。

　次に本書の企画の記録が残っているのは2004年2月9日付の橘氏あてのメールで，この時点で『倫理学へのけものみち　動物からの倫理学入門』というタイトルで構成を考えていたようである。このときの企画はずいぶん盛りだくさんで，最終版に残った内容に加えて，道徳的責任論やら情報倫理学といった項目も見える（動物と情報倫理というとりあわせで何を書くつもりだったのかは定かではない）。この時は在外研究でピッツバーグにおり，比較的自由に時間が使えるものだから気が大きくなっていたのであろう。しかし，2004年のうちにはいくつかの章のラフスケッチを書く程度で，その後日本に戻ってからも他の企画や大学の仕事に時間をとられて本書の執筆はなかなか進まなかった（どうしても明確な締め切りのある仕事や共著者のある仕事の方が優先になってしまうので，こうした企

画は後回しになってしまいがちなのである）。

　その後，このままではあまりに申し訳ないと一念発起してようやく本気で本書を完成させにかかったのが 2006 年のことである。2006 年 7 月に序章と第一章，9 月に第二章，2007 年 4 月に第三章と第四章，7 月に第五章，8 月に第六章，9 月に第七章の第一稿を脱稿した。それから 2008 年 3 月までかけて全体を調整しながら書き直し，3 月中に終章を書きながらいろいろな人からコメントをいただいて，4 月中にもう一度全体に手を入れてほぼ最終稿とした。

　さきほど，「わたし自身の主張は控えめに」と書いたが，類書と読み比べていただくと，メタ倫理学では非認知主義，規範倫理学では功利主義に，それぞれ好意的な記述が多いことに気づかれるかもしれない。これはわたしが最初にまともに読んだ倫理学の本である R. M. ヘアの『道徳的に考えること』の影響が強いのはまちがいない。大学の 3 年目までまともに勉強していなかったわたしは，4 回生になったときに着任された内井惣七先生の演習でこの本を読んで，方法論のレベルでも，主張されている内容のレベルでも，大きな衝撃をうけた。倫理というのがこんなに明晰に語ることのできる話題だという考え方自体が新鮮であった。明晰な分，ヘアの議論に飛躍があることも見えたが，間違えているときにははっきり間違えていると分かるというのもこうしたアプローチの長所である。あいまいな言葉で倫理について語っているうちは間違いを犯すリスクも減るかわりに，はっきりとした理解も達成できない。また，ヘアが選好功利主義にたどりつく際の理屈には納得しなかったものの，選好功利主義そのものは価値観の対立を調停する最終的な答えとして非常に魅力的に見えた。

　わたしが影響をうけたのはヘアばかりではない。わたしはその後アメリカに留学したのだが，本場であるこちらの国ではヘアなど時代おくれになっているのを知り，またショックをうけることになる。メタ倫理学については普遍的指令主義で決着がついたのだとばかり思っていたのだが，留学した当時のアメリカでは自然主義のメタ倫理学が全盛で，留学先の大学でもパット・グリーンスパン先生がそういう授業をされていた。グリーンスパン先生にはいろいろ議論につきあっていただき，おかげで自然主義に魅力を感じる側からはメタ倫理学全体がどう見えるのかが私にも理解できるようになった。また，徳倫理学者のマイケル・スロート先生にも功利主義の立場からいろいろな議論をふっかけて，反対に徳倫理学の

魅力を教えていただくことになった。結局わたし自身は自然主義者や徳倫理学者に改宗するには至らなかったが，こうした出会いがなければ本書の第二章や第七章はまったく違った形になっていただろう。

動物倫理との出会いは，大学院生時代に同じ研究室の先輩や後輩数人とやっていた生命倫理学研究会にさかのぼる。これは雑談とも勉強会ともつかないスタイルでそれぞれのテーマについて話し合う，今から思うとずいぶん生ぬるい研究会だったが，そういうところで勉強したことがあとあとまで生きることになるのだから分からないものである。とにかく，この研究会で発表の担当があたったとき，わたしはシンガーの『実践の倫理』を読んで以来気になっていた動物の問題を取り上げることにして，動物実験について調査をしたのだった（手元に残っているレジュメには 1993 年 11 月という日付が書いてあるから博士課程の一年生のころである）。そのときどんな議論をしたかはよく覚えていないが，功利主義的な観点から問題になる理論的な問題という程度の認識だったろう。しかしこれもアメリカに留学してみて大きく認識をあらためることになった。あちらでは動物倫理は哲学入門の授業の定番の話題であり，菜食主義者になるかどうかというのも哲学研究者なら誰でも一度は考える必要のある，かなり日常的な問題として受け止められていた。

そうした影響もあって，留学から帰国後，動物倫理についてもう少し本格的に勉強してみようという気になり，いくつかサーヴェイ論文のようなものを書いた。それが京都大学霊長類研究所（当時）の上野吉一氏の目にとまり，講演に呼んでいただいたり，霊長研での研究会に参加させていただいたりした（橘氏が本書の企画をもちかけてきたのもこうした背景があってのことである）。こうした交流がなければ，本書後半での具体的な事例の扱い方はもっとおざなりなものになっていただろう。もちろん，こうして影響をうけた方たちの名前を挙げるのは，本書のミスや不十分なところの責任を転嫁しようというつもりではなく，そういう部分はもちろん著者であるわたしの責任である。

本書の執筆の上では，学生のみなさんにもいろいろお世話になってきた。本書執筆中の勤務先である名古屋大学では倫理に関する講義をいろいろ行ってきたが，そうした授業で学生のみなさんからいただいたフィードバックは本書の記述のいろいろなところで生かされている。特に，2004 年度後期に名古屋大学情報文化

学部で担当した科目「科学と規範」では、「倫理学へのけもの道」と題して本書の構成にそった授業を行い、学生のみなさんにいわば「実験台」になっていただいたおかげで内容がだいぶ整理できた。

　本書の草稿に対しては、岩月拓君、福田勇君（以上名古屋大学大学院情報科学研究科院生）、溝渕久美子さん（名古屋大学大学院人間情報学研究科院生）、杉本俊介君（京都大学大学院文学研究科院生）にコメントをいただいた。また、大学院生時代以来の信頼する先輩である京都女子大の江口聡氏からも草稿に対して示唆的なコメントをいただくことができた。また国内で数少ない動物倫理の研究仲間である鶴田尚美氏からは、原稿への詳細なコメントをいただくだけでなく、わたしが見落としていた文献などについてもいろいろ教えていただいた。ここにあわせて謝意を表したい。

　名古屋大学出版会では、先に名前を挙げた橘氏のほか、神舘健司氏にも担当編集者として本書におつきあいいただき、出版する側の視点から、本書のタイトルや各章のタイトルもふくめてさまざまな提案をいただくとともに、細かい校正の労をとっていただいた。最後に、本書の作業中、大変人づき合いのわるい人間になっていたわたしに、妻の久美子はたいして文句も言わずにつきあってくれただけでなく、索引づくりに手を焼いているわたしを見かねて入力を手伝ってくれた。ほんとうにありがとう。

2008 年 9 月

伊勢田　哲治

索　引

A-Z

ALF　→動物解放戦線の項を参照
FAO　→国連食糧農業機関の項を参照
LD50　185-6, 196
PETA　→動物の倫理的扱いを支持する人々の項を参照
RSPCA　→イギリス王立動物愛護協会の項を参照
Why be moral ?　139, 145

あ 行

アクィナス，トマス　289
アクセルロッド，ロバート　163-4, 170-1, 174-5
旭山動物園　218
新しい指示の理論　65
アリストテレス　107, 284, 289, 305
アロー，ケネス　256-61
アンスコム，G. E. M.　281
イギリス王立動物愛護協会（RSPCA）　16, 18, 214
生きる意味　176
意識　68, 210
意志の弱さ　324
イスラム教　15
依存症　204-5, 221
痛み　68, 200, 214
一見自明の義務　30-1, 34, 38, 44, 309, 314
一般可能性定理　256-8
遺伝子型　168
意図　7-8, 142
営み　289
移入種　267, 271
イヌイット　268
インフォームド・コンセント　191-2
ヴィクトリア女王　16
ウィリアムズ，バーナード　285, 292
ウィリアムズ，ハワード　233
ウィルキンソン，ジェラルド　164
ウィルソン，D. S.　168
ウィルソン，E. O.　165-7

ウィルバーフォース主教　179
ウォレス，A. R.　154
ウシ　230-1, 236, 238-9, 243, 247, 250-3, 263
牛海綿状脳症　236
牛攻め　16
内澤旬子　239-40
エイヤー，A. J.　80-2, 93
エピクロス　201
往復均衡（法）　79, 307, 315-9, 321, 324
応報的正義　107
応用倫理学　3, 6-7, 9, 281, 309
王立動物愛護協会　→イギリス王立動物愛護協会の項を参照
大型類人猿　41, 72-3, 109, 116, 120, 169
置き換え可能性テーゼ　247-9, 251
親指の規則　35, 38

か 行

外在主義　89-90, 93
外的選好　204, 220-2, 225-6
快楽　22, 63, 78, 97, 118, 210, 214, 218, 220, 225
快楽説　200-3, 209-14, 219-20, 224, 308, 311, 314, 318
快楽の質　118-9, 201
カウハード，ウィリアム　233
科学技術倫理学　9
格差原理　106
学習放獣　268, 271
重なり合う合意　126
過失　27
仮想評価法　212
価値判断　4-5, 7, 12, 61, 77, 80, 181, 313
価値論　37, 184, 197-200, 219, 223
ガート，バーナード　31
加藤尚武　96, 98
カーラザース，ピーター　110-5, 117, 119, 121, 310, 320
川本隆史　260
環境エンリッチメント　191, 209-13, 218, 269, 311, 323
環境菜食主義　236
環境ファシズム　280, 300

環境フェミニズム　297, 310
環境倫理（学）　7, 9, 57, 236-7, 266, 273-81, 309, 311
感受性理論　90, 93, 306
間接的義務　43
完全義務　32
カント, イマニュエル　26, 28-30, 34, 42-4, 47, 51, 93, 102, 108, 135-8, 234, 241, 278, 281, 283, 286, 308, 310, 313-4, 320
カント主義　7, 44-5, 52, 75, 79, 133-4, 193, 201, 273, 276, 309, 311
危害原理　44-5, 47, 50
機会の平等　123
帰結主義　7-9, 19, 27, 197, 241, 281, 309
規則功利主義　26, 34-7, 39, 155, 207, 283, 291, 308, 318
期待効用　24
機能充足（説）　208, 215-6, 220, 222, 226, 311
規範倫理学　6-7, 9, 14, 19, 126-7, 266, 308, 311-2, 314
基本財　103, 106, 125, 205-8, 222, 226
義務論　7-8, 14, 25-39, 44-7, 68, 197, 266, 282, 285, 290-1, 301-2, 309, 311, 314-5, 319, 323
客観主義的価値論　198, 222
客観主義的福利論　205-9, 214-9, 226
キャリコット, J. B.　278, 280, 299-300, 304, 322
旧厚生経済学　256
ギュゲスの指輪　139
共感　151-3, 157, 165, 176-7, 207, 298-9
共通先祖説　153-4, 179-82, 310
共同体　288-91, 298-300
共同体主義　123, 176, 266, 280-1, 288, 290, 298-303, 306, 308-9, 315
極限的選択における人間の優先　117-9, 310, 321-2
ギリガン, キャロル　286-8, 306
キリスト教　15, 51, 232-3
キリスト教原理主義　179
苦痛　22, 200, 210, 214, 220, 272
グランディン, テンプル　240
繰り返し囚人のジレンマ　163-4, 175
グリフィン, ジェームズ　265
グリフィン, ドナルド　69
グールド, スティーヴン　166, 168
グレーゾーン　48, 181-2
クレバー・ハンス　73

ケア　284-5, 287
ケアの倫理（学）　266, 286-8, 296-8, 301, 306, 309-10
経験機械　201-3, 207, 212
形而上学的自然主義　65-7, 89-90, 92-3
形而上学的必然性　65-6
形而上学的倫理　97-8
形質　168
契約（説）→社会契約説の項を参照
契約能力　109, 113, 310
血縁選択　159, 164-5, 171
結果の平等　123
ゲーム理論　140, 160-4, 170-6
限界効用逓減の法則　125
限界事例　53, 74-5, 87, 90, 111-7, 124, 126, 133, 149, 177, 222, 251, 270, 295, 299, 310, 321
言語（能力）　70-3
言語的直観　77-8, 84, 177
原初状態　103, 109, 125, 172
権利　1, 25, 27, 32-3, 282, 287
権利功利主義　132
権利付与　129-31, 134
権利論　33, 129, 192, 300, 309-10, 314
行為　7-8, 142, 197, 283
行為功利主義　34-9, 283, 285, 314
工場畜産　18, 230-1, 234-5, 237-47, 250, 260-2, 311, 324
厚生経済学　251-62
行動　8
行動主義　68, 299
行動展示　218
幸福　20, 22-3, 25-7, 33, 35, 37, 68, 155, 200, 225, 243-51, 314
幸福の個人間比較　25, 251-3, 258, 260
功利計算　228, 263, 308
功利主義　7, 9, 14-6, 19-27, 33-42, 47, 51, 68, 70, 74-5, 77, 79, 103-4, 106, 118-9, 123, 125-6, 133-4, 152, 161, 182, 191-3, 197, 201, 220, 225, 228, 242-51, 255, 260, 262-4, 266, 278, 281-2, 285, 290, 296, 301-2, 308-9, 311-2, 314-5, 317-9, 323
合理性　23-4
合理的選好充足（説）　206, 220, 222, 308, 311
合理的な愚か者　207
功利の原理　20, 106, 134, 314
功利のマイナス原理　263-4
国連食糧農業機関（FAO）　236, 242

互恵的利他行動（性）　160, 164-5, 167, 170-1, 174
心　68-70
コースガード，クリスティン　44, 320
コスミデス，レダ　167
個性　225-6
個体主義　278
ゴーチエ，デイヴィッド　170, 172-6
コード化不可能性　293, 305
コピー，フランセーズ　185
コールバーグ，ローレンス　286-7
混合共同体　298-300
昆虫　48, 50, 188

さ 行

最悪回避原理　118-9, 310
最終結果原理　130
最小値最大化ルール　104-6, 125
最小の悪事の原理　276
菜食主義　228-42, 262, 265, 297, 311, 325 → 肉食の項も参照
菜食主義協会　233
佐伯胖　257, 260
作為　27, 272
錯誤説　80
里山　298
サリドマイド　194
サール，ジョン　59-60, 90-1, 93
サンクション　147-8
三段論法　61
サンデル，マイケル　289-90
死　41-2, 214, 247, 249
自愛の思慮　144, 146
シェリー　15
資源の平等　123
思考実験　49, 101, 104, 124, 128-9, 135, 137, 139, 201-2, 212
自己決定権　192
シジウィック，ヘンリー　21, 77, 93, 176, 255
自然権　127
自然主義　7, 65, 80, 89-90, 92-4, 96, 109, 312
自然主義的誤謬　61-5, 78, 96-8, 147, 155-7, 170, 177, 274, 308, 324
自然状態　101, 108-9, 148, 150, 169, 171-3, 226
自然選択説　153-4, 157-60
自然なルール　101, 110, 148-9, 154

自然法　101, 149
事実判断　→価値判断の項を参照
実験動物　186, 188-90, 211
実験動物福利法　186-7
実際の義務　31
実践的三段論法　60
実践的有用性　313, 315
しっぺ返し　163, 170
芝浦屠畜場　239
社会契約（説）　24, 33, 100-17, 120-38, 148, 226, 245, 289-90, 310, 315
社会生物学　165, 168-9, 175
社会ダーウィニズム　155-7, 160, 166, 170
社会的感情　150-3
社会的厚生関数　256-61
種（生物学的種）　54-5, 67, 82, 87-8, 158, 169, 178-82, 217, 219
主観主義　81
主観主義的価値論　198-9, 245, 314
主観主義的福利論　124, 200-5, 209-14, 247
自由　103, 105-6, 149, 224-7
シュヴァイツァー，アルバート　50-1, 274, 276-7, 309
獣害　268, 271, 279
自由権　134, 155
自由主義　33, 44, 128, 205, 258-9
囚人のジレンマ　163, 172
重度障害新生児　42, 248-9
自由放任（経済）　134, 155-6, 160
熟慮された判断　316, 318
種差別　18, 40, 47, 54, 87-8, 120, 182, 191, 193, 222, 270, 280, 292, 295, 297, 322
種の保存の本能　55, 158
狩猟　47, 268-70, 276, 278-9, 293-5, 297-8, 301
状況の中の自己　290
消極的自由　226-7
情動主義　7, 79-83, 86, 91, 93
情報倫理（学）　7, 9
植物　48, 124, 234
食物連鎖　57
ジョンソン，キャサリン　240
自律　28, 102, 136, 274-5
指令主義　80
ジレンマ　→道徳的ジレンマの項を参照
シンガー，ピーター　18, 40-2, 47-8, 71-2, 92, 94, 102, 117, 120, 123, 126, 132, 186, 191-2, 196, 223, 238-40, 249, 252, 270, 272-3,

278, 280, 286, 295, 303, 309, 320-3
人格　28, 108, 137-8, 276, 286
人格の尊重の義務　29
進化心理学　167-9, 175
進化生物学　55, 157-71, 177, 314
進化論　→ダーウィン進化論，進化生物学の項を参照
人権　1, 32
新厚生経済学　255, 259-62, 309, 315
人種　54, 67, 156, 160
人種差別　18, 156, 166
信念　46, 70-1
心理的福利　211
心理的利己主義　141-3, 149, 171, 318
心理的利他主義　144
スキナー，B. F.　68
スキャンロン，トム　111
スクルートン，ロジャー　293-5, 310, 320
スタッツァー，アロイス　209
スティーヴンソン，C. L.　80-2, 84-5, 93
ストッカー，マイケル　282
ストレス　216, 219-20, 240
滑りやすい坂道　113-5, 177, 179-82, 310
スペンサー，ハーバート　93, 155-7
スマート，J. J. C.　152
スマート，R. N.　264
スライディング・スケール・モデル　118-20, 193, 242, 310
スロート，マイケル　284, 288
性格　8, 283, 291, 315
正義（論）　26, 102-7, 152, 171, 284, 287, 292, 305
正義の二原理　105, 121-3, 127, 130, 134
制限さん　→制限付き最大化追求者の項を参照
制限付き最大化追求者　173-6
整合性　312-3, 318, 321
性差別　18, 53
聖書　15, 110, 131, 233
生態系　57, 198-9, 267, 271-2, 278-80, 299-300
生態系中心主義　273, 277-81, 290, 299-300
生の主体　46-7, 68, 74, 181-2, 234, 273
生物学的利他行動　158-60, 167
生物共同体　300
生への畏敬　50-1, 274, 277
生命　50-1, 214, 274, 276, 320
生命中心主義　51, 273-8, 281, 296, 298, 301, 303, 309, 320

生命の目的論的中心　275
生命倫理（学）　7, 9, 31
世界医師会　187
積極的自由　226-7
絶滅危惧種　267, 271, 276, 279
セン，アマーチャ　205-9, 215, 217, 226-7, 256, 258-9, 278, 309
選好　22-3, 40, 202, 220, 246-7, 251, 254, 258, 261, 315
選好充足（説）　22-3, 40, 126, 202-6, 209, 212-4, 220-2, 225, 252, 308, 311, 314, 318
先行存在説　246-51, 262-3, 308, 311
選好テスト　212-3, 220, 238
潜在能力（説）　7, 123, 206-9, 215, 217, 220, 226, 258-9, 309-11, 315, 323
全体論　278, 290, 299
洗脳　204-5, 221
善の構想　126
戦略　162
相対主義　6, 308　→倫理的相対主義，文化相対主義の項も参照
総量功利主義（総量説）　41, 126, 243-6, 249, 262, 308, 311
率直さん　→率直な最大化追求者の項を参照
率直な最大化追求者　173-6
ソーバー，エリオット　168
ソルト，ヘンリー　17
尊厳　29
尊重原理　45, 117, 119, 234, 270, 272

た行

大脳生理学　175
代理同意　192
タイワンザル　268, 271
ダーウィン　153, 155-6, 165
ダーウィン進化論　153-5, 158, 169-70, 179, 182, 322-3
多元文化主義　291, 302
多数決　122, 212, 253, 260-2, 323
ダニエルズ，ノーマン　318
ダンカン，I. J. H.　215
チスイコウモリ　164
秩序だった社会　121-2
チャップリン，チャールズ　224
中絶　113-4
中庸　284, 292
直接的義務　43

索 引　361

直覚主義　76
直観主義　7, 31, 76-80, 93
直観的なレベル　38
チルドレス, J. F.　31
チンパンジー　54, 72, 74, 88, 165, 179, 181, 190
罪の意識　151
定義主義的誤謬　98
定義的自然主義　66, 89, 93, 96
定言命法　135
テイラー, チャールズ　289-91
テイラー, ポール　274-6, 278, 303
デカルト, ルネ　68-9, 320
適応的選好形成　204-5, 207, 220, 222
手続き的正義　107-8, 136
デミベジタリアン　232, 235-6
テラス, ハーバート　72
テロス　217-8, 275
統一性　313-5, 317
ドウォーキン, ロナルド　123-4, 128, 309
動機　8, 283, 285, 291, 315
動機テスト　213, 220
道具的価値　43, 273
ドゥグラツィア, デイヴィッド　119-20
統合性　285, 292
道徳感情　151, 165, 168, 176-7
道徳実在論　80
道徳心理学　4, 33, 151
道徳的行為ができる者（道徳的行為者）　45, 272, 283, 295
道徳的行為を受ける者　45, 283
道徳的ジレンマ　33, 313-4
道徳の直観　11, 76-9, 87, 313-4, 323
道徳の起源　169-71, 178, 308
道徳の個人的（な）理由　145, 151, 153, 171, 173-8
道徳の原因　146, 169
道徳の社会的理由　145, 151, 153, 173, 175
道徳の理由　139-40, 145-53, 169-78, 308
トゥービー, J.　167
投票のパラドックス　254
動物愛護運動　15-7, 43-4, 185, 188, 230, 268, 297, 303
動物愛護法　16　→動物の愛護及び管理に関する法律の項も参照
動物園　47, 211, 218, 311
動物解放戦線（ALF）　187
動物解放論　47-9, 68, 70-1, 117, 121, 188, 191, 270-3, 277, 279, 292, 296, 298, 309-11, 320-1, 325
動物管理法　→動物の愛護及び管理に関する法律の項を参照
動物ケア理論　297
動物実験　2, 14, 16, 18, 47-8, 82, 116, 184-97, 214, 219, 222, 228-31, 263, 267, 292, 297-8, 301, 311, 324
動物実験計画書　210
動物実験倫理委員会　187
動物の愛護及び管理に関する法律（動物管理法，動物愛護法）　18, 188
動物の権利　18, 44-7, 191-2
動物の権利（の）運動　14, 17-9, 43-4, 82, 132, 186-7, 240, 243, 297, 303
動物の倫理的扱いを支持する人々（PETA）　18, 187, 240, 242
動物福利　17-9, 41, 186-7, 190, 193-4, 209-19, 229, 243, 269, 311
動物福利科学者センター　210
透明人間　140
ドーキンス, マリアン・スタンプ　179, 238
ドーキンス, リチャード　55-6, 115, 179, 182, 310
徳　283-6, 288
徳川綱吉　17
徳冨蘆花　233
徳倫理学　7-9, 38, 168, 176, 266, 281-6, 288-97, 301-6, 308-12, 315, 319, 323
土地倫理　277-80, 299-300
トートロジー　63
ドノヴァン, ジョセフィン　297
鳥インフルエンザ　236
トリヴァース, R.　160, 170, 174
取引の出発点　172-3
トルストイ　233
ドレーズ法　185-6, 196

な 行

内在主義　90, 92-3
内在的価値　43, 46, 119, 273, 275-6, 309-10, 320
内的整合性　312
ナーヴソン, ジャン　109, 112, 115, 121, 149, 310, 320
永井均　96, 98
ナスボーム, マーサ　208, 215, 217, 222, 309-

ナフィールド生命倫理協議会 188
肉食 14, 17, 41, 47, 50, 116, 229-30, 240-1, 259-60, 262-3, 267, 292, 294, 296-8 →菜食主義の項も参照
二層理論 37-9, 51, 207, 248, 291, 308, 318-9, 323
ニュルンベルク綱領 191
ニワトリ 230-1, 238-9, 245, 261
人間中心主義 273, 278-9
認知主義 7, 80, 89, 93, 305-6, 308
認知的心理療法 220-2
認知動物行動学 69, 72, 113, 164, 322
ヌスバウム →ナスボーム、マーサの項を参照
ネーゲル、トマス 249
能力主義 122
ノジック、ロバート 127-34, 182, 201, 226, 259, 309-10, 315, 320
ノディングズ、ネル 287-8, 296-7, 310, 320

は行

バイアー、カート 149
配分的正義 107
ハインツのジレンマ 33, 286-7
博愛 51, 284-6, 288, 297
ハーサニー、ジョン 24, 125-6, 134, 152, 202, 245, 253, 258, 260, 308, 314
パスツール、ルイ 185
ハーストハウス、ロザリンド 292-6, 301, 310, 320
ハダカデバネズミ 164
パターナリズム 225
バーチ、レックス 185
ハックスレー、T. H. 179
ハミルトン、W. D. 159
ハリソン、ルース 237, 240
バーリン、アイザイア 226
パルコム、ジョナサン 211
パレート改善 256, 261
パレート原理 256-9, 261-2
パレート最適性 256
パレート派リベラルの不可能性 256, 258-9
ハーロウ、H. F. 196
反証可能(性) 142-3
反照的均衡 →往復均衡の項を参照
判断 3
反動物解放論 112, 116-20, 299, 310

半透明性 173, 175
ピグー、アーサー・C. 255-6
ビジネスエシックス 9
ピタゴラス学派 232
ビタミンB12 56, 75, 235, 263
ビーチャム、T. L. 31
ヒト（ホモ・サピエンス） 1, 40, 46, 69, 86, 112-4, 120, 150, 169, 177-81, 185, 190, 194, 219, 229, 299
非人間中心主義 273
非認知主義 7, 60, 78-86, 89-90, 92-4, 103, 305-6, 308
批判的レベル 38
ヒューム、デイヴィッド 58-9, 91, 151-2, 165, 168
ヒュームの法則 58-64, 77, 90-3, 147, 274, 277, 302, 308
平等(主義) 122-4, 134, 309
広い往復均衡法 318-9
ファウツ、ロジャー 72
フェミニズム 287, 297
フォックス、マイケル・W. 232
負荷なき自己 289
不完全義務 32
福祉国家 128-9
福利 184, 200, 218
福利論 197-227
不作為 27, 272
付随性 84
ブタ 230-1, 238-9, 250, 303
フット、フィリッパ 281
普遍化可能(性) 24, 61, 75, 85-8, 94, 99, 103, 113, 127, 137, 143, 168, 177, 288, 320-1
普遍化可能性テスト 86-8, 135, 191, 241
普遍的指令主義 7, 83-6, 89, 91, 93, 126, 135
普遍法則テスト 135-7, 241, 308
フライ、ブルーノ・S. 209
プラトン 97, 139
フランク、ロバート 175-6
フランケナ、W. D. 98
ブラント、リチャード 220
フルータリアン 50, 232, 234
フレイ、R. G. 70, 73, 87, 310, 320
フレーゲ＝ギーチ問題 89
フレーザー、D. 215
フロネーシス 305-6
文化相対主義 12, 302
文脈主義 319

ヘア, R. M.　37, 83, 88-9, 91, 93, 126, 135, 137, 202, 232, 291, 320
平均功利主義（平均説）　126, 243-6, 262, 308, 311, 314
ベーガン　56, 232, 241
ベジタリアン　231, 241
ペスコ・ベジタリアン　232-3
ペニシリン　194
ヘルシンキ宣言　191
ベルナール, クロード　16, 185
ベンサム, ジェレミー　16, 21-2, 40, 103, 118
ボイド, リチャード　66, 93
捕鯨　57, 73, 237, 269
捕食　272
ホッブズ, トマス　100-2, 108-9, 148-50, 169, 171-2, 193, 310, 320
ポパー, カール　263-5
ホモ・サピエンス　→ヒトの項を参照
ボルダ法　254, 257
本性説　216-20, 275, 311

ま 行

マイナス功利主義　263-5, 309
マクシミンルール　104
マクダウェル, ジョン　90, 93, 305-6, 308
マクロビオティック　235
マズロー, エイブラハム　200-1
マーチン法　16
マッキンタイア, アラスディア　281, 288-90, 298
身内びいき　168, 285-6, 288, 292, 303, 322
未決問題　63, 66, 80, 97
ミジリー, マリー　298-9
3つのR　185, 188, 191, 195, 269
宮沢賢治　233
ミル, ジェームズ　21
ミル, J. S.　21, 44, 93, 103, 118-9, 201, 225-6
民主主義（社会）　108, 126, 136, 206, 212, 226, 260, 275
ムーア, G. E.　31, 62, 64, 66, 76-80, 89, 93, 96, 154
無条件命令　135-7
無知のヴェール　104-7, 110, 121, 123-7, 138, 152, 168, 245, 275, 314-5
命題　60, 71
命題の態度　70-1
メイナード＝スミス, ジョン　160, 162

メタ倫理学　6-7, 53, 76-95, 104, 126-7, 135-7, 305-6, 308, 312, 318
メンデル, グレゴール　158
目的の国　137
物語的秩序　289, 298
モルモン教　225
モンテーニュ, ミシェル・ド　15

や 行

役割責任　269
野生動物（保護）　266-72, 276, 297, 301, 311, 323
有感主義　270, 272, 275-6, 278
有感生物　40, 47, 51-2, 260-1, 264, 273, 323
有機農業　241
優生学　166
善い　62-3, 80-3, 89-90, 156
横からの制約　132

ら 行

ラクトオボ・ベジタリアン　231, 233-4
ラッセル, ウィリアム　185
リオ宣言　279
利害に対する平等な配慮　123
利己主義　12, 141-5, 308　→心理的利己主義, 倫理的利己主義の項も参照
理想的功利主義　78
利他主義　144
リバタリアニズム　12, 123, 128, 309
理由の空間　306
良心　151, 154
倫理的菜食主義　231, 234
倫理的相対主義　11, 302
倫理的利己主義　141, 143-4
累進課税　105, 121, 128
ルウォンティン, リチャード　166, 168
ルクレティウス　249
ルソー, ジャン＝ジャック　101, 169
レイチェルズ, ジェームズ　131-3, 182, 310, 320
レイルトン, ピーター　66, 93
レオポルド, アルド　277-9
レーガン, トム　45, 47-8, 51, 68, 74, 112, 116-7, 118-9, 181, 234, 270, 272-3, 278, 280, 309, 320, 322
歴史的原理　130

連帯　215
ロス，W. D.　30-1, 34, 38, 283, 291
ロック，ジョン　110, 127-9, 131, 150, 169, 182, 193, 226-7, 309-10, 320
ロックの但し書き　130, 174
ロビンズ，ライオネル　255
ロリン，バーナード　112, 217, 275, 309
ロールズ，ジョン　26, 102-7, 110-2, 121-8, 130, 133-6, 205-8, 215, 222, 226, 275, 278, 310, 315-6, 318, 320
ロールズ主義　7, 207, 309

わ・ん

ワシントン，ジョージ　325
ワシントン条約　268
和辻哲郎　99, 138
ング，Y. K.　259

《著者略歴》

伊勢田哲治（いせだてつじ）

1968 年生まれ
1999 年　京都大学文学研究科博士課程単位取得退学
2001 年　メリーランド大学より Ph. D. (philosophy) 取得
　　　　名古屋大学講師・助教授・准教授を経て
現　在　京都大学文学研究科准教授
著　書　『疑似科学と科学の哲学』（名古屋大学出版会，2003）
　　　　『認識論を社会化する』（名古屋大学出版会，2004）
　　　　『哲学思考トレーニング』（ちくま新書，2005）
　　　　『倫理学的に考える』（勁草書房，2012）
　　　　『誇り高い技術者になろう［第2版］』（共編著，名古屋大学出版会，2012）
　　　　『科学を語るとはどういうことか』（共著，河出書房新社，2013）
　　　　『科学技術をよく考える』（共編著，名古屋大学出版会，2013）
　　　　『マンガで学ぶ動物倫理』（共著，化学同人，2015）　他

動物からの倫理学入門

2008 年 11 月 20 日　初版第 1 刷発行
2017 年 9 月 30 日　初版第 4 刷発行

定価はカバーに表示しています

著　者　伊勢田哲治

発行者　金　山　弥　平

発行所　一般財団法人　名古屋大学出版会
　　　　〒464-0814　名古屋市千種区不老町名古屋大学構内
　　　　　　　　　　電話(052)781-5027/FAX(052)781-0697

© Tetsuji Iseda, 2008　　　　　　　　　　　　Printed in Japan
印刷・製本 ㈱太洋社　　　　　　　　　　　ISBN978-4-8158-0599-9
乱丁・落丁はお取替えいたします。

JCOPY 〈出版者著作権管理機構 委託出版物〉
本書の全部または一部を無断で複製（コピーを含む）することは，著作権法上での例外を除き，禁じられています。本書からの複製を希望される場合は，そのつど事前に出版者著作権管理機構（Tel：03-3513-6969, FAX：03-3513-6979, e-mail：info@jcopy.or.jp）の許諾を受けてください。

伊勢田哲治著
疑似科学と科学の哲学　　　　　　　　A5・288 頁
　　　　　　　　　　　　　　　　　　本体2,800円

伊勢田哲治著
認識論を社会化する　　　　　　　　　A5・364 頁
　　　　　　　　　　　　　　　　　　本体5,500円

黒田／戸田山／伊勢田編
誇り高い技術者になろう［第2版］　　A5・284 頁
　―工学倫理ノススメ―　　　　　　　本体2,800円

伊勢田／戸田山／調／村上編
科学技術をよく考える　　　　　　　　A5・306 頁
　―クリティカルシンキング練習帳―　本体2,800円

久木田／神崎／佐々木著
ロボットからの倫理学入門　　　　　　A5・200 頁
　　　　　　　　　　　　　　　　　　本体2,200円

中尾央著
人間進化の科学哲学　　　　　　　　　A5・250 頁
　―行動・心・文化―　　　　　　　　本体4,800円

納富信留著
ソフィストと哲学者の間　　　　　　　A5・432 頁
　―プラトン『ソフィスト』を読む―　本体5,800円

石川文康著
良心論　　　　　　　　　　　　　　　四六・296頁
　―その哲学的試み―　　　　　　　　本体2,800円

神野慧一郎著
モラル・サイエンスの形成　　　　　　A5・328 頁
　―ヒューム哲学の基本構造―　　　　本体6,000円

森際康友編
法曹の倫理［第2.1版］　　　　　　　A5・426 頁
　　　　　　　　　　　　　　　　　　本体3,800円